Histoire de la civilisation française

Moyen Âge-XVIe siècle

HISTOIRE DE LA CIVILISATION FRANÇAISE

Tome 1, Georges DUBY, Robert MANDROU, *Moyen Age-XVIe siècle (de 1515 à 1789)*
Tome 2, Robert MANDROU (et Jean-François SIRENELLI pour la période de 1940 à 1982), *XVIIe-XXe siècle (de 1790 à 1982)*

Georges DUBY

Professeur d'histoire à l'Université d'Aix, il a occupé la chaire d'histoire des sociétés médiévales au Collège de France. Depuis sa thèse sur *La Société aux XIe et XIIe siècles dans la région mâconnaise*, Georges Duby a publié ouvrages et articles sur l'économie rurale et les mentalités médiévales, dont une suite de trois livres sur la culture intellectuelle et artistique de l'Europe occidentale au Moyen Age. Il a dirigé une monumentale *Histoire de la France rurale*, une *Histoire de la France urbaine* et l'*Histoire de la vie privée*. Sur le monde médiéval, il a fait paraître *Le Chevalier, la Femme et le Prêtre* et *Guillaume le Maréchal.*

Robert MANDROU

Directeur d'études à l'École des Hautes Études en sciences sociales, professeur à l'Université de Paris X, professeur invité en de nombreuses universités européennes et nord-américaines, Robert Mandrou a été un spécialiste de l'histoire de la France du XVIIe siècle à laquelle il a consacré des livres neufs et pénétrants dont une *Introduction à la France moderne. Essai de psychologie historique* et un *Louis XIV en son temps*, qui fait autorité.

GEORGES DUBY, ROBERT MANDROU

HISTOIRE DE LA CIVILISATION FRANÇAISE

Moyen Âge-XVIe siècle

ARMAND COLIN

Sommaire du tome 1 : MOYEN ÂGE — XVIe SIÈCLE

Sommaire du tome 2 : XVIIe-XXe SIÈCLE

La première partie, le Moyen Âge, est due à Georges Duby ; la seconde, la France moderne (XVe-XVIIIe siècles) et la troisième, La France contemporaine (XIXe-XXe siècles) à Robert Mandrou ; le dernier chapitre (1940-1982) a été rédigé par Jean-François Sirinelli.

L'*Histoire de la civilisation française*, publiée en 1958 et tenue à jour au fur et à mesure de ses tirages successifs, est rapidement devenue un classique en France comme à l'étranger : l'ouvrage a été traduit en anglais, espagnol, italien, polonais, hongrois et japonais.

Pour cette 11e édition, les orientations bibliographiques ont été revues et complétées, et dans le second tome un nouveau chapitre, « A la recherche de la France contemporaine », dû à Jean-François Sirinelli, assistant à l'Université de Paris-Nanterre, traite des années 1939-1981 et conduit cette *Histoire* jusqu'à la période la plus récente.

PREMIÈRE PARTIE

Le Moyen Âge

CHAPITRE PREMIER

L'an mil

De toute évidence, l'histoire de la civilisation française ne commence pas à un moment précis. Pour fixer le début d'un livre comme celui-ci, il faut donc choisir — ce qui ne va pas sans quelque arbitraire. Pourtant, plusieurs raisons engagent à prendre le départ à la fin du Xe siècle. La première, c'est que l'ère des invasions vient alors de se clore. Les dernières vagues de pillards et de conquérants — celles des Danois, celles des pirates venus du Maghreb ou des îles méditerranéennes et que les gens de ce temps appelaient les Sarrasins, celles des cavaliers de la steppe qui, après avoir poussé des raids jusqu'en Aquitaine, finirent par se fixer en Hongrie — ont déferlé sur les pays français avant le milieu de ce siècle. Il y eut ensuite encore quelques alertes sur certaines franges frontalières (ainsi, les rivages provençaux, et spécialement le delta du Rhône, restèrent très longtemps menacés par les incursions des Barbaresques), mais ce furent de simples passages sans lendemain, de petits coups de mains très localisés. Plus de ces grandes bousculades qui, tout au long du haut Moyen Age, avaient dans l'Europe occidentale ébranlé les plus profondes assises de la civilisation et de la culture, plus de ces longs va-et-vient de peuples migrateurs qui avaient beaucoup détruit, mais introduit aussi des ferments neufs. Dès lors, l'histoire de l'Occident s'est poursuivie à l'abri des brusques ruptures consécutives à l'invasion. Étape majeure : dans les années qui ont précédé l'an mil se situe l'orée d'une longue période de progrès matériels et spirituels.

Autre considération — capitale pour l'historien de ces

époques anciennes, à l'affût de documents extrêmement clairsemés : le matériel d'information devient à ce moment même moins décevant; c'est la fin des « temps obscurs ». Éclaircissement relatif en vérité. Pour longtemps encore sont seuls placés dans un bon éclairage certains aspects de la civilisation, mais non les plus importants, ni même les plus communs : on discerne assez bien l'histoire des riches, des savants, l'histoire de l'exceptionnel, mais beaucoup plus mal la trame quotidienne de l'existence, les manières vulgaires de penser et les réactions du grand nombre. Du moins le tissu des témoignages commence-t-il à devenir alors plus serré; raison de plus pour partir de là.

Enfin, avant la fin du xe siècle, il n'est guère permis de parler d'une civilisation proprement française. Jusqu'ici, en effet, les pays français constituaient des provinces mal différenciées, englobées dans des ensembles plus vastes, ce qu'on appelait le royaume des Francs, la Gaule ou l'Empire. Or, désormais, leur personnalité se dessine; les conditions de la vie matérielle, les formes de pensée et d'expression y prennent certains traits particuliers. Annonces encore légères et fugitives sans doute, mais qui sont véritablement les prémices d'une communauté de civilisation, dont il est dès lors légitime de vouloir suivre l'histoire.

Dans quel cadre géographique? Nouveau problème de délimitation, nouveaux choix. Car si l'on tente — ce qui semble de bonne méthode — de se référer aux images que le mot « France » pouvait évoquer dans l'esprit des hommes du xe siècle les mieux outillés pour penser, on s'aperçoit que celles-ci sont très floues. France, c'était d'abord le petit pays de bois et de campagnes compris entre la Marne et l'Oise, entre Paris et Senlis. C'était déjà, dans le langage du temps, ce duché, ce grand commandement militaire qui naguère avait regroupé, au nord de la Loire, un ensemble de provinces flanqué par la Normandie, la Bourgogne, la Lorraine. Mais ce n'était même pas encore le royaume que délimitait, depuis l'Escaut jusqu'aux confins de la Catalogne, la « frontière des quatre rivières » tracée, en 843, par le traité de Verdun, et s'appuyant de loin en loin sur l'Escaut, sur la Meuse, sur la Saône, sur le Rhône. Aucune de ces diverses zones ne correspond à l'aire d'extension réelle de la civilisation française. Car celle-ci s'est en réalité formée peu à peu autour de multiples centres, s'est propagée le long de multiples directions — centres et directions qui d'ailleurs ne sont pas restés fixes, et il conviendra précisément au cours de cette histoire de situer ces points de cristallisation, de reconnaître l'orientation et les limites de cette expansion. Et comme cette enquête dans le passé a pour but essentiel de permettre une meilleure compréhension du présent, il sera question ici de toutes les régions qui forment la France d'aujourd'hui. Cadre souple. Plaçons-y, en tableau liminaire, les aspects principaux de la civilisation de l'an mil.

1. La terre, les paysans, les chefs

Vestiges d'une civilisation urbaine

Civilisation toute paysanne, et pour cela étonnamment fruste. Cette rusticité, en vérité, n'a pas toujours été aussi exclusive. Vestiges d'un cadre de vie différent, implanté jadis par les conquérants romains pour leur usage et celui des indigènes les plus évolués, des chaussées routières solidement bâties traversent, à peu près intactes, terroirs et halliers ; elles convergent vers les anciennes cités, plus nombreuses et moins dégradées dans le Sud, où se dresse encore la carcasse des monuments, amphithéâtres, thermes, portiques, construits à l'époque impériale en fonction d'un tout autre mode d'existence. Mais ces grands « chemins ferrés », ces voies dont la légende attribue le tracé à César, à Brunehaut ou à tel héros local, sont délaissés, coupés aux passages difficiles faute d'entretien, rongés par le torrent ou la fondrière — et les villes sont presque entièrement vides : quelques dizaines de vignerons, d'éleveurs, de prêtres sont rassemblés à l'intérieur de l'enceinte étroite élevée au temps des premières migrations germaniques et s'y trouvent encore très au large, ou bien se disséminent à travers l'ancien espace urbain par petits groupes accrochés à tel édifice religieux ou à telle ruine antique devenue forteresse ou abri à bestiaux. Voilà ce qui reste de Rome dans le paysage : un décor délabré, sans usage, envahi par les champs ou la broussaille. Depuis que, dans le tumulte des invasions, dans l'engourdissement progressif de la circulation commerciale, les riches ont, les uns après les autres, abandonné leur demeure urbaine pour se retirer dans leurs domaines campagnards, où, en deux ou trois générations, ils ont oublié la culture et les manières de la ville, tous les hommes sont des paysans, et la nature rustique à peine domestiquée domine entièrement leur existence.

Un équipement misérable ne les défend pas contre le froid et la nuit. Ils vivent en plein air, car les habitations sont des bauges, sans âtre, sans fenêtres, où l'on vient se terrer pour dormir, et le rythme de la vie épouse celui des saisons. L'hiver est un long sommeil : les jours sont courts, on ne sait pas s'éclairer et, pour épargner des réserves insuffisantes de nourriture, hommes et bêtes s'assoupissent ; au milieu, la grande flambée de Noël, le sacrifice du porc et les ventrées de charcuterie. Le printemps arrive comme une délivrance — et l'allégresse de mai, ce court répit dans les travaux agricoles, le moment où, pour les riches, commence le plaisir des expéditions militaires, éclaire le Moyen Age tout entier. Puis vient la fébrilité de l'été, où chacun sèche de travail et de fatigue. Une telle existence, où le temps, durée de valeur variable, ne se mesure pas, est très animale par son asservissement aux cycles cosmiques.

Occupation du sol

Ces hommes sont peu nombreux, et surtout très inégalement répartis dans l'espace. Dans les terroirs habités, la densité de population est, semble-t-il (car, dans ce domaine, l'historien marche à tâtons, privé de tout élément d'évaluation, de tout repère numérique), presque aussi forte qu'au XVIIIe siècle — trop forte donc dans l'état des techniques agraires. Mais ces taches de peuplement sont extrêmement clairsemées, ce sont de tout petits îlots que séparent des solitudes : larges étendues incultes entourant chaque groupe de hameaux et le coupant des autres et, ici et là, immenses zones, forêts ou marécages, dépourvues de tout habitat permanent. On découvre là l'un des traits essentiels de la civilisation de ce temps, le cloisonnement. Entre les groupes humains, les liaisons sont très difficiles ; il n'existe pratiquement pas d'organes efficaces de relation. Ces rustres connaissent la roue, mais, faute d'animaux de trait, faute surtout d'un système cohérent de relais, les charrois hors des limites du terroir sont des aventures exceptionnelles. On circule en barque sur les rivières, ou à pied, accompagné de bêtes de somme ; dans ces cheminements, les distances sont démesurées et bien des parcours sont infranchissables en l'absence de gîtes d'étape. Aussi les voyageurs sont rares et la société, fractionnée en petites cellules closes où le passant, l'« aubain », est un suspect que l'on se croit le droit de dépouiller impunément, a perdu l'habitude des communications à distance.

Isolés les uns des autres par groupes denses, les paysans de l'an mil sont faméliques. Sur les squelettes que l'on exhume des cimetières mérovingiens se marquent les effets d'une sous-alimentation chronique : dentition abrasée d'herbivores, rachitisme, prépondérance écrasante des êtres morts jeunes. L'état biologique s'est sans doute quelque peu amélioré depuis le VIIe siècle. Pourtant l'âge moyen paraît rester très bas, du fait surtout d'une très forte mortalité infantile. La pénurie de subsistances est permanente et, périodiquement, la disette s'aggrave : c'est pour un an, deux ans, la grande faim, cette catastrophe dont les chroniqueurs, évoquant mangeurs de terre et vendeurs de chair humaine, décrivent avec complaisance et non sans outrance les épisodes pittoresques et horribles. Si les ventres sont vides, si les enfants sont pris par la maladie avant l'adolescence, malgré l'énorme étendue de terres en friches et bonnes à travailler, c'est que l'outillage qui permet de tirer du sol la nourriture des hommes est très rudimentaire et peu efficace. Pas de métal, ou presque, car le fer est rare et réservé pour les armes des riches : deux ou trois faux, une pelle, une hache, dans les exploitations monastiques les plus vastes et les plus perfectionnées, qui nourrissent des centaines de bovins dans leurs étables. La plupart des outils sont en bois, araires légers, houes aux pointes durcies au feu, et ne peuvent s'appliquer qu'à des sols très meubles, qu'ils retournent imparfaitement. Ce qui explique que l'espace cultivé soit si restreint et que les paysans d'alors ne soient agriculteurs qu'à demi, tirant une bonne part de leurs maigres ressources de la nature vierge.

Système agraire

La forêt remplit tout le paysage, la forêt aux aspects divers où la sylve puissante se dégrade en taillis, en broussailles, en bruyères, que souvent l'on brûle pour, tous les dix ou vingt ans, dérober à la friche une ou deux petites récoltes — la forêt qui véritablement est nourricière. Nombreux sont ceux, ermites, pâtres, bûcherons, qui vivent uniquement d'elle. Mais à tous elle fournit le bois d'abord, ce matériau primordial, dont sont faits les châteaux, les maisons, les clôtures, les écuelles, tous les instruments quotidiens ; elle fournit de multiples produits de cueillette, le miel, la cire, les baies (car les arbres fruitiers domestiqués sont encore très rares), les végétaux que l'on enterre ou que l'on brûle dans les champs pour les fertiliser — tous les gibiers ; elle fournit enfin le pacage pour le bétail, et c'est sa fonction essentielle : les bœufs et les chevaux y sont parfois lâchés, mais surtout y divaguent en permanence brebis et chèvres qui donnent la laine et le fromage, et ces porcs noirs, à demi sauvages, dont on mange la viande, fumée ou salée, toute l'année.

Dans les clairières qui, de loin en loin, trouent cette grande nappe de sauvagerie, les hommes s'acharnent à produire le reste de leur provende. L'habitation isolée est l'exception. Les petits enclos qu'on appelle des « manses » et qui enserrent, avec les baraques pour les gens, les bêtes d'étable et les récoltes, la chènevière et le petit coin de bonne terre, engraissé par les ordures ménagères et travaillé à la main tous les jours, le « courtil » où se pratique le jardinage — sont rassemblés en petits villages, au milieu desquels parfois se dressent les cabanes plus nombreuses et plus vastes de la « cour » du seigneur. Tout autour, le finage. Sur les lopins les mieux exposés, entourés par des clôtures fixes, des ceps de vigne sont plantés, partout où le raisin a quelques chances de mûrir, et même dans les régions, vallée de l'Oise, Normandie, où les conditions climatiques lui sont très peu favorables ; car boire du vin est entré dans les usages des riches et, comme le transport des denrées lourdes est très difficile, on s'efforce par tous les moyens de produire dans le pays ce breuvage noble. Dans les quartiers humides, le long des ruisseaux, s'étendent les prairies de fauche, d'où l'on tire la nourriture d'hiver du gros bétail, chevaux et bœufs, élevés non pour la viande, mais pour la monture des nobles ou pour le travail qu'ils fournissent ; animaux malingres parce que sous-alimentés eux aussi et d'une étonnante débilité au sortir de l'hivernage. Mais la plus grande partie de l'espace défriché est consacrée aux céréales qui, souvent encore consommées en bouillie, forment le fonds de l'alimentation humaine. Blés d'hiver : le froment sur les terrains chauds, le seigle, le mil dans les contrées retardataires ; sous les climats où la chaleur d'été ne s'installe pas trop vite, on tente, ici et là la culture intercalaire des blés qui se sèment au carême : l'orge, beaucoup plus rarement l'avoine. Ce système agricole comporte une part de nomadisme : semailles itinérantes sur brûlis hasardées en lisière des terres vaines, rotation des cultures sur les labours, selon un rythme sans régularité, mais qui comporte de longues périodes stériles, car la terre, insuffisamment remuée, mal fumée, — le gros bétail, trop peu nombreux, séjourne peu à l'étable et l'engrais est rare, — exige des repos prolongés ; la jachère s'étend sur la majeure partie du terroir, abandonnée à la dépaissance des troupeaux qui, entre la moisson et la première pousse des blés, parcourent aussi l'ensemble des champs, toutes barrières abattues. Et pourtant, sur les parties ensemencées, les rendements sont d'une désolante faiblesse : c'est à peine si, en année normale, le paysan récolte le triple de sa semaille. Aussi, les exploitations doivent-elles s'étaler sur de très grandes étendues.

Dévoreuse d'espace, cette agriculture primitive l'est aussi de main-d'œuvre. L'usage du moulin à grains actionné par l'eau courante, construit par les seigneurs, est en train de se répandre ; amélioration considérable qui épargne, dans les ménages paysans, tant de temps passé à écraser le blé entre des pierres ; mais tous n'en bénéficient pas, les plus pauvres hésitant à laisser au meunier seigneurial une part de cette farine dont ils ont trop peu pour leur pitance. Toutefois, faute d'outillage, ce sont les façons de la terre qui réclament le plus lourd labeur, et selon qu'ils travaillent leur lopin avec un train d'attelage ou qu'ils le fouissent de leurs bras, à la houe, les paysans se répartissent en deux catégories sociales. Laboureurs, manouvriers : l'an mil connaît déjà cette division profonde du monde rural qui, aujourd'hui encore, n'est pas tout à fait effacée.

Répartition de la richesse foncière

Cette terre ingrate, qui paie si mal de la peine que l'on prend pour elle, est en effet inégalement partagée. Pourvues ou non de bœufs de labour, bien des familles paysannes vivent indépendantes sur une exploitation qui appartient librement au groupe familial et se transmet sans contrôle d'une génération à l'autre. Mais bien au-dessus de ces petits alleutiers se situe une forte aristocratie foncière, qui possède à peu près tous les espaces incultes et une bonne part des aires cultivées. Ces « riches », ces « nobles », — comme les désignent les documents du temps, — ce sont d'abord ceux qui, dans la région, passent pour représenter le souverain et qui détiennent, salaire des services qu'ils sont censés rendre, de larges pans de la terre royale ; ce sont aussi les établissements religieux, évêchés, chapitres cathédraux, monastères, que les aumônes des grands et des petits ont dotés, dispersés partout, de domaines de toute grandeur ; ce sont enfin quelques grandes familles ramifiées en multiples branches plus ou moins bien nanties, dont la fortune a pour nous des origines obscures, mais dont les possessions, groupes compacts ou poussières de parcelles, sont répandues sur des provinces entières. Maîtresse de la plus large part du sol, cette aristocratie l'est aussi d'une portion de la société rurale. Car, comme la Gaule romaine, comme la primitive Germanie, la France de l'an mil est esclavagiste. Ces esclaves, ces « serfs » comme les désignent les dialectes vulgaires, sont à vrai dire en minorité parmi les paysans ; mais, achetés et vendus comme du bétail, ils sont situés dans une dépendance presque aussi étroite que celle des esclaves antiques, et qui est « naturelle » : la macule servile se transmet de génération en génération par les femmes ; au maître de la serve appartiennent les enfants qu'elle met au monde. Sans recours devant la justice publique, soumis à des corrections arbitraires, ces dépendants doivent obéir à tous les ordres de leur propriétaire, qui ne leur doit rien. Sans doute la diffusion des conceptions chrétiennes, sans mettre en cause le principe même de la servitude, a-t-elle fait reconnaître les droits familiaux des serfs ; toutefois, ce qu'ils possèdent appartient d'abord au possesseur de leur corps, qui est à leur mort leur premier héritier ; ils ne peuvent se marier sans son autorisation, et si l'un d'entre eux veut entrer dans l'Église, il n'y est pas admis avant d'avoir été solennellement affranchi.

Il y a des esclaves partout ; des paysans de moyenne aisance en commandent un ou deux ; presque tous cependant sont au pouvoir des riches. Par petites équipes d'une vingtaine, d'une trentaine de têtes, une bonne part de ce cheptel humain vit dans la demeure du maître ; hommes et femmes, nourris au réfectoire, vêtus des tissus qu'on leur distribue, sans salaire, sans pécule personnel, privés de toute vie familiale propre, accomplissent toutes les besognes domestiques ; ils fabriquent pour tout le groupe les outils, les vêtements ; ils travaillent une partie de la terre du patron. Une partie seulement. Pour l'élaborer toute, cette chiourme paysanne est trop peu nombreuse, et l'intérêt du maître n'est pas de l'accroître ; car l'esclave coûte cher, mange, gaspille, et son labeur est de rendement médiocre. Aussi le « domaine » du seigneur, la portion de son bien dont il se réserve l'exploitation directe, si elle englobe tous les espaces incultes, ne recouvre pas tous les labours, mais les meilleurs seulement, les grandes « coutures » étalées aux bons quartiers du finage ; le reste est confié par petits lots à des tenanciers. Ceux-ci sont souvent des paysans libres, dont les ancêtres, qui n'avaient pas ou trop peu de terre allodiale, ont accepté de travailler celle d'autrui ; ce sont parfois aussi des serfs, descendants d'esclaves domestiques que le maître jadis casa sur une exploitation indépendante sans renoncer totalement à leur service, les chargeant de se nourrir eux-mêmes sur leur lopin, et d'y élever leurs enfants. Les uns et les autres organisent librement la mise en valeur de la tenure ; si elle fournit des profits supplémentaires, ils en disposent, et leurs enfants à leur mort leur succèdent. Ils doivent seulement, en échange de la concession permanente dont ils jouissent, verser au seigneur du sol une rente, des redevances diverses acquittées à termes fixes échelonnés tout le long de l'année : quelques pièces de monnaie (rares sans doute, mais leur présence prouve que l'exploitation tenancière n'est pas complètement close, que le paysan normalement vend un peu au marché) ; encore, mais exceptionnellement, quelques-uns de ces produits de l'industrie familiale, bois façonné ou pièces de toile, exigés communément au siècle précédent ; et surtout des fruits de la terre, des mesures de grains ou de vin, des œufs, des poules, parfois un mouton ou un porc. En outre, les tenanciers doivent fournir un certain nombre de journées de travail, avec leurs animaux de trait quand ils en possèdent ; ils viennent prêter main-forte aux domestiques pour les gros travaux, labours, fenaison, moisson, battage, vendange, et pour le charroi des récoltes.

Structure de la seigneurie foncière

Telle est la seigneurie foncière. Elle ne couvre que très rarement tout un village ; la plupart du temps elle est répandue sur plusieurs terroirs, et ses parcelles disséminées se mêlent dans les divers quartiers à celles des petits alleux paysans et aux bribes des seigneuries voisines. Le travail de quelques dizaines de serfs domestiques, les corvées de quelques dizaines de tenanciers et les redevances qu'ils viennent apporter tous ensemble à la « cour » à Noël, à Pâques, à la Saint-Martin, permettent aux riches, à ces quelques hommes qui dans le canton ont en leurs mains la plus grande partie du sol, d'abord de bien se nourrir, eux, leur famille, leurs hôtes, ces amis de passage qu'il convient de recevoir largement. Dans le manse du seigneur, les celliers sont toujours pourvus : quartiers de porcs, saindoux, pois, fèves, et les sacs de grains qui attendent la prochaine récolte. L'aristocratie — c'est son premier privilège — échappe à la disette ; l'inégale répartition de la terre établit ainsi, au sein de la commune pénurie de subsistances, quelques petits îlots de goinfrerie. Ilots d'oisiveté également : le « noble », avant tout, c'est celui qui, au milieu de tant de rustres grattant fébrilement la terre avec leurs mains, ne fait rien, l'homme de loisir — bien vivante encore est, en effet, la très vieille notion qui répute le travail manuel indigne de l'homme vraiment libre et qui tient l'absence d'activité productive pour la plus précieuse des distinctions. Enfin, l'entreprise seigneuriale draine vers quelques-uns le peu de monnaie qui circule et les met en mesure d'acheter de loin en loin de ces très rares denrées que ne produisent pas les champs du patrimoine ni le labeur des servantes.

Monnaie

En effet, dans cet univers rural, à peu près sans routes et sans villes, le commerce n'est pas complètement arrêté. Il reste même encadré dans quelques vestiges d'organisation

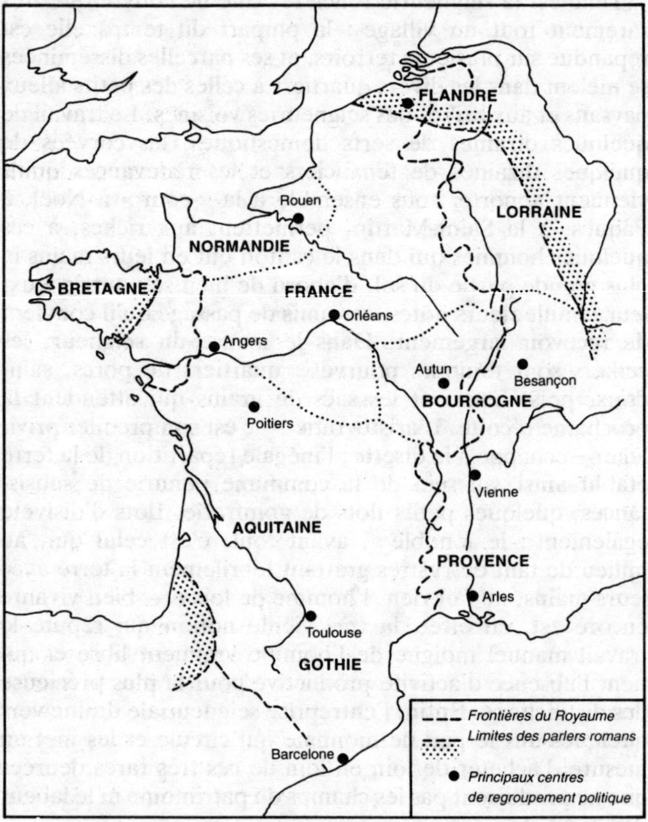

1. Les pays français en l'an mil

Les limites

survivant au fléchissement des institutions politiques. En un lieu choisi, à un certain moment de la semaine, un marché se tient dans la plupart des villages ; il existe ici et là des « ports », c'est-à-dire, non pas des points de débarquements, mais des aires réservées aux rencontres marchandes ; périodiquement, à dates fixes, des foires autorisées par les rois sont ouvertes en quelques carrefours ; enfin, on frappe encore de la monnaie. En vérité, de ces pièces l'usage est fort limité. Les métaux précieux, dont les réserves sont abondantes, sont employés surtout à faire des bijoux ou des ouvrages d'orfèvrerie, pleins d'attrait pour des êtres primitifs que réjouissent les décors éclatants et les parures scintillantes ; c'est sous forme de bracelets ou de coupes que, dans le réduit le mieux protégé de la maison seigneuriale, on conserve le trésor, et non pas en espèces monétaires. Petites, d'une extrême minceur qui les fait s'user très vite, frappées dans un mauvais alliage d'argent et de plomb, ces pièces noires — les plus grosses valent un denier, la douzième partie du sou — ont pourtant, du fait de leur rareté, un fort pouvoir d'achat (on peut avoir un bon bœuf pour quelque vingt sous). Simples instruments d'échange, on les utilise seulement quand le troc n'est pas possible ; n'empêche que les ateliers d'émission, disséminés au voisinage de chacun des principaux marchés régionaux, fonctionnent sans interruption, que, bon an, mal an, tout ménage paysan, petitement, par plusieurs ventes dérisoires, recueille une douzaine ou deux de deniers, dont le seigneur ramasse la plupart. Grâce à cette circulation monétaire locale, intermittente et qui n'affecte qu'une marge imperceptible à la lisière d'exploitations rurales presque entièrement autarciques, survit pourtant dans ce monde cloisonné un trafic à longue distance de marchandises de luxe.

Commerce

Épices — ces graines aux saveurs étranges, dont on use pour se soigner et pour le plaisir de la bouche ; étoffes différentes, par leurs couleurs vives surtout, des tissus grossiers de laine et de chanvre que l'on fabrique dans les ateliers domestiques —, étoffes dont sont faites les longues tuniques d'apparat, car le « noble », et c'est ainsi qu'il doit manifester sa supériorité, se vêt autrement que les autres (on a peine à imaginer le rôle fondamental que joue la parure dans les préoccupations et le comportement des hommes de ce temps ; évoquons seulement ces guerriers de Louis le Germanique — le témoignage vient de la Germanie du milieu du IXe siècle, mais il est valable pour la France de l'an mil — à qui l'on dut interdire de paraître à l'entrée en campagne revêtus de tissus de soie et de broderie, de peur que, oubliant l'ennemi, ils ne se disputassent entre eux ces oripeaux). Épices, étoffes, voici, avec le bon vin dans les régions qui n'en peuvent produire, les principales marchandises qui, légères et très précieuses, voyagent sur de longues distances malgré tous les obstacles ; certaines sont apportées du plus lointain Orient, le long d'itinéraires multiples et diffus, à travers l'Italie du Nord, l'Espagne musulmane, ou bien, suivant des cheminements plus longs encore, par la Baltique et la mer du Nord. Mais la circulation de ces denrées à l'usage de quelques riches est très imparfaitement commercialisée. Elles font beaucoup moins souvent l'objet de transactions marchandes que de cadeaux. Offrir des présents est alors un geste essentiel ; le noble est celui qui donne à ses amis, et c'est surtout, distribués par les très grands seigneurs, dans cette libéralité prodigue qui fait l'essentiel de leur prestige, que le poivre et les draperies rouges parviennent entre les mains des hobereaux de village. Sans doute existe-t-il aussi des achats et des ventes, mais ils se font rarement par l'intermédiaire de négociants professionnels ; les textes parlent de loin en loin de quelques trafiquants vivant de leur métier, tels ces marchands de Verdun, en relations commerciales suivies avec les musulmans d'Espagne, mais ce type social est exceptionnel ; le plus souvent, quand un grand veut se procurer des denrées exotiques, il charge l'un de ses serviteurs d'aller les quérir au loin, en l'un de ces très rares carrefours majeurs où l'on sait pouvoir en trouver de temps à autre.

Société fortement hiérarchisée donc, malgré l'universel

repliement sur la terre. Dans chaque clairière forestière, au sein de la paysannerie émerge une famille noble entretenue par le travail de tous. Entourés des esclaves de leur maison, de leurs concubines, couverts de bracelets, de dorures, d'accoutrements multicolores qui montrent à tous leur richesse, montant ces bons chevaux soignés pour eux et qui sont un autre signe de leur supériorité, ces hommes « puissants », « illustres », comme on les appelle, dominent de très haut les rustres ; tous les paysans ne sont pas leurs serfs ni leurs tenanciers, mais l'église du village leur appartient, c'est leur protection que l'on recherche d'abord dans la misère et le danger ; leur puissance de fait sur le petit groupe humain isolé des autres par la distance et la solitude est certaine.

Le roi

L'organisation des pouvoirs de commandement s'est en effet adaptée à cette société rurale, cloisonnée et où la plus grande part des terres appartient à quelques-uns. Certes, tout ne s'est pas entièrement perdu de la tentative de restauration monarchique conduite à la fin du VIIIe siècle par les souverains carolingiens. Le prestige est encore vif de la magistrature royale. Il est certain qu'au fin fond des forêts les plus reculées le dernier des paysans sait qu'il existe un roi que celui-ci, élu par le peuple, sacré, oint comme un évêque de l'huile sainte, est investi par Dieu même d'une délégation de sa propre puissance et chargé de maintenir sur tout le territoire du royaume la paix et la justice. Mais ce prestige en vérité n'a pas d'application pratique. Car dans un milieu où la circulation des hommes est difficile, où la culture scolaire — on va le voir — est le privilège d'une élite très restreinte et où se perdent à la fois l'usage de l'écriture et la conscience des notions abstraites, il est impossible de commander de loin, et la haute idée que l'on se fait du roi ne suffit pas à lui soumettre effectivement les hommes. Quand il se montre, il est obéi par tous ; il a beau se déplacer sans cesse, aussi bien pour consommer sur place le produit de ses domaines et pour bénéficier de la fructueuse hospitalité de ses sujets, que pour manifester concrètement ici et là par sa présence la puissance monarchique : le royaume est trop vaste et il ne peut être partout à la fois. Depuis que, par l'élection de 987, la dignité souveraine a été conférée à Hugues Capet, l'héritier des anciens ducs de France, le roi n'est vraiment un chef que dans ses domaines patrimoniaux, autour de Paris et d'Orléans. Et, dans la vie quotidienne, le pouvoir de commandement émanant de l'autorité royale (ce qu'on appelle le « ban ») est fractionné et exercé en fait, dans un territoire beaucoup plus restreint, le « pays » (pour prendre une idée de la dimension moyenne de ces circonscriptions, on notera qu'il en existe une dizaine entre la Seine, l'Oise et la Somme), par un chef local, le comte. Théoriquement désigné et investi par le roi pour le représenter dans la région, pratiquement indépendant du souverain en dépit de quelques manifestations intermittentes d'allégeance, ce dernier tient par héritage sa fonction et la dotation foncière qui lui est attachée ; en certaines provinces où un regroupement de l'autorité s'est opéré au milieu des troubles et des invasions du xe siècle au profit d'une dynastie de conducteurs de guerre, il reconnaît la supériorité d'un duc ou d'un comte plus puissant ; tutelle fort superficielle et qui ne l'empêche pas de jouir dans une complète autonomie de ses prérogatives. Ce sont celles mêmes du souverain : droit de rassembler les hommes libres pour les conduire à la guerre, droit de présider les assemblées de justice et de faire exécuter leurs sentences. Mais le comte ne les exerce en personne que sur l'aristocratie foncière du comté, sur les « riches », sur les « nobles »; la direction des hommes libres de moindre fortune est assumée par des agents subalternes, pour la justice par les viguiers ou centeniers, pour le service de guerre par les hommes d'armes gardiens des forteresses au nom du comte, qui, de temps en temps, fait une tournée de contrôle.

Dissolution de l'autorité

Mais la dissolution de la puissance est en fait poussée beaucoup plus loin encore. Car l'autorité comtale est dans la pratique très étroitement limitée. Limitée dans l'espace d'abord : au terme des privilèges accordés par les anciens rois et confirmés depuis lors, les domaines des grands établissements religieux — qui s'étendent très largement dans le pays — sont entièrement soustraits à l'action de tous les détenteurs du ban royal, du comte et de ses subordonnés, et forment ainsi des enclaves autonomes, les « immunités ». Limitée ensuite à un groupe social, à une petite part de la population : le pouvoir comtal ne s'exerce, selon la coutume, que sur les hommes libres les moins pauvres ; tous les serfs ne relèvent que de leurs maîtres, et, avec eux, un nombre croissant de paysans qui sont placés, à l'égard des riches, dans une dépendance économique si étroite qu'elle fait oublier leur « liberté » native. Limitée enfin à quelques actes exceptionnels : toutes les activités courantes se développent hors de l'atteinte du comte et l'on ne conçoit pas alors que la puissance publique puisse lever des impôts directs, par exemple, ou contrôler la vie familiale ; la justice et la guerre ne sont même pas tout entières sous son contrôle, puisqu'il est parfaitement admis que l'homme libre, victime d'un agresseur, se venge lui-même par les armes, puisque la plupart des discordes se règlent, par l'intermédiaire d'amis communs, hors de l'arbitrage du tribunal du comte. Aussi, sous le couvert de ce réseau officiel des rapports politiques s'épanouissent d'autres relations entre les hommes, privées celles-ci, mais très efficaces et beaucoup plus vivantes, et qui sont plus strictement ajustées aux réalités économiques, au fractionnement naturel des liens sociaux. Le pouvoir, le vrai, celui qui régit le comportement quotidien des hommes, s'organise dans des cadres beaucoup moins étendus. La parenté, où se règle, sous la direction des anciens, la répartition des terres ancestrales et de leurs profits, et où l'individu menacé trouve le premier et le meilleur des refuges, — le groupe des voisins, qui habitent le même hameau et qui sont soumis, pour l'exploitation du terroir, à certaines contraintes collectives, qui doivent, pour aménager la vaine pâture, décider ensemble la date des moissons, celle où l'on commence à établir des clôtures temporaires autour des emblavures et des prairies, — la seigneurie foncière, communauté de travail dominée par la puissance économique du maître et par l'autorité, permanente celle-ci, plus proche et souvent plus pesante, du régisseur, — la clientèle qui rassemble autour de très grands possesseurs fonciers des « amis » issus de l'aristocratie moyenne, — le groupe enfin de paysans pauvres entrés, pour recevoir les secours d'un protecteur terrestre ou pour s'assurer les bonnes grâces du saint patron d'un sanctuaire, dans une dépendance héréditaire voisine du servage.

Cloisonnement extrême, tel est bien en définitive le trait qui caractérise le mieux le support matériel de la civilisation dans la France de l'an mil. De ces petites cellules rustiques fermées sur elles-mêmes, où des techniques trop rudimentaires maintiennent fort bas le niveau de l'existence, peuvent seuls s'évader de temps à autre quelques privilégiés. Disposant de maigres surplus, ceux-ci ont seuls le moyen de se déplacer, de se rencontrer, de faire façonner par des artisans domestiques quelques parures moins grossières, d'acheter de ces objets brillants et bariolés de facture bien supérieure venus, par un colportage intermittent, de pays très lointains. Supériorité toute de surface, car ces potentats de village se dégagent à peine de la plus barbare rusticité. Dans toute la France — mais le trait est plus accusé dans sa portion septentrionale — les villes ont cessé depuis des siècles d'être les centres de vie mondaine où cette aristocratie terrienne aurait pu venir de loin en loin participer à certaines formes plus raffinées de la culture. Celle-ci est devenue, de longue date, le monopole d'une élite beaucoup plus restreinte encore, limitée à quelques dignitaires du clergé et aux moines de quelques cloîtres.

2. Les clercs et la culture savante

L'Église est partout solidement plantée. Au terme d'un effort de propagande mené par tant de missionnaires — les saints patrons de nos églises de village, Martin ou Germain,

Amand, Nectaire ou Valérien, et d'innombrables évangélisateurs anonymes — effort qui s'est prolongé sans relâche pendant plus de sept siècles, les pays français sont maintenant complètement encadrés par les structures chrétiennes. Les dernières grandes taches de paganisme rural, celle du pays basque, celle plus récente et résultant de la colonisation noroise en Normandie, viennent en l'an mil d'être effacées. Les seuls îlots de mécréance sont minuscules : il s'agit des petites communautés juives dont l'existence prolonge, dans les cités anciennes, celle des colonies de marchands levantins établies au Bas-Empire.

L'évêque

A une époque où l'évêque de Rome, qui jouit d'un prestige spirituel incontesté, n'exerce pourtant pas, en dépit des tentatives de certains papes du IXe siècle, de tutelle disciplinaire sur l'Église des Gaules, les organes principaux du corps ecclésiastique sont les évêques, établis dans chacune des anciennes cités romaines (les sièges épiscopaux sont ainsi beaucoup plus denses dans les provinces méridionales, autrefois plus urbanisées). Riche en terres, détenteur d'une portion du ban royal par le jeu du privilège d'immunité, parfois même investi dans la cité de tout le pouvoir du comte, l'évêque est le pasteur de tout le diocèse. Son autorité morale y est immense. Il est le chef respecté de tous les clercs, qu'il a tous éduqués, qu'il a lui-même sortis du laïcat en leur conférant les divers ordres sacrés, mineurs, puis majeurs, qui aboutissent à la prêtrise ; et les gestes rituels de l'ordination les lui ont attachés par le plus solide des liens de clientèle. Sur les laïcs, sa puissance n'est pas moindre : il est le juge des grands péchés, le prêtre ordinaire de tous les membres de la haute aristocratie ; c'est lui l'animateur des diverses activités charitables qui rassemblent autour de la cathédrale des foules dévouées d'indigents. Il lui arrive encore de faire des miracles de son vivant ou après sa mort, de guérir les malades, d'attirer sur les méchants la colère du ciel ; il manie une arme redoutable, l'excommunication, qui retranche de la société religieuse, cadre des plus importantes activités humaines, et qui place l'âme du coupable dans le pire des dangers.

Les paroisses

Toutefois, l'évêque n'est plus, comme aux premiers temps, le seul prêtre du diocèse. Dans la cité même, autour de l'église mère, s'est organisée une équipe de clercs, régie par un règlement d'application plus ou moins stricte : c'est le chapitre, dont les membres, les chanoines, mènent dans le cloître une existence partiellement communautaire, entretenus par un patrimoine foncier particulier, distinct de la dotation épiscopale ; ils sont les auxiliaires immédiats du prélat et se répartissent les tâches ; certains dirigent la formation intellectuelle du groupe, conduisent la célébration collective de la liturgie, d'autres sont chargés de surveiller le clergé rural. Car, pendant l'époque franque, les campagnes se sont couvertes d'un semis serré d'églises annexes ; ce sont pour la plupart d'anciens oratoires privés construits par les familles nobles au centre de leurs résidences champêtres, qui ont été ensuite consacrés par l'évêque et pourvus d'un prêtre chargé d'y célébrer la messe et d'y distribuer les sacrements ordinaires. Ce mouvement, qui tend à établir un foyer de vie sacramentelle dans chaque îlot de peuplement, parvient à son terme : on en est, à la fin du xe siècle, à tracer au milieu des solitudes forestières les limites des territoires paroissiaux. Cadres fondamentaux désormais de la vie rurale. Toutes les récoltes y subissent, au profit du sanctuaire, un prélèvement de taux variable, la dîme ; tous les habitants (à l'exception des maisonnées seigneuriales qui fréquentent la chapelle privée du maître) portent leurs offrandes périodiques et tarifées à l'église, où se tiennent les réunions liturgiques hebdomadaires, où sont célébrés les principaux rites qui scandent l'existence, qui est aussi le lieu de sépulture des morts et un centre de distribution d'aide aux miséreux. Ainsi, dans cette société où la campagne est tout, le christianisme, primitivement urbain, s'est enfin ruralisé. Il n'est plus de paysan qui n'ait maintenant un prêtre à sa portée et, au service des fidèles, nourri par une grosse fortune terrienne, foisonne un personnel surabondant de ministres de Dieu, dont les conditions matérielles sont fort diverses. Car au sein du clergé, les distances sociales sont aussi grandes que dans le monde laïc : évêques et chanoines sont au niveau des nobles dont ils sont les parents; le desservant de paroisse, nanti d'une tenure particulière qu'il cultive souvent lui-même, partage le genre de vie des laboureurs ; et le fils de serf que tel seigneur, après l'avoir affranchi, installe comme clerc domestique dans sa chapelle n'est pas, matériellement ni même peut-être moralement, dans une position sensiblement plus relevée que les valets d'écurie, ses frères.

Les moines

De l'Église font aussi partie les moines, qui sont entrés également dans la milice de Dieu en coupant leurs cheveux et en déposant les armes profanes; mais sans se charger, comme les clercs, du soin des âmes : ils se sont retirés du monde pour mieux préparer leur salut. Quelques-uns, précurseurs d'un mouvement qui va remplir tout le XIe siècle, sont des solitaires, ermites établis en lisière des clairières, vivant d'aumônes et de cueillette dans les espaces sylvestres. La plupart, cependant, pratiquent l'isolement collectif et sont rassemblés en communautés — communautés d'hommes presque exclusivement, car la vie religieuse, dans un monde où la femme est située dans une condition très déprimée, est avant tout affaire masculine. Depuis le début du Ve siècle, où, sur la côte provençale, les premières fondations diffusèrent les pratiques des sociétés cénobitiques égyptiennes, la Gaule s'est progressivement parsemée de monastères. Aux approches de l'an mil, il y en a partout, en ceinture dans la banlieue des cités anciennes, mais surtout à la campagne, en contact avec les exploitations agricoles; et ils sont souvent très prospères, car la dévotion populaire vénère spécialement ces asiles de prière ; les riches s'y retirent volontiers dans leur vieillesse, y placent tout jeune l'un de leurs fils, qui priera pour la famille ; beaucoup veulent y être ensevelis — et toutes ces attentions procurent à la communauté de substantielles aumônes en terre. Tous les monastères sont, depuis l'époque carolingienne, soumis en principe à la règle de saint Benoît. Ce sont donc des communautés closes dont les membres, astreints à la stabilité, sont, par les vœux qu'ils ont prononcés, placés sous l'autorité de l'abbé, leur père spirituel ; ils vivent dans la chasteté, mais sans macérations excessives ; ils ne possèdent rien en propre, mais le groupe lui-même peut être riche ; l'obligation primitive du travail manuel s'est beaucoup adoucie, et la plupart des moines vivent en seigneurs du produit d'un domaine qu'exploitent des paysans dépendants.

L'Église aux mains des laïcs

De ce grand corps partout présent, quelle est l'influence spirituelle ? Pour la mieux mesurer, il convient de mettre l'accent sur un trait fondamental de ce milieu humain, qui s'est dessiné pendant la période franque et qui est en partie la conséquence du succès même de l'évangélisation : l'intime fusion entre le spirituel et le temporel, entre le clergé et les fidèles. La notion d'une distinction particulière des fonctions sacerdotales, que les dirigeants de l'Église carolingienne avaient cherché à ranimer, s'est effacée. Dans une société qui s'ordonne en fonction de la terre et où l'Église, devenue terrienne elle aussi, a pris sa place au milieu des autres puissances foncières, on confond la seigneurie de l'évêque avec celle du comte, qui procure des profits analogues et se gère selon les mêmes méthodes, la tenure du prêtre de paroisse avec celle du laboureur. Entre les personnes, pas de barrières véritables : dans la vie quotidienne, hors des cérémonies où ils officient, qui distingue le curé du rustre, l'évêque, administrateur de domaines, juge, patron d'une forte clientèle et volontiers chef de guerre, des autres « maîtres », détenteurs comme

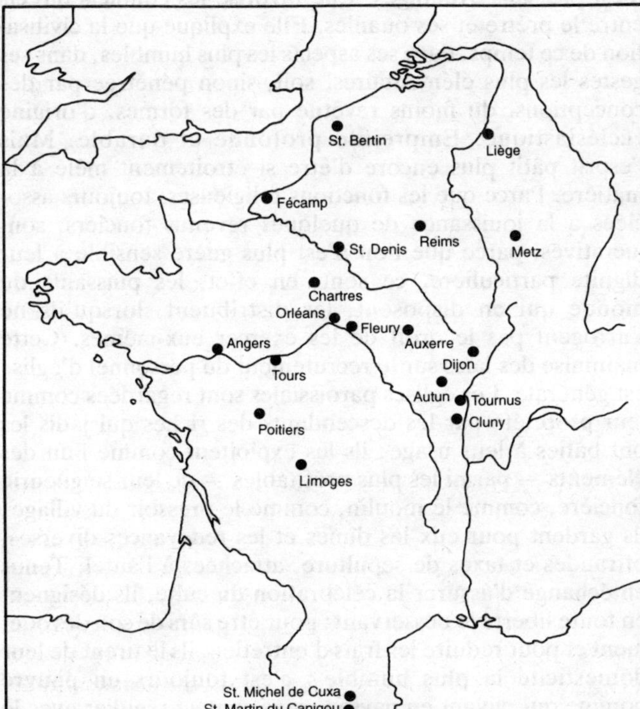

2. Les pays français en l'an mil
Les foyers de la culture sacrée

lui d'un débris de la puissance royale? Même costume, même nourriture, mêmes mœurs. Cette compénétration n'est pas sans avantages. Elle favorise les contacts directs entre le prêtre et ses ouailles. Elle explique que la civilisation de ce temps, dans ses aspects les plus humbles, dans ses gestes les plus élémentaires, soit, sinon pénétrée par des conceptions, du moins revêtue par des formes, d'origine ecclésiastique. Empreinte profonde et durable. Mais l'esprit pâtit plus encore d'être si étroitement mêlé à la matière. Parce que les fonctions religieuses, toujours associées à la jouissance de quelques revenus fonciers, sont lucratives, parce que l'on n'est plus guère sensible à leur dignité particulière, ce sont, en effet, les puissants du monde qui en disposent, les distribuent, lorsqu'ils ne s'arrogent pas le droit de les exercer eux-mêmes. Cette mainmise des laïcs sur le recrutement du personnel d'église est générale. Les églises paroissiales sont regardées comme leur propriété par les descendants des riches qui jadis les ont bâties à leur usage; ils les exploitent comme l'un des éléments – parmi les plus profitables – de leur seigneurie foncière, comme le moulin, comme le pressoir du village; ils gardent pour eux les dîmes et les redevances diverses, offrandes et taxes de sépulture, attachées à l'autel. Tenus en échange d'assurer la célébration du culte, ils désignent en toute liberté le desservant; pour être sûrs de son dévouement et pour réduire les frais d'entretien, ils le tirent de leur domesticité la plus humble : c'est toujours un pauvre homme qui, vivant en paysan, sans contact régulier avec le haut clergé de la cité, oublie vite le peu qu'il a pu apprendre, entièrement dépendant, par son origine comme par le lopin qui assure sa subsistance, du seigneur de son église. Dans chaque petite clairière paysanne, la fonction religieuse est sous la domination des chefs de village.

Même intrusion de la haute aristocratie au niveau supérieur du corps ecclésiastique. Les abbayes sont également des fondations privées, intégrées dans le patrimoine d'une famille, et les moines ne choisissent pas leur abbé sans qu'interviennent les patrons, qui font désigner leur créature et qui parfois, sans quitter le siècle, revêtent eux-mêmes la dignité abbatiale, afin de tirer profit plus à leur aise de la fortune monastique. De même, chaque grande famille du diocèse se réserve une place dans le chapitre cathédrale pour y établir l'un de ses membres, qui transmettra sa prébende à quelque neveu. Quant à l'évêque, que devraient élire en principe le clergé et le peuple, il est choisi, en vertu d'une tradition qui s'est imposée à l'époque franque, par l'autorité souveraine, c'est-à-dire par le roi dans un certain nombre de cités et, dans les autres, par les quelques grands qui ont accaparé localement les attributs de la puissance monarchique. Ainsi, toutes les fonctions spirituelles sont à la nomination des seigneurs de la terre ; qui, certes, ont tous, au moins par intermittence, le souci des valeurs surnaturelles — ce qui les conduit à désigner parfois les plus aptes à remplir leur tâche (il ne manque pas à la fin du xᵉ siècle dans l'Église, et aux meilleurs postes, d'hommes de haute qualité morale) — mais qui savent mal résister à leurs convoitises et qui, pour cela, choisissent souvent le candidat le plus avantageux, un fils cadet dont l'établissement est de la sorte assuré, un ami dont il convient de solder le dévouement, voire même celui qui offre le cadeau le plus tentant. Aussi beaucoup accèdent-ils aux dignités ecclésiastiques pour des motifs d'intérêt, sans vocation, sans préparation particulière, et le clergé est si mêlé au monde qu'ils ne jugent pas nécessaire de changer leur genre de vie, d'abandonner leurs habitudes du siècle. En fait, une large partie de l'Église est occupée par des laïcs, de comportement et d'attitude mentale.

A vrai dire, certains sentent le besoin d'une réforme. Un mouvement qui tend à soustraire le recrutement des abbés et des évêques à l'ingérence des puissances temporelles commence à se propager, depuis certaines abbayes lorraines en relations étroites avec l'épiscopat, et depuis Cluny. En 910, le fondateur de ce monastère bourguignon, préoccupé d'y garantir la régularité de la vie religieuse, avait stipulé que l'élection se ferait, conformément à la règle bénédictine, en dehors de toute intervention extérieure. Innovation heureuse : la communauté devint un modèle de rigueur spirituelle et, dans le cours du xᵉ siècle, les protecteurs d'autres abbayes demandèrent aux moines clunisiens de venir réformer celles-ci selon les mêmes principes. Toutefois, cette réaction, encore strictement limitée au milieu monastique, est à peine amorcée. Dans l'ensemble, l'Église reste sous la domination des laïcs. L'état moral du personnel ecclésiastique est pour cela très variable dans le temps et dans l'espace : les brutaux, les incultes, les relâchés côtoient les savants et les purs et leur succèdent. La tonalité de la vie religieuse, dans l'Église et autour d'elle, est donc, elle aussi, d'une grande diversité.

Attitudes et pratiques religieuses

Elle est d'ailleurs très difficile à discerner, les documents ne révèlent guère que les pratiques les plus extérieures et celles des élites. On entrevoit du moins que, dans ses manifestations les plus élevées, pour les meilleurs des clercs et des moines, le sentiment chrétien se nourrit beaucoup moins de la lecture des Évangiles que de la méditation de certains passages de l'Ancien Testament et surtout de l'Apocalypse. Religion par conséquent non point de l'incarnation, mais de la transcendance. Vision d'un Dieu lointain, puissant, terrible, qui châtie les vivants et qui reviendra juger les morts, les vouer selon leurs mérites à la joie ou à la souffrance éternelles. Quand ? Dans certaines couches plus profondes, plus populaires continuent certainement de vivre les croyances en l'imminence de la fin des temps qui étaient intimement mêlées au christianisme primitif ; et si l'on sait aujourd'hui que l'an mil n'a pas connu cette vague de terreurs collectives qu'imaginèrent les romantiques, il est certain pourtant que, même dans les cercles supérieurs de l'Église, dominent alors l'idée de la vieillesse du monde et l'attente anxieuse du Jugement dernier. Ce sont ces représentations simples qui alimentent la religiosité des clercs les moins éclairés et de tous les laïcs. Sauver son âme, se concilier cette divinité redoutable est la préoccupation primordiale de chacun. Bien moins sans doute en s'appliquant à conformer son existence aux principes de la morale évangélique que l'on connaît mal, qu'en obtenant le pardon de ses fautes aussitôt commises et en s'assurant le concours d'intercesseurs efficaces, les saints. Ces innombrables puissances invisibles, très individualisées, attachées spécialement à telle église ou à tel lieu sacré, qui, au fur et à mesure de la christianisation, se sont substituées, dans la conscience collective, aux divinités agrestes, aux génies tutélaires des villages.

L'appui des saints, qui seront les défenseurs de l'âme au tribunal divin, et le pardon de Dieu lui-même s'achètent surtout par les aumônes « qui effacent le péché comme l'eau éteint le feu ». Donner de la terre par quantités minutieusement proportionnées aux infractions commises, judicieusement réparties entre les sanctuaires jugés les plus salutaires, à toute occasion, mais surtout au moment de la mort, est le principal des actes religieux — au point que, dans ces campagnes où les échanges sont très réduits, les donations pieuses constituent, avec les partages successoraux, le facteur le plus actif de mobilité économique. Le salut se gagne également en accomplissant les rites précis et multiples en lesquels s'est desséchée la piété : en ce temps peu capable d'abstraction, ce sont les gestes, les signes concrets surtout qui comptent. Parmi ces rites, ceux qui touchent à la vénération des reliques sont particulièrement développés, car ils correspondent au goût du merveilleux, du prodige qui a envahi au xe siècle la sensibilité religieuse. Images concrètes des forces surnaturelles, ces ossements, ces fragments de corps saints sont imprégnés d'une particulière efficacité salvatrice ; on veut les toucher, on en fait commerce ; on n'hésite pas à les dérober pour les avoir à soi seul. Les usages recommandés par l'Église sont ainsi inextricablement mêlés aux pratiques superstitieuses, aux coutumes de sorcellerie antérieures au revêtement chrétien et demeurées singulièrement vivaces. Les prêtres de campagne eux-mêmes ont sans doute peine à les démêler de la liturgie officielle, puisque les conciles de la fin du xe siècle doivent leur interdire — vainement sans doute — la magie et la divination. Voilà ce qu'est alors le christianisme : pour tous, une religion non point tant de joie et d'amour fraternel que de culpabilité et de crainte prosternée — pour la plupart, un ensemble de formules et d'attitudes rituelles plaquées sur un fonds robuste de croyances très primitives, service des esprits bons qui protègent contre les puissances démoniaques, culte des morts, dont la survie n'est pas mise en doute : il n'y a pas si longtemps que l'on a cessé de déposer dans les tombes les armes et les écuelles de nourriture à l'usage du défunt. Et pourtant c'est autour de cette fonction religieuse, très rudimentaire dans ses applications les plus répandues, que s'ordonnent alors toutes les activités intellectuelles, littéraires et artistiques.

Celles du moins que nous pouvons connaître. On ne saurait douter en effet qu'il ait existé aussi une culture laïque et populaire ; mais, mises à part quelques traces infimes, indirectes et difficiles à repérer, il n'est rien resté de ses expressions, car elles étaient très périssables, poésies chantées non encore confiées à l'écriture, — ou très exceptionnellement, comme tel récit de la Passion, tel chant en l'honneur de saint Léger, qui ont été conservés, parce qu'il s'agissait de ces « cantilènes rustiques », de ces paraliturgies que chantaient les fidèles — ou bien décorations travaillées sur des supports éphémères, le bois, le textile ou la terre cuite. On ne sait rien de l'éducation que recevait le fils de riche qui n'était pas destiné à l'Église, ni de ses goûts. En revanche, les œuvres littéraires ou artistiques vouées à la gloire de Dieu ont revêtu des formes durables : le livre sur parchemin, la plaque d'ivoire, la pierre maçonnée ou gravée.

Survivances de la culture antique

Dans ces aspects supérieurs de la culture se marquent encore, bien que passablement déformées, de nombreuses survivances de la tradition romaine. Le bagage intellectuel et les conceptions esthétiques diffusés par Rome dans l'élite de la société s'étaient, lors de migrations germaniques, fortement dégradés en Gaule, tandis que la décadence des cités, l'exode des grands vers leurs domaines ruraux entraînaient la disparition des écoles qui avaient jusqu'alors dispensé un enseignement désintéressé aux fils de l'aristocratie. Les envahisseurs introduisirent un art tout différent de celui des Gallo-Romains cultivés, art de nomades appliqué à des objets de petites dimensions, art de forgerons et de bijoutiers, art non figuratif où les thèmes animaliers empruntés aux peuples des steppes s'intégraient dans un décor géométrique. Toutefois, cette régression de la culture classique qui, particulièrement accusée au nord de la Gaule, se poursuivit jusqu'au VIIe siècle ne fut pas complète. L'école en effet subsista, mais transformée, devenue strictement professionnelle et exclusivement orientée vers la formation des clercs et des moines. Car le christianisme, « religion du livre », se fonde sur un certain nombre de textes, que ses ministres au moins doivent pouvoir lire et comprendre. Ces textes — au centre, la traduction que saint Jérôme donna de la Bible à la fin du IVe siècle — sont écrits, dans les pays d'Occident, en latin classique, et c'est à cause de cet élément scripturaire essentiel que l'école antique, condamnée d'abord parce que, fondée sur l'étude des écrivains profanes, elle était le bastion du paganisme, fut intégrée dans l'Église et en devint peu à peu l'un des organes indispensables, à mesure que, par suite de la corruption des dialectes vulgaires, par suite aussi des progrès de l'évangélisation au-delà des limites de la latinité, la langue de l'Écriture cessait d'être intelligible à un nombre croissant de prêtres. En outre, les formes de l'art classique continuèrent à vivre. On ne cessa pas de construire en Gaule, selon les techniques romaines dont les maçons se transmettaient le secret de génération en génération, des édifices de pierre réservés eux aussi de plus en plus à des usages religieux. Quant à la décoration figurative et humaniste, refoulée par la propagation de l'esthétique barbare, elle regagna progressivement du terrain, s'introduisit dans les plaques de ceinture damasquinées ornées à la fin du VIe siècle dans la région parisienne, reparut, fixée dans le calcaire tendre, au flanc de sarcophages, comme celui de la chapelle funéraire de Jouarre, s'épanouit surtout dans les illustrations des livres saints. Mais le sauvetage décisif de ce qui pouvait encore subsister de la culture antique et son intégration dans les cadres chrétiens se produisirent aux alentours de l'an 800, au temps de la « renaissance carolingienne ». Effort tenace, mené par deux générations d'hommes d'Église et de chefs d'État pour relever le niveau intellectuel du clergé et rénover l'ornementation des sanctuaires par des emprunts aux vestiges de la civilisation du Bas-Empire qui subsistaient, mieux conservés, en Italie du Nord, et dans les monastères d'Angleterre. De cette renaissance récente, la vie de l'esprit et des arts dans les pays français aux approches de l'an mil procède directement.

Les écoles

Une base scolaire, toute cléricale (s'il arrive encore que des jeunes gens de la très haute aristocratie soient admis, sans être spécialement voués à la prêtrise ou à la vie monastique, parmi les élèves ecclésiastiques, le cas est exceptionnel : pendant la plus grande partie du Moyen Age, le mot laïc fut synonyme d'illettré). Pour ces écoles installées dans les monastères, les chapitres cathédraux, Alcuin et les autres savants, qui aidèrent Charlemagne à faire revivre les études, ont mis au point un programme qui prolonge celui de l'Antiquité romaine : groupe de disciplines que l'on appelle les sept « arts libéraux » et qui se rangent en deux cycles. Le premier, le *trivium*, est avant tout une éducation de l'expression. Au seuil, la « grammaire », science de la langue — de la langue latine, personne ne connaît alors le grec — communiquée par la lecture commentée de quelques poètes profanes, Virgile, Stace, Juvénal, Térence, Lucain, et surtout par l'étude abstraite des gloses de Donat et de Priscien ; puis la « réthorique », art de la composition littéraire, que l'on apprend en lisant les *Institutions oratoires* de Quintilien et le *De Oratore* de Cicéron, et en se livrant à des exercices d'imitation sur les *Catilinaires*, les *Verrines* ou les discours de Tite-Live ; enfin la « dialectique », formation du raisonnement logique, fondée essentiellement sur quelques traités de philosophes ou de vulgarisateurs de la basse latinité, Boèce et Porphyre, qui transmettent un reflet très pâle et déformé d'Aristote et de Platon. Vient ensuite le *quadrivium*, qui tendrait à donner une connaissance encyclopédique du monde, mais dont les branches sont en réalité très peu développées. Par « géométrie » et « arithmétique », on entend à la fois des spéculations sur la valeur mystique des nombres, qui ne sont pas sans rapport avec les pratiques magiques et qui répondent à une orientation profonde de l'âme médiévale, à la recherche des correspondances et de transpositions analogiques — et des exercices pratiques où l'on s'entraîne au délicat maniement des chiffres romains ; l'« astronomie » est une simple technique, très rudimentaire, appliquée soit au « comput », au calcul de la date de Pâques, pivot du calendrier religieux, soit à la divination par les étoiles; la « musique » enfin, apprentissage du chant liturgique.

Tel est le schéma d'ensemble. Mais il ne faudrait pas imaginer un passage progressif d'une discipline à l'autre; dans les centres d'enseignement où les élèves, de tous âges, se groupent autour d'un seul maître qui, dans l'intervalle des exercices rituels, lit un texte et le commente, tout se mêle, l'éducation formelle, la transmission de recettes empiriques, la méditation spirituelle. En outre, à cette époque — en cela parfaitement fidèle à la tradition carolingienne — l'accent porte principalement sur le *trivium* et dans ce cycle sur la grammaire: c'est une étude du latin. Gauche d'ailleurs dans ses méthodes, puisqu'il s'agit essentiellement de la longue rumination de textes exemplaires que l'on s'acharne à copier — mais qui fait, de tous ceux qui sont passés par l'école, des bilingues. En effet, les parlers populaires sont maintenant, par l'orientation de l'éducation scolaire, définitivement coupés de la langue des intellectuels, celle de l'Église, de la science et de l'art; langue non point morte mais très vivante, très souple, susceptible d'épouser toutes les nuances de la pensée et de l'expression — la seule écrite. Littérature fort pauvre d'ailleurs et toute scolaire : la bibliothèque (dont le fonds s'est constitué aux temps carolingiens) et l'atelier d'écriture et de composition littéraire, le *scriptorium*, sont des annexes de l'école. Quelques poèmes de prière — des lettres, comme il convient à cette époque de cloisonnement matériel, où les hommes cultivés, dispersés dans les principaux postes ecclésiastiques et séparés par de très grandes distances, sont contraints de recourir à la correspondance pour trouver des interlocuteurs à leur niveau. Un seul genre florissant, l'histoire : dans les établissements religieux les plus importants, on tient régulièrement des annales, plus ou moins riches, plus ou moins ouvertes sur le monde ; l'œuvre la plus habile de ce temps est le recueil historique composé par Richer, entre 991 et 995 dans l'école de Reims, qui suit de très près des modèles antiques, en particulier Salluste.

L'art

Comme l'école, l'art est alors, dans le sens même de la renaissance carolingienne, de destination essentiellement religieuse : il contribue à la magnificence de l'office liturgique. Par une ornementation musicale d'abord. En ce domaine, la fin du Xᵉ siècle est le moment où s'implantent et se répandent dans les pays français les innovations techniques du siècle précédent : les premiers essais de polyphonie ; la notation par les neumes — en vérité de diffusion très restreinte —, première ébauche d'une représentation graphique de la ligne musicale et qui permet de fixer la mélodie, jusqu'ici confiée seulement à la mémoire ; et surtout le trope, qui renouvelle le plain-chant grégorien en disposant des textes nouveaux de libre invention sur les modulations du chant rituel, qui de la sorte stimule la lyrique religieuse et suscite l'apparition des premières formes du théâtre liturgique : vers 970, au matin de Pâques, les moines de Fleury-sur-Loire mimaient, en chantant des tropes, la découverte de la résurrection du Christ.

Hommage est également rendu à la gloire de Dieu par la décoration du sanctuaire — et c'est là que les traditions antiques, ranimées à la fin du VIIIᵉ et au IXᵉ siècles, sont les plus vivaces : comme jadis à Rome, il s'agit d'un art de la pierre et d'un art de la figure humaine. Art de la pierre pour la construction des églises. Ce sont presque toutes des basiliques rectangulaires à la romaine, mais où les nécessités de liturgie, et en particulier le développement du culte des reliques, ont récemment donné lieu à des essais de transformation, prémices d'un renouvellement des techniques du bâtiment. Ces recherches portent surtout sur deux éléments de l'édifice : l'entrée, ce vestibule à bas-côtés et tribunes à l'usage des pèlerins, qui prend de l'extension et tend à devenir une espèce d'église secondaire, épaulée par deux tours et surmontée d'un clocher ; le chevet, où la crypte, entourée d'un déambulatoire à chapelles rayonnantes, s'ordonne, sous le chœur, autour des principaux reliquaires. Dans ces constructions plus massives sont expérimentés des procédés nouveaux, le pilier, substitué aux colonnes de la tradition basilicale, les voûtes, remplaçant la charpente. Quant à la représentation de l'homme, elle tient une place prépondérante dans l'ornement de l'autel. La figure du Christ, celle des apôtres et des saints apparaissent en effet — schématisées certes, mêlées aux entrelacs, aux éléments abstraits de décoration, aux souvenirs des procédés de bijouterie qui sont le legs de l'esthétique non figurative, géométrique et bigarrée introduite jadis dans la romanité par les envahisseurs germaniques — mais au centre de la composition, motifs majeurs. Traitées en très léger relief sur les panneaux d'ivoire ou de bois recouvert de métal précieux disposés en retables — dressées parfois, comme dans ces idoles offertes dans la France méridionale à l'émerveillement des pèlerins, dans ces reliquaires anthropomorphes dont celui de Sainte-Foy de Conques est le plus saisissant exemple, en une orfèvrerie qui préfigure la statuaire — dessinées et peintes sur les pages des livres sacrés. Les techniques de la peinture sur manuscrit — le plus grand art carolingien — se sont maintenues en effet dans les abbayes les plus vivantes, à Saint-Bertin et à Fleury, à Saint-Germain d'Auxerre et à Saint-Martial de Limoges, et ses images se retrouvent agrandies sur les fresques des murs.

Géographie de la culture

Par ses racines donc, la culture des clercs, la culture savante se relie à Rome. Mais ses cadres essentiels, ses modes d'expression et de transmission ont été définitivement mis en place par les auxiliaires des grands souverains carolingiens et ceci à l'intérieur d'une construction politique particulière. Étape intermédiaire qui rend compte de certains de ses traits. De son unité d'abord. Malgré les distances qui séparent les uns des autres les très rares centres de vie intellectuelle et artistique, perdus au milieu de la commune rusticité, d'un bout à l'autre de la Gaule les manières de penser, les goûts, dans le tout petit monde des gens instruits, sont d'une singulière homogénéité. Ces pays en effet furent tous englobés dans l'empire construit par Charlemagne, et, pendant deux ou trois générations, au moment décisif, les vrais artisans de la renaissance, les abbés des principaux monastères, les grands évêques de la première moitié du IXe siècle, tous recrutés dans les quelques grandes familles dirigeantes, ayant tous reçu au palais du souverain une formation identique et qui surent maintenir entre eux, par les réunions périodiques de la haute Église, par les voyages et les rapports épistolaires, des relations intimes, vécurent dans une très étroite communauté d'esprit. Ainsi, malgré les cloisonnements ultérieurs, les cadres de la pensée et de la création artistique sont partout restés semblables.

Unité donc, mais aussi relative stérilité : par rapport aux autres régions de la chrétienté latine, les pays français font en effet, dans le domaine de la culture savante, figure d'arriérés. C'est, en premier lieu, que les structures implantées par les Carolingiens y ont été disloquées plus tôt et plus profondément que dans le reste de l'Empire, car les invasions y ont été plus pénétrantes, et plus poussée la décadence de l'autorité monarchique : écoles et ateliers monastiques ont souffert plus qu'ailleurs de ces dégradations. En état de dépression par rapport aux pays germaniques, solides conservatoires de la tradition carolingienne, la France l'est aussi par rapport aux contrées périphériques du monde chrétien qui, elles, sont vivifiées par leurs liaisons avec d'autres civilisations : la Lombardie, ouverte sur Byzance par les ports du fond de l'Adriatique, où subsistent les traces d'un enseignement profane et d'où les meilleurs maîtres maçons se répandent dans toute l'Europe — l'Espagne chrétienne surtout, lisière cantabrique et Catalogne, en rapport étroit avec la richesse, les raffinements et la science de l'Islam.

A l'intérieur même des pays français, la géographie de la haute culture s'ordonne en fonction de l'intensité — variable — de l'empreinte carolingienne. Celle-ci est beaucoup plus profonde dans les vrais pays francs, la Neustrie et l'Austrasie, c'est-à-dire au nord de la Loire. Mais dans cette zone, les fondations originelles ont été dérangées par les invasions normandes. Dévasté, tout le versant occidental commence à se relever lentement d'un long affaissement, revigoré par l'essor de la navigation en mer du Nord, par des échanges plus actifs avec l'Angleterre : quelques foyers renaissent, Tours, Saint-Denis, Fleury, où l'on vénère les reliques de saint Benoît, le patriarche des moines d'Occident, bientôt Chartres. Toutefois, l'activité est beaucoup plus intense dans les contrées de l'Est : provinces refuges, comme la Bourgogne, épargnées par les pillages, où ont afflué tous ceux qui pouvaient fuir les zones d'insécurité, des communautés entières de religieux avec leurs reliques et leurs livres; marches frontières où se fait sentir, comme à Reims, l'influence bénéfique des grands centres culturels de la Meuse et de la haute vallée du Rhin. En revanche, le sud de la Gaule, l'Aquitaine rétive, jamais vraiment soumise à la domination franque, n'ont été que très superficiellement atteints par la renaissance des études et des arts qui se propageait depuis l'entourage des souverains carolingiens. Toutefois dans cette portion méridionale agissent d'autres ferments de vitalité. L'héritage beaucoup plus riche, mieux préservé, du passé romain, et qui s'est trouvé là moins déformé que dans les pays de la Seine par l'action des intermédiaires ecclésiastiques et par la contamination des coutumes germaniques : entre Poitiers, Toulouse et Arles, Rome, la vraie et non pas cet aspect particulier de la romanité qu'a, en se l'assimilant, recueilli le christianisme, est beaucoup plus présente, par les monuments, mais aussi par toute une attitude mentale. Ce pays enfin est pénétré d'une autre force, celle qui vient des confins espagnols, par où sont perçus les reflets de la civilisation mozarabe.

Ainsi se distinguent, au nord-est et au sud de la France, deux pôles où la culture, d'une égale vitalité, n'a pas tout à fait la même teinte. Et il apparaît déjà que les réalisations les plus fécondes sont celles qui naissent de liaisons entre ces deux provinces culturelles, de l'ensemencement de la tradition carolingienne par des germes venus du sud, d'une latinité plus fidèle et en même temps perméable à certains messages de l'Islam. Un exemple : la carrière et la personnalité de l'homme le plus savant de ce temps, Gerbert, qui mourut pape sous le nom de Sylvestre II et dont les générations postérieures se souvinrent comme d'un magicien au pouvoir étrange. Aquitain, il avait été formé aux lettres classiques dans le cloître du monastère d'Aurillac, aux lisières du réduit auvergnat où les souvenirs romains, à l'abri des invasions et des dominations trop pesantes, s'étaient maintenus plus vivaces. Il vécut ensuite, de 967 à 970, en Catalogne. Sur cette frontière des pays arabisés, lieu de tous les trafics, commerces d'épices et d'esclaves, et où s'échangeaient également les connaissances et les procédés artistiques, on poussait plus loin qu'ailleurs l'étude des mathématiques, et Gerbert s'y familiarisa avec des techniques de calcul moins rudimentaires, en particulier avec le maniement de cette machine à compter que l'on appelle l'abaque. Entre 972 et 982, devenu maître de l'école épiscopale de Reims, parallèlement au *trivium* (qu'il conduisait en humaniste, nourri des bons auteurs, comme le prouvent sa correspondance et l'habileté littéraire de son élève Richer), il y développa les disciplines scientifiques — comme le faisait au même moment Abbon à Fleury-sur-Loire. Il initiait ses élèves à l'astronomie, fondement des recherches sur l'harmonie du monde, et enseignait à fond la musique, sachant rendre « tout à fait sensibles les différentes notes en les disposant sur le monocorde, en divisant leurs consonances et leurs symphonies en tons et demi-tons, en ditons et en dièses, et en répartissant méthodiquement les tons en sons »[1]. Conquête progressive des nuances auditives, réduites à des catégories intelligibles, et en même temps appréhension plus rigoureuse du rythme et du temps. Sous son impulsion, Reims devint le plus brillant centre d'enseignement du royaume de France et le point de départ d'un enrichissement des études, puisque Gerbert y compta parmi ses disciples — avec le fils de Hugues Capet, le futur roi Robert — Fulbert, qui devait transporter à Chartres, où il fut chargé des fonctions épiscopales, l'enseignement de son maître.

3. Diversités régionales

Parmi les intellectuels, l'activité de Gerbert et son influence le montrent, les distances alors ne comptent pas ; d'un centre d'études à l'autre, les hommes, les livres, les idées circulent, et par ce mouvement s'atténuent les particularités locales sur le plan de la culture savante. Mais ce milieu est fort restreint et, considérée dans son ensemble, la civilisation de l'an mil présente, dans l'espace, de nettes diversités. Car les pays français sont immenses, répétons-le, beaucoup plus vastes relativement que les plus grands empires d'aujourd'hui, en raison de l'inefficacité des techniques de relation et de la très faible fluidité sociale. Parmi ces paysans, dispersés par petites bandes au milieu des solitudes, les coutumes, les usages qui règlent la vie quotidienne poursuivent un développement autonome dans chaque cellule close — et la dissolution de l'État carolingien, le morcellement de la puissance royale sont en fait une adaptation normale des structures politiques à la fragmentation naturelle du milieu humain. Au surplus, certaines oppositions régionales sont l'héritage du passé. Les diverses provinces des Gaules n'ont pas eu la même histoire — et l'on vient de voir les différences que ces vicissitudes

1. RICHER, *Histoire de France*, II, 49, éd. et trad. Latouche.

diverses ont introduites dans la constitution de leur héritage culturel. Depuis la fin des temps antiques, les migrations de peuples, les passages de pillards les ont inégalement affectées, et l'intensité variable de ces intrusions extérieures a accusé des contrastes déjà sensibles dans le substrat préromain. Des frontières, celles-ci très précises, d'autres au contraire qui sont de larges bandes floues, des passages dégradés d'une nuance à l'autre, partagent la France de ce temps. Il convient, pour finir, d'en indiquer l'orientation.

Frontières linguistiques

En premier lieu, lignes très nettes et d'une grande stabilité, les frontières linguistiques. Elles délimitent, à la périphérie, quelques aires où le langage de Rome a été supplanté par d'autres parlers, parce que l'empreinte latine était restée superficielle. Domaine germanique, à l'est de la Meuse et des Vosges, où les envahisseurs ont jadis effacé presque complètement les traces de la romanité, comme la partie Nord de la plaine flamande, pays disgracié jusqu'alors, encore pénétré par la mer et à peu près désert, mais qu'éveille l'activité batelière, maritime et fluviale, gage d'une prospérité dont on perçoit déjà les annonces. Domaine celtique, dans la moitié occidentale de la péninsule armoricaine, où les Bretons des îles ont immigré au VIe siècle et sont restés insoumis à la domination carolingienne ; une culture, une structure sociale particulières, qui s'organisent autour du clan, parentes de celles de l'Irlande et du pays de Galles, se sont implantées en Bretagne, qui se tient encore très à l'écart de la civilisation française, à laquelle elle n'a participé pendant tout le Moyen Age qu'avec un retard de plusieurs générations. Enfin îlot du dialecte basque au sud de Bordeaux, dans une région elle aussi répulsive — mais la Gascogne, dominée par des potentats autonomes, après avoir longtemps constitué un obstacle de sauvagerie presque impénétrable, est en train de se civiliser ; depuis peu christianisée, elle ouvre des passages de plus en plus fréquentés vers l'Espagne du

Nord-Est. Cependant, ces secteurs de particularisme linguistique sont d'étendue fort limitée, et rejetés aux lisières de l'aire d'extension de la civilisation française. Dans l'ensemble de celle-ci sont parlés des dialectes romans, entre lesquels il n'existait pas alors ces différenciations précises qu'ont établies aux XIe et XIIe siècles, avec l'épanouissement des littératures en vulgaire, la formation des langues littéraires d'oc ou d'oui; sans doute se manifeste-t-il déjà des divergences profondes dans la manière dont sont déformées les racines latines entre les parlers du Nord et ceux du Sud, mais de l'un à l'autre les transitions sont insensibles : chaque groupe de villages a son propre système phonétique. Ici, les limites qui sont senties par les contemporains sont d'un autre ordre, fractionnements politiques, dont certains prolongent des frontières ethniques d'une plus ou moins grande ancienneté.

Frontières politiques. France du Nord et du Sud

Le partage de Verdun en 843 a tracé vers l'est les bornes du royaume que lentement l'on s'accoutumera à appeler la France. Elles longent à peu près l'Escaut depuis son embouchure, gagnent la Meuse à travers l'Argonne, suivent à bonne distance les rives occidentales de la rivière; elles sont ensuite marquées, sauf chevauchements de part et d'autre, par le cours de la Saône, évitent la plaine du Forez, mais englobent le Velay et vont rejoindre la petite branche du delta du Rhône. Frontière précise : en son voisinage, tous, et en particulier les professionnels qui rédigent les chartes, savent exactement où elle passe; mais qui n'a aucune réalité dans la vie quotidienne, sans postes de douane ni garnisons, que l'on franchit sans s'en apercevoir et sans s'en soucier et qui traverse, sans les dissocier, les seigneuries, les clientèles personnelles et les finages villageois. Au-delà, la Lorraine, intégrée depuis un siècle au royaume de Germanie, participe à la brillante culture ottonienne; elle se trouve vivifiée par une précoce réforme ecclésiastique et, le long de l'axe mosan, par la prospérité d'une artère majeure de la circulation et du commerce. Tandis qu'au sud des Vosges commence le « royaume d'Arles », conjugaison des deux royaumes de Bourgogne et de Provence ; il s'étend de Bâle à Marseille, mais son roi, qui réside entre Vienne et le haut Rhône, est parfaitement impuissant. Contrées de forte autonomie seigneuriale, que sillonnent en direction des passages montagnards les routes menant en Italie, ces régions du Sud-Est sont plus romaines, plus urbanisées ; cependant dans leur versant méridional, elles ont beaucoup souffert du brigandage sarrasin, réprimé de manière efficace depuis quelques années seulement : aux rivages méditerranéens, la vie maritime est réduite à un insignifiant cabotage ; l'évêque de Grenoble, le comte de Provence s'occupent de repeupler leurs domaines dévastés qu'ils distribuent, en larges morceaux vides, à leurs fidèles.

Le Royaume lui-même est loin d'être homogène. C'est à peine si lui appartiennent les régions abandonnées depuis le début du xe siècle aux envahisseurs scandinaves, les rives de la basse Seine d'abord, puis le Bessin et le Cotentin ; cette « Normandie » constitue sous l'autorité des descendants des Vikings une souveraineté particulière, dont les destinées politiques sont tout à fait indépendantes. Toutefois, la colonisation noroise s'est limitée à quelques cantons ; les traces de destructions se sont vite effacées avec la fixation à demeure des pirates, et certains éléments majeurs de la civilisation antérieure, le christianisme, le latin et ses dérivés populaires, la seigneurie, y sont réapparus, enrichis sur plus d'un point et consolidés par les apports étrangers. Au sein même du territoire où théoriquement s'étend le pouvoir de *rex francorum*, apparaissent trois zones bien distinctes, trois duchés que, réminiscence tenace, l'on appelle encore parfois des royaumes, et dont les habitants sont persuadés de former des « peuples » particuliers — trois grandes provinces délimitées lors des migrations germaniques par l'établissement des divers groupes d'envahisseurs et que la domination carolingienne n'a pu réduire à l'unité. Des trois, la moins individualisée est la Bourgogne, médiocre fragment de l'ancien pays burgonde dont la majeure partie est au-delà de la frontière du royaume. En revanche, les deux autres s'opposent vigoureusement. D'une part, le vrai pays de France, celui de Clovis et de ses fils, qui, autour de Paris, d'Orléans, de Tours, prolonge l'ancienne Neustrie et dont les ancêtres du nouveau roi étaient ducs. De l'autre, la grande Aquitaine, le domaine des envahisseurs wisigoths, restée tendue dans une longue résistance aux conquérants francs, et qui s'ordonne autour de deux pôles : Poitiers, conservatoire des traditions romaines et centre de la puissance ducale ; Toulouse, tête de l'ancienne marche de l'Espagne, du glacis de protection militaire établi par les Carolingiens face à l'Islam de part et d'autre des Pyrénées orientales. Entre la France et l'Aquitaine, de la basse Loire à Chalon-sur-Saône, court la frontière la plus profonde, la plus vivante, qui, elle, sépare moins des dominations politiques rivales que des divergences foncières dans la manière de vivre, dans les façons de se vêtir, de battre le blé ou de couvrir les toits, dans les sentiments et la conception du monde. Affrontement d'incompréhension, d'hostilité réciproques — et je laisse ici parler le moine clunisien Raoul qui vit passer aux alentours de l'an mil le cortège amenant au roi Robert sa nouvelle épouse : « Commencèrent alors d'affluer en France et en Bourgogne, venant d'Auvergne et d'Aquitaine, des hommes de la plus grande vanité d'esprit, ridicules dans leurs mœurs et dans leur vêtement, désordonnés dans leur armement et le harnachement de leurs chevaux, les cheveux coupés jusqu'au milieu du crâne, la barbe rasée à la manière des pitres, avec des chausses très indécentes, tout à fait incapables de tenir la fidélité et la paix jurée[1] ».

Diversité donc, cloisonnement : c'est cette notion qui encore une fois s'impose. Partout la même rusticité, la même précarité des moyens d'existence ; et dans chacun de ces asiles rares et fragiles où se conserve la culture savante, les mêmes livres, les mêmes tendances esthétiques. Mais entre chaque petit groupe de clairières villageoises ordonnées autour d'un carrefour, d'une cathédrale, d'un point

1. Raoul GLABER, *Histoire*, III, IX, 40.

d'appui défensif, des liaisons très irrégulières, les barrières que dressent, aussi bien que l'espace solitaire où l'on hésite à s'aventurer, la méfiance à l'égard des gens d'ailleurs. Telle est la France de l'an mil. Toutefois, cette époque n'est pas orientée vers un repliement plus étroit ; depuis quelques années, depuis qu'ont été contenues les dernières poussées de brigandage, les conditions ont changé ; déjà, ici et là, la friche recule devant des outils paysans plus efficaces, déjà sur les routes les voyageurs sont plus nombreux, et parmi eux les colporteurs de marchandises ; non point prostration terrifiée dans l'attente de la fin du monde, mais fermentation, annonce d'un prochain desserrement. Et peu à peu s'organise, cadre humain de cet essor, un ensemble nouveau de relations sociales, d'usages et d'attitudes mentales. Ce qu'on appelle la féodalité.

CHAPITRE II

Les féodaux. Le XIe siècle

Féodalité, l'expression est critiquable, — le fief n'est en effet qu'une des articulations, et non la plus importante, du nouvel agencement des rapports entre les hommes — mais elle est consacrée par l'usage : gardons-la, en essayant de préciser ce dont il s'agit. Les formes apparentes des relations sociales se sont transformées dans le cours du XIe siècle. Mutation très importante : l'évolution de la civilisation française s'est, dès lors, poursuivie, et pendant de longs siècles, à l'intérieur des nouveaux cadres qui, même lorsqu'ils eurent cessé de constituer l'armature vivante de la société, continuèrent encore durablement d'influencer les habitudes de pensée ; « noblesse », « chevalerie », « honneur », « hommage », les mots-clés de la structure nouvelle ont eu des résonances si prolongées qu'aujourd'hui encore, elles ne sont pas complètement amorties. Mais ce ne fut point une révolution brusque ; des modifications en profondeur à peine perceptibles préparaient de longue date cette transformation. Ce qui se produisit dans les décennies qui s'ordonnent autour de l'année 1020, ce fut la prise de conscience collective de ces changements, leur consécration juridique, et du même coup, la fixation et la précision de rapports sociaux restés jusqu'ici dans le vague des réactions instinctives. Adaptation finale — et tardive — au milieu, à l'isolement des clairières de peuplement, au repliement de l'économie, à cet enlisement dans la vie rurale qui caractérisait le Xe siècle.

La société « féodale » présente en effet deux traits fondamentaux. D'abord, le pouvoir y est morcelé en petites cellules autonomes : les notions abstraites qui jadis avaient encadré les relations politiques se sont définitivement effacées ; sauf peut-être pour quelques clercs mieux entraînés à réfléchir, les idées de souveraineté, de communauté publique n'ont plus aucun sens ; commander, punir d'autres hommes est un attribut personnel, qui s'hérite, se vend comme une terre, et que ceux qui ont la chance de le détenir exercent à leur profit exclusif, sans avoir de compte à rendre à personne. En outre, pour être reconnue, l'autorité doit se manifester dans le concret : nul n'obéit à un maître qu'il ne voit pas, dont il n'entend pas la voix ; la présence physique du chef est indispensable, et pour cela sa puissance ne peut s'étendre que sur de petits groupes d'hommes rassemblés. Second caractère : une limite isole maintenant du commun une caste d'hommes bien nés et nantis de privilèges coutumiers. Là encore, simple prise de conscience : l'aristocratie était depuis longtemps formée ; mais elle a désormais ses droits reconnus, ses titres. En effet, à la fin du xe siècle, l'idée s'est largement répandue que la société chrétienne se trouve divisée en « ordres », c'est-à-dire en catégories aux frontières strictes, qui ont été chargées par Dieu d'une mission particulière et qui, du fait de cette vocation, ont droit chacune à un traitement spécial. Concept de savants, formé depuis longtemps déjà dans les cercles instruits de l'Église et qui, d'abord, s'était appliqué aux prêtres et aux moines pour les placer à part des laïcs — mais qui maintenant sépare ces derniers en deux groupes. Ici le petit nombre, les riches, les seigneurs, les oisifs qui, pour mériter les avantages matériels que leur a accordés la Providence, doivent, s'appliquant entièrement à l'art militaire, défendre par les armes les autres catégories sociales ; là, l'« ordre » des travailleurs, la masse des petits, des pauvres, des rustres, chargés selon le plan divin d'entretenir par leur labeur, en échange de la protection spirituelle et temporelle que ceux-ci leur procurent, les spécialistes de la prière et du combat.

1. Les châteaux et le pouvoir

Le château

C'est en fonction de l'édifice militaire, du château, que, dans une large mesure, s'est aménagée la nouvelle structure sociale. Le château est, au XIe siècle, une construction extrêmement simple, une tour rectangulaire et trapue, à deux étages ; l'inférieur est une resserre à provisions ; le supérieur, sur lequel s'ouvre la porte que relie au sol une légère échelle amovible, sert de lieu de séjour et de retraite où s'organise éventuellement la défense. Sauf aux confins méditerranéens où les bonnes poutres sont rares, les murs en sont de bois, matériau plus accessible et plus facile à mettre en œuvre, mais qui s'enflamme et c'en est l'inconvénient : d'abord, on ne peut s'y chauffer, la cuisine doit être établie au-dehors, à l'écart — et surtout, le feu est pour les assaillants l'arme la plus efficace ; les défenseurs s'en protègent en revêtant, au moment du combat, les parois extérieures aux points les plus vulnérables de peaux fraîchement écorchées. La parade est précaire ; aussi les plus grands seigneurs, ceux qui en ont le moyen, tâchent-ils d'édifier une tour de pierre, comme le donjon de Langeais qu'éleva dans les dernières années du Xe siècle le comte d'Anjou, ou comme celui de Montbazon en Touraine. Mais cette substitution de la pierre au bois, très coûteuse (il faut embaucher des carriers, des maçons professionnels), est très rarement entreprise, et les forteresses maçonnées ne se sont guère généralisées avant la seconde moitié du XIIe siècle. Par conséquent, lors de l'établissement de la féodalité, le château est, comme en ce temps toutes les demeures des hommes, rudimentaire et fragile. Cependant sa permanence et le meilleur de sa force lui viennent de sa position : la tour est en effet juchée sur un lieu élevé, difficilement accessible, et si la nature n'offre pas d'escarpement, on construit un tertre artificiel, la « motte », cernée de fossés profonds ; enfin, un talus surmonté d'une palissade entoure à quelque distance le centre défensif, et cette première ligne, capable d'arrêter l'agresseur, protège un large enclos où les populations d'alentour peuvent en cas d'alerte trouver refuge. Pour cela, le château, la « ferté », est l'image même de la sécurité collective, le symbole et l'assise du pouvoir de commandement militaire pour tous les villages environnants.

Ces forteresses ne sont pas très nombreuses et tous les membres de l'aristocratie, bien loin de là, ne sont pas au XIe siècle des châtelains. En réalité, variable selon les lieux, plus forte le long des grandes voies de passage et sur les lisières où s'affrontent les dominations régionales, très faible au contraire dans les contrées fortement boisées, la densité des châteaux de ce temps paraît comparable à celle des actuels chefs-lieux de canton, soit en moyenne un lieu fort pour une vingtaine, une trentaine de terroirs paysans. En outre, la plupart de ces retranchements sont, à cette époque, des établissements déjà anciens. Élevés aux temps carolingiens, lorsque le fractionnement de l'empire en royaumes rivaux, puis la pénétration de plus en plus profonde des incursions scandinaves, hongroises et sarrasines, obligèrent à étendre à l'ensemble du territoire le régime d'exception des marches frontières et à disséminer les centres de défense, ces forteresses ont été édifiées presque toutes sous le contrôle de l'autorité souveraine dans le cadre du royaume ou du comté. Certes, quelques aventuriers ont pu ici et là, à la faveur du désordre et de l'insécurité, construire un *castrum* de leur propre initiative. Entreprise hasardeuse en vérité : il fallait à la fois tromper la vigilance des chefs du peuple et vaincre la résistance des paysans, et les châteaux illégaux, « adultérins », furent, semble-t-il, l'exception. La plupart des fertés ont donc été d'abord et sont restées longtemps les bâtiments du roi, tenus par ses représentants. Pour cette raison, quand dans les années voisines de l'an mil s'interrompirent les dernières liaisons qui aux différents échelons unissaient les uns aux autres les détenteurs du ban royal, quand tout pouvoir devint privé et personnel, ce fut au château, devenu la possession héréditaire de son gardien, que s'accrochèrent les derniers souvenirs de l'idée de souveraineté, ce fut autour du château que se formèrent les conceptions nouvelles de l'autorité.

Il arrive, au XIe siècle, qu'un seul chef commande encore personnellement dans plusieurs forteresses, dans lesquelles il vient de temps en temps résider et que, dans l'intervalle de ses séjours, il confie à des gardiens subalternes et dévoués ; ce réseau de points défensifs constitue alors l'ossature d'une sorte de principauté, comme celle que tient le comte en Anjou ou en Flandre. Mais plus souvent chaque château est le siège d'une domination isolée, dégagée de tout contrôle extérieur. C'est la règle dans la moitié méridionale de la France ; mais, même dans le Nord, le cas est fréquent : au cœur de la petite région où le roi n'a pas perdu toute puissance, entre ses villes de Paris et d'Orléans, des châtelains comme le sire de Montlhéry ou celui du Puiset, pratiquement indépendants, possèdent, leur tour, avec les pouvoirs qui en émanent et s'étendent sur les terres voisines. Et même dans les régions où le comte a conservé dans sa main plusieurs châteaux, ce n'est pas son titre qui fait sa puissance, mais, localement, autour de chacune de ses fertés, sa fonction de châtelain. La dispersion du pouvoir de commandement entre les divers points d'appui militaires, voilà peut-être l'aspect essentiel de la féodalité.

Le sire

Ce fortin de terre et de bois appartient partout à l'homme le plus riche du pays, à celui qui tient la plupart des grands bois environnants et de larges étendues de la terre des clairières. Mais, plus que sa richesse, c'est sa position dans la forteresse, où il demeure, entouré de ses domestiques armés, les « sergents », qui le place très au-dessus de tous les autres grands possesseurs terriens, ses voisins. Le châtelain est en effet le maître par excellence, le seul, avec le comte et l'évêque, que dans les actes officiels on appelle « seigneur », « sire ». Son pouvoir est de même nature que celui du roi, dont en fait il procède : c'est le devoir et le droit de maintenir dans la région la paix et la justice.

Mission de défense contre les ennemis de l'extérieur : le châtelain en cas de danger donne l'alerte et, lançant, comme on dit, le « cri du château », mobilise autour de lui les combattants soumis dès lors à une stricte discipline — et c'est cette fonction, primordiale en un temps où tous vivaient dans la terreur d'un passage subit de pillards, qui donna au xe siècle tant de prestige à ses ancêtres, leur permit de s'incruster dans la forteresse et, soutenus par la population voisine, de se libérer peu à peu de toute tutelle. Mission aussi de justice à l'intérieur du groupe : comme les anciens rois, le châtelain est le pacificateur, celui qui apaise les discordes ; il châtie les crimes les plus graves, ceux qui brisent la paix et souillent la communauté, le meurtre prémédité, le rapt, l'adultère ; il réunit autour de lui les assemblées où l'on plaide et fait exécuter leurs décisions ; pour prévenir les désordres, il édicte des règlements et contraint à les observer. D'allure régalienne, cette autorité est cependant maintenant le bien personnel du sire ; il l'a reçue par héritage, il en fait ce qu'il veut. Il l'exploite, aidé par ses gens, comme son domaine, comme ses moulins ou ses églises. Pour lui, le ban est une source de profits, l'occasion d'infliger des amendes, d'extorquer des « cadeaux » à ceux qu'il protège. Pas de recours contre lui ; aussi est-il tenté d'exiger toujours davantage. Toutefois, cette puissance envahissante connaît une limite, la « coutume » — c'est-à-dire l'ensemble des usages anciens, enregistrés par la mémoire collective ; ce droit, fluide parce qu'il n'est pas fixé par l'écriture, que l'on connaît en interrogeant les plus vieux du village, mais qui pourtant s'impose à tous comme une législation intangible. En fait, c'est par le mot même de « coutumes » que l'on désigne les prérogatives du châtelain.

La châtellenie

Émanant de la tour de bois et de son enceinte, ce pouvoir générateur d'exactions rayonne aux environs sur un territoire que l'on appelle, soit tout simplement le « ban », soit le « district », parce que le seigneur a le droit d'y contraindre, soit le « sauvagement » parce qu'il est placé sous sa protection. Territoire restreint — un homme à pied peut toujours dans la journée aller du château à ses confins habités les plus éloignés et revenir —, ses frontières, d'abord indécises et mouvantes, peu à peu bornées par les prétentions adverses des châtelains voisins, se précisèrent et se fixèrent. Ainsi se forma la châtellenie, cellule politique fondamentale pour tout le Moyen Age. Tous les hommes qui résidaient dans ce territoire et qui, de ce fait, relevaient du ban, du pouvoir de justice et de protection, tous les « manants » (le mot signifie proprement celui qui réside) étaient soumis à la puissance du sire. Cette puissance toutefois ne pesait pas également sur tous et, par rapport à lui, par rapport au château, s'établit dans les années qui suivirent l'an mil la nouvelle classification sociale.

Fin de l'esclavage

Plus d'esclavage : c'est le premier changement. Dans la société du Xe siècle, la distinction en droit la plus nette était celle, héritée de l'antiquité romaine et germanique, qui opposait à l'homme libre, à l'ingénu, au « franc », membre de la communauté populaire, l'esclave privé de toute capacité juridique. A vrai dire, cette représentation sociale, conservée par le langage et tant de routine de pensée, ne correspondait plus aux conditions véritables. Parmi les humbles, le libre et l'esclave se trouvaient rapprochés par l'effet de multiples causes : la pénétration des idées chrétiennes, conférant une dignité nouvelle à la personne du non-libre, qui, baptisé, participant à la communauté paroissiale, ne pouvait plus être considéré comme une chose — l'extension des clientèles qui plaçaient des paysans réputés libres, de plus en plus nombreux, dans une stricte dépendance, étendue à leur postérité et les attachant à un maître aussi rigoureusement que le lien servile — enfin l'évanouissement même de l'idée d'une communauté publique régie par des institutions particulières et dont certains pourraient être exclus. En fait, après l'an mil, la France médiévale — sauf sur les rivages de la mer du Nord et de la Manche, où les trafiquants de la mer vendent, quelques temps encore, des hommes, et sur les extrêmes lisières méridionales, en contact avec l'Islam, où subsista pendant tout le Moyen Age un commerce d'esclaves non chrétiens

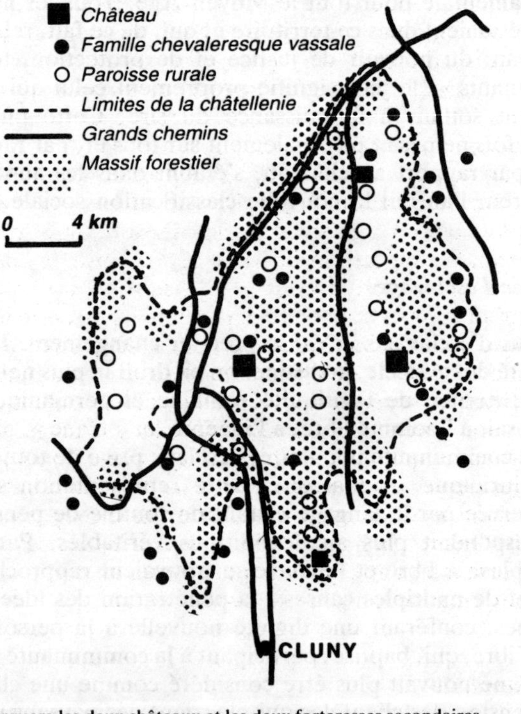

On remarquera les deux châteaux et les deux forteresses secondaires, — les enclaves, qui sont des immunités ecclésiastiques, — la disposition des frontières, par rapport aux masses forestières et aux routes, — l'existence de chevaliers vassaux aux lisières des limites mais en dehors de celles-ci.

3. UNE CHÂTELLENIE AU XIIe SIÈCLE

Brancion (Saône-et-Loire)

alimenté par la piraterie – ne connaît plus la servitude à la manière antique, qui plaçait d'autres hommes dans la situation de l'animal domestique. Reste évidemment, et pour bien longtemps, une condition sociale extrêmement déprimée, celle de valet domestique, partagée par de très nombreux êtres pratiquement sans droits, sans famille, sans volonté personnelle. Se prolongent encore aussi, certaines habitudes mentales, certaines survivances de vocabulaire ; mais le langage même s'adapte. Dans les provinces les plus fidèles aux traditions romaines et où l'on conservait plus vif le sens du latin juridique, telle la Provence, on avait cessé dès le Xe siècle d'employer dans les chartes le mot *servus*, qui paraissait impliquer une sujétion trop lourde et évoquer une dégradation qui n'avait plus de réalité. Ce terme disparaît des chartes bourguignonnes à la fin du XIe siècle. Dans bien des parlers populaires, le terme « serf » resta d'emploi courant. Mais il désigna, dès lors, une condition sans grands rapports avec celle de l'esclave et que l'on exprimait plus volontiers en se disant l'« homme » de quelqu'un. Car la notion de dépendance personnelle avait remplacé celle de l'ancienne servitude. Elle s'étendit, elle se renforça, devint désormais l'un des axes majeurs de la classification sociale – mais elle correspondait à une conception toute différente des relations humaines, à l'idée en particulier que le lien d'homme à homme impliquait un échange de services mutuels, et que le plus humble des dépendants était en droit d'attendre l'aide du patron qu'il servait. Quant à la ligne de clivage entre les classes, elle se transporta à un autre niveau, plus élevé, du corps social et s'établit en fonction d'un nouveau critère.

La chevalerie

Au XIe siècle, ce fut entre les hommes de guerre et les autres que s'installa la distinction majeure. Porter les armes était en effet l'un des privilèges de la liberté à l'ancienne mode (ce qui avait conduit dès l'époque carolingienne nombre de pauvres gens, peu soucieux d'abandonner leur petite terre à la belle saison pour suivre les expéditions royales, à accepter une dépendance personnelle, gage d'exemption de service) ; c'était sans doute aussi son signe le plus apparent. Dans les conceptions d'origine germanique qui avaient façonné le comportement politique du haut Moyen Age, le « franc » était d'abord un guerrier, et les hommes libres, dont le service de guerre était le premier des devoirs publics, ne prenaient nulle part plus nette conscience de la communauté du peuple que dans l'armée rassemblée au seuil de la campagne. Or, par une évolution qu'avaient accélérée les invasions du Xe siècle, les méthodes de combat s'étaient transformées : au sein du peuple en armes, le petit groupe des cavaliers, plus solidement armés, déjà placés dans une meilleure posture et déchargés de la fatigue des longs cheminements, avait pris peu à peu dans la bataille une importance prépondérante ; réduits à un rôle accessoire et bientôt négligeable, les fantassins avaient cessé d'être convoqués régulièrement, pour être finalement dispensés complètement du service et ne plus participer aux expéditions, sauf, localement, en cas d'alertes sérieuses. Au début du XIe siècle, tout le poids, mais aussi tout le prestige de la fonction militaire sont donc le privilège des combattants à cheval : eux seuls sont vraiment des soldats. *Miles*, c'est le titre qui commence à leur être attribué pour les distinguer des autres dans les documents écrits en latin. Les parlers populaires sont plus explicites : *miles* est la traduction de cavalier ou, comme on dit en France du Nord, de « chevalier ». Ainsi, dans la mesure où se maintient l'idée que combattre est l'activité spécifique de l'homme libre, la liberté complète se restreint à une petite élite militaire.

Élite de la fortune, car, pour être cavalier, il faut être riche. Les combattants du haut Moyen Age étaient astreints en effet à s'équiper eux-mêmes, sans aucune aide du pouvoir ; faute de moyens, les plus nombreux se présentaient munis d'un armement des plus rudimentaires, et tel capitulaire carolingien devait spécifier qu'il ne suffisait pas d'apporter un gourdin. Or, en un temps où le gros bétail, mal alimenté, était d'une cruelle déficience, le cheval —

entendons le cheval de combat, capable de transporter un homme d'armes et son harnois militaire — était un élément d'équipement très rare, dont l'entretien supposait de la part de son maître une surabondance de provende, réservé par conséquent aux possesseurs d'un capital considérable. En outre, pour s'entraîner à la difficile technique du combat cavalier, pour se joindre aux expéditions entreprises régulièrement au printemps et en été, c'est-à-dire au moment où la terre réclame les soins les plus assidus, pour tenir par périodes garnison dans les forteresses, il fallait surtout avoir des loisirs, être suffisamment nanti pour pouvoir faire exploiter son domaine par d'autres et confier l'entretien de sa maison à des tenanciers et à des domestiques en grand nombre. Par conséquent, au XIe siècle, la fonction militaire est devenue l'apanage de ceux qui, par le « bienfait » d'un patron, mais plus fréquemment par héritage, détiennent une grosse seigneurie foncière, l'un de ces bons domaines, fournis de personnel en suffisance, qui procurent beaucoup de nourriture et les deniers nécessaires pour améliorer l'équipement. La limite, tracée de jour en jour plus profondément, qui place au-dessous de l'« ordre des guerriers » celui des « paysans », des « vilains » (les habitants du hameau et qui n'en sortent pas), est donc celle qui d'ancienneté séparait des travailleurs le petit groupe des hobereaux oisifs et bien nourris. Certains des chevaliers, plus nombreux, dans les provinces du Nord-Ouest où se maintenaient plus solides les traditions du compagnonnage et où tout grand seigneur vivait entouré de guerriers domestiques, ne possédaient point de terres et passaient leur existence dans l'enceinte du château, entretenus par le maître, à qui les attachaient des liens très semblables à ceux de la famille. Toutefois la grande masse de la chevalerie est formée de seigneurs fonciers, et la *militia* tend au cours du XIe siècle à se confondre, dans la plupart des provinces françaises, avec l'aristocratie terrienne.

Les chevaliers dont la demeure est bâtie dans le territoire de la châtellenie sont, comme les paysans, placés sous l'autorité du maître de la forteresse. On le sent si nettement qu'ils sont appelés souvent les *milites castri*, les « chevaliers du château », car la ferté est leur point de rassemblement, le lieu majeur de cette activité guerrière qui les distingue du commun. Toutefois, l'autorité du chef s'exerce sur eux d'une manière particulière : soldats comme lui, il les traite en collaborateurs. Sont-ils, comme c'est normalement le cas, ses « hommes », il s'agit alors d'une dépendance honorable, d'un attachement personnel et libre, générateur non d'une subordination aveugle, mais de cette camaraderie qui cimente les groupes de combat. Ils échappent aux contraintes : pour eux point de « coutumes », de cette exploitation où se matérialise le ban du sire. C'est alors en effet que se forme le sentiment — si durable et de si lointaines conséquences — que la vocation militaire engendre une immunité spéciale, que celui qui risque sa vie et donne son sang a droit à certaines exemptions.

Soumission des paysans

En revanche, tout le poids du pouvoir seigneurial repose sur ceux qui ne sont pas armés, sur les vilains. Pour eux, entrer en dépendance personnelle, « appartenir » à un autre homme, signifie obéir à tous ses ordres, tomber dans une sujétion étroite et surtout héréditaire, dont il n'est plus possible de se dégager. Ce sont ceux que le sire exploite, par l'intermédiaire de ses prévôts, de ses forestiers, de ces auxiliaires de très petite extraction, mais qui se haussent de toute la puissance dont ils sont investis et qui, outrepassant leurs droits, font rapidement fortune : les vrais maîtres des manants, que souvent ils tyrannisent. Il arrive parfois, en cas de très grand danger, que les rustres soient appelés à combattre, ou plutôt à préparer, piétaille méprisée, armée seulement des dérisoires outils champêtres, le vrai combat, celui des cavaliers; pourtant, en temps normal, leur collaboration à la défense commune prend des formes jugées dégradantes : livraisons de ravitaillement pour la garnison du château, et, en particulier, de foin et d'avoine pour l'entretien des chevaux — ou bien corvées, appliquées en principe à la réfection périodique des fortifications, mais souvent détournées vers les labours du châtelain. Sur eux règne, d'autant plus stricte et prompte à s'exercer qu'elle est profitable, la justice du seigneur ; des amendes en deniers dont le montant est fixé par l'usage en un code barbare et sans nuances (sept sous pour un coup quel qu'il soit, mais soixante si le sang a coulé, que la blessure soit grave ou non) font passer dans le coffre du sire et dans la bourse de ses agents les quelques pièces de monnaie de l'épargne paysanne — et si le coupable ne peut s'acquitter, on l'y contraint par l'emprisonnement, qui n'est pas une peine, mais le moyen d'accélérer le règlement des sanctions pécuniaires. Quant aux crimes graves, ils placent leurs auteurs à la merci du châtelain, qui peut confisquer tous leurs biens et leur infliger des châtiments corporels, la mutilation de la main coupable, la mort : le gibet, les « fourches patibulaires » sont un autre symbole de la puissance supérieure. Enfin, prix de la protection qui leur est accordée, les paysans du sauvagement doivent au sire une « aide » matérielle. Ils lui offrent le gîte quand il en a besoin — et si le châtelain lui-même vient rarement dans la hutte de ses manants manger la bouillie familiale, il fait profiter de cette pitance gratuite les chevaliers du château, ses gens, les chiens de sa meute : ponction périodique et redoutable sur les réserves de nourriture du ménage, mais à vrai dire limitée la plupart du temps par la coutume. Arbitraire au contraire est la « taille », c'est-à-dire le droit pour le chef de prendre quand il veut dans la maison des vilains ce dont il a besoin.

Ainsi, une seigneurie plus lourde, celle du maître du ban, — qui s'ajoute pour les tenanciers aux services qu'ils doivent au possesseur du sol qu'ils cultivent, et, pour tous les paroissiens, aux dîmes et autres redevances portées sur l'autel du sanctuaire, — s'appesantit au XIe siècle sur la paysannerie. C'est cette contrainte qui conduit la population rurale à se rassembler, pour s'en mieux défendre, dans le cadre de la paroisse où s'unissent les différents hameaux, en une communauté plus étroite, gardienne de la « coutume ». Autour de l'église, lieu d'asile, se forme alors et prend consistance cette autre cellule essentielle de la campagne française, la collectivité de village, germe de l'actuelle commune, groupement de résistance aux exigences seigneuriales. L'installation de cette seigneurie, par le jeu des exactions qui épargnent les fortunes nobles, mais transfèrent aux mains du sire une bonne part des petits profits paysans, accuse, d'autre part, les degrés de la hiérarchie économique : elle élève encore davantage le châtelain au-dessus des autres et surtout elle isole mieux encore de la masse des rustres la petite élite des chevaliers.

2. Les chevaliers

Hérédité de la condition chevaleresque

Du paysan de ce temps, toujours entrevu à travers des témoignages extérieurs, on ne sait à peu près rien, sinon la manière dont il est exploité par ses maîtres. Dans une lumière assez vive apparaît au contraire le groupe des chevaliers. Groupe fermé. Tout en effet concourait alors à faire de la qualité chevaleresque et de ses privilèges un état transmis de père en fils, de cette élite restreinte de riches et de guerriers une société d'héritiers : l'extrême contraction de l'économie, qui rendait impossibles, sauf exceptions très rares, les variations notables des fortunes individuelles et maintenait de génération en génération une distance égale entre les divers patrimoines familiaux — l'obstacle nouveau que plaçaient les exactions du châtelain à l'enrichissement des paysans — la force croissante des liens du sang, l'étroite solidarité réunissant tous les parents et interdisant d'imaginer que le fils, même appauvri, perdît à la mort de son père une dignité à laquelle il avait participé du vivant de ce dernier — la multiplicité des alliances familiales qui, dans un milieu où les déplacements durables restaient rares, où chacun connaissait la généalogie et la position de ses voisins, opposait une barrière très efficace à toute ascension sociale subreptice — une conscience de classe précocement formée, méprisante à l'égard de tous ceux qui n'étaient pas par leur naissance intégrés à la caste — la vigilance enfin des détenteurs des pouvoirs de contrainte, directement intéressés à ce que les privilèges et les exemptions de « coutumes » ne fussent pas partagés par de trop nombreux parvenus. En France, beaucoup plus tôt que dans les pays d'Empire, où les *Ritter* formèrent longtemps une strate inférieure de l'aristocratie, nettement distincte de la noblesse, l'état chevaleresque devint dans le cours du XIe siècle une condition normalement héréditaire. L'aristocratie certes demeura diverse, dominée de haut par le petit nombre des « puissants », des « riches hommes », détenteurs des châteaux et du pouvoir de commander, fiers de leurs ancêtres qui les reliaient à la race royale, et qui se sentaient plus « nobles » que les petits vassaux d'alentour et les guerriers de leur maisonnée. Toutefois la camaraderie de combat, les mariages, le respect commun des vertus militaires, le partage des mêmes privilèges, des comportements identiques ne tardèrent pas, dans les pays français, à étendre l'antique notion de noblesse à toute la chevalerie, pour achever d'en faire le plus cohérent des « ordres » de la société féodale.

On devient chevalier par une cérémonie d'initiation au rituel très expressif, l'adoubement. Au sortir de l'enfance, après l'apprentissage des armes cavalières, c'est-à-dire aux alentours de sa dix-huitième année, le fils du chevalier est admis dans la compagnie des guerriers. Un ancien, son père, son oncle, ou leur seigneur, lui remet solennellement le baudrier et l'épée, symboles de sa vocation, puis lui assène un coup au visage, la « paumée », souvenir atténué sans doute d'une ancienne épreuve de robustesse et de maîtrise de soi ; ensuite le nouveau chevalier prouve sa capacité physique devant l'assemblée réunie pour la circonstance, en se livrant à des exercices de combat cavalier.

> Donc lui vêtirent une brogne très belle
> et un vert heaume lui lacent en la tête,
> Guillaume lui ceint l'épée au côté senestre ;
> prit par la poignée un grand bouclier,
> cheval eut bon, des meilleurs de la terre[1] :

1. *Chanson de Guillaume*, vers 1 075-1 079.

La cérémonie, dans ses formes essentielles, est toute profane et militaire. On connaît des formules de bénédiction de l'épée qui datent du Xe siècle, mais ce n'est que très lentement et par un cheminement qui se laisse mal observer, que les rites chrétiens vinrent se mêler à l'adoubement, comme ils l'étaient déjà aux principaux événements de la vie.

Mentalité et genre de vie

Par ces gestes, appliqués à tous les fils de guerriers qui ne sont pas destinés à la prêtrise ou à la vie monastique, est ainsi manifestée publiquement la supériorité du chevalier. Son existence est cependant très intimement mêlée à celle des paysans. Seul de son rang, avec ses frères dans la paroisse, il passe le plus clair de son temps sur la terre qui le fait vivre. Sa demeure, flanquée d'étables et de greniers, ne se distingue que par ses dimensions un peu plus amples des cabanes habitées par les rustres. Il a beaucoup de domestiques ; quelques rares hommes du village sont « à lui » ; il juge les procès qui peuvent naître à propos des vingt ou trente tenures exploitées à son profit ; l'église lui appartient souvent et, de ce fait, la plus grosse part des dîmes est conduite à sa grange. Ces droits, les récoltes de son domaine, les prestations de ses tenanciers lui procurent beaucoup de nourriture, mais peu d'argent. A cela se limitent son autorité et sa richesse. Ceux des chevaliers qui possèdent un château sont un peu moins mêlés à la vie des champs et ramassent les deniers en plus grande abondance. Les uns comme les autres cependant mènent une vie singulièrement fruste. Pratiquement sans défense eux non plus contre l'obscurité, la maladie, le froid (l'usage de la cheminée ne s'est répandu que très lentement à partir du XIIe siècle, avec la construction en pierre), les plus haut placés des hommes de ce temps possédaient sans doute une constitution nerveuse sensiblement différente de la nôtre, qui les rendait plus résistants à la douleur physique, mais moins capables de maîtriser les impulsions de leur affectivité et de leur imagination. L'impuissance devant la nature explique l'efflorescence des superstitions comme le commerce constant avec les forces surnaturelles. Elle convie aussi à la vie grégaire : la « salle », l'unique pièce habitée du château était toujours pleine de monde ; le seigneur y mangeait au coude à coude avec les siens les plats que le chef des valets lui apportait de la cuisine lointaine ; la nuit venue, toute la compagnie dormait par terre, serrée autour de la couche du maître. L'individu au XIe siècle n'est jamais seul, mais toujours au sein d'un troupeau, et la solitude paraît l'un des exercices les plus durs et les plus admirables de la vie ascétique.

Si proche du paysan par sa vulnérabilité face aux dangers naturels, le chevalier pourtant s'en distingue par un trait fondamental : il ne travaille pas. Le labeur manuel est en effet une servitude indigne de l'homme bien né, et seul est tenu pour véritablement libre celui qui nourrit la fatigue d'autrui. Ne rien faire, mais aussi ne pas s'attacher aux richesses : dès que la chevalerie prend conscience d'elle-même, l'une de ses vertus nécessaires est celle qu'exalteront plus tard les écrivains de cour sous le nom de « largesse », le désintéressement, mieux, la propension au gaspillage. Plus que par ses titres ou des critères juridiques, le chevalier s'oppose au « laboureur » en ce que, non seulement il est improductif, mais consomme, dépense, détruit plus que tout autre. En outre, son existence est tout entière orientée vers la lutte.

Contre les animaux sauvages d'abord : pour le roi comme pour le dernier des hobereaux, la chasse est le plus quotidien des plaisirs. On sait la place immense qu'occupent alors dans le paysage les espaces incultes. Ces terres vierges appartiennent aux riches, qui en ouvrent une portion à la dépaissance du bétail paysan, mais qui s'en réservent une grande partie comme terrain de chasse : zone protégée qu'on appelle alors proprement la « forêt ». Ils y poursuivent la grosse bête à l'épieu, avec ces meutes de chiens dont les châtelains imposent l'entretien à leurs dépendants. Expéditions rudes, dangereuses, qui sont en elles-mêmes un entraînement à la guerre — peu différente dans ses armes et dans ses tactiques — et qui fournissent en outre un précieux appoint de nourriture. Plus que l'élevage, la chasse est à cette époque pourvoyeuse de viande. L'homme de guerre est un carnassier, c'est encore l'un de ses traits distinctifs, et la vénerie, ensemble de recettes et de règles où le corps doit se discipliner en contact intime avec la nature sauvage, est, et ceci pour des siècles, l'un des éléments essentiels de son bagage mental. Toutefois, au centre de l'activité chevaleresque, il faut placer ce qui véritablement la définit : le combat.

L'art militaire

Ses outils sont d'abord, au premier plan, le cheval, indispensable instrument du guerrier et qui est le signe le plus apparent de sa supériorité sociale — mais aussi un équipement particulier, très coûteux lui-même (la seule armure s'estime aussi cher qu'une bonne exploitation agricole) et par conséquent réservé aux riches. Les deux éléments ne vont pas l'un sans l'autre, et c'est progressivement, tout au long du XIe siècle, que leur combinaison est devenue plus étroite et plus efficace. En l'an mil, l'armement était encore très simple : pour l'engagement, une lance courte — employée comme javelot et lancée de loin par le cavalier contre son adversaire, ainsi qu'il apparaît encore sur la « tapisserie » de Bayeux qui, brodée vers 1080, narre les combats du duc de Normandie, Guillaume le Conquérant; pour le corps à corps, l'épée, la très longue et lourde épée — l'arme majeure, celle qui comme le cheval a son nom propre dans les récits épiques — façonnée avec une extraordinaire habileté, selon des techniques héritées des forgerons du haut Moyen Age. Pour la défense, un casque de métal, le heaume; la brogne, chemise de cuir renforcée çà et là de plaques plus épaisses disposées en écailles; l'écu, bouclier de cuir lui aussi, rond ou triangulaire — le tout relativement léger et autorisant une large aisance de mouvements. Lié à la diffusion de la métallurgie du fer, qui est un événement mal connu, mais capital de cette période, le progrès se marqua d'abord par un perfectionnement des armes défensives. Une lame métallique, le nasal, protégeant le devant du visage, s'adjoignit au heaume ; à la brogne se substitua le haubert, longue chape prenant le corps tout entier depuis le crâne jusqu'au bas des genoux, et faite de mailles ou d'anneaux de fer. Ce nouvel harnachement rendait le guerrier pratiquement invulnérable aux armes de jet, javelots ou flèches du petit arc, et, réduisant le rôle de l'attaque à distance, limitait la phase décisive du combat au corps à corps. Il faisait aussi le cavalier plus pesant, plus lourd à transporter — moins libre de ses gestes. C'est alors que le cheval dut être adapté pour remplir une fonction nouvelle. Jadis, il était utilisé surtout pour la marche d'approche, la surprise, la bousculade et la poursuite, mais abandonné pour la lutte à l'épée, qui se pratiquait à pied. Peu à peu, on s'accoutuma à s'en servir au cœur de la mêlée : grâce à l'emploi de l'étrier et de la grande selle qui donnaient au guerrier plus d'aplomb et le rendaient plus solidaire de sa monture — grâce aussi à l'amélioration même du cheval, lié au progrès des techniques agraires : l'animal, mieux nourri, plus robuste put supporter en gardant son agilité le combattant revêtu de son nouveau harnois. L'affrontement militaire devint ainsi, dans les dernières années du XIe siècle, un choc de cavalerie, une joute. Désormais, l'arme offensive par excellence fut la longue lance : la maintenant appuyée sur sa hanche, le chevalier, lancé lui-même au galop, l'employa à désarçonner son adversaire qui, tombé à terre, empêtré dans son haubert, restait pour quelques instants à sa merci ; « miséricorde », c'est le nom même que porta plus tard la dague courte qui, insinuée dans les défauts de la cuirasse, permettait alors d'achever l'ennemi.

Quand l'entend Roland (Dieu, il en a si grande douleur)
son cheval éperonne, le laisse courir à plein élan,
va frapper le comte aussi fort qu'il peut[1]...

Transformation capitale. Elle élargit encore la distance

1. *Chanson de Roland*, vers 1 196-1 198.

entre le guerrier à cheval et le piéton, dont le rôle devenait méprisable. Elle changea aussi la mentalité des combattants. Les protégeant efficacement contre les coups portés de loin, les obligeant au contact immédiat, faisant de la rencontre un duel, permettant entre le jouteur jeté à bas de son cheval et son vainqueur un dialogue, un marchandage, elle enlevait au combat un peu de son caractère meurtrier ; l'usage de la rançon, exigée sous serment de l'ennemi que l'on a renoncé à tuer, pénétra ainsi dans les mœurs militaires, modifiant sensiblement la conduite de la guerre. La bataille enfin prit une autre allure. Dans les premières années du XIIe siècle, c'était une suite de charges alternées, chaque groupe de cavaliers partant à la rencontre de l'autre et revenant au galop s'abriter et se reformer derrière un rideau de fantassins armés d'épieux. Cette nouvelle disposition de combat rendait nécessaire une certaine préparation, en particulier le choix d'un terrain propice aux évolutions cavalières, plat, dégagé — et par conséquent une sorte d'entente préalable entre les bandes antagonistes. D'où la fonction — surprenante à nos yeux — pendant tout le Moyen Age des hérauts d'armes, émissaires chargés de fixer à l'avance le jour et le lieu de la rencontre. La guerre, par le perfectionnement de l'équipement, devint ainsi un art, un sport savant. Non sans risques certes ; l'appât de la rançon n'est pas assez puissant pour refréner entièrement la sauvagerie de ces hommes, habitués à lutter contre des bêtes féroces, incapables de dominer leur rage, et les champs de bataille que décrivent les chansons de geste sont jonchés de têtes coupées et de cervelles épandues. Mais ce sport est régi par des règles qu'il convient de respecter. Jouer franc jeu, s'interdire dans le combat tout « engin » perfide qui pourrait en fausser l'issue, tend à devenir l'une des obligations majeures de la morale chevaleresque.

Les tournois

Cependant la guerre est un plaisir passager. Il y a les mois d'hiver, morte saison pour les chevauchées militaires. Il y a aussi, plus fréquents et plus étendus peut-être qu'on ne le pense, des moments de paix. Dans ces intervalles, le chevalier n'est pourtant pas complètement repris par l'existence villageoise. En premier lieu, il est astreint à tenir par période garnison au château voisin ; pendant un mois ou deux — ce qu'on appelle le « stage » — il vit loin de ses terres, aux dépens du châtelain, en compagnie de quelques guerriers dont c'est aussi le tour de garde. Il existe, en outre, des succédanés du combat véritable, les tournois. Leur pleine vogue se situe au XIIe siècle, temps des grandes réunions préparées de longue date et entourées d'une large publicité, qui attirent des participants venus de fort loin. Mais l'habitude est certainement beaucoup plus ancienne d'organiser des rencontres où les chevaliers peuvent s'entraîner à leur sport favori. Ces compétitions sont alors aussi brutales que les batailles ; comme celles-ci, elles opposent sur un large champ deux bandes de cavaliers qui s'en donnent à cœur joie, cherchant à faire des prisonniers, à gagner des rançons, mesurant mal leurs coups et tuant parfois leur adversaire. « Chacun aide beaucoup ses compagnons à bien frapper et à faire des prisonniers, en se défendant et en se secourant mutuellement... Ils se séparèrent à l'heure de none, mais ils ne partirent pas, car il y avait encore à faire. Les uns cherchaient leurs amis qui avaient été pris dans la bataille. Les autres cherchaient les harnachements. Les autres demandaient à ceux qui avaient été au combat ce qu'ils savaient de leurs parents, de leurs amis, qui les avait pris. Et ceux qui étaient prisonniers sur leur foi demandaient à leurs amis leur rançon ou une caution[1]. » C'est ainsi qu'est restituée (au début du XIIIe siècle, à une date déjà tardive par conséquent) l'atmosphère d'un tournoi particulièrement réussi, par l'auteur anonyme de l'histoire de Guillaume le Maréchal — dont on retrouve le héros, après l'engagement « la tête sur l'enclume », appliqué à faire redresser par le forgeron son heaume faussé par les coups. Simulacres trop semblables à leur modèle : les tournois furent condamnés, au même titre que les guerres privées, par les puissances intéressées au

1. *Vie de Guillaume le Maréchal*, vers 2 981-2 996.

maintien de la paix publique, par l'Église et par les souverains conscients de leur mission pacifique. Le combat donc constitue le point culminant de la vie noble, et l'efficacité militaire conditionne tout le comportement, toute la structure mentale de la noblesse, qui case ses fils dans les monastères lorsqu'ils sont inaptes à la guerre, et qui place au-dessus de toute vertu les qualités physiques et la bravoure, la prouesse, la vaillance, la « valeur » véritable.

La vassalité

Le respect de la foi jurée, la loyauté envers ceux à qui on s'est lié par serment constituent un autre pôle majeur de l'éthique chevaleresque, car cette caste de guerriers — échappant à toute contrainte de la part des pouvoirs qui ont recueilli les débris de l'autorité publique, et ignorant les châtiments que le châtelain inflige aux paysans — est en effet la classe féodale au sens précis, celle où les relations politiques s'organisent par un rapport moral établi d'homme à homme, en fonction de la vassalité et du fief.

Dans l'aristocratie comme parmi les humbles, l'habitude de la « commendise », du dévouement personnel à un patron, était ancienne. Spontanément des clientèles s'étaient formées autour des plus grands et, dès le IXe siècle, les souverains carolingiens avaient essayé de codifier ces pratiques privées, dont ils se servaient eux-mêmes pour resserrer leur prise sur le royaume, pour obtenir de leurs délégués provinciaux une obéissance plus complète, pour s'attacher directement les plus influents des seigneurs. C'est entre la Loire et le Rhin que ces usages avaient leurs plus profondes racines ; ils se propagèrent peu à peu dans les régions méridionales et prirent plus de vigueur avec l'affaissement progressif de la puissance royale ; en même temps le lien personnel revêtait une forme particulière dans l'« ordre » des chevaliers, à mesure que celui-ci se différenciait davantage de la paysannerie. Au début du XIe siècle, si le châtelain, lorsqu'il parle de son serf domestique ou du chevalier en stage dans la forteresse, les appelle d'ordinaire tous les deux « mon homme » (bien qu'il existe pour désigner le dépendant noble un terme spécifique, le mot « vassal »), le service qu'il attend d'eux, leur posture en face de lui, le sentiment qu'il leur témoigne sont de nature fort dissemblable. La différence déjà se marque dans le vocabulaire ; pour le rustre, le patron est le « maître »; c'est seulement le *senior*, c'est-à-dire le « vieux », pour le chevalier — qui lui reconnaît, par conséquent, non pas un pouvoir de contrainte, mais une seule supériorité morale, analogue à celle dont jouit l'ancien dans le groupe familial. Les rites par lesquels se noue l'attache vassalique expriment plus nettement encore son caractère.

La cérémonie se déroule en deux phases. L'« hommage » d'abord. Tête nue, sans armes, à genoux, celui qui vient se mettre en vasselage place, en signe d'abandon, de remise complète de lui-même, ses deux mains jointes entre les mains de celui qui, par ce geste, devient son seigneur. Au début se révèle ainsi la subordination du vassal qui, pour un moment, cesse de s'appartenir, se livre tout entier au pouvoir d'autrui. Mais il ne reste pas longtemps dans cette attitude humiliée ; il est aussitôt relevé par le seigneur, qui le baise à la bouche. Par là, le rituel manifeste clairement que les deux hommes sont désormais replacés au même niveau, et que le lien qu'ils viennent de contracter est d'amitié et non de sujétion. Puis le vassal debout jure d'être fidèle « par droite foi, sans mal engin, comme un homme doit l'être à son seigneur »; c'est le second acte, la foi. Geste religieux, le serment est sans doute une adjonction plus récente, autre signe de la pénétration progressive des relations sociales par les pratiques chrétiennes — mais il affirme lui aussi que les obligations vassaliques découlent d'un engagement personnel et libre, et non pas d'une contrainte extérieure.

Engagement durable : ce qui a été donné par la remise des mains et par la foi jurée ne peut être repris. Seigneur et vassal sont unis pour la vie entière. Cependant, la dépendance vassalique n'est pas, comme celle des paysans, transmissible à la descendance ; elle reste strictement individuelle. En outre, il est admis qu'elle puisse être légitimement rompue — par une autre cérémonie rituelle, inverse de l'hommage, le « défi », où d'autres gestes expressifs (un bâton brisé jeté à terre, par exemple) marquent la rupture — lorsque l'un des deux hommes néglige ses obligations. Car le lien de vassalité astreint à des devoirs. De quelle nature et de quelle portée ? A une époque où le droit, conservé seulement par la mémoire collective, est d'une grande fluidité, où les esprits sont surtout sensibles au formalisme extérieur, il n'existe pas une codification précise et fixe des devoirs nés de l'hommage. Pourtant les hommes du début du XIe siècle se sont efforcés d'en prendre une conscience plus claire. C'est ainsi que la réponse donnée vers 1020 à une interrogation du duc d'Aquitaine par l'évêque Fulbert de Chartres, savant de la plus haute culture intellectuelle, habitué à la réflexion juridique et fort au courant de la mentalité et des réactions du monde seigneurial auquel il participait par ses origines familiales et par ses fonctions mêmes, fournit le meilleur témoignage sur la manière dont on interprétait alors ces devoirs. Fulbert définit d'abord avec une très grande précision ce qui lui paraît l'obligation fondamentale de la fidélité, celle qu'il convient expressément de remplir pour n'être pas coupable de ce que l'on appelle la « félonie » : ne rien faire qui puisse, dans son corps, dans ses biens, dans son « honneur » porter préjudice au seigneur. Le lien vassalique établit donc toujours et avant tout une assurance, une garantie de sécurité entre les deux hommes.

Cette attitude négative n'est pourtant pas suffisante, « car il ne suffit pas de s'abstenir de faire le mal, dit l'évêque de Chartres, encore faut-il faire ce qui est bien ». Mais à vrai dire, c'est en termes beaucoup plus vagues qu'il présente ces exigences positives : deux mots seulement — les maîtres-mots du monde féodal — « aide » et « conseil ». Le dépendant, chacun en est convaincu, doit en effet « aider » son seigneur, c'est-à-dire lui prêter main-forte dans les difficultés, et ceci de toutes manières : en le secondant, par exemple, quand il est vieux et malade, dans l'administration de ses biens — en témoignant pour lui en justice — plus tard, au XIIe siècle, quand l'argent a plus d'importance, en lui donnant des deniers pour payer sa rançon, pour doter sa fille ou pour équiper son fils admis parmi les chevaliers. Mais il est bien évident que dans ce milieu complètement organisé en fonction du combat l'aide par excellence est militaire : c'est bien par les armes que le vassal se porte d'ordinaire à la rescousse de son « ami »; la vassalité constitue principalement un aménagement de la camaraderie guerrière. Le devoir de conseil répond à un autre besoin. Le temps, on l'a vu, est à la vie grégaire; on ne conçoit pas qu'un puissant vive seul, ni, en particulier, qu'il prenne une décision importante sans requérir l'avis, le « conseil » des siens. Le vassal est donc astreint à se rendre, aussi souvent qu'il en est convié, auprès de celui qui a reçu son hommage, afin de former ce qu'on appelle sa « cour », l'environnement d'amitiés jugé indispensable. Ces visites périodiques, qui se prolongent plusieurs jours, pendant lesquels les fidèles mangent à la même écuelle que le patron et dorment avec lui, ont d'ailleurs un autre effet : elles renouent l'attache qui, sans un contact répété, aurait tendance à se relâcher à une époque où l'éloignement prive le chef de son autorité.

Tous ces devoirs sont réciproques, Fulbert de Chartres le précise bien : « En toutes choses, le seigneur doit rendre la pareille à son vassal »; il doit s'interdire de lui porter préjudice; il doit le secourir par ses armes, par ses avis et même, s'il le faut, par ses deniers. Toutefois, l'obligation est beaucoup plus astreignante pour le dépendant, à propos duquel seul il est question de « service » — le mot même que l'on employait naguère en pensant à l'esclave. Service spontané en vérité, d'autant plus étendu qu'est plus vif l'attachement entre les deux hommes — cette affection qui souvent date de l'enfance, puisque, selon l'usage, le fils du vassal passe quelques-unes de ses jeunes années dans la maison du seigneur, où il apprend à manier les armes et à mener les meutes en compagnie du garçon dont plus tard il se fera l'homme. Service dont parfois, après discussion, les termes du serment de fidélité précisent la nature. Mais service normalement rétribué, Fulbert l'indique expressément : si le vassal doit aide et conseil, c'est pour « mériter son fief ». Au service du dépendant, répond le « bienfait » du patron.

Le fief

Plus qu'à tout autre, il importe au seigneur d'être généreux, car ce sont les largesses qui lui gagnent l'amitié de ses fidèles. Ils attendent de lui bonne chère, des distributions d'armes, de chevaux, d'argent, et surtout de ces objets de parure qui ont tant de prix dans ce monde. Dans l'esprit de la primitive commendise guerrière, le vassal était en effet entièrement à la charge de son patron, vivait chez lui, en véritable domestique — et, dans maint château, on voit encore, au XIe siècle, deux ou trois guerriers rester souvent leur vie entière vassaux du maître, mais tout à fait intégrés dans sa famille ; « la terre que vous me réclamez, je ne puis vous la distribuer », répondait à ses hommes qui le sollicitaient le duc de Normandie Guillaume Longue Épée, « mais je vous donnerai volontiers tous les biens meubles que je possède, des bracelets et des baudriers, des heaumes et des jambières, des chevaux, des haches et de très belles épées magnifiquement décorées d'or ; vous jouirez toujours de mon amitié et de la gloire du service dans ma demeure [1] ». On le voit cependant, les vassaux préféraient le don d'un domaine, la vraie richesse de ce temps, et qui seul pouvait leur éviter la gêne d'une commensalité permanente. En fait, au début du XIe siècle, le seigneur normalement, dès l'entrée en vasselage, concède un bien foncier à son homme, le « chasement » ou, comme on dit plus généralement, le « fief ». C'est un domaine de grandeur variable, une église, une part de dîme, le droit d'exercer ici tel pouvoir de commandement, d'exploiter là telle famille de rustres, parfois un moulin, un simple champ — dont le seigneur reste le maître éminent, mais dont, par un

1. DOON DE SAINT-QUENTIN, *De moribus et actis primorum Normanniae ducum*, III, 44.

geste rituel, l'investiture, il a remis l'entière jouissance au vassal, pour le « tenir » aussi longtemps qu'il remplira les obligations de l'hommage, c'est-à-dire, s'il n'est pas félon, jusqu'à sa mort. Les profits de ce bien sont le salaire de sa fidélité.

Introduite de la sorte au centre de la relation vassalique, la tenure féodale en devint l'élément principal, comme il était inévitable en un temps où seuls comptent vraiment ce qui se voit et ce qui se touche : dès la seconde moitié du XIᵉ siècle, on considérait que l'hommage était prêté « à cause du fief ». Féodalité, le mot exprime bien la primauté nouvelle de la relation foncière : les hommes étaient maintenant liés les uns aux autres par certaines terres. Les rapports humains s'en trouvèrent sensiblement affectés. Il en résulta, dans un sens, un certain renforcement de l'autorité seigneuriale ; à cause de la tenure et pour tout ce qui la concernait, le vassal fut désormais soumis à la justice de son seigneur qui, d'autre part, possédait maintenant le moyen de punir tout manquement à la foi jurée : la confiscation du chasement après conseil de ses autres vassaux. En revanche, la vassalité cessa d'unir deux hommes par une amitié choisie à la vie et à la mort. Comment en effet retirer aux héritiers du feudataire intègre le fief qui pendant toute une existence s'était trouvé mêlé aux terres familiales ? Obligé de leur laisser la tenure, le seigneur, à cause d'elle, les admit normalement dans son hommage — parfois malgré lui et même si leur service lui paraissait douteux ou inefficace. Puis, comme il était admis que le vassal laissât son fief à ses héritiers, on pensa qu'il pouvait aussi le donner et le vendre. Certes, il fallait demander l'autorisation du seigneur, acheter cet agrément par un cadeau, et tout nouveau possesseur devait préalablement l'hommage. N'empêche que la mobilité du fief rendait la fidélité beaucoup moins stable, et surtout moins profondément vécue : le seigneur voyait entrer dans sa clientèle des feudataires, héritiers ou acheteurs, qu'il n'avait pas choisis, qui s'astreignaient à le servir, non par un libre mouvement de leur volonté, mais pour obtenir les profits d'une terre — et qui même, ce fut bientôt admis, hommes infirmes, veuves ou filles, étaient incapables de lui fournir l'aide militaire. Conséquence plus grave encore, un même homme, par le jeu des mutations de terre, avait grande chance de tenir des fiefs relevant de seigneurs différents ; ce qui l'obligeait à prêter plusieurs hommages. Lequel de ses multiples seigneurs servir, lequel aider par les armes lorsque l'un était en conflit avec l'autre ? Singulière dégradation du dévouement personnel, qui, dans la conception primitive de la vassalité, devait être total et qui, ainsi partagé, finissait, entre des obligations contradictoires, par se réduire à une abstention prudente. Toutefois, le sentiment vassalique resta, malgré ces atténuations, l'un des axes principaux de la mentalité chevaleresque, envahissant, depuis la noblesse, toutes les conceptions morales de l'époque. Parmi ces gens de guerre, livrés à leurs impulsions et à leurs convoitises, cet ensemble souple d'interdits et d'obligations qui orientait tout leur comportement politique maintenait-il un peu de discipline ?

Institutions féodales et maintien de l'ordre

A vrai dire, le réseau des fiefs et des fidélités était sans cohérence. Il ne s'organisait nullement au XIe siècle en une pyramide qui par échelons successifs aurait fait converger vers la personne du roi la fidélité de tous les chevaliers de France. Extrêmement complexe, embrouillé à tous les niveaux par la pluralité des hommages, constamment dérangé par le jeu des successions et des ventes, il était morcelé en une multitude de petites clientèles à peu près isolées, groupées autour de chaque puissance locale. Discontinuité donc, mais aussi rigueur diverse de l'encadrement selon les provinces. Dans toute la France méridionale, les institutions féodales, superposées tardivement à d'autres structures, furent toujours de moindre consistance ; il y eut là, en particulier, pendant tout le Moyen Age, beaucoup de fiefs dégagés de tout service. En outre, l'efficacité de l'attache vassalique dépendait dans une très large mesure à la fois de la proximité réelle entre le seigneur et son homme, et de la distance qui pouvait les séparer dans la hiérarchie sociale. L'hommage soumettait véritablement le simple chevalier de village, ce demi-paysan, au châtelain, et d'autant plus étroitement que le vassal demeurait plus près de la forteresse : au sein de la petite bande de guerriers et de chasseurs qui formait autour du maître une « maison », une « mesnie » cohérente, il s'agissait bien alors — et il s'est agi pendant de longs siècles — d'entraide réelle, d'amitié fortifiée par la vie commune et les alliances de famille, d'obéissance aussi aux décisions du chef, capable d'apaiser les querelles, et dont l'autorité, quand il conduisait au combat ses hommes rassemblés sous sa bannière, n'était pas mise en question. En revanche, le même geste rituel, lorsqu'il réunissait deux seigneurs d'égale puissance et qui avaient peu de contacts l'un avec l'autre, — l'hommage, par exemple, qui liait le comte de Flandre au roi, — n'était qu'un simple et imparfait pacte de sécurité, qui n'impliquait aucune subordination véritable. Enfin, même lorsqu'elle était la plus étroite, la relation féodale ne suffisait pas à discipliner tout le comportement du vassal ; car le chevalier ne relevait de la justice seigneuriale que par son fief (portion souvent négligeable de sa fortune, faite surtout d'alleux, de bonnes terres libres) et pour les manquements à la fidélité. Le vassal pouvait commettre les pires méfaits ; si ceux-ci ne portaient pas directement préjudice à son patron, ce dernier n'avait pas à intervenir ; l'eût-il fait qu'il n'aurait pas été soutenu par le conseil — indispensable — de ses autres fidèles. Ainsi, retenu par l'hommage seul, le chevalier restait pratiquement libre de la plupart de ses actes, jouissait d'une indépendance foncière. En veut-on la preuve ? Il suffit de considérer le jeu des pratiques de justice en usage alors parmi les nobles.

Coutumes judiciaires

Un crime a-t-il été commis — dans un de ces emportements qui saisissent si vite ces êtres frustes ? Un homme a-t-il subi du fait d'un autre chevalier une « injure », c'est-à-dire un acte qui porte atteinte à ses droits ? La première réaction de la victime et de ses proches n'est pas de porter plainte – quelle juridiction serait efficace ? – mais de se faire directement justice. La vengeance privée, dont l'exercice est limité dans la paysannerie par les interventions diligentes de la justice répressive du châtelain, se développe largement dans le monde des nobles : c'est l'occasion de la plupart des conflits armés, à tel point que le mot « guerre », qui désignait spécialement ces entreprises de vindicte, en vint à s'appliquer généralement à tout affrontement militaire. Toute violence, de la sorte, se répercute longuement – car elle ne dresse pas l'un contre l'autre deux individus seulement, mais deux groupes, chacun des adversaires requérant l'« aide » de ses parents, de ses vassaux, de ses seigneurs, de tous ses amis et portant ses représailles non point contre le seul agresseur, mais contre tous les siens. Ainsi, les sévices se répondent et s'enchaînent, et les chroniques ont transmis le souvenir de haines qui, prolongées et étendues, ont décimé toute la noblesse d'une province. Vient un moment pourtant où la plupart de ceux qui y sont mêlés souhaitent clore la querelle : parmi les amis, certains ont des attaches dans l'un et l'autre camp, ils servent d'intermédiaires, et, peu à peu, les principaux antagonistes acceptent de faire la paix. Encore faut-il effacer les rancunes et pour cela faire le compte des dommages subis de part et d'autre, évaluer le montant de la « composition », du don qui rachètera le sang versé et les pertes matérielles : un arbitrage est nécessaire. On le confie rarement aux puissances établies, aux comtes et aux sires qui, empressés à juger lorsqu'il s'agit de paysans que l'on peut charger d'amendes, ne sont guère tentés par ce rôle de conciliateur, délicat et sans profit. On réunit le plus souvent une assemblée particulière où siègent par moitié les partisans des adversaires. Pour jauger les torts respectifs, on ne conduit pas d'enquête : la confiance dans les forces invisibles est suffisante pour que la manifestation du bon droit soit attendue de Dieu. On pratique donc des épreuves. La plus commune et la mieux adaptée aux mœurs militaires est le duel – par trop teintées de paganisme, les anciennes ordalies, qui faisaient apparaître la culpabilité par la manière dont la puissance de l'eau ou celle du feu se comportaient à l'égard de l'accusé, tombent alors en désuétude dans les pays français — ; un combat singulier départage les plaideurs, remplacés, quand ils sont incapables de lutter eux-mêmes, par des « champions ». Sous l'influence de l'Église, on se fie aussi au serment, exigé des adversaires et de leurs amis. La colère divine est en effet si redoutable au parjure que nul n'oserait sciemment donner sa foi s'il n'était sûr de son droit. Éclairés par ces procédés, les arbitres rendent une sentence qui, rarement impartiale, mais partageant l'objet du litige, s'efforce surtout de satisfaire l'une et l'autre parties. Encore faut-il faire accepter cette décision — et la paix n'est enfin conclue, avec les indispensables rites de pardon mutuel, qu'après d'autres palabres et d'autres serments.

Lente, imparfaite — car elle ne répare pas tous les torts —, coûteuse — car il faut distribuer les cadeaux aux intermédiaires, aux arbitres, aux champions, aux jureurs —, la procédure d'arbitrage dans le monde chevaleresque est donc singulièrement inefficace. Mieux vaut n'y pas recourir. C'est pourquoi entre dans les mœurs aristocratiques du XIe siècle tout un ensemble de pratiques destinées à prévenir les discordes. Quand un chevalier conclut un accord, il est d'abord requis d'engager son âme par un serment ; en outre, pour une plus sûre garantie, il lui faut s'entourer d'un groupe d'hommes solidaires de son acte, demander à ses proches, en jurant aussi leur foi, de devenir ses « pleiges », moralement intéressés à ce que le contrat soit tenu, obligés, s'il est rompu, de se remettre en otage entre les mains de la partie adverse et de se livrer à sa discrétion jusqu'à ce que la paix soit rétablie. Dans ce système de précautions, il est fait appel à deux forces qui constituent dans la chevalerie les plus puissants moyens de contrainte morale : la cohésion du groupe qui enserre l'individu et le tient en lisière ; le respect du serment, cet acte religieux, ce « sacrement » que l'on prononce en touchant de la main un objet sacré, relique ou livre des Évangiles, en sollicitant l'aide de Dieu même, et qui ne saurait être brisé sans les plus graves dommages spirituels. Deux forces qui font déjà toute la valeur du lien vassalique, mais qui agissent aussi parallèlement à l'organisation féodale et qui corrigent, dans une large mesure, ses imperfections.

Les liens familiaux

La cohésion du groupe n'est nulle part aussi puissante que dans la communauté naturelle que les liens du sang réunissent. Celle-ci semble bien s'être renforcée dans l'aristocratie depuis le xe siècle. Au niveau d'abord des plus grands princes, puis des moindres seigneurs, enfin des simples hobereaux, les relations de parenté se sont progressivement contractées dans le cadre du lignage, de la forte lignée qui, de père en fils, enracine la famille sur le patrimoine qu'ont légué les aïeux, avec le souvenir de leurs exploits, de leur « noblesse », dont les descendants doivent se montrer dignes. Au cours du XIe siècle, se répand parmi les chevaliers l'usage d'ajouter à leur nom le surnom individuel de l'ancêtre, qui souvent est celui de la terre héréditaire et qui devient le signe de ralliement du lignage. L'insécurité, consécutive à l'affaiblissement des pouvoirs régionaux et qui pousse chacun à rechercher l'appui de ses proches, contribue à rassembler la parenté, comme elle fait proliférer les clientèles vassaliques ; et la solidarité lignagère est également resserrée par la contraction économique qui fait de la seigneurie le fondement de toute richesse.

Vingt, trente personnes, davantage parfois, les fils mariés, leurs propres enfants, leurs petits-enfants même — car, réputé majeur à quatorze ans, on se marie jeune, et l'écart des générations est très faible — vivant au coude à coude, autour du même feu et de la même marmite, parfois dans l'unique pièce qui sert de retraite nocturne, gérant ensemble sous la direction du plus vieux l'héritage laissé dans l'indivision : telle est alors la famille noble. Interdépendance tyrannique : nul ne dispose du pécule qui lui permettrait de mener sa vie à sa guise — et bien des traits de la mentalité chevaleresque, le goût de l'aventure lointaine, de l'errance à la recherche de pillages et de profits, les discordes qui opposent si souvent au père qui tarde à mourir les fils, rêvant de diriger à leur tour le groupe des parents et cherchant asile chez les seigneurs rivaux, s'expliquent par les contraintes de l'indivision familiale. En revanche, celle-ci est le plus puissant facteur de cohésion; elle accoutume à la discipline; l'hérédité du fief, l'hérédité de la qualité chevaleresque ont été les effets inéluctables des habitudes d'exploitation communautaire. Elle fait aussi du lignage la plus solide des associations de défense mutuelle : dans le danger, au combat, pour mener la vengeance ou prouver son droit, et également pour sauver son âme par des aumônes ou des rites propitiatoires, la première rescousse est celle des parents. Ces clans ont une personnalité beaucoup plus forte que celle des individus — et le vasselage n'est au fond qu'un succédané de la parenté, l'hommage, un moyen d'établir artificiellement un lien familial entre deux hommes. Il est bien rare qu'un chevalier agisse seul sans être encadré par les hommes de son sang : derrière eux, il se retranche, mais il doit aussi se soumettre à leur avis, réprimer pour suivre la volonté du groupe ses impulsions individuelles. En cela, cette structure où la famille a tant de force est un obstacle efficace à une trop grande turbulence.

La paix de Dieu

Autres rassemblements, ceux-ci fondés seulement sur le serment, les associations pour la paix. En disparaissant avec l'effondrement de l'État carolingien, les institutions qui avaient assuré l'ordre dans la société franque laissaient un vide; les dirigeants de l'Église voulurent assumer la mission que les rois n'étaient plus en mesure de remplir : faire régner sur la terre la paix de Dieu. Un mouvement, lancé dans les toutes dernières années du Xe siècle en Aquitaine, région où la désagrégation des pouvoirs était la plus profonde, dans des conciles rassemblant autour des évêques la noblesse régionale, se propagea vite, s'introduisit sous le contrôle de leurs chefs dans les principautés plus cohérentes du nord de la Loire, avant que la papauté en prît la direction en 1095 et en étendît encore la portée. Son but : circonscrire entre des limites précises le recours à la violence. Des limites seulement ; il n'est pas question de l'interdire absolument, de désarmer un groupe social, un « ordre » qui s'organise en fonction même du combat, de contester la légitimité du droit de vengeance. Mais sont spécialement protégés, placés sous la sauvegarde, dans la « paix » de Dieu lui-même, certains lieux d'abord : les églises et leur environnement — certaines périodes : les jours de la semaine consacrés à la prière ou à la pénitence, les fêtes liturgiques, le Carême — certaines catégories sociales enfin, les clercs, et aussi les « pauvres », tous ceux qui, désarmés, sont inoffensifs et vulnérables, les femmes nobles, les marchands et, principalement, la foule des paysans. C'est la codification de la guerre privée, dont l'exercice ne doit pas s'étendre hors du groupe des chevaliers et qui, même ainsi restreint, se heurte encore à des trêves et à des asiles. Ce code a des sanctions qui d'abord sont spirituelles : l'anathème, l'excommunication. Sanctions efficaces, en vérité, car la crainte de s'attirer la vengeance divine est suffisamment vive, sinon pour freiner tous les débordements agressifs de l'homme de guerre et pour le contraindre, dans la joie de se battre et de détruire, à respecter tous les interdits, du moins pour lui faire regretter ses fautes et le conduire à les réparer vite. En outre et surtout, la paix est conçue comme une véritable conjuration : à l'appel des évêques, les chevaliers présents au concile jurent les uns après les autres sur les reliques de respecter le contrat et, tous solidaires, de retirer leur amitié aux fauteurs de troubles, de leur courir sus.

Bien vivante jusqu'au milieu du XIIe siècle, cette entreprise de discipline collective, s'appuyant sur le souci du salut et le respect du serment contribua d'une manière décisive à donner à la chevalerie sa cohésion, en l'opposant aux autres catégories sociales et en lui proposant certains axes d'une morale particulière ; elle ne parvint certes pas à brider complètement la violence chevaleresque. Le temps des féodaux reste une époque sauvage, où la saison des guerres est rougeoyante des incendies de moissons et de cabanes paysannes, où meurtres, viols, mutilations se commettent jusque dans les sanctuaires les plus vénérés, au pied même de ces autels qui attestent la puissance terrifiante du Dieu vengeur, jusqu'au sein des communautés les plus étroites, au cœur des familles et des compagnies vassaliques. Mais cette recherche de la paix fut soutenue par d'autres tentatives parallèles conduites par les clercs pour christianiser les mœurs militaires et qui, par la bénédiction des armes, l'introduction de pratiques liturgiques dans le rituel de l'adoubement, préparèrent une lente conversion de la morale chevaleresque, orientant insensiblement la prouesse vers le service du Christ. Et surtout, combinée avec les multiples serments que tout homme de la noblesse est appelé à prononcer, de vassalité, de garantie ou de paix particulière — associée aux liens naturels de cousinage qui, dans un milieu stabilisé par sa richesse exclusivement foncière et où les migrations sont rares, finissent par unir le chevalier à tous ses voisins, elle enserre celui-ci dans un lacis d'obligations et de solidarités qui l'empêchent le plus souvent d'être trop nuisible. Discipline donc, mais non pas contrainte. Le trait distinctif de ces hommes de cheval et d'armes, plus encore que l'oisiveté ou la vertu de gaspillage, est bien leur manière d'obéir, libre, affaire seulement de loyauté et d'honneur.

3. Les destinées de la culture

Église et féodalité

Dans le monde laïc, le groupe des chevaliers est seul à s'exprimer. Ses fils remplissent toute l'Église haute. Ce sont donc ses mœurs et ses façons de réagir qui donnent sa tonalité particulière à la civilisation du XIe siècle, même dans le domaine de l'esprit.

Les manières féodales s'insinuent en effet dans les cercles ecclésiastiques détenteurs de la culture savante. Les domaines d'église, par un développement des privilèges d'immunité, sont devenus des seigneuries indépendantes, dont les manants, hommes du saint patron, sont jugés, punis, commandés au profit des clercs ou des moines. Chaque évêque, chaque abbé a ses chevaliers, ses vassaux, qui lui font hommage, reçoivent en fief des terres, fréquemment même des églises paroissiales, et qui, lorsqu'ils viennent accomplir leurs devoirs d'aide et de conseil, introduisent dans le cloître la turbulence guerrière. Mais la contamination est plus profonde : c'est par les gestes mêmes de l'investiture que les seigneurs laïcs, patrons des évêchés et des monastères, remettent au dignitaire de cet office dont ils ont suscité l'élection, la crosse, insigne de sa fonction pastorale. Or, dans les rites profanes de la féodalité, depuis que le fief est intimement lié à la vassalité, l'investiture tend à devenir inséparable de l'hommage ; et peu à peu l'idée se répand que la mission spirituelle elle-même est un fief, que celui qui la remplit est un vassal et doit pour elle un service : intégration dangereuse des choses sacrées dans l'assemblage des puissances temporelles. En outre, nombre d'évêques, d'abbés, de chanoines — tous issus de familles nobles, mal dégagés des liens du lignage — sont conduits par leurs fonctions à mener l'existence des seigneurs du siècle. Eux aussi logent dans une tour, entourés de gens de guerre, chevaliers domestiques ou vassaux en stage ; ils doivent organiser des expéditions de vengeance contre ceux qui méconnaissent les droits de leur église, qui tuent ses serfs ou qui pillent ses étables. La plupart sont repris malgré eux par cette ambiance de rudesse corporelle et mentale qui était celle de leur enfance. Le prélat de ce temps aime la guerre et la chasse — pour ne rien dire de la liberté sexuelle rarement réprimée dans le monde féodal, où l'épouse légitime est exceptionnellement la seule compagne, où, dans tout château, l'hôte de passage trouve à sa disposition des ribaudes.

Cluny

Certes, le mouvement de réaction, qui tend à dégager l'Église de la corruption du temporel, gagne de jour en jour du terrain. Le XIe siècle voit en particulier le rapide succès de la réforme clunisienne : dans la Flandre méridionale et centrale, en Provence, puis en Lorraine, les communautés bénédictines sont les unes après les autres ramenées dans la stricte observance de la règle par ces hommes étonnants que furent alors les abbés du monastère bourguignon. Et pour que l'assainissement soit durable, les réformateurs prennent soin de s'attacher par les liens les plus étroits les maisons religieuses qu'ils viennent d'épurer; celles-ci ont toutes désormais le même abbé, celui de Cluny, et forment ensemble — elles sont plusieurs centaines en France à la fin du siècle — une congrégation, un *ordo* particulier au sein de la famille monastique, le premier des « ordres » religieux. Là, pas d'influence du monde féodal sur la manière de vivre : les prieurés clunisiens sont de petits îlots de pureté et de rigueur morale. Et pourtant, même dans ce corps dont la cohésion vient précisément de son indépendance à l'égard des puissances temporelles, le style de vie que partagent les moines subit par certains côtés l'imprégnation des attitudes chevaleresques. C'est ainsi que la manière dont on s'est écarté à Cluny des prescriptions primitives de la règle de saint Benoît, en réduisant à rien la part du travail manuel dans l'activité quotidienne, est en étroite correspondance avec la notion noble de l'indignité du labeur. Parfaite adaptation de la vie monastique au régime seigneurial et à la récente affirmation dans la société laïque des différences de classes : les moines, oisifs comme le sont les chevaliers, entourés de serviteurs qui les déchargent des basses besognes, ont leur entretien assuré par les prestations et les corvées de leurs dépendants paysans, et le souci que l'on a pour eux de varier les menus du réfectoire, de mélanger des épices au vin qui leur est servi, de renouveler bien avant l'usure les nombreuses pièces de leur garde-robe, d'entretenir pour les dignitaires une écurie princière, manifeste une conception aristocratique de la profession religieuse, le

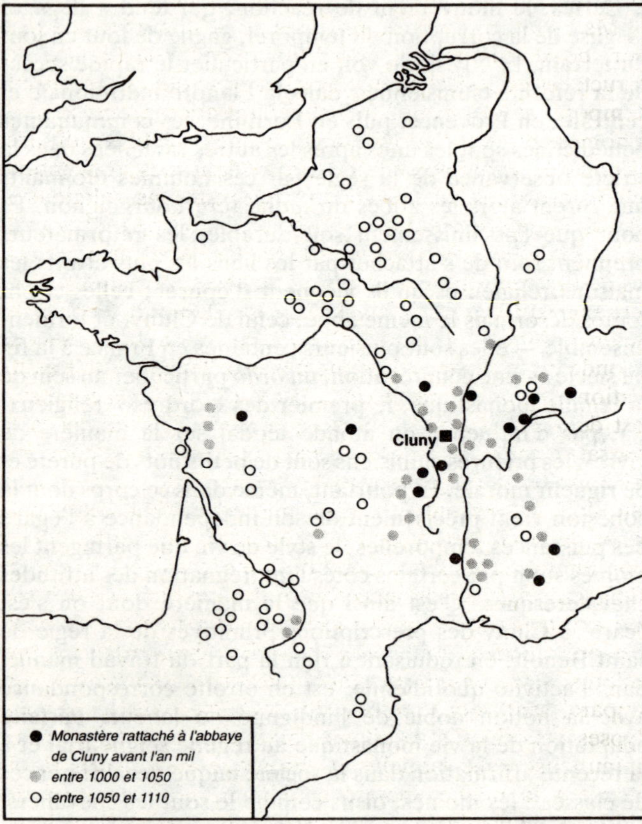

4. L'EXPANSION DE L'ORDRE DE CLUNY.

(D'après S. Bertelier, dans *Revue archéologique*, tome XI, 1938, p. 320-321, et Dom P. Cousin, dans *A Cluny*, 1950, p. 188)

sentiment que le serviteur de Dieu doit manger un meilleur pain, porter des vêtements plus somptueux, se déplacer dans un autre équipage que le travailleur.

Mais l'infiltration des manières nobles de vivre, de penser, de se comporter, ne se limite pas à la surface des structures ecclésiastiques. Dans l'osmose qui existe entre le temporel et le spirituel, à la christianisation progressive de l'hommage, de l'adoubement et des vertus militaires répond le cheminement en profondeur des conceptions chevaleresques au sein des représentations religieuses. Ainsi, la relation entre le fidèle et Dieu apparaît sous la forme familière du lien vassalique. Le début du XIe siècle est le moment où, dans la prière, le geste, bras étendus, de l'orante antique fait place à l'agenouillement, tête nue et mains jointes — la posture même du vassal. Or, dans un monde où le geste est le signe par excellence, cette modification est plus qu'une résonance : le « fidèle » (la confusion est déjà dans ce mot qui est aussi l'un des synonymes de vassal) a conscience de contracter une espèce de commendise, un pacte par conséquent générateur de services, mais mutuels. Et surtout se répand une conception quasi militaire de la vie de l'âme. Le chrétien est un combattant, il conquiert son salut par une lutte menée au service de son Seigneur et avec son aide contre des puissances adverses. Le sentiment de ce combat spirituel, de cette psychomachie est présent dans toutes les âmes. En témoignent les premières représentations graphiques de l'« Ennemi », qui apparaissent vers le milieu du XIe siècle dans les Apocalypses historiées d'Aquitaine, aussi bien que la précision minutieuse avec laquelle le chroniqueur clunisien Raoul décrit à la même époque le démon, hôte habituel des dortoirs monastiques. Dans cette joute que devient la vie religieuse, les qualités de force et de volonté ont ainsi un grand prix : la sainteté de ce temps est celle de l'ascète, héros maître de son corps ; comme au chevalier, le courage lui est plus nécessaire que la science livresque.

Régression de la culture scolaire

Aussi, le XIe siècle en ses débuts est-il marqué par une certaine régression de l'activité intellectuelle dans sa forme scolaire. Régression très nette dans la vie profane, où l'usage des contrats écrits rédigés par des scribes professionnels, qui s'était maintenu d'une manière plus tenace dans les provinces méridionales, se perd rapidement, où l'écriture devient objet de méfiance, où seuls comptent le geste et la parole ; mais elle est sensible également dans les cercles les plus cultivés de l'Église. Certes, lancées par l'évêque Fulbert, les écoles chartraines, où se perfectionnent patiemment les méthodes d'enseignement et de réflexion mises au point jadis par Gerbert d'Aurillac, voient à la fin du XIe siècle leur rayonnement s'étendre dans la région la plus évoluée de la France du Nord. Cependant, l'hostilité aux études domine dans la partie la plus vivante de l'Église, dans le monde clunisien. Fidèle en cela à la plus pure tradition bénédictine, suivant la ligne tracée par Benoît d'Aniane qui, aux meilleurs temps de la renaissance carolingienne et en réaction contre elle, avait banni des cloîtres l'humanisme littéraire, le grand abbé Odilon condamne au début du XIe siècle, comme une volupté perfide, le plaisir que l'on peut prendre à lire les classiques latins. Pour lui, le but de la vie monastique n'est pas l'approfondissement de la foi par la recherche intellectuelle, mais la célébration de la gloire de Dieu par la prière collective.

Cette option fait de Cluny la plus somptueuse construction liturgique du christianisme occidental. Construction musicale : autour de la messe et des oraisons réparties entre les heures du jour, le chant sacré prolifère, et l'office de chœur absorbe toute l'activité, envahit toute l'existence des moines. Construction plastique : il convient de ne rien épargner pour orner le sanctuaire et pour édifier un monument qui, par la magnificence de son architecture et de sa décoration, soit lui-même une prière et un hommage à la majesté divine. Cluny, et c'est là son apport à la marche de la civilisation, stimule donc les efforts des musiciens, des bâtisseurs et des imagiers. Mais aussi, par l'expression et la réalisation d'un certain idéal religieux, Cluny manifeste encore son accord avec quelques tendances du comportement chevaleresque : le goût du rite collectif, l'attrait du faste, la vertu de prodigalité. La correspondance est visible entre les parures militaires et ces orfèvreries que, pour décorer l'autel majeur de l'église qu'il vient de construire, saint Odilon fait forger – utilisant pour cela des lingots d'argent offerts, prélevés sur leur part du butin, par quelques chevaliers vainqueurs des Sarrasins. Elle est non moins visible entre la littérature hagiographique, entre les poèmes chantés où, comme dans la *Vie de saint Alexis* composée dans les pays normands vers 1040, sont exaltés en langue vulgaire la souffrance et l'esprit de sacrifice – et les chants de guerre non encore transcrits, les récits qui plaisent aux compagnies militaires et que certains clercs parfois – c'est le cas vers 1020 de Doon de Saint-Quentin, serviteur des ducs de Normandie – rédigent en latin sur l'ordre de leur seigneur. Or, dans les trois dernières décennies du siècle, toutes ces activités créatrices, où se rejoignent les aspirations des deux élites de la société nouvelle, l'ordre de ceux qui prient et l'ordre de ceux qui combattent, vont connaître un prodigieux développement à la faveur de l'essor économique, fruit du labeur paysan.

CHAPITRE III

Le siècle du grand progrès 1070-1180

Au second tiers du XIe siècle (plus tôt ici, plus tard ailleurs, car les pays français, si divers, n'évoluent pas tous au même rythme, et l'histoire de la Bretagne intérieure par exemple, ou du Gévaudan, se trouve décalée d'une centaine d'années au moins par rapport à celle des rives de la basse Seine, des nœuds de route du Lauraguais ou des passages bourguignons) se multiplient brusquement les signes d'une vitalité nouvellement stimulée. A ce moment commence une période de progrès accéléré, dont la phase la plus rapide se situe entre 1080 et 1120, et qui par son allure est comparable en tout point à celle qui s'est ouverte vers 1750 et dont le mouvement nous entraîne encore. Progrès dont les intellectuels d'alors eurent pleinement conscience — cessant de vivre, comme tant de générations précédentes, les yeux fixés sur un âge d'or exemplaire mais révolu, de guetter anxieusement les signes précurseurs de la fin des temps — assurés, au contraire, de voir plus clair et plus loin que leurs devanciers — sûrs d'eux-mêmes. Fermentation de toutes choses, bourgeonnement un peu désordonné, audace créatrice, tel est le ton du XIIe siècle. D'un XIIe siècle que je vois commencer vers 1070 et se clore autour de 1180, et dont l'église abbatiale de la Trinité de Caen à son seuil, le chœur de Notre-Dame de Paris à son terme seraient les jalons admirables — d'un siècle qui aurait en ses premières années formé l'auteur de la version écrite de *Roland*, pour s'achever sur la mort de Chrétien de Troyes, sur la naissance de François d'Assise — du siècle d'Abélard et de saint Bernard de Clairvaux — du grand XIIe siècle, le plus fécond du Moyen Age. Fécondité qui s'inscrit dans les cadres encore imparfaits de la société féodale et les enrichit d'une prodigieuse manière.

1. Le progrès des techniques agricoles

Accroissement de la production des subsistances

Cette expansion fut soutenue par une tendance économique favorable de longue amplitude, qui s'était dessinée en Occident avant l'an mil, dès la fin des dernières invasions, pour se poursuivre dès lors sans rupture et dont les effets bénéfiques se sont manifestés au grand jour après 1075. Rapide accroissement des richesses et d'abord, dans ce monde paysan, fécondité des campagnes. Aux XIe et XIIe siècles se situe en effet le moment de pleine intensité d'un grand mouvement de rénovation des techniques agraires. Ce mouvement est très largement étalé, et sa progression impossible à suivre dans ses détails et dans ses modalités, en l'absence totale de vestiges d'outillage, dans l'imprécision des documents figurés, dessins ou sculptures, que déforment les routines d'artiste, et dans le grand silence des témoignages écrits, qui n'ont pas enregistré les modifications à peine sensibles des gestes les plus vulgaires de la vie quotidienne. Mais il paraît bien avoir été le seul grand rajeunissement d'ensemble des pratiques paysannes qui ait affecté les campagnes françaises depuis l'époque néolithique jusqu'à la « révolution agricole » des temps modernes. Pour autant que l'on puisse en juger — car il s'agit là de l'un des domaines essentiels de la civilisation où la recherche historique bute contre des difficultés d'information insurmontables, et doit fonder ses hypothèses sur de très rares indices convaincants — ce progrès technique fut déterminé non point par des inventions récentes, ni, sauf exceptions, par l'introduction de procédés inconnus de l'Occident, mais par la diffusion générale de méthodes qui n'avaient été longtemps appliquées que dans quelques exploitations modèles — tels les domaines des grandes abbayes carolingiennes d'entre Loire et Rhin — et dans les secteurs très limités et très dispersés du monde rural. Amélioration de l'équipement paysan et des techniques agraires par la généralisation et surtout par la combinaison de multiples perfectionnements de détail, tel est bien le ressort profond du progrès de toute la civilisation.

En effet, au milieu du XIIe siècle, l'« outillement » du vilain est incontestablement plus complexe et plus efficace que celui dont se servaient en l'an mil ses ancêtres. Tout d'abord, les moulins, qui jadis tournaient déjà sur bien des ruisseaux, sont devenus beaucoup plus nombreux; les plus humbles seigneurs ont fait aménager biefs et écluses sur le cours d'eau du village, tandis que barrages et pontons étaient établis sur les grandes rivières pour recevoir, parfois concentrées par dizaines au même point comme au Bazacle de Toulouse, les roues à aube. Des meules à farine sont ainsi mises à la portée de toutes les familles paysannes; dans certaines régions, les rustres sont contraints de les utiliser par le ban seigneurial, mais partout l'habitude se prend d'abandonner le pilon et la meule à main, et c'est une notable libération de main-d'œuvre — une révolution alimentaire aussi, car le pain se substitue aux bouillies de céréales, le mil recule alors devant les blés panifiables. Déjà ici et là, les axes entraînés par le mouvement de l'eau sont branchés sur d'autres machines, animent les battoirs à fouler le drap, à broyer le chanvre. La voie est ouverte à d'autres perfectionnements et déjà s'annonce le temps des martinets pour le travail du métal, de toutes les mécaniques industrielles qui, dès la fin du XIIIe siècle dans les régions les plus évoluées, vont introduire dans le milieu rural, par l'initiative des marchands et des entrepreneurs des villes, maintes tâches nouvelles, adjoignant pour des siècles au travail ancestral de la terre l'appoint de l'artisanat. L'homme a domestiqué aussi la force du vent : les premiers moulins à vent sont attestés en Normandie dans les dernières années du XIIe siècle.

En même temps, les outils se sont perfectionnés. Dans les campagnes de 1150, le fer n'est plus aussi rare, et avec lui se sont répandues des armes beaucoup plus efficaces pour vaincre la nature : la grande hache d'abattage, et surtout la charrue à versoir. Cet instrument lourd et peu maniable, tiré à quatre, six, huit bœufs — que l'on sait maintenant ferrer et mieux atteler par le joug frontal — a du moins l'immense avantage de pouvoir entamer les terres les plus grasses et les plus lourdes et, les retournant vraiment, d'en reconstituer les principes fertiles. Instrument coûteux certes, d'abord manié sur les terres du seigneur, mais qui est aussi désormais présent au village où l'on s'associe pour l'employer, et qui peu à peu gagne sur tous les sols profonds. Avec le fer, le forgeron, le « fèvre », le « fabre », domestique du seigneur mais dont la communauté paysanne utilise aussi les services, est apparu dans tous les villages — première mention (toute fortuite) en Anjou vers 1080, en Mâconnais en 1140 — pour en être, jusqu'au temps présent où le mécanicien ne l'a pas partout remplacé, le seul ouvrier spécialisé.

Le système agricole est enfin mieux agencé que jadis, par le meilleur aménagement de la rotation des cultures. Un cycle régulier de trois années, qui fait se succéder sur la même terre une semaille de blés d'hiver, froment ou seigle, une semaille de céréales de printemps, avoine ou orge, puis le repos de la jachère, s'est substitué progressivement — par des étapes qui malheureusement se discernent à peine — aux usages primitifs de la culture itinérante sur brûlis et des rotations désordonnées. Progression fort lente dont sans doute le départ se situe dans le très haut Moyen Age et qui ne s'est pas achevée avant la fin du XIIIe siècle. La propagation s'est faite dans chaque terroir depuis les terres centrales vers les confins plus anarchiques, depuis les grandes « coutures » seigneuriales vers les petites parcelles des humbles gens dérobées sur la lisière des terres vagues. Elle est partie, dans l'ensemble des pays français, des plaines du Bassin parisien et de la Lorraine, et elle s'est poursuivie vers le Sud aussi loin que l'ont permis les conditions atmosphériques — tant que les chaleurs trop précoces du printemps, néfastes aux blés de mars, ne sont pas venues imposer un autre cycle, le rythme biennal romain. Le nouveau système, qui ne laisse à la terre qu'une année de liberté sur trois, détermine un accroissement de la production des céréales ; il entraîne aussi le développement de la culture de l'avoine et, de ce fait, sans doute, une amélioration de l'élevage du cheval. Si la civilisation féodale fut essentiellement cavalière, ce trait n'est pas sans liaison avec la structure agraire. Cheval de guerrier, cheval aussi de paysan : la substitution progressive, dans les campagnes du Nord-Est, du cheval, plus rapide, au bœuf de labour est encore un aspect de la rénovation complète du travail des champs.

Cette rénovation, certes, reste imparfaite. Limitée à une certaine part de la France, elle n'est tout d'abord vraiment intense qu'au nord du Massif Central — et cette inégale pénétration des améliorations techniques est l'une des causes du relatif effacement de la civilisation du Midi, qui est restée, pour des raisons naturelles, pour la qualité de ses sols et de son climat, le pays de l'araire léger et de la jachère bisannuelle, et qui, malgré l'implantation aux lisières méditerranéennes de quelques cultures nouvelles s'est trouvée désormais en état d'infériorité agricole face au Nord rajeuni. Rénovation limitée également, même dans les provinces où elle est la plus poussée, aux meilleures exploitations et aux bons pays, parce que l'équipement nouveau est coûteux : dans le village du XIIe siècle, l'araire, la houe de bois durci au feu, le mortier à grain, le nomadisme agraire sur la lande, labourée de loin en loin par petits lopins pour une récolte aventurée, ne cessent pas d'être employés par les villageois les plus pauvres et sur les quartiers les plus ingrats. Pour longtemps encore, le système de culture reste sans rigueur, tolère la coexistence de pratiques diverses, et ce n'est pas avant la fin du Moyen Age que se sont organisés ces terroirs cohérents aux soles régulières, qui supposent une étroite communauté de village astreinte à des contraintes collectives. Rénovation incomplète enfin. Elle ne résout pas le problème de l'engrais, de la reconstitution périodique des sols. Peu de fourrage, peu de gros bétail, peu de fumier, longues jachères — et les rendements sont encore très faibles : dans les domaines de l'abbaye de Cluny, situés à la pointe du progrès, on récoltait au milieu du XIIe siècle six fois la semence dans les meilleurs terrains, mais deux fois seulement dans les pires. Et pourtant rénovation fondamentale, qui bouleverse toutes les manières de vivre, puisque, grâce à elle, le paysan tire maintenant d'une terre moins étendue, en moins de temps, à moindre peine, plus de nourriture.

Transformation de la seigneurie

Premier effet de l'accroissement des rendements agricoles, la famille rurale est maintenant sûre d'une alimentation plus abondante et surtout moins irrégulière. Elle est ainsi moins vulnérable aux maladies, mieux plantée donc et plus nombreuse ; car les enfants grandissent et l'élan générateur n'est plus autant freiné par la mortalité infantile. Pourtant malgré cette extension du groupe familial, l'exploitation peut être moins étendue, parce que l'agriculture est plus intensive. En fait, les grands « manses » du haut Moyen Age se sont dissociés entre l'an mil et le milieu du XIIe siècle, se sont fractionnés en « quartiers », en « bordes », en « héritages » de surface restreinte, ce qui a favorisé l'expansion démographique. Premier changement fondamental : les anciens terroirs sont vers 1150 nettement plus peuplés.

Plus de bras donc au village. Or, il se trouve que le seigneur foncier est devenu de son côté beaucoup moins exigeant, car ses ressources en nature se sont accrues elles aussi, et bien plus que celles des rustres. Maître des moulins qu'il a fait construire et par lesquels il prélève à peu de frais une part de la récolte en grain du terroir — maître de la dîme paroissiale, taxe proportionnelle à la récolte et qui, par conséquent, le fait bénéficier le premier, sans autre peine qu'une surveillance attentive, du rendement accru des terres paysannes, le seigneur voit maintenant ses greniers se remplir d'eux-mêmes. Moins préoccupé de profits supplémentaires que d'éviter les soucis, il réduit donc l'exploitation de son domaine. Non point jusqu'à devenir un pur rentier du sol : les demeures seigneuriales, même celles du roi et des plus puissants barons, ont toutes encore, et jusqu'à la fin du Moyen Age, une annexe agricole, une domesticité de bouviers et de valets de charrue et, dans leurs appartenances, des clos de vigne, des prés, des pièces de labour. Mais ce domaine est moins étendu, et comme il est, en outre, bien muni de nouvel outillage, il exige beaucoup moins de travail ; une équipe de serviteurs suffit à le mettre en valeur et n'a besoin du renfort d'une main-d'œuvre auxiliaire que de loin en loin, aux moments de presse, quelques jours dans l'année sans plus. Ainsi ont disparu les si nombreuses corvées qui, avant l'an mil, avaient étroitement associé les tenanciers à la culture de la terre seigneuriale. A quoi bon retenir les représentants de chaque ménage dépendant qui, selon la vieille coutume, viennent trois jours par semaine à la maison du maître placer leurs bras à sa disposition : on ne sait quelle tâche leur confier, on les nourrit à ne rien faire — mieux vaut les renvoyer chez eux, quitte à leur demander, en échange de cette libération qu'ils désirent, quelques compensations, quelques-unes de ces pièces d'argent qu'ils ont maintenant plus d'occasions de gagner, et que le seigneur a, lui, plus d'occasions de dépenser. Astreintes à peu près exclusivement à des prestations en nature, et de plus en plus en deniers, les tenures sont ainsi devenues des exploitations autonomes.

Il s'en est suivi dans le village une modification sensible du climat social. Le grand domaine a cessé d'être cette étroite communauté de travail qui réunissait presque quotidiennement sur les coutures du maître pour un travail collectif les exploitants pauvres des tenures bordières. Les liens humains entre les villageois et les chevaliers se sont donc sensiblement distendus. Alors que ses aïeux étaient encadrés le meilleur de leur temps dans la troupe des corvéables et contraints de travailler — mal — la terre d'autrui, alors que ses aïeules, rassemblées, filaient et tissaient dans l'atelier seigneurial, le vilain du XIIe siècle a le sentiment de pousser la charrue, de semer, de moissonner pour lui-même. Lorsqu'il a expédié les rares journées de fenaison, de charroi ou de labour qui lui sont encore réclamées — qu'il n'accomplit pas d'ailleurs lui-même, mais dont il charge l'homme le moins vigoureux de sa maison — sa seule obligation est de porter périodiquement à la cour domaniale du grain, du vin, de la viande. Redevances plus importantes certes que jadis, mais moins pesantes puisque la terre familiale produit davantage. Le paysan en tout cas gère son bien en toute indépendance. Tenancier, sa situation est à peine différente de celle de ses voisins dont les terres sont des alleux et ne relèvent pas d'une seigneurie foncière — car les charges les plus lourdes sont les dîmes, les « coutumes », la taille levée par le châtelain défenseur de la paix, et elles pèsent sur tous les hommes du village. Dans le monde rural, la différence sociale la plus nette s'établit maintenant entre les valets — pauvres bougres (si nombreux en ce temps où le premier usage que l'on sache faire de son aisance à tous les niveaux de la hiérarchie des fortunes est de faire entrer dans son ménage un plus pauvre que soi, voué en échange de l'entretien complet au service inconditionnel) qui ne possèdent aucune parcelle de liberté individuelle, qui n'ont rien à eux, vrais « hommes de corps », propriété de leur maître « depuis la plante des pieds jusqu'à la racine des cheveux », et châtiés sans contrôle — et les exploitants, alleutiers ou non. Parmi ceux-ci se creuse un peu plus, approfondi par le perfectionnement des instruments aratoires, le vieux fossé qui sépare les laboureurs pourvus d'un train d'attelage de « ceux qui retournent la terre à la houe à force de bras », pour qui sont allégées les exactions du maître du ban.

Les défrichements. L'essor démographique

Autre conséquence du perfectionnement des techniques rurales : l'extension de la surface cultivée, le grand mouvement de défrichement, qui est peut-être l'événement le plus important de l'histoire de la France médiévale. L'amélioration de l'outillage fournissait en effet des moyens beaucoup plus efficaces pour abattre les arbres, extirper les souches, et surtout pour défoncer les sols épais que l'on avait jusqu'alors négligés, non pour leur manque de fertilité, mais parce qu'il était impossible de les élaborer. En outre, directement en augmentant le rendement du travail humain, indirectement en amoindrissant les corvées seigneuriales, le perfectionnement du système agricole libérait de la main-d'œuvre qui pouvait s'employer hors des aires anciennes du labeur paysan. Enfin, en permettant de produire davantage de nourriture, il stimulait la poussée démographique dans les terroirs déjà peuplés et conviait à l'expansion.

Les premiers témoignages de l'attaque de la terre inculte sont apparus vers le milieu du Xᵉ siècle ; ils se sont multipliés après 1050 et c'est alors qu'a commencé la période d'effort intense qui s'est poursuivie pendant deux siècles. La lutte contre l'arbre, la friche, le marécage a revêtu bien des formes. La moins apparente, mais la plus commune est l'élargissement progressif de la clairière villageoise. Aux lisières des anciens labours, sur la zone broussailleuse déjà éclaircie par les écobuages temporaires et qui précède la haute futaie, les paysans, disposant à la fois de plus de temps et de meilleurs outils, ont poussé un peu plus avant les sillons ; de nouveaux quartiers, jusqu'ici de pâture ou de culture itinérante, se sont de la sorte intégrés dans le terroir, conservant seulement de leur état primitif un nom particulier : « bussière », « artigue » ou « novelle ». Puis l'on s'est attaqué aux grands arbres, aux fonds humides. D'abord aménagé en pré de fauche, l'essart, après avoir été drainé, a porté à son tour des blés et de la vigne, tandis que le front de conquête était porté un peu plus avant. Bois et pâtis ont été ainsi refoulés à la périphérie du territoire paroissial, parfois réduits à quelques îlots aux frontières des terroirs — souvent trop réduits même, et les exploitations manquent alors de ce complément indispensable qu'apportent les terres vaines au système agricole. A cet élargissement des lisières, les seigneurs ont parfois collaboré, imposant la discipline collective pour les tâches les plus difficiles comme l'aménagement du drainage. Mais d'ordinaire, cette forme de défrichement est individuelle, souvent même subreptice, mordant sur la terre seigneuriale à l'insu des forestiers.

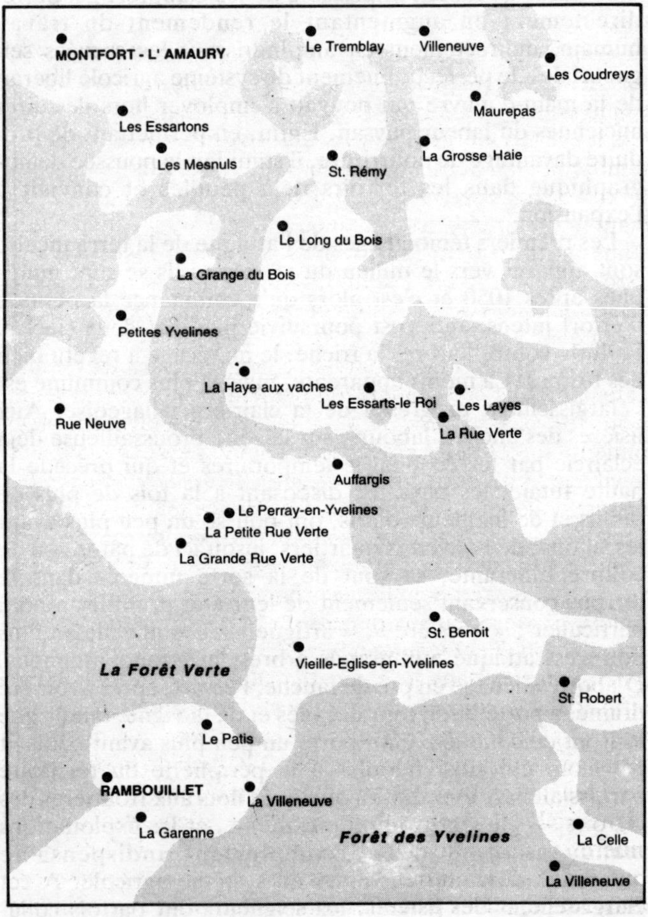

5. UNE RÉGION DE DÉFRICHEMENT : LA FORÊT DE RAMBOUILLET

Toute différente a été la création de nouveaux finages au cœur des « déserts ». Là l'initiative seigneuriale est de règle. Abbés et châtelains, qui tiennent dans leur domaine les grands espaces sylvestres, comprennent le profit qu'ils tireraient à les peupler et à les mettre en culture, accueillent les pionniers volontaires, descendus des villages surpeuplés vers les terres vierges — ces « hôtes », qui sont devenus si nombreux dans toutes les forêts de France aux approches du XIIe siècle. Parfois ils attirent les défricheurs en promulguant une charte de peuplement, qui promet aux nouveaux venus un traitement de faveur — un faible loyer pour la terre, aucune corvée, l'exemption des tailles arbitraires, la réduction du service militaire et des amendes de justice. Ils les guident vers les secteurs boisés les plus propices à la colonisation, les organisent en communautés, leur fournissent parfois le premier équipement, renoncent à leurs droits de chasse, assignent à chaque ménage son lot, fondent bientôt l'église pour le besoin des âmes. Ainsi naît un village — qu'on appelle souvent Villeneuve, Neuville ou Lessart — cohérent, fréquemment allongé le long de la laie forestière et de l'affleurement de bonne terre où s'est insinuée la pénétration agricole, avec ses maisons côte à côte et, par derrière, en longues lanières, les champs étirés, prolongés peu à peu aux dépens du bois — et ces nouveaux terroirs morcellent le massif inculte, tendent à se rejoindre. D'abord mené dans le cadre du village, le défrichement enfin, dans le courant du XIIIe siècle, le fut plus fréquemment par exploitations isolées. Encore une fois meilleur outillage ? Ou répugnance vaincue à l'égard de la solitude ? Ou bien autre manifestation du desserrement du cadre seigneurial ? Il donne alors naissance, dans des régions entières, à une nouvelle forme d'occupation du sol : maisons dispersées, entourées chacune d'une petite clairière individuelle, où les parcelles sont encloses par une ceinture d'arbres ou de buissons qui protège les îlots cultivés contre les animaux, domestiques ou non, de la forêt ou de la lande. Paysage tout différent, coupé, morcelé : le bocage, qui s'oppose aux « plaines », aux « champagnes ».

C'est ainsi qu'entre l'an mil et le milieu du XIIIe siècle, ce prodigieux effort, ces innombrables coups de hache et de houe portés par des générations de pionniers, tous ces fossés de drainages, ces digues contre les eaux divagantes, tous ces feux de broussailles, toutes ces plantations de vignes nouvelles ont donné aux campagnes de France un nouveau visage — celui que nous leur voyons encore. D'abord l'installation humaine est devenue beaucoup moins mouvante, a pris de la rigidité; aux bornes des terroirs maintenant plus précises, les contours des bois et des espaces abandonnés à la dépaissance libre des troupeaux se sont nettement fixés. L'agglomération villageoise s'est décidément différenciée de l'ancien centre seigneurial. Enfin s'est affirmé le contraste entre les divers paysages ruraux : campagnes ouvertes de la France du Nord, aux villages resserrés dans l'écheveau complexe des champs allongés et où rien n'arrête le regard — ceintures bocagères qui, sur les régions restées plus longtemps rebelles à la colonisation, mêlent intimement les cultures aux arbres — petits groupes de champs inégaux qui, dans les pays méridionaux, alternent avec les garrigues. Mais les essarteurs ont aussi, par leur labeur sur ces sols vierges et dont beaucoup étaient fertiles, fourni un surcroît considérable de provende : ainsi s'explique l'accroissement de la population, qui fut sans aucun doute considérable. Attesté par d'innombrables signes, il demeure pourtant impossible, en l'absence de toute indication chiffrée, à évaluer, même approximativement ; toutefois, par comparaison avec l'Angleterre, où existent quelques éléments de statistique, on peut penser que, dans les pays français, le nombre des hommes s'est en deux siècles multiplié au moins par trois. Consommateurs plus nombreux donc, mais aussi producteurs plus nombreux — ce qui fait que l'expansion s'est poursuivie et que la création de richesses nouvelles resta longtemps en légère avance sur la progression démographique. Enfin, le peuplement des espaces vides, l'assèchement des marécages qui obstruaient les grandes vallées fluviales ont réduit les distances entre les groupes humains, permis de plus fréquents contacts et facilité les communications dans ce grand corps inerte, cloisonné, coupé d'immenses solitudes, qu'était encore la France de l'an mil. Le grand essor du XIIe siècle — cet accident majeur dans l'évolution de la civilisation française — est bien l'effet d'une réussite agricole.

2. Voyages, commerce et monnaie

A vrai dire, la manière de vivre ne fut pas aussitôt radicalement transformée. Et même, pour la masse des paysans, — que l'on connaît très mal en vérité, car les écrits, faits pour les riches, ne décrivent guère l'existence de ces hommes poilus, noirs et qui jargonnent, — on peut dire qu'il n'y eut aucun changement, à l'exception d'un seul, essentiel il est vrai : les rustres n'ont désormais plus faim. D'une année à l'autre, selon les écarts climatiques, la production de subsistances connaît encore de notables variations ; toutefois, depuis 1050 environ, il n'est plus question de ces effroyables famines qui périodiquement avaient désolé le haut Moyen Age. Depuis lors et pendant des générations, les campagnes françaises semblent avoir joui de ce bonheur fondamental, la sécurité alimentaire.

La circulation

En revanche, dans le monde des seigneurs, clercs ou laïcs, l'allure de la vie quotidienne a subi des modifications plus rapides et plus nettes. Ces riches avaient toujours mangé autant qu'ils voulaient, mais ils étaient jadis maintenus très près de la terre. Voici maintenant qu'ils s'en détachent. En premier lieu l'abondance des profits seigneuriaux détermine dans chaque maison noble l'élargissement de ce groupe social essentiel qu'on appelle alors la « cour », c'est-à-dire la troupe de commensaux et d'obligés dont tout homme bien né se doit d'être entouré. Les domestiques, plus nombreux, tendent à se spécialiser ; parmi eux se haussent quelques chefs de service ; et surtout les hôtes de qualité sont en plus grand nombre, car il est beaucoup plus facile au XIIe siècle de se déplacer et de visiter ses amis. Le progrès matériel a permis, en effet, aux hommes de bouger davantage. Or, le voyage est alors le seul moyen d'échapper à l'enlisement rural, à la pesante promiscuité familiale, d'étendre son expérience, de connaître — le seul moyen d'être soi-même. C'est donc, en dépit des dangers, des fatigues, des lenteurs de la route, le plus excitant, le plus nécessaire des divertissements. Aussi ce temps est-il celui des voyageurs, solitaires ou de compagnie. Hommes d'études à la recherche de nouveaux livres ou d'autres enseignements. Moines qui, malgré l'obligation de la clôture et au grand scandale des réformateurs, sont à l'affût de tous les prétextes pour respirer l'air libre des chemins. Pèlerins surtout. Avec les facilités nouvelles du voyage, la visite des sanctuaires célèbres est décidément devenue depuis le XIe siècle l'exercice de piété le plus en faveur et réputé le plus efficace pour effacer les fautes et acquérir l'amitié des saints. Riches et pauvres, sans souci des distances, comptant sur l'hospitalité des abbayes, sur la charité des riverains de leur route, se lancent pour des mois et des années dans des itinéraires complexes qui, divaguant sans cesse pour ne laisser de côté aucune relique, tendent le plus souvent vers l'un des trois hauts lieux de la chrétienté : Rome, Saint-Jacques de Compostelle ou Jérusalem. Ainsi, la multiplication des voyageurs est un aspect essentiel de la grande expansion dont la phase accélérée occupe le début du XIIe siècle, celui peut-être qui, avant tous les autres, a frappé les contemporains.

Animation des chemins, réveil aussi des échanges. Car dans l'aisance née du progrès agricole, chevaliers et paysans ont maintenant moins de peine à satisfaire leur goût profond pour la parure, pour l'ornement, pour tous les objets étrangers, différents — ce qui fait leur prix — de l'habituel, du domestique, du rustique. Commerce de haut luxe toujours donc et pour longtemps : seules circulent au loin les denrées de grande valeur, épices, étoffes somptueuses; mais la clientèle est moins restreinte, ses goûts plus variés, ses moyens plus amples, par conséquent le mouvement plus vif. Tandis que, dans son ensemble, par l'intégration progressive dans la chrétienté latine de la Hongrie, des communautés maritimes de la Scandinavie et des peuplades slaves à demi sauvages de la grande plaine nordique, par des relations commerciales plus intenses avec l'Islam depuis les marches d'Espagne et le Sud de la péninsule italienne, avec Byzance depuis le fond de l'Adriatique, et, fait décisif, par la reconquête militaire sur les musulmans des îles de la Tyrrhénienne et de la Sicile, qui rendit moins hasardeuse la circulation des chrétiens entre les deux bassins de la Méditerranée, l'Europe occidentale sort peu à peu de l'isolement et de la stagnation — à travers les pays français un système de circulation marchande, encore embryonnaire, se met en place. Trois pôles : le premier s'organise entre la Flandre maritime, la vallée de l'Oise et la basse Seine ; c'est à la fois un centre de fabrication de ces draps de bonne laine et de teinte éclatante qui trouvent parmi les nobles des acheteurs de plus en plus nombreux et le lieu où se concentre le bon vin pour être exporté vers les Iles Britanniques ou vers le Nord. Viennent ensuite les marches de l'Espagne infidèle, où les trafiquants chrétiens échangent les armes et les esclaves contre les produits précieux de l'artisanat mozarabe. Le dernier point d'attraction est l'Italie, où parviennent les denrées de l'Orient. Ces trois foyers sont reliés à travers les campagnes de France par des routes batelières et des pistes aux innombrables diverticules parcourues de plus en plus par les marchandises.

Les marchands professionnels

En fait, entre le premier tiers du XIe siècle et les alentours de 1075, on a vu apparaître et se répandre un nouveau type social : l'homme qui ne travaille pas la terre et qui pourtant n'est pas seigneur, ni mendiant, ni — sauf occasion — brigand et qui tout de même gagne sa vie, le marchand professionnel. Aventurier toujours en route — car le négociant de ce temps n'attend pas les clients dans une boutique ; il les visite, va déballer pour eux son stock dans les châteaux où sont réunis les vassaux pour le conseil, au seuil des églises à pèlerinage, lors des grands fêtes qui attirent les nobles; il les pousse à acheter. Et c'est bien la grande nouveauté : autrefois, le riche envoyait ses serviteurs quérir au loin les objets exotiques ; s'approvisionner était une entreprise qu'il décidait d'avance et qui restait hasardeuse; maintenant, au contraire, son désir est devancé et attisé par le marchand itinérant; tenté, il puise, pour acquérir ces objets qu'on lui présente, dans la réserve de métaux précieux dont naguère il ne savait que faire, sinon des bijoux grossiers et stériles. De la sorte, par l'institution de relations nouvelles entre l'acheteur et le fournisseur, se sont en partie mobilisés dans le courant du XIe siècle les trésors des églises et des chambres seigneuriales; de nouveau se mirent à circuler les métaux précieux dont l'Occident ne s'était pas complètement vidé, mais qu'avait figés au haut Moyen Age la paralysie des circuits du commerce. Au XIIe siècle, la monnaie est donc plus abondante. Des pièces nouvelles ont été frappées avec l'argent des coupes, des bracelets et des ornements d'autel; en outre, les deniers ne sont pas les seuls instruments monétaires, on utilise aussi le poivre en sac, l'or en paillettes. La monnaie circule surtout beaucoup plus vite. Plus communes, les pièces ont donc moins de valeur : dans les dernieres années du XIe siècle s'est amorcée une hausse du prix des subsistances, elle aussi impossible à évaluer, mais qui se poursuit régulièrement. Les hommes commencent alors à s'apercevoir que les pièces issues des ateliers monétaires si nombreux, — car au temps d'extrême repliement économique, il en fallait un auprès de chaque marché un peu fréquenté, — et qui maintenant fonctionnent plus activement, ne sont pas toutes identiques. Nouvelle notion, celle du cours des monnaies; nouveau métier, celui de changeur — peseur, manieur, rogneur aussi, prêteur enfin de deniers.

Vagabond donc, le marchand du XIIe siècle transporte avec lui les denrées qu'il possède — parfois fort loin, comme ces Italiens protégés du pape qui, dès le règne de Philippe I, eurent à subir dans la région parisienne les exactions royales — sur son dos, ou plus souvent sur les bâts des bêtes de somme. Couvert de la poussière du voyage, c'est, comme le pèlerin, un « poudreux » — c'est ainsi qu'on l'appelle alors depuis les pays anglo-normands jusqu'en Mâconnais —, un « aubain », un inconnu. Objet de méfiance par conséquent — objet de scandale aussi, parce qu'ils s'enrichit sans effort visible, parce qu'il rafle la monnaie, parce que, à l'encontre des préceptes de charité, il revend à ses frères avec bénéfice ce dont ils ont besoin et ne peut pour cela être dans l'amitié de Dieu —, objet de convoitise enfin, car ses besaces sont pleines d'objets extraordinaires et de plus de deniers que l'on n'en a jamais vu réunis dans les campagnes. Toutefois, depuis l'an mil, place a été faite peu à peu aux hommes de passage, voyageurs ou négociants. Les chemins d'abord se sont quelque peu aménagés. La plupart des anciens ponts de France datent dans leurs actuels fondements du XIe siècle ; leur entretien est alors tenu pour une œuvre pie, comme la construction de ces maisons-Dieu qui, à la même époque, s'élèvent le long de tous les grands itinéraires, asiles de réconfort pour les gens de la route qu'accueillent, restaurent et soignent des hommes charitables groupés en confréries. Aménagement aussi de la sécurité. Menacés, les marchands voyageaient d'ordinaire en troupes, caravanes disciplinées et armées, réunissant au début de la belle saison pour une campagne commerciale curieusement semblable à une expédition militaire les négociants d'une même ville, les usagers d'un même chemin. Mais cette organisation communautaire n'était pas toujours suffisante contre les dangers d'un monde encore très cloisonné, où chaque potentat local détenait tous les droits sur les intrus qui n'avaient pas résidence dans le territoire de son ban : groupés en associations de voyage et de défense, les marchands langrois qui chaque été se rendaient dans le grand centre de consommation qu'était alors l'abbaye de Cluny n'en furent pas moins dépouillés de leur cargaison vers 1075 par un châtelain local qui n'avait pas su résister à la tentation. Certes, les prescriptions de la paix de Dieu engageaient à épargner spécialement les marchands, mais la sauvegarde des caravanes ne fut vraiment assurée que par une institution nouvelle, le « conduit » : en pénétrant sur le territoire de la châtellenie, les voyageurs entraient dans la protection du seigneur jusqu'aux bornes du ban ; en échange de cette prise en charge, ils acquittaient une taxe spéciale, assurance contre les spoliations, le « péage ». Enfin, il fut nécessaire d'assurer la paix des foires, de ces grandes rencontres de négoce, indispensables dans l'état des techniques de la circulation car elles permettaient aux trafiquants d'une région d'entrer périodiquement en contact avec des commerçants venus d'ailleurs, de renouveler leur stock en offrant leurs propres marchandises à ces étrangers en échange de denrées de provenances plus lointaines. Parmi les nombreuses foires qui végétaient depuis le haut Moyen Age, quelques-unes, sous l'impulsion de seigneurs puissants et avisés, comme les comtes de Champagne, ceux de Flandre ou les abbés de Saint-Denis, qui avaient su procurer sans tracasserie une protection efficace aux marchands, sont devenues dans le cours du XIIe siècle, à dates fixes et pour quelques jours, les foyers les plus animés du renouveau commercial.

Croissance des villes

En outre, l'essor de la circulation et des échanges a déterminé celui de la vie urbaine. Il fallait, en effet, aux carrefours des grandes routes, au seuil des sanctuaires à reliques, aux points extrêmes de la navigation des rivières, au pied des cols de montagne, à la tête des ponts, et, dans les plaines, aux étapes normales de la circulation pédestre, des points fixes où le déplacement des pèlerins et des négociants pût trouver le repos — des jalons munis d'un personnel auxiliaire, débardeurs, bateliers, fournisseurs de nourritures immédiatement consommables, indispensables à tous ces errants qui ne transportaient pas avec eux leur provende. Aux gens de commerce, il fallait aussi pour l'hiver, morte-saison des campagnes de vente, des lieux de station plus prolongée. En fait, au XIIe siècle, les marchands qui courent les chemins sont tous attachés à une ville ; « aubains », « poudreux » pour ceux qui les voient passer, ils sont pourtant les dépendants d'un seigneur, celui

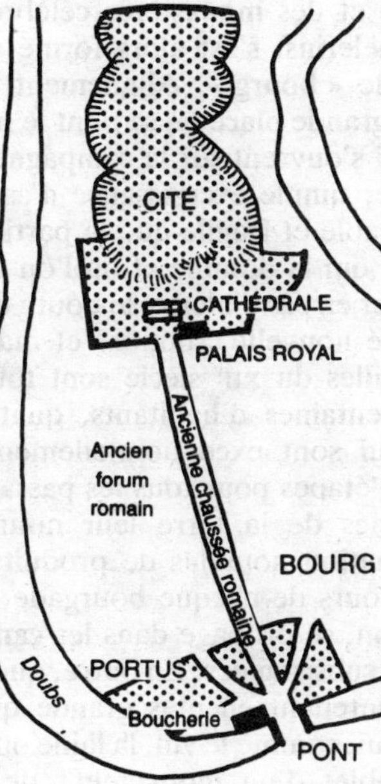

6. L'EXPANSION URBAINE AU XIIe SIÈCLE

La cité et le bourg de Besançon.

(D'après F. Beyerle, *Zur Typenfrage in der Stadtverfassung*, dans *Zeitschrift der Savigny Stiftung für Rechtsgeschichte*, G.A., t. 50, 1930, p. 22.)

de l'agglomération où ils résident dans l'intervalle des expéditions commerciales, et dont ils se réclament lorsqu'ils ont maille à partir avec les péageurs. Par le passage des voyageurs l'été, par la résidence l'hiver des professionnels du négoce se trouve ainsi ranimée l'une des fonctions essentielles de la ville. Plus soutenu et plus précoce sur les grands axes de la circulation, un grand élan d'urbanisation affecte les pays français depuis le milieu du XIe siècle, suscitant lotissements, érection de paroisses nouvelles. A proximité de chaque ancienne cité romaine, de quelques châteaux importants et des monastères célèbres, les plus fréquentés par les pèlerins, s'est alors formé un quartier neuf qu'on appelle le « bourg ». Alignement de cabanes légères autour de la grande place où se tient le marché et le long des chemins qui s'ouvrent sur la campagne, agglomération toute rustique, simple excroissance d'aspect chétif, beaucoup plus misérable et fragile que la partie ancienne, construite en pierre, qui la domine et où l'on va chercher refuge et se barricader en cas d'alerte, le bourg est pourtant le centre de l'activité nouvelle, routière et marchande.

A vrai dire, les villes du XIIe siècle sont toutes petites encore : quelques centaines d'habitants, quatre ou cinq mille pour celles qui sont exceptionnellement animées. Mais ce sont, gîtes d'étapes pour tous les passagers qui ne tirent plus eux-mêmes de la terre leur nourriture, des centres de consommation notables de produits agricoles. Pour cela, aux alentours de chaque bourgade, de chaque relais de la circulation, se propage dans les campagnes un certain commerce de subsistances. En outre, quelques trafiquants achètent maintenant en plus grande quantité des produits de la terre qui, comme le vin, la laine ou les plantes tinctoriales, font l'objet d'un mouvement de plus forte amplitude. Un peu du travail paysan se trouve de la sorte commercialisé et, de proche en proche, jusqu'au centre des espaces sylvestres qu'entame l'effort des défricheurs, chacun s'accoutume à un usage moins exceptionnel des deniers, à une plus grande mobilité de la richesse.

Mouvement de l'argent

Aussi, la grande exploitation foncière devient au XIIe siècle un organisme beaucoup plus souple. La pénétration de l'économie monétaire a fait se substituer en partie aux anciennes prestations de travail ou de récolte des redevances en deniers, ce qui a relâché singulièrement les liens entre les tenanciers et les maîtres du sol. En outre, se développe le salariat agricole et s'établissent des relations toutes nouvelles entre le riche qui, parce qu'il dispose de ressources régulières en numéraire, préfère embaucher des serviteurs gagés pour des tâches définies qu'ils accomplissent mieux, et les villageois les plus pauvres, heureux de gagner par un labeur temporaire de ces pièces d'argent dont on trouve maintenant partout l'emploi. Quant à la seigneurie dont le château est le centre, elle s'est également adaptée à la circulation plus intense de la monnaie. Le maître du ban multiplie les levées de tailles, les « quêtes en deniers », dès qu'il sent que ses manants ont accumulé quelque épargne ; en revanche, nombre d'obligations personnelles se sont commuées en versements périodiques et les liens d'homme à homme s'en trouvent là aussi desserrés.

Mais l'effet le plus manifeste des transformations économiques a été la formation d'un nouveau groupe social, assez différent du monde des campagnes pour que, depuis les dernières années du XIe siècle, on ait voulu désigner ses membres par un terme particulier : les gens du bourg, les « bourgeois ». En vérité, le bourg de ce temps n'est en rien séparé du milieu rural. Pas d'enceinte encore en effet; champs et vignes s'étendent entre les espaces bâtis, en parcelles qui, relevant d'anciennes tenures agricoles, restent astreintes à des redevances en blé ou à des corvées de labour et de fenaison. Les habitants — pour la plupart de souche paysanne et venus récemment des villages proches, attirés par les avantages des métiers de la route — sont par tout un côté de leur activité des ruraux, tenant bestiaux en leur demeure, taillant leur vigne, moissonnant leur grain; même les quelques étrangers qui se sont fixés là et ont obtenu la concession d'une tenure foncière; même les membres de la petite communauté juive qui vit à part dans une rue de chaque cité. Tous sont soumis, comme les manants villageois, au ban du seigneur de la ville, qui les juge et leur extorque des tailles. La plupart d'entre eux sont des hommes de corps, des dépendants personnels qui doivent pour se marier requérir l'agrément de leur maître. Ils ne se distinguent enfin des rustres ni par leur manière de vivre, de se nourrir, de se vêtir — ni par leur mentalité — tout aussi frustes.

Naissance de la bourgeoisie

Toutefois, leur fonction professionnelle les différencie des vilains. Les chefs des familles bourgeoises pratiquent presque tous un « métier ». Le mot est du temps et désigne une activité économique spécialisée, distincte du labeur commun, celui de la terre. Cette activité était au début souvent menée au service d'un maître : les premiers « hommes d'affaires » de la renaissance urbaine furent en fait les agents de l'un des seigneurs de la ville, chargés de ravitailler sa demeure en produits lointains, d'exploiter sur place le four, le moulin, la taverne publique, de percevoir les péages. Ils ont étendu peu à peu leurs initiatives. Des tenanciers du voisinage les ont imités, délaissant quelque peu les besognes paysannes. Les plus entreprenants, pour se donner entièrement à des tâches de plus en plus profitables, se sont libérés de leurs fonctions domestiques ou bien, malgré les récriminations du seigneur foncier, ont laissé leur lopin en friche. Beaucoup tiennent auberge, ou cuisent du pain pour les gens qui passent; beaucoup sont bouchers, c'est-à-dire à la fois éleveurs, fournisseurs de viande, préparateurs de cuir, revendeurs de sel (dans toutes les villes médiévales, le métier des bouchers est le corps le plus nombreux, le plus anciennement organisé et souvent le plus riche); quelques-uns sont « merciers », c'est-à-dire vendeurs de toutes denrées exotiques qu'ils partent offrir aux riches. Ces entreprises détachées du travail agricole laissent un profit direct en deniers. D'où cette autre caractéristique du bourgeois : la nature de sa richesse. Elle est faite de ces valeurs mobiles — métaux précieux en lingots, en rognures ou en monnaies de diverses frappes — qui sont si rares encore aux mains des ruraux. Fortune beaucoup plus secrète, qui peut s'enfouir en quelque cache et qui échappe plus facilement que le bétail du paysan et ses réserves de grain ou de lard aux exactions du seigneur. Fortune plus personnelle aussi, qui n'est pas comme la terre ancestrale la propriété commune du groupe familial, dont la solidarité est à la ville beaucoup moins étroite : l'homme y est plus indépendant de ses frères, de ses fils, et le genre de vie du marchand, en partie itinérant, accentue cette tendance à l'individualisme. Fortune beaucoup moins stable surtout. Le bourg est le seul endroit où un homme ait par son activité chance de s'enrichir vite, où s'introduise, par conséquent, dans les esprits les idées de profit, de bénéfice, d'épargne, si étrangères aux ruraux, seigneurs et paysans. Non sans mauvaise conscience d'ailleurs : très souvent le nouveau riche, craignant d'être puni pour avoir tant péché contre la charité, lègue en mourant la plus grosse part de son trésor à l'Église, aux églises de sa ville qui par là profitent indirectement de la prospérité nouvelle et qui, dès le milieu du XIIe siècle, disposent de moyens financiers beaucoup plus considérables que les communautés religieuses rurales, riches seulement de terre. Ainsi, dans le bourg, les fortunes se défont aussi vite qu'elles se sont faites, et ce n'est qu'après 1150 que quelques-uns des gens des villes commencent à investir un peu de leurs profits individuels, dans des richesses moins mouvantes : ils construisent de ces maisons de pierre, signe de leur aisance, dont il subsiste encore aujourd'hui quelques-unes dans la France méridionale.

Autre différence majeure : les habitants des bourgades nouvelles sont, du fait même de leur richesse en deniers, plus libres, mieux protégés contre les exactions arbitraires des seigneurs. Très tôt, dès le milieu du XIe siècle en Flandre, à Saint-Omer, à Valenciennes, les marchands d'une même ville s'étaient associés pour organiser les caravanes, pour former un front uni face aux clients et aux fournisseurs de l'extérieur. Souvent ces groupements d'entraide, d'allure religieuse, réunis autour d'un saint patron et se manifestant par des prières collectives, des processions, s'étendirent à l'ensemble de la population de la bourgade, la prenant dans une solidarité étroite fondée par un serment collectif. « Amitié », conjuration véritable, très proche dans son esprit des associations pour la paix de Dieu, et destinée à maintenir l'ordre parmi les habitants, à assurer une sécurité renforcée dans ces milieux ouverts sur le monde, pénétrés d'étrangers, d'inconnus, et pleins de richesses faciles à dérober. « Tous ceux qui appartiennent à l'amitié de la ville ont affirmé par la foi et le serment que chacun aiderait l'autre comme son frère dans l'utile et l'honnête... ; si quelqu'un, par l'incendie de sa maison ou, captif, par l'obligation de se racheter, a été mis dans la gêne, chacun donnera en secours à l'“ami” appauvri un denier... »[1] ; ces prescriptions de la charte d'Aire-sur-la-Lys le montrent clairement : il s'agit bien là d'une fraternité où se nouent, pour la sécurité de ces gens, dont beaucoup sont des déracinés, les solidarités protectrices qui unissent naturellement les membres du lignage.

Émancipation urbaine

Ce rassemblement de protection mutuelle, cette « commune » — c'est le mot de l'époque — fut naturellement amenée à demander au maître de la bourgade, abbé, évêque ou comte, l'abolition de certaines exigences seigneuriales, de celles qui, supportables en un lieu rural avant l'essor urbain, gênaient spécialement des gens de négoce, taxes arbitraires et imprévisibles, péages trop lourds éloignant les passants, procédures judiciaires primitives, mal adaptées à l'activité marchande, réquisitions militaires venant interrompre le trafic à la saison des foires et des tournées commerciales. La commune réclama même parfois — particulièrement dans la France méridionale, où elle englobait les chevaliers qui résidaient dans la ville et qui prirent la direction de l'association — le droit de gérer certains intérêts du groupe. Mouvement revendicatif qui, à la lueur imprécise de la documentation, s'est manifesté pour la première fois au Mans en 1070, puis dans la vallée de l'Oise, en Flandre, en Toulousain, et s'est répandu le long des principaux axes de la circulation (il existe une sorte d'émulation entre les communautés urbaines pour obtenir des avantages égaux : si les bourgeois de Tournus sur la Saône agirent si vigoureusement en 1170 contre leur seigneur, c'est qu'ils avaient le sentiment pénible d'être la

1. *Ordonnances des rois de France*, XII, 563-564.

risée des étrangers de passage, parce qu'ils payaient encore telle taxe, pourtant fort légère, mais qui était abolie partout ailleurs). Les tractations furent le plus souvent pacifiques, car les bourgeois avaient beaucoup de cet argent qui tentait le seigneur. Celui-ci, en échange d'un gros don en deniers et d'impositions régulières et productives, octroya les « franchises » qui, sans jamais le supprimer complètement, limitaient sur certains points l'exercice de son pouvoir, lui enlevaient surtout son caractère arbitraire. Il y eut pourtant résistance dans quelques villes — lorsque les seigneurs étaient des ecclésiastiques, moins libres de disposer du ban dont ils ne se sentaient que les gestionnaires, le maître véritable étant le saint patron de leur église — moins pressés d'argent aussi, puisque les communautés religieuses bénéficiaient des aumônes bourgeoises et s'occupaient elles-mêmes de commerce. Résistance, donc conflits, parfois violences — comme à Laon où, en 1116, l'évêque fut massacré par les bourgeois soulevés. Insurrections dont le succès fut divers mais qui pendant quelque temps firent paraître scandaleuses dans certains milieux ecclésiastiques les initiatives communales : « Commune, nom nouveau, nom détestable s'il en est, puisque tous ceux qui sont assujettis à une taxe personnelle se libèrent des coutumes de la servitude par un seul versement annuel, et sont passibles d'une amende fixe s'ils commettent un délit, puisque les autres droits seigneuriaux qui pèsent ordinairement sur les serfs leur sont épargnés [1]. » Mouvement irrésistible pourtant : au milieu du XIIe siècle, dans quelques villes du nord de la Loire, justice est rendue par le maire et les échevins, qui représentent la communauté bourgeoise ; au Sud, les consulats sont de petites associations aristocratiques autonomes ; et dans toutes les bourgades de quelque importance de toutes les provinces françaises, on respire une plus grande liberté à l'intérieur de cette enceinte que çà et là en se cotisant les bourgeois commencent à construire. Tel est le début de cette différenciation politique entre les villes et les campagnes qui devait être si durable dans

1. GUIBERT DE NOGENT, *De vita sua*, III.

l'Ancienne France. Et pourtant, dès ce moment, quelques communautés villageoises ont obtenu également des franchises, consignées dans une charte et qui sont fort semblables à celles des villes. L'initiative vient cette fois du seigneur qui souhaite attirer les immigrants sur ses terres, mais c'est encore l'effet direct de l'essor économique.

Cependant, si la plupart des liens sociaux se sont assouplis, le niveau de vie de la grande majorité des hommes ne s'est pas notablement élevé. Les pratiques de piété, la croyance en l'efficacité rédemptrice de l'aumône font qu'une bonne part des richesses nouvellement créées par les paysans et les bourgeois sont offertes à Dieu et aux saints, c'est-à-dire à leurs serviteurs, les clercs et les moines. Mais surtout, épousant le rythme même du progrès agricole et commercial, la fiscalité seigneuriale s'est perfectionnée. Et tous les deniers qui leur viennent entre les mains, les villageois les abandonnent volontiers à leurs maîtres en échange de la suppression des corvées de bras, d'une réduction des fournitures de blé ou de vin — tandis que les bourgeois, allégrement, admettent que le seigneur de la ville, en compensation de la liberté nouvelle qu'il a consentie, opère dans leurs réserves de numéraire des ponctions plus amples et plus fréquentes. Au XIIe siècle donc, les paysans se nourrissent mieux, sont mieux armés contre la maladie, ont moins de peine à élever leurs enfants jusqu'à l'adolescence ; ils usent d'outils moins frustes, achètent parfois à la ville un peu de sel, des souliers, ce fer dont le forgeron du village fait les socs et les haches — mais leur gîte est toujours aussi primitif, sans mobilier aucun, sinon quelques écuelles, un trépied pour le feu ; ils s'habillent de peaux de gibier, des toisons de leurs moutons, du chanvre qui pousse derrière l'étable ; ils n'ont pas pris l'habitude de la dépense. Pas plus d'ailleurs que le bourgeois, si riche soit-il en métaux précieux, qui vit toujours à la paysanne. Tous les profits nouveaux sont en définitive pour les membres des deux élites de la prière et du combat. Tous les courants monétaires aboutissent finalement aux chevaliers et aux gens de la haute église, et déterminent pour eux seuls une amélioration des conditions d'existence et une hausse de la culture.

3. Service et connaissance de Dieu

Épuration de l'Église

Dans la première moitié du XIIe siècle – au temps de saint Bernard, de Pierre le Vénérable, de Suger – l'Église de France apparaît singulièrement transformée. Plus riche, plus savante – plus indépendante aussi, beaucoup plus dégagée de la vie féodale, au terme de cette longue action qui fut prise en main depuis le milieu du XIe siècle par la papauté et que les historiens ont appelée la réforme grégorienne. Libération difficile, car le monde seigneurial tout entier, depuis les rois jusqu'aux derniers des hobereaux, se trouvait détenir une autorité plus ou moins grande sur les organes religieux – lutte beaucoup moins âpre et dramatique cependant en France que dans les pays d'Empire, mais tenace, persuasive – propagande conduite au cœur même de la féodalité par d'innombrables hommes, à demi d'Église, à demi du siècle, à la faveur même de cette symbiose qu'elle visait à interrompre, et dirigée de haut par des personnalités d'une étonnante activité, tels Hugues de Die, légat pontifical et archevêque de Lyon, ou le pape Urbain II, ancien moine de Cluny, dont la grande tournée en France centrale situe en 1095 la phase décisive de la réforme.

A ce moment, châtelains et chevaliers de village ont abandonné la propriété de presque toutes les églises rurales. Pour le salut de leur âme – avec les réticences, les retours en arrière des héritiers se résignant mal à lâcher le bien des ancêtres – par crainte de l'excommunication dont ils se sentent menacés, ils en ont fait don à Dieu, c'est-à-dire le plus souvent à un monastère. Certes, ils gardent fréquemment les dîmes, que les progrès techniques ont rendues si profitables ; ils conservent un droit de regard sur la désignation du desservant. Mais l'« autel » n'est plus dans leur main, ils ne s'approprient plus le prix des sépultures, les offrandes saisonnières des fidèles – et la fonction spirituelle a cessé d'être une exploitation seigneuriale.

Conséquence de cette délivrance : le cadre de la paroisse s'organise plus strictement. L'extension de la clairière cultivée, la pénétration des lisières incultes ont permis d'en préciser les limites. Ces bornes enferment toute l'activité religieuse des paroissiens qui — les nouveaux maîtres de l'église y veillent soigneusement — ne peuvent aller ailleurs écouter la messe ou recevoir les sacrements, ni surtout se faire ensevelir et porter leurs aumônes. C'est dans ce cadre qui, en pays d'habitat dispersé, rassemble tous les écarts, que la communauté villageoise, on l'a vu, a pris corps définitivement autour de la confrérie pieuse, autour de l'association qui veille à l'entretien de l'église et distribue les secours. Mais la qualité du personnel ecclésiastique n'a pas été sensiblement améliorée par le transfert des églises rurales dans le patrimoine des communautés religieuses : les moines, en effet, ne desservent pas eux-mêmes leurs paroisses ; ils en confient eux aussi le soin aux fils de leurs serfs, et le curé de village demeure un pauvre homme, presque toujours marié et chargé d'enfants, sans instruction, mal surveillé, famélique, et pour cela tenté d'exploiter ses ouailles en profitant du prestige magique qui entoure sa fonction. Il ne prêche pas, ou mal ; des réunions périodiques autour du sanctuaire, des chants collectifs dont le sens est mal compris, des exorcismes, des formules, c'est à cela sans doute que se limite la vie liturgique des fidèles. Et cette déficience du clergé rural, qui va durer bien plus longtemps que le Moyen Age, pose le problème de la pénétration réelle du christianisme dans le monde paysan. Qu'était le Christ pour un laboureur du XIIe siècle ? Quel reflet ce dernier pouvait-il percevoir de l'enseignement évangélique ? Comment s'organisait son univers spirituel, où se situaient pour lui les interdits ? Autant de questions qui n'auront jamais de réponse.

Chanoines et moines

Mais les succès de la réforme ont été beaucoup plus francs dans la partie supérieure de l'Église. Au XIIe siècle, dans tous les monastères de France, les moines — qui, sous l'action de l'évolution sociale et religieuse, se recrutent maintenant à peu près exclusivement parmi les fils de chevaliers (l'habitude s'installe, en effet, de distinguer une catégorie inférieure de religieux, les « convers », issus de la paysannerie, qui sont confinés dans les tâches matérielles) et qui accèdent de plus en plus nombreux à la prêtrise — vivent selon la règle et élisent librement leur abbé. Dans les chapitres cathédraux — dont les prébendes sont également réservées aux nobles et où les fils de bourgeois enrichis ne commencent pas à s'introduire avant la fin du siècle — les prescriptions canoniques sont maintenant mieux observées et l'on est revenu à une certaine austérité. Enfin les évêques sont tous désignés par les chanoines ; le roi et les grands mettent plus de discrétion à recommander leurs candidats, qui d'ailleurs sont, beaucoup plus fréquemment que jadis, dignes de leurs fonctions, les plus instruits, les plus énergiques — quelquefois ceux dont les mœurs sont les plus pures. En tout cas parmi les dignitaires des monastères et les membres du haut clergé, les incapables, les soudards sont de plus en plus rares. Presque tous ont maintenant une idée incontestablement plus haute et plus nette de leur mission. Ils sentent en particulier la nécessité d'employer les ressources de leur maison — beaucoup plus abondantes, non seulement du fait de l'accroissement des revenus seigneuriaux, mais parce que ceux-ci ne sont plus partagés avec des patrons laïcs ni dilapidés par une mauvaise gestion — à mieux servir Dieu en parant le sanctuaire, en encourageant l'activité scolaire et les recherches intellectuelles. La réforme a de la sorte favorisé l'apparition à la fois du premier système de pensée original et du premier — du seul — grand art sacré de la civilisation française.

L'architecture romane

Les richesses nouvelles ont servi en premier lieu à réaliser plus pleinement l'idéal clunisien de magnificence liturgique. Saint Hugues, abbé de Cluny jusqu'en 1109, proclamait hautement que les métaux précieux ne devaient plus s'entasser dans le trésor, mais être dépensés pour l'ornement de la maison de Dieu. L'essor artistique est donc parti des provinces de France les plus soumises à l'influence clunisienne, c'est-à-dire celles du Midi. Or, ces pays étaient aussi, autour de Poitiers, de Toulouse, de Clermont et d'Autun, de Lyon, de Vienne, d'Arles, les plus tenaces refuges, les plus fidèles conservatoires de la civilisation antique, où subsistaient encore, plus nombreux, moins détériorés, les monuments romains, devant lesquels des générations étaient passées sans les voir, mais que l'on s'était repris vers l'an mil à admirer, à regarder comme des sources d'inspiration. Les techniques de Rome, assimilées par Cluny, c'est-à-dire par un christianisme orienté vers la célébration fastueuse, à la fois musicale et plastique, de la gloire de Dieu, tel est bien l'art nouveau, celui qui se cherchait dans nombre d'expériences isolées depuis les dernières années du Xe siècle, et qui fleurit à l'orée du XIIe, dans des réussites éclatantes, au sud de la Loire et des plateaux bourguignons.

L'objet, le seul objet de cet art : l'église. L'acte artistique majeur, celui autour duquel s'ordonnent toutes les autres préoccupations, c'est de construire — construire en belles pierres, bien ajustées, sur le modèle des édifices romains, le vaisseau qui puisse contenir et amplifier le chant psalmodié de la liturgie. L'ouverture de nouveaux chantiers de maçonnerie est ainsi la manifestation la plus apparente de la renaissance artistique, comme elle est aussi sans doute la première entreprise économique de grande envergure qui se soit dégagée des cadres ruraux. Art du bâtiment, art coûteux, par conséquent — car les églises romanes ne sont pas sorties du sol par l'effort spontané et bénévole des fidèles, ni par le travail propre des religieux, ni par les corvées gratuites des tenanciers paysans; elles sont l'œuvre d'hommes de métier, carriers, tailleurs de pierres, transporteurs (le beau matériau n'est pas toujours le plus proche), maçons, qui réclament salaire et qui, organisés en compagnies itinérantes, ont certainement formé les premiers groupements cohérents de travailleurs spécialisés. Et l'on comprend que l'aboutissement des longues recherches préparatoires, que l'éclosion de l'architecture romane, la floraison d'églises blanches qui a tant ému les contemporains se soient situés au moment précis où le mouvement d'expansion économique se trouvait suffisamment lancé, où la monnaie pénétrait partout, où l'argent sortait des trésors pour circuler, au moment de la renaissance des villes, de la création des péages, de la multiplication des marchands. On comprend aussi que la réalisation de ces œuvres d'art énormes et magnifiques que sont les grands sanctuaires — très rapide lorsque l'entreprise était soutenue par des ressources financières abondantes et régulièrement reconstituées, comme ce fut le cas à Cluny où l'immense basilique, la troisième, commencée en 1088, se trouvait presque achevée en 1118 — ait souvent traîné indéfiniment avec de longues interruptions, malgré les tournées de quêtes, la publicité autour de nouvelles reliques ou de nouveaux miracles. En raison de ce long étalement dans le temps, les édifices sont souvent disparates, terminés selon une esthétique et au moyen de techniques différentes de celles qu'avait choisies le premier créateur.

Pour les constructeurs romans de la France méridionale, il s'agit de bâtir des églises entièrement en pierre, non seulement les murs, mais le plafond. Non point pour plus de sécurité, par souci d'éviter l'incendie (qui effectivement avait détruit tant de sanctuaires), mais par fidélité à une conception nouvelle de la beauté architecturale. La voûte est en effet l'élément majeur d'une esthétique particulière, dont le but essentiel est la création autour de l'autel d'un espace intérieur clos, séparé du monde, où l'atmosphère soit d'une qualité différente, réceptacle et caisse de résonance de la musique sacrée, et dont l'unité de structure réponde à l'unicité divine que l'église entend représenter symboliquement. Aux nefs de la basilique antique, avec leurs processions rythmées de piliers et d'arcades, le problème a donc été d'ajuster une couverture de pierre, l'une de ces voûtes, en berceau ou d'arêtes, qu'avaient déjà utilisées les bâtisseurs carolingiens dans les parties nouvelles de l'église, dans les cryptes et les clochers-porches. Mais dans l'état de la technique du bâtiment, il était alors nécessaire pour des raisons d'équilibre que les murs fussent épais, n'offrissent que peu d'ouvertures et ne fussent pas trop élevés. Églises relativement obscures donc — mais cette pénombre, où le feu du sanctuaire, les luminaires qui tiennent une place si importante dans la liturgie et les représentations religieuses de ce temps, prennent toute leur valeur, est précisément l'une des principales composantes de cet espace sacré que l'on veut offrir à la prière collective et déployer autour des reliquaires. Églises trapues — mais les constructeurs sont moins soucieux d'ampleur et d'élévation que de proportions équilibrées. L'harmonie, l'équilibre, le rythme — l'organisation rationnelle, permise par une familiarité plus grande avec l'arithmétique, de l'espace et du temps (car on ne peut séparer les recherches des bâtisseurs de celles des musiciens) font la beauté des constructions romanes, dont la silhouette et les proportions intérieures sont celles mêmes des derniers monuments légués par l'antiquité classique.

Les églises du XIIe siècle sont très différentes les unes des autres, car, dans ce monde où, malgré l'essor de la circulation, les distances réelles restent démesurées, les recherches sont menées isolément, dans la fièvre créatrice, dans la germination de solutions originales. En outre, il n'existe pas encore d'architecte, au sens que nous donnons aujourd'hui à ce mot : c'est le chef de la communauté religieuse, celui qui a décidé de reconstruire le sanctuaire, qui conçoit seul le projet, avec le souvenir des monuments qu'il a vus dans ses voyages, en envoyant parfois prendre sur place les mesures de tel édifice choisi pour modèle — avec ses connaissances empiriques (et l'on voit là quel rôle ont joué dans la rénovation artistique la réforme du recrutement, l'épuration du haut personnel ecclésiastique, ainsi d'ailleurs que la diffusion des connaissances mathématiques dans les écoles religieuses). Pour cette raison, il existe une certaine parenté entre les monuments d'une même région, car ce sont les formes des églises les plus proches, celles qu'ils ont vues le plus souvent, qui s'imposent à l'esprit des bâtisseurs. Toutefois, ces affinités provinciales ne sont pas exclusives, car les effets de la proximité sont contrariés par d'autres influences : liens spirituels unissant deux monastères éloignés et qui incitent leurs chefs, accoutumés malgré les distances à se visiter, à adopter un même style en signe de fraternité ; antagonisme, au contraire, de prélats voisins : c'est ainsi que l'évêque d'Autun choisit au début du XIIe siècle pour les églises neuves dépendantes de sa cathédrale un type architectural différent de celui que proposaient les Clunisiens, tout proches, qu'il ne pouvait souffrir. Multiplicité, richesse : nefs recouvertes d'une succession de coupoles à Cahors, à Périgueux, à Angoulême, solution qui s'est propagée par Solignac et Poitiers jusqu'à Fontevrault ; exception hardie de Saint-Philibert de Tournus où, dans une harmonie précieuse de pierres blanches et roses, des piliers maçonnés hauts et cylindriques supportent une succession de berceaux transversaux juxtaposés ; immense développement des basiliques à pèlerinage, aménagées pour la circulation des foules, avec les multiples nefs accolées et le rayonnement des chapelles autour des déambulatoires, ce que sont encore Saint-Sernin de Toulouse et Sainte-Foy de Conques, ce qu'étaient alors aussi Saint-Martial de Limoges et Saint-Martin de Tours ; étrange bariolage de Notre-Dame du Puy ; églises brionnaises, plus lumineuses car des fenêtres hautes s'ouvrent dans leur nef majeure au-dessus des bas-côtés voûtés d'arêtes, et qui ont servi de modèle à Vézelay ; fidélité stricte aux exemples romains dans les pilastres cannelés de la cathédrale d'Autun, dans les frontons triangulaires que supportent des colonnes à chapiteaux corinthiens au porche des très simples églises de Provence.

Peintres et sculpteurs

Mais ces sanctuaires neufs sont aussi décorés — et c'est là sans doute que réside principalement l'innovation esthétique de la France du Sud : l'incorporation au monument, la transposition, en fonction des données architecturales, des ornements qui jusqu'alors se trouvaient cantonnés à une échelle réduite autour de l'autel, pages peintes des

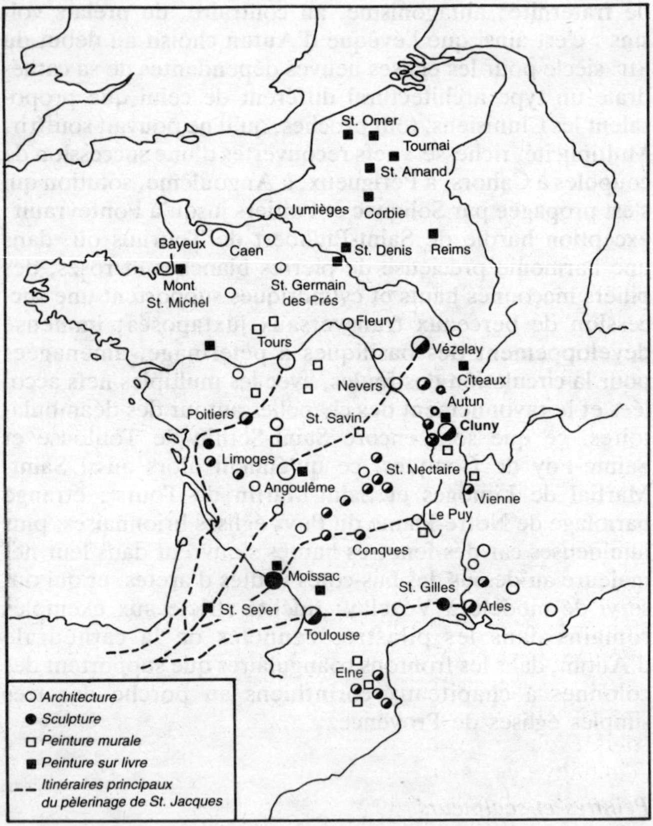

7. La France romane

évangéliaires, reliefs sur bois et sur ivoire des couvertures de livres saints, gravures sur pierre tendre des parements de la table d'autel. Dans le cours du XIe siècle, le travail des artistes qui, dans les ateliers d'écriture et d'enluminure des abbayes aquitaines et bourguignonnes, s'inspiraient pour décorer les Apocalypses des grandes illustrations mozarabes ou italo-byzantines — de ceux qui à Limoges, en contact avec les premiers émailleurs, ornaient les Sacramentaires, dans un style pathétique et nerveux, d'or, de rouges et de bleus magnifiques —, le travail des imagiers des carrières pyrénéennes, affouillant les pans de sarcophages, se sont trouvés peu à peu transférés sur les chantiers de construction. C'est ainsi d'abord que s'est amplifiée la grande peinture monumentale. Au XIIe siècle, des fresques — aux harmonies blondes en Poitou et en Val de Loire, aux couleurs vives et affrontées dans les petites églises du Roussillon et à la cathédrale du Puy, et qui se développent sur fond de nuit au prieuré clunisien de Berzé-la-Ville — ornent toutes les absides et les murs aux ouvertures rares; parfois même, selon une disposition nouvelle, elles revêtent les voûtes, organisées spécialement à Saint-Savin-sur-Gartempe pour recevoir le décor peint ; de longues suites rythmées de figures peuplent ainsi la pénombre du lieu saint. Peinture figurative, narrative, offrant — avec fougue à Vic, dans le recueillement et la ferveur à Brinay, en une vigueur frénétique à Tavant — l'imagerie des manuscrits à un public beaucoup plus large que les très rares usagers du livre. En vérité cependant, les créations romanes ne sont dans ce domaine que l'épanouissement, favorisé par l'essor de toute la civilisation, d'une tradition très ancienne, qu'encourageaient les assemblées conciliaires, et que soutenait l'opinion commune qu'une église n'était pas achevée tant qu'elle n'était pas peinte.

Toute neuve, au contraire, et révolutionnaire est l'apparition d'une sculpture — non plus abstraite, géométrique, réduite aux entrelacs et tout au plus à la stylisation florale, mais elle aussi parlante et représentative. Cette naissance n'est pas due simplement à la redécouverte d'une technique perdue ; elle marque un profond changement de goût, qui s'est lui aussi produit d'abord dans les provinces méridionales. C'était en effet « mode ancienne et antique coutume, dans tout le pays d'Auvergne, de Rouergue et du Toulousain, comme dans tous les pays contigus, que chacun érigeât à son saint, selon ses moyens, en or, en argent ou en quelque autre métal, une statue dans laquelle la tête de celui-ci ou la plus insigne partie de son corps était reproduite avec vénération »[1]. Mais ce sens du volume, ce besoin d'une représentation plastique des figures sacrées s'est progressivement répandu depuis l'an mil au sud de la Loire et s'est lui aussi finalement appliqué à l'ornementation de l'édifice. Les reliefs ont ainsi envahi peu à peu les murs de l'église, depuis les premiers linteaux maladroits des oratoires montagnards du Roussillon jusqu'à l'organisation complexe et presque théâtrale des façades augoumoises. A vrai dire, il s'agit encore presque toujours au seuil du XIIe siècle d'un art mineur. Servante de l'architecture, la sculpture s'impose rarement pour elle-même. Prise dans le mur, s'en dégageant à peine, revêtue elle aussi de couleurs, ce n'est souvent que l'introduction d'un peu de relief dans une partie du décor peint en quelques points limités du monument. Fidèles là encore à la tradition romaine, les maîtres d'œuvre de ce temps n'ont livré aux sculpteurs que ce qui se trouvait décoré de reliefs dans le temple antique : les chapiteaux, d'une part, où les personnages et les monstres se sont d'abord insinués entre les volutes de l'acanthe, pour enfin se substituer complètement aux lignes végétales — et, d'autre part, la façade, champ beaucoup plus vaste, parfois complètement utilisé comme à Notre-Dame-la-Grande de Poitiers en une profusion décorative, mais où plus souvent les sculptures se cantonnent autour de la porte : simples figures de vertus ou de vierges moulées sur la courbe des voussures dans les églises saintongeaises et poitevines ; inscription d'une scène complexe dans le demi-cercle du tympan. Ici du moins, lorsqu'ils décidèrent d'offrir les figures divines à la contemplation des fidèles au

1. *Liber miraculorum sancte Fidis*, I, 13.

seuil du sanctuaire, quelques moines clunisiens du Toulousain et de la Bourgogne ont ouvert la voie à l'une des plus parfaites réussites de l'art chrétien. Très terrestre, très proche de ses modèles romains, dans les rondeurs charnues des soubassements de Saint-Sernin de Toulouse, — trop populaire, trop paysan, sacrifiant à l'édification vulgarisante, lorsqu'il présente aux grandes foules des pèlerins dans le Jugement Dernier de Conques des diables aux gesticulations de pitres et des élus au visage bonhomme, l'art du relief réalise, en effet, la représentation la plus parfaite du sentiment religieux des clercs en quelques œuvres souveraines : à Moissac, où se montre, entouré des vieillards musiciens, l'Éternel inaccessible des visions apocalyptiques — au tympan d'Autun, dont le créateur joue des formes humaines avec la plus audacieuse liberté, mais sait exprimer dans le visage de ses personnages aux sinuosités végétales toute la piété encore un peu terrifiée de ce temps — à Vézelay enfin où, entourant la plus belle figure du Dieu omnipotent que le monde chrétien ait pu concevoir, c'est l'Église tout entière qui se révèle dans l'illumination de la Pentecôte.

Tel est, dans les pays français, l'art qu'on appelle roman. Art surtout monastique, art liturgique, art de calculateurs entraînés par les études du *quadrivium* aux jeux mathématiques. Art de la transcendance divine, nourri des Psaumes, des Prophètes et tout baigné par les rêveries apocalyptiques que le haut Moyen Age a léguées au christianisme occidental. Art de compositeurs de chant sacré qui conçoivent l'univers sous formes d'harmonies : ce sont les tons de la musique, mis en rapport avec les activités intellectuelles et les aspirations spirituelles de l'homme, ainsi qu'avec le rythme cosmique des saisons, que saint Hugues a voulu voir représentés, en une suite de chapiteaux admirables, autour du maître autel de Cluny. Sa plus belle floraison se situe vers l'an 1100. Il commence à décliner après le premier tiers du XIIe siècle — c'est alors que l'habileté des sculpteurs bourguignons se perd, à Charlieu et à Saint Julien de Jonzy dans la pure virtuosité, dans la fantaisie baroque. Sauf en Provence où, quarante ans plus tard, il pousse une dernière floraison dans l'étrange portail de Saint-Gilles, point de jonction de multiples courants artistiques où les lions androphages de la sculpture rhodanienne protohistorique se mêlent aux frises romaines traitées à la manière des imagiers de Lombardie. Par cette rémanence tenace dans le plus romain des pays français se manifeste une dernière fois l'étroite liaison entre l'art roman, expression plastique de la France du Sud, et les traditions esthétiques méditerranéennes transmises autrefois par Rome.

Les arts au nord de la Loire

Au nord de la Loire, dans les contrées où l'empreinte carolingienne avait été plus profonde, les goûts étaient, à l'entrée du XIIe siècle, sensiblement différents. On savait y décorer admirablement les livres : les plus beaux manuscrits à peinture de ce temps sont sortis des *scriptoria* monastiques de Flandre et d'Artois où se conjuguaient des influences venues de Winchester et des ateliers de la Meuse. Mais on n'y était pas accoutumé à la sculpture monumentale figurative : au début du XIe siècle, le maître de l'école épiscopale d'Angers était revenu d'un voyage en Aquitaine scandalisé par les « idoles », par les images de saints que le relief rendait trop concrètes ; il y voyait la « prolongation du rite des Dieux adorés autrefois, ou bien plutôt des démons » ; « à moi-même, tout ignorant que je suis, disait-il, la chose a paru très perverse et contraire à la loi chrétienne, lorsque pour la première fois j'ai aperçu la statue de saint Géraud posée sur un autel... modelée exactement d'après la forme d'un visage humain si bien que, à la plupart des paysans qui la contemplaient, elle paraissait les regarder d'un œil perspicace et, par la réverbération de ses yeux, répondre avec plus de bonté aux prières »[1]. Enfin, les prélats du nord de la Loire ne recherchaient pas encore dans la construction des églises la perfection harmonique et cette qualité de l'atmosphère intérieure

1. *Liber miraculorum sancte Fidis*, I, 13.

que procure le voûtement de pierre; fidèles aux traditions impériales ravivées naguère par Charlemagne et ses fils, ils aimaient les vastes proportions, un éclairage large et sans mystère, l'élan vertical des clochers, l'élévation des murs et se contentaient, pour couvrir les nefs hautes et lumineuses, de charpentes de bois.

Toutefois, dans ces régions que les ravages encore mal réparés des invasions scandinaves avaient maintenues longtemps en état de déficience culturelle, des recherches artistiques étaient aussi menées avec fougue depuis le milieu du XIe siècle, accélérées par un essor économique plus rapide et par la rénovation plus précoce des cadres ecclésiastiques. En Normandie d'abord la province maîtresse, la plus prospère, la plus vivante. Entre 1060 et 1100 s'étaient élevées entre le Cotentin et la Seine, à Caen, à Jumièges, à Bernay, à Bayeux, des églises abbatiales ou cathédrales aux hautes façades nues prolongées vers le ciel par des tours, et dont l'élévation intérieure s'organisait en étages superposés, arcades, tribunes, fenêtres hautes. Pas de voûtes d'abord, mais, dans les toutes premières années du XIIe siècle, fut appliqué après coup sur ces vastes édifices un procédé de couverture, déjà employé çà et là dans la France romane mais dans un dessein essentiellement décoratif et sans que les constructeurs, qui n'avaient pas à résoudre les mêmes problèmes, aient eu le souci d'en exploiter toutes les possibilités : la croisée d'ogive — armature d'arcs reportant les poussées de la voûte de pierre sur les piliers d'angle, et permettant de la lancer sur des murs plus élevés et plus évidés. Depuis les pays normands, l'usage de l'ogive, encore grossière, se répandit entre 1120 et 1140 dans les petites églises du Beauvaisis, de la Picardie, de la région parisienne, puis dans des monuments de plus grande ampleur aux lisières de la Bourgogne romane, à Sens, à La Charité-sur-Loire, à la cathédrale de Langres. Mais ce fut dans un édifice exemplaire, dans l'ensemble de constructions dirigées entre 1132 et 1144 par Suger à l'abbaye de Saint-Denis, que cette recette architecturale devint l'articulation maîtresse d'une esthétique nouvelle.

Suger et Saint-Denis

Monastère vénérable que les Mérovingiens déjà avaient comblé de leurs aumônes, enrichi de reliques célèbres de la Passion, le plus royal de tous les établissements monastiques puisqu'il recevait depuis le VIIe siècle le corps des souverains défunts et qu'il conservait, avec les insignes de la royauté, la bannière de l'ost royal, l'oriflamme, Saint-Denis-en-France était devenu au début du XIIe siècle la « maître abbaye » célébrée par les chansons de geste. A la foi, en raison de sa prospérité matérielle, par l'essor de la foire du Lendit que vivifiait l'expansion du commerce batelier sur la Seine et sur l'Oise — d'une régularité religieuse que la réforme de 1127 avait restaurée — d'un foisonnement de légendes savamment diffusées —, en raison surtout de la personnalité de son abbé, Suger, ami de Louis VI et de Louis VII, régent du royaume en 1147 quand le roi partit en Terre sainte, et qui, parmi les grandes figures ecclésiastiques de la première moitié du XIIe siècle aux vocations si diverses, représente l'administrateur, le parfait gérant de la fortune temporelle de Dieu et de ses saints. Dans ses voyages outre-Loire, Suger avait pris le goût des beaux bâtiments. Il voulut donner à son église un sanctuaire digne de son renom, et lorsqu'il conçut ce nouvel édifice, il partageait la prédilection clunisienne pour la pompe liturgique : « célébrer de façon vraiment divine les mystères sacrés », tel était, selon sa propre expression, son premier but. Mais il apportait aussi deux conceptions qui firent la nouveauté de son œuvre. L'attrait d'abord pour la lumière, qu'il tenait pour le lien parfait entre l'homme et Dieu, pour le véhicule de la grâce et de la prière, le moyen de dépasser les apparences sensibles et de parvenir aux réalités spirituelles. Ce qu'il exprime dans telle méditation sur le reflet des pierres précieuses où, « transposant ce qui est matériel en ce qui est immatériel », il se voit « résider comme en réalité en quelque étrange région de l'univers qui n'existe entièrement ni sur le limon de la terre ni dans la pureté du ciel »; ce qu'il a voulu inscrire en deux vers au seuil de l'église neuve : « l'esprit sans clarté s'élève à la vérité en traversant ce qui est matière, et c'est par la lumière qu'il ressuscite de sa submersion antérieure » ; répétant sur les portes son désir de voir son œuvre « éclairer les esprits et les mener par les vraies lumières à la lumière véritable dont le Christ est la véritable porte ». Cette conception mystique de la lumière ne lui était pas personnelle, elle venait directement de la théologie néo-platonicienne du pseudo Denys l'Aréopagite, que les moines de la grande abbaye identifiaient au Denis enseveli dans leur crypte et dont l'œuvre illuminée avait été traduite chez eux, à l'époque carolingienne, du grec au latin. Du moins cette notion, objet jusqu'alors seulement de méditations ou de transcriptions lyriques, devint-elle grâce à Suger le fondement d'un nouvel art de bâtir — orienté non plus vers la création d'une pénombre intérieure peuplée de flammes, mais vers l'illumination totale de la demeure de Dieu : l'art « gothique », qui est une poétique de la lumière. Autre intention nouvelle, différente de celles des décorateurs romans : Suger se préoccupa de manifester par l'image symbolique les concordances entre l'Ancien et le Nouveau Testament. Car, par un changement décisif, qui se produit, au début du XIIe siècle, dans les milieux ecclésiastiques les plus évolués de la France du Nord, l'inspiration apocalyptique et biblique, contemplation de la transcendance divine, débouche sur l'Évangile, sur le sens de l'humanité de Dieu, et par là sur le sens de l'homme et de son environnement naturel. Ainsi se forma à Saint-Denis une iconographie nouvelle : peintres et sculpteurs furent conviés pour la première fois à représenter, au lieu des monstres et des effigies divines terrifiantes et glorieuses, ce qu'il y a d'humain dans les mystères chrétiens.

Ne pouvant mettre à bas l'antique basilique, que l'on disait construite par Jésus lui-même, Suger commença par lui adjoindre une entrée neuve, massif architectural de même allure que les grandes façades normandes, inspiré comme elles d'un mouvement ascensionnel, mais qui par des innovations majeures est la première des façades gothiques : par l'intégration complète des deux tours à la construction, par l'ouverture d'une grande rosace sur la

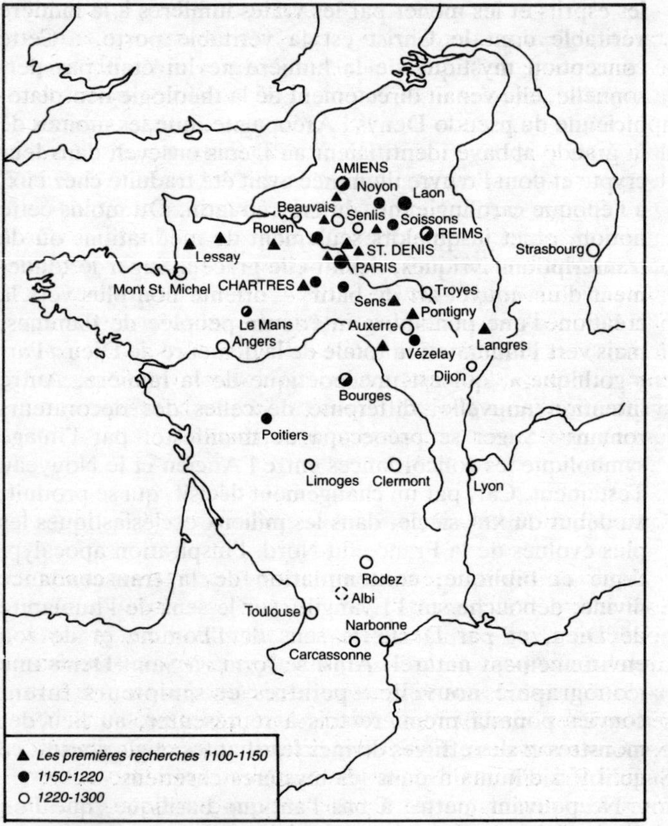

8. LA FRANCE GOTHIQUE. XIIe-XIIIe SIÈCLES

chapelle haute, enfin par la disposition du proche. Les tympans historiés des églises bourguignonnes et toulousaines s'y combinent aux voussures poitevines, soutenues — et c'est une des géniales inventions de Suger — par les statues-colonnes de rois et de reines; des sculpteurs, appelés sans doute des grands ateliers du Sud, y ont représenté la création tout entière; ils ont placé la Vierge parmi les apôtres du Jugement Dernier, ainsi que Suger lui-même dans une posture d'offrande, et ces deux figures introduisent dans le spectacle de la puissance et de la justice de Dieu l'image même de la maternité secourable et de la faiblesse humaine. Puis, afin que le nouvel édifice fût pénétré de lumière, afin que « toute l'église resplendît d'une merveilleuse lumière ininterrompue, répandue des plus lumineuses fenêtres », Suger construisit le chœur et, là, tira tout le parti de la croisée d'ogive. Plus de cloisons entre les chapelles rayonnantes ; des colonnes de pierres sveltes, de larges baies, enrichies de ces ornements qui jusqu'alors étaient accessoires, les vitraux.

Éclosion de l'art gothique

Suger n'eut pas le temps de joindre le porche au chœur. Son œuvre n'en marque pas moins l'ouverture de l'art nouveau. Car Saint-Denis était au carrefour des grandes routes de ce pays de la Seine qui, dans un essor étonnant par la richesse de ses campagnes rénovées, par l'activité de ses rivières marchandes, l'emportait maintenant sur les provinces romanes, d'ancienne richesse. Les entreprises de Suger offraient aux évêques de la région, maintenant bien fournis en deniers par les chrétientés commerçantes de leur cité en pleine croissance, à la fois des équipes toutes formées de maçons, d'imagiers et de verriers, et le plus prestigieux des modèles. L'abbatiale de Saint-Denis est ainsi la tête de toute la lignée des cathédrales du domaine royal, Noyon, où les travaux débutent en 1145, Senlis, dont l'évêque commence la reconstruction en 1153, aidé par Louis VII, Laon, dont le chantier est ouvert en 1155,

Notre-Dame de Paris enfin, dont le chœur surgit en 1163, la nef en 1180, au moment où sort de terre la nouvelle église de Soissons. Au cours de ces constructions, les procédés s'améliorent. Innovation décisive et qui permet de s'évader complètement des structures romanes, l'arc-boutant est appliqué à la nef de Notre-Dame de Paris, qui peut ainsi s'élever d'un élan inouï jusqu'à trente-deux mètres. Par l'affirmation de la verticalité, par l'évidement des parois, par l'ouverture de plus en plus grande à la lumière irréelle des verrières, le style architectural gothique achève ainsi de se former. En même temps, depuis Saint-Denis, se précise l'allure du nouveau style décoratif. Chartres, où, pour donner au portail de nouveaux ornements, l'atelier de sculpteurs formé par Suger s'était transporté après 1145, tient ici le premier rôle. Par la réussite admirable de ses statues-colonnes — par un premier mouvement vers une conception foncièrement différente du visage (cet abaissement des sourcils, ce plissement des paupières qui font de l'œil roman un regard gothique — cette bouche qui devient vivante — toute la personnalité humaine qui peu à peu se révèle sous les symboles graphiques de l'imagerie romane) — et surtout par l'illustration d'un thème nouveau, la Nativité, l'expression la plus directement accessible de l'incarnation divine, où le Christ apparaît sous les apparences vulnérables de l'enfant, où pour la première fois la figure centrale de l'un des tympans est celle de la Vierge. Ensemble aussitôt copié au Mans, à Saint-Loup-de-Naud, à Bourges, à Étampes et dont l'influence se marque jusque sur les figures romanes du porche de Saint-Trophime d'Arles. Mais c'est seulement dans les dernières années du XIIe siècle que s'accuse le caractère le plus frappant de la nouvelle sculpture, l'expression d'une religion dont le Dieu apparaît clairement désormais comme le frère des hommes, né comme eux d'une femme et qui a partagé leurs souffrances : à Laon, où le Christ du Jugement Dernier, étendant ses mains ouvertes, découvre les signes de sa souffrance — à Senlis, dont le portail tout entier est à la gloire de la Vierge qui, sur l'un des tympans, apparaît triomphante, couronnée par Jésus et placée sur le même plan que lui.

Ainsi, entre 1120 et 1180, l'Ile-de-France, rattrapant son retard, assimile les découvertes artistiques des pays du Sud, se les approprie et crée son propre style — et cette naissance de l'art gothique s'accompagne de l'étonnante floraison de la musique polyphonique, transplantée elle aussi de Saint-Martial de Limoges aux bords de la Seine (ce fut pour les nefs nouvelles de Notre-Dame de Paris que Pérotin le Grand composa à l'extrême fin du XIIe siècle ses conduits et ses *organa* à quatre voix qui sont l'une des plus belles œuvres de la musique médiévale). Art sacré, mais qui, épousant l'évolution du sentiment religieux et le progrès de l'outillage mental, se libère des terreurs et de l'imaginaire — dont le Dieu, devenu fraternel, rapproché de l'homme par l'entremise de la Vierge médiatrice, prend place au milieu de la nature réconciliée. Art de chrétientés urbaines — et cette localisation répond aux nouvelles conditions économiques : les monastères campagnards qui, depuis le VIIe siècle, étaient les plus vivants foyers de la culture savante sont désormais éclipsés par les cathédrales des cités et par les collégiales des bourgs. Primauté de l'Ile-de-France et primauté des villes : elles se manifestent plus nettement encore dans la renaissance des études.

Essor des centres d'enseignement

A l'entrée du XIIe siècle, la méfiance des moines à l'égard de l'activité intellectuelle s'affirme : lire les œuvres profanes de l'antiquité romaine est un plaisir coupable ; ce n'est pas par la réflexion que l'on peut s'approcher de Dieu, mais par une démarche purement affective, en laissant s'élever l'âme sur les modulations de la musique sacrée, en brisant par l'ascétisme la portion charnelle de la personne humaine. Dans les monastères, plus d'études. Mais les dirigeants de l'Église séculière sont dans une attitude inverse : la mission du clerc, c'est d'apprendre, pour pouvoir à son tour enseigner le peuple ; sa piété doit se nourrir de science ; ainsi, face au cloître, grandit l'école. De tradition, celle-ci était l'annexe de la cathédrale, animée par l'un des chanoines, l'écolâtre — seul maître, dispensant son enseignement à ses confrères, jeunes et vieux, et à de rares élèves étrangers à la communauté, clercs venus d'ailleurs en quête de savoirs nouveaux et, très exceptionnellement, fils de grandes familles seigneuriales. Le plus souvent très ternes, appliquées strictement à la formation professionnelle, liturgique et chorale — parfois brillantes lorsque leur chef était lui-même de valeur et lorsqu'elles conservaient dans leur armoire à manuscrits quelques bons livres, les écoles capitulaires du XIe siècle étaient en tout cas d'éclat très variable, dans l'espace et dans le temps. Mais après 1080 s'affirme le rayonnement de certaines d'entre elles, toutes situées au nord de la Loire. Tournai, puis Laon pour quelques années — avec plus de permanence Angers, Tours, Orléans, spécialisées dans la lecture et le commentaire des poètes ; Chartres, dont la vieille école, rajeunie par l'évêque Yves, toujours orientée vers l'étude des nombres et d'une philosophie d'inspiration platonicienne, connaît le plus grand succès jusque vers 1150 ; Paris enfin dont l'essor commence avec le XIIe siècle. Ces foyers d'études attirent des auditeurs en beaucoup plus grand nombre. Et ce mouvement de concentration scolaire est l'effet des transformations économiques : la diffusion de la monnaie permet en effet aux gens d'études comme aux autres hommes de se déplacer plus aisément, de s'éloigner de la terre nourricière, de sortir des communautés de production qu'étaient monastères et chapitres, de s'installer dans les quartiers nouveaux des villes : au XIIe siècle, l'argent est devenu nécessaire à la vie scolaire, comme en témoignent ces lettres d'étudiants d'Angers ou d'Orléans qui réclament des deniers à leur famille. En outre, la structure même de l'organe d'enseignement s'est modifiée. A ces rassemblements d'élèves le seul écolâtre ne peut plus suffire. Par cette délégation du pouvoir d'enseigner qu'est la « licence » (et dont les autorités ecclésiastiques s'emploient à rendre la collation gratuite et dépendante seulement d'un examen de capacité), il s'adjoint des maîtres auxiliaires. Le centre scolaire, le *studium*, devient ainsi beaucoup plus complexe : des maîtres multiples, des programmes élargis, diversifiés, des études plus longues, car l'on passe de l'un à l'autre de ces professeurs qui chacun se spécialisent. A la réunion commune dans le cloître de la cathédrale se sont substitués de petits groupes d'études, escouades cohérentes, rassemblés solidement autour du maître choisi pour plusieurs années de scolarité, véritables communautés de travail (et de vie matérielle, car le maître tient souvent pension) où se nouent des amitiés solides, où le professeur se sent porté, soutenu par ses disciples, qui l'entraînent et le stimulent dans la quête de la nouveauté. Organes de conquête intellectuelle singulièrement actifs, et qui pourtant fonctionnent dans des conditions matérielles très primitives, en plein air aussi souvent qu'il est possible, le long des rues, sous le porche des églises, et dans quelque boutique louée dans une maison neuve du bourg ; là, les élèves accroupis, une planche sur leurs genoux, font le matin des exercices et prennent en note l'après-midi la lecture commentée du maître, qui s'achève le soir par la prière et la méditation collective. La concentration progressive des gens d'études en quelques foyers privilégiés, l'apparition de spécialistes de l'enseignement vivant de leur métier, la différenciation des groupes de travail scolaire favorisèrent évidemment l'enrichissement des connaissances et le perfectionnement des techniques intellectuelles.

La « renaissance » du XIIe siècle

Commerce plus intime d'abord avec la culture latine classique. N'abusons pas du mot Renaissance. Mais il est clair qu'entre celle des Carolingiens qui, pour en faire une langue savante bien distincte des parlers populaires, avait restitué dans sa pureté le latin de Cicéron, de Virgile et de saint Jérôme – et celle des humanistes italiens du XIVe siècle, des humanistes français et rhénans du XVIe, on peut situer, vers 1130, un moment d'intense et fervente référence aux modèles d'écriture et de pensée de l'antiquité romaine. Parfait maniement de la prose et des vers latins – selon les méthodes inculquées surtout dans les écoles orléanaises et ligériennes — et dont témoignent aussi bien, dans le *Policraticus* de Jean de Salisbury, Anglais de naissance, mais formé comme tant d'autres insulaires à Chartres et à Paris, l'étonnante adaptation du style à la pensée, que l'éclosion foisonnante de poèmes lyriques, hymnes religieux scandés sur les séquences grégoriennes, poèmes d'amour badin composés par les prélats lettrés des bords de la Loire, Marbode d'Angers, l'abbé de Bourgueil, l'évêque du Mans, chansons à rire et à boire des Goliards. Virtuosité de forme qui est sensible dans le style même de saint Bernard, adversaire acharné pourtant de l'école, et aboutit souvent à la préciosité, comme dans ces trop subtiles constructions poétiques que l'abbé de Cluny, Pierre le Vénérable, se plaisait à édifier pour son délassement dans les petits cénacles littéraires qu'il réunissait, à quelque distance du monastère, au milieu des bois. C'est un siècle de rhéteurs et de rimeurs passionnées — de rimeurs musiciens, car cet élan poétique est constamment soutenu par le développement d'une musique trop mal connue, mais qui est peut-être la création la plus importante de la civilisation médiévale. Un siècle d'humanistes aussi, car les Latins ont été, pour les meilleurs des clercs du XIIe siècle, des maîtres à penser. Cicéron, Suétone, Sénèque leur ont ouvert des perspectives sur un univers moral tout neuf, leur ont communiqué un sens nouveau de la valeur personnelle, de l'effort, de cette relation affective qu'ils appellent *amicitia*. Il n'est pas jusqu'aux mystiques chrétiens les plus purs qui n'en soient pénétrés et l'on trouve ainsi dans le *De natura amoris* du cistercien Guillaume de Saint-Thierry des souvenirs de l'*Art d'aimer* d'Ovide. Le rapide affinement sentimental du début du XIIe siècle vient en grande partie de cette familiarité plus grande avec les classiques — tout comme l'attention nouvelle que l'on porte aux vestiges de l'art romain, à ses éléments décoratifs, tout comme le sens plastique nouveau qui dégage la statue du bas-relief. Et l'aspiration à une religion plus incarnée qu'exprime la première sculpture gothique n'est certes pas sans lien avec l'imprégnation humaniste des dirigeants de l'Église.

Logiciens

Mais l'enrichissement n'est pas seulement littéraire, il affecte toute l'organisation de la pensée. Dans les milieux cultivés français du début du XIIe siècle se situe en effet le départ d'un ample mouvement qui a finalement transformé les structures de l'âme européenne. Jusqu'alors, la démarche principale de la connaissance était intuitive. Chacun voyait dans l'univers sensible, et dans cet univers en réduction que semblait être l'homme, des images de Dieu, mais des images obscures, dont le sens profond ne pouvait se découvrir que difficilement, par le déchiffrement progressif de multiples signes. Pour atteindre la science supérieure, celle de Dieu, il importait donc d'interpréter des symboles, de chercher des correspondances, de saisir des harmonies – et l'on voit pourquoi la musique et l'étude des nombres étaient des disciplines essentielles. D'où cette passion, qui s'est prolongée pendant tout le Moyen Age pour l'allégorie, pour le commentaire analogique des textes. Mais les livres n'étaient que des signes parmi beaucoup d'autres, et plus que l'étude logique, l'attitude féconde était encore la contemplation, la méditation ascétique dans le silence.

Or, dans les nouveaux cercles des gens d'études, s'est formée peu à peu une autre conception du savoir. Non plus sentir, deviner, mais comprendre par la déduction rationnelle. *Intelligere*, c'est-à-dire définir, classer, observer. Ainsi se sont progressivement perfectionnés et mis en place les cadres supérieurs de l'entendement. Transformation d'abord cantonnée dans le petit monde des hommes d'école, mais destinée à se répandre, aux générations suivantes, dans des cercles de plus en plus élargis. Parmi les sciences, ou plutôt les techniques intellectuelles que l'on enseignait dans le premier cycle des arts libéraux, figurait la dialectique, art du raisonnement. Formation très rudimentaire puisque, dans les cas les plus favorables, elle se limitait à la lecture passive de manuels de vulgarisation philosophique hérités de la très basse latinité et qui ne communiquaient qu'un reflet très estompé des grands systèmes de pensée helléniques. Un premier progrès s'était pourtant dessiné dès le début du XIe siècle à Chartres — fruit d'un simple exercice scolaire poussé plus loin que dans d'autres centres d'enseignement : la discussion du problème des universaux, c'est-à-dire de la réalité des idées générales, et dont on trouvait les données dans l'un de ces manuels élémentaires. A l'égard de cette question d'école, les professionnels de la pensée de la France du Nord se partagèrent bientôt en deux groupes, les « nominalistes », qui niaient la réalité des concepts et, face à eux, les « réalistes ». Cette gymnastique gratuite de l'esprit permit surtout une meilleure appréciation de la raison, « honneur de l'homme » et « qui est en lui l'image même de Dieu », comme l'exprimait fièrement l'écolâtre de Tours, Béranger, le premier qui ait osé, peu avant 1050, appliquer le raisonnement aux zones obscures du dogme chrétien. Premiers remous, premiers scandales — premières réunions de conciles pour examiner les thèses des raisonneurs ; premières condamnations. Mais le mouvement était lancé. Dans les dernières années du XIe siècle, la dialectique, paraissait déjà à beaucoup d'hommes d'Église une discipline essentielle à la formation du clerc, car c'était elle qui fournissait le moyen d'appréhender le plus sûrement la vérité divine. La foi dès lors ne peut plus être aveugle, elle doit être approfondie, illuminée par l'intelligence, ce qu'exprime, et maintenant aux applaudissements de tous, saint Anselme, ce Lombard qui dirigea l'école monastique du Bec en Normandie, mourut archevêque de Cantorbéry en 1109 et qui, parce qu'il avait su ne pas dévier de la ligne orthodoxe dans ses recherches intellectuelles, légitima le recours à la raison pour résoudre les problèmes de la foi.

Cette promotion de la raison au premier rang des facultés de l'âme permit la grande conquête qui, elle, est du XIIe siècle. Contemporaine de la formation des grands centres scolaires, elle fut d'abord favorisée par la découverte de nouveaux textes d'études, par le brusque enrichissement du matériel intellectuel. Jusque-là, la pensée occidentale s'était uniquement alimentée au très pauvre héritage que lui avait légué Rome moribonde, Rome peu soucieuse de logique et d'exactitude rationnelle, et les maîtres d'études chrétiens, préoccupés surtout de forme et de grammaire, avaient fait peu d'effort pour accroître ce dérisoire bagage. Effet de la prospérité matérielle, des plus grandes facilités de circulation, de l'expansion militaire, voici que dès 1100 des fragments inconnus de la science et de la philosophie grecques parviennent par l'intermédiaire des Byzantins et des Arabes, depuis la Sicile et plus encore l'Espagne, aux écoliers de la Loire et de la Seine, et d'abord aux maîtres chartrains. Leur disciple, l'Anglais Adalard de Bath, rapporta ainsi de ses voyages en Orient, entre 1115 et 1140, différents écrits dont une version d'Euclide. A Pise, à Palerme et surtout dans Tolède reconquise, des équipes de traducteurs dévoilaient peu à peu le *Phédon*, Ptolémée, Hippocrate, Galien, tandis que par leurs soins se révélait, fascinante, la pensée d'Aristote. Tout l'*Organon*, la *Logique*, quelques bribes de l'*Éthique* à *Nicomaque*, voilà ce que les gens d'école découvrirent en deux générations, avec passion — c'est-à-dire la méthode de pensée qu'ils cherchaient, et livrée seule, à l'état de simple mécanisme intellectuel, détachée d'une vision du monde qui, en opposition trop flagrante avec l'univers chrétien, eût empêché de l'admettre.

Acquisition décisive. Mais pour qu'elle fût vraiment féconde, il avait fallu aussi que dans les nouveaux foyers d'études, entre 1100 et 1180, les méthodes de travail s'améliorassent. L'exercice scolaire essentiel avait été jusqu'alors la *leçon*, la lecture, d'un « auteur », d'une « autorité ». Lecture expliquée mais respectueuse. Or, progressivement, le commentaire magistral, les « gloses », dont les professeurs enveloppaient à Orléans les poèmes latins, à Chartres et à Paris les textes exemplaires de la dialectique, prirent de l'ampleur ; le maître les rédigea, les donna à transcrire à ses disciples ; elles devinrent ainsi des textes autonomes, objets eux-mêmes de nouveaux commentaires — œuvres originales et créations véritables. En outre, lorsque au cours de la lecture commentée surgissaient des difficultés particulières d'interprétation, on s'accoutuma au début du XIIe siècle à formuler nettement les problèmes, à poser ce que l'on appelait une « question » — et ce fut précisément à la solution de telles difficultés bien définies que s'appliquèrent les méthodes de raisonnement logique nouvellement mises au point à l'aide des traités d'Aristote. Attitude singulièrement plus active et enrichissante à l'égard de ces textes que, paralysés par le respect, les écolâtres du Xe ou du XIe siècle n'auraient osé discuter.

Théologiens

Cette liberté s'affirma même dans la lecture de la plus respectable des autorités, de la *divina pagina*, de l'Écriture et des Pères — lecture qui, depuis 1110, commençait à devenir l'affaire de maîtres spécialisés, l'objet d'un nouveau cycle d'études, aboutissement et couronnement des arts libéraux. Par souci de clarté d'abord, Anselme de Laon, Pierre le Lombard qui tenait école à Paris s'appliquèrent ainsi à mettre en ordre le dogme, à le réduire en « sentences », en une suite d'exposés simples et clairs. Trop clairs, car ils faisaient ressortir les contradictions, les « questions » qu'il importait de résoudre. Alors parut Abélard, disciple trop brillant, insatisfait de ses maîtres, revenu ensuite aux écoles parisiennes — qui furent lancées en partie par lui et, spécialisées dans la dialectique, éclipsèrent bientôt celles de Chartres — le plus séduisant des professeurs, passionné de son métier. Ses élèves le pressaient d'aller de l'avant ; « ils réclamaient des raisons humaines et philosophiques, et il leur fallait des explications intelligibles plus que des affirmations ; ils disaient qu'il est inutile de parler si l'on ne donne pas l'intelligence de ses propos, qu'on ne peut croire que ce que l'on a d'abord compris » (on voit ici le progrès de l'esprit logique, vingt ans après la mort de saint Anselme, ce besoin, cette exigence de clarté rationnelle) « et qu'il est dérisoire d'enseigner aux autres ce que ni soi ni ceux qu'on enseigne ne peuvent comprendre... ». Logicien d'abord, qui par une argumentation plus subtile avait commencé par résoudre le problème mal posé des universaux — fondant ensuite, vers 1135, dans son *Oui et Non*, où il avait rassemblé toutes les contradictions des sentences, la méthode rationnelle de la « théologie » (le mot même entre dans l'usage à ce moment précis pour désigner la science nouvelle des textes sacrés). Sans aucun esprit de dénégation, notons-le bien — et ce serait le pire des contresens que de situer Pierre Abélard en marge de l'Église car, ainsi qu'il l'écrivait à Héloïse, en réponse à l'une de ces lettres admirables qui sont, par leur sincérité, leur profondeur psychologique, par le témoignage qu'elles portent de la meilleure formation humaniste, l'un des plus beaux produits de la culture ecclésiastique de ce temps : « Je ne veux pas être disciple d'Aristote si c'est en me séparant du Christ... et pour que ta sollicitude inquiète, toutes les angoisses de ton cœur s'évanouissent, sache que j'ai fondé ma conscience sur la pierre d'angle où le Christ a bâti son Église... », et l'on sait que sa condamnation par le concile de 1140 lui brisa l'âme. Mais avec Abélard, maître parisien, la religion n'est plus seulement un ensemble de recettes efficaces contre l'hostilité des forces surnaturelles, ni une effusion sentimentale, c'est le fondement d'un système de pensée logique : la scolastique — qui est l'attitude des gens d'école, mais aussi la première philosophie d'Occident.

Inquiétude religieuse

Cette passion pour l'intelligible, cette fièvre du syllogisme qui après 1150 fermente parmi les écoliers parisiens, venus de plus en plus nombreux d'horizons de plus en plus divers, est, tout comme le goût pour la polyphonie chorale, pour l'harmonie ou l'élan des lignes d'architecture, pour la grande sculpture monumentale et les manuscrits à peinture, le privilège de l'Église haute, réformée dans ses mœurs, libérée de la tutelle des puissances laïques, mais restée bien installée aux carrefours du commerce, bien nantie de bonnes terres mieux mises en valeur, et pour cela fort riche. Cependant, par sa réforme, par sa fortune et surtout par l'étonnant progrès culturel que sa richesse même lui a permis d'accomplir en quelques années, le petit groupe des prélats, des chanoines, des moines clunisiens, des maîtres et de leurs disciples — quelques milliers d'hommes tout au plus dans l'ensemble de la France — s'est séparé bien davantage du petit clergé et de tous les fidèles, à qui restent inaccessibles les hautes expressions musicales, dialectiques, architecturales, de la culture sacrée — et même le décor trop savamment symbolique des églises. Or, le renouveau de toutes choses suscite alors dans les foules et dans certains secteurs de l'Église des aspirations religieuses qui ne sont plus en aussi étroite concordance avec ce qui peut être perçu extérieurement de l'activité des monastères clunisiens et des chapitres cathédraux. Il en résulte un malaise, une tension, et d'abord cette insatisfaction qu'est l'hérésie. Autre signe de progrès, autre facteur de progrès et dont les manifestations sont très précoces.

Ces courants de quête spirituelle se situent à deux niveaux très différents. Certains remuent des milieux sociaux humbles et éloignés de la culture savante (les premiers qui aient été poursuivis comme hérétique ont été des paysans champenois vers l'an mil, des bourgeois d'Arras en 1025); ils se réfèrent à la seule lecture de l'Évangile et se manifestent à la fois par des attaques contre les dirigeants de l'Église jugés sur leurs mœurs indignes de leur mission, et par un besoin de rigueur morale, par le sentiment que le salut ne se gagne pas seulement par des gestes rituels mais par l'ascétisme. Volonté, par conséquent, d'une religion réellement vécue par l'imitation du Christ. A ces aspirations, vraisemblablement fort répandues mais généralement informulées et que nous révèlent seulement de loin en loin les actes de persécution qui s'efforcent de les réprimer, correspond, à un niveau très supérieur et cette fois au cœur même de l'Église, une tendance très parallèle. Parmi les clercs et les moines qui ont participé au mouvement grégorien, beaucoup pensent que la réforme ne doit pas avoir pour seul but de dégager les fonctions ecclésiastiques de la tutelle des laïcs — ce doit être une conversion véritable de l'Église tout entière, une rupture complète avec le temporel, avec la matière, un retour (puisque depuis les temps carolingiens l'Église s'est fâcheusement intégrée dans la cité terrestre) à l'état d'esprit de la chrétienté primitive, à ce qu'on appelle alors la « vie apostolique ». Conception qui elle aussi se nourrit de la méditation de l'Évangile, qui aspire au dépouillement, à une libération de l'âme par une victoire sur la chair et qui, au nom de l'ascétisme, s'oppose de plus en plus vigoureusement à la fois au christianisme liturgique et somptueux de Cluny, et au christianisme intellectuel et raisonneur des écolâtres. Ceux qui la partagent s'écartent également des cadres de l'Église établie. Ce sont des solitaires qui vont vivre en ermites au milieu des bois, pour réaliser parfaitement leur idéal de rupture avec le temporel ; ce sont aussi des prédicateurs vagabonds qui annoncent l'Évangile aux carrefours : car prêcher est un acte essentiel de la vie apostolique. Par ces sermons, ils apportent une réponse aux aspirations spirituelles des petits. La fin du XIe siècle est le temps des grandes foules de gens simples ébranlées par les orateurs religieux – foules entraînées follement par Pierre l'Ermite sur le chemin de Jérusalem – foules féminines aussi, comme celles que rassemble, qu'exalte en Anjou Robert d'Arbrissel : les épouses et les filles des chevaliers et des princes s'y mêlent aux prostituées repenties par l'exemple de la Madeleine, dont on commence alors à vénérer les reliques et à raconter partout la légende, aux anciennes concubines des prêtres qui, gagnés par la réforme, se sont voués au célibat.

Toutefois, dans l'Église, ce désir d'épuration religieuse aboutit principalement à la fondation de nouvelles communautés religieuses. Beaucoup de ces ermites, et de ces entraîneurs de foules finirent par grouper quelques disciples autour d'eux, et en dehors du monde. Ces clercs, réunis en communautés de chanoines, mais astreints à une règle dure inspirée de saint Augustin, se groupèrent ainsi à Saint-Victor de Paris autour de l'ancien professeur Guillaume de Champeaux, à Prémontré autour de saint Norbert. Des moines, suivant l'exemple d'Étienne de Muret, se rassemblèrent dès 1074 à Grandmont en Limousin, vivant chacun dans une cabane individuelle, dans la contemplation et la pauvreté totale, nourris par les aumônes que quêtaient pour eux des serviteurs. Moines aussi les compagnons que saint Bruno, l'ancien écolâtre de Reims, établit en 1084 dans la solitude montagnarde de la Chartreuse, ascètes et anachorètes rompant quelques heures seulement par semaine le silence et l'isolement de la cellule. Chacun de ces groupements de prière et de macération essaima, et ces filiales constituèrent des congrégations nouvelles opposées dans leur esprit à celle des bénédictins de Cluny.

Cîteaux

Une prolifération aussi rapide témoigne du besoin profond d'un style nouveau de vie religieuse ; elle est aussi une preuve parmi bien d'autres de la grande poussée démographique des années 1075-1120. Cependant, de toutes ces fraternités nouvelles, ce fut Cîteaux qui connut le plus large succès. Fondation encore d'un ermite, Robert de Molesme, qui s'était installé en 1078 au cœur de la forêt marécageuse, et pour le moment sans essarts, de la vallée de la Saône ; née elle aussi d'une opposition déclarée au monachisme clunisien. Mais fondation bénédictine celle-ci, et destinée même à restaurer dans sa pureté littérale la règle de saint Benoît. Son rayonnement, Cîteaux le dut à la personnalité de saint Bernard, qui y fit profession en 1112 avec une trentaine de fils de chevaliers, ses parents ou ses amis ; son arrivée ranima la petite compagnie exténuée, qui aussitôt put se propager et fonder des abbayes filiales ; lui-même devint abbé de l'une d'elles, Clairvaux, et surtout, il fut l'âme de la congrégation. D'une volonté farouche, toujours en voyage malgré une santé délabrée par l'ascétisme, orateur de talent et adversaire acharné des maîtres de la scolastique, organisateur de croisades et mentor des papes, Bernard dirigea véritablement, et non sans rigueur, la conscience de la chrétienté tout entière entre 1130 et 1150. Dans la règle cistercienne s'équilibrent les différentes tendances du courant de rénovation spirituelle et de retour à la vie apostolique. Solitude : les monastères cisterciens sont établis au

« désert », à bonne distance des villages — mais, par fidélité à saint Benoît, on y mène la vie en commun. Pauvreté, dépouillement total : une livre de pain noir par jour, quelques légumes sans assaisonnement, de l'eau rougie, un sac de paille pour dormir, une tunique de laine grossière qui part en lambeaux, le mépris de la propreté corporelle considérée comme un hommage superflu rendu à la chair — des églises nues (on connaît les impétueuses critiques formulées par Bernard à l'égard de l'art de Cluny, de son luxe, de son imagerie qui détourne de la recherche de Dieu), dépourvues de toute ornementation figurative, avec leurs vitraux en simple grisaille, et dont la prenante beauté, à Fontenay, au Thoronet, vient de la seule pureté des lignes, de l'harmonie des proportions, de la qualité de la pierre — dénuement — mais une solide possession foncière, garantie par des chartes que l'on conserve avec soin, et qui constitue le soutien indispensable de la vie communautaire. Réhabilitation du travail manuel — et c'est là peut-être la grande nouveauté cistercienne, qui, dans la ligne de l'évangélisme populaire, rejette à la fois l'oisiveté liturgique de Cluny et la vacuité contemplative de Grandmont. Condamnation du genre de vie seigneurial : « parce qu'ils ne lisaient pas dans la règle ni dans la vie de saint Benoît que ce maître eût possédé des autels ou des églises, des oblations ou des sépultures, la dîme des autres hommes, ni des fours, des moulins, des villages, des paysans, ils rejetèrent toutes ces choses[1] » et s'astreignirent, par conséquent, à mettre en valeur leur terre de leurs mains — mais ils ne répudièrent pas complètement la conception aristocratique de la profession religieuse : il existe, en effet, à Cîteaux comme dans toutes les communautés nouvelles, deux catégories de frères, l'une supérieure, qui se recrute dans le clergé et les familles chevalersques, l'autre, formée de fils de paysans et affectée aux grosses besognes matérielles; « c'est par les convers que sont accomplis les travaux dans les granges, et par les salariés...[2] ». Ils défri-

1. *Exordium parvum.*
2. Statuts de 1134, VIII.

chèrent beaucoup moins qu'on ne l'a dit et pratiquèrent surtout l'élevage ; producteurs de laine et de cuir, de fromages et de viande, de toutes ces denrées dont la demande devenait au milieu du XIIe siècle de plus en plus pressante dans les villes en expansion, les domaines cisterciens, très vite en liaison avec les circuits commerciaux et placés dans la meilleure position économique, avec leur abondante main-d'œuvre toute zélée et sans exigence, connurent bientôt une prospérité excessive : les moines n'atténuèrent en rien leur ascétisme, mais on ne les voyait sortir de leur retraite que pour commercer. Au lendemain de la mort de saint Bernard, les critiques étaient déjà vives contre ces religieux trop âpres à défendre leurs droits en justice, trop prompts à acheter leurs lopins aux paysans gênés après une mauvaise récolte, aux chevaliers en quête de deniers — trop à l'écart du monde surtout, trop indifférents aux besoins spirituels des pauvres gens.

Cathares et vaudois

En effet, toutes ces tentatives pour ajuster la vie monastique à l'esprit de l'Évangile étaient en réalité des évasions. La chrétienté ne pouvait tout entière se réfugier au désert. Abandonnés par les meilleurs, laissés à des pasteurs trop ignares ou trop savants, trop riches ou pas assez « purs », ceux qui restaient dans le monde demeuraient insatisfaits. Aussi continuaient-ils à prêter l'oreille — surtout dans les milieux les plus ouverts aux nouveautés, émergeant déjà de la passivité campagnarde, dans les bourgs neufs, dans la société des chevaliers — à des prédicants voyageurs, toujours aussi nombreux, condamnés par la hiérarchie mais protestant de leur attachement au Christ, convaincus d'être plus « parfaits » que les clercs qui les condamnaient, et pour cela persistant à prêcher l'Évangile, le détachement des richesses, la réforme des mœurs, et groupant autour d'eux de petites sectes ferventes, à la lisière de l'orthodoxie, dispersées dans toutes les provinces françaises. Ce fut au sein de cette fermentation que s'insinua vers 1140-1150 une attitude religieuse un peu différente. D'abord diffuse, elle s'installa plus fermement entre le Massif central et les Pyrénées et s'y organisa après 1167 en véritable église concurrente de l'orthodoxe, avec sa propre hiérarchie et ses conciles. Ses adeptes, que l'on ne savait comment nommer, furent appelés désormais « cathares », nom grec car le mouvement était en liaison par l'Italie du Nord avec les Balkans byzantins : les « purs ». Il s'agissait, en effet, une fois encore d'une aspiration à la purification de l'âme. Sous sa forme la plus rigoureuse (mais accessible sans doute à bien peu et très rarement exprimée de façon claire), le catharisme était une religion tout à fait étrangère au christianisme. Dogmatiquement, il apparaît comme un dualisme très simple : l'univers (et l'homme lui-même) est l'affrontement de deux principes, l'un spirituel, l'autre matériel; il convient de soutenir le parti du Bien et de l'aider à triompher; il faut donc rompre avec la matière, être pauvre, chaste, sans attache — par quoi l'on atteint la perfection, donc le salut; sinon l'âme par une série de transmigrations se réincarne jusqu'à ce qu'elle parvienne à la pureté parfaite et soit elle aussi libérée. Mais cette doctrine, masquée qu'elle était par un vocabulaire et tout un ensemble de symboles empruntés au christianisme (la figure du Christ y avait sa place, et l'Évangile), apparaissait aux masses comme un christianisme plus simple, débarrassé de rites trop obscurs, et professé par des hommes qui, en éclatant contraste avec le clergé officiel, pratiquaient véritablement les vertus évangéliques. D'où son extraordinaire succès dans le sud de l'Aquitaine. Déjà, avant même que le mouvement hérétique ait pris de la fermeté, la tournée de propagande orthodoxe que saint Bernard y avait dirigée en 1145 avait complètement échoué; en 1177, le comte de Toulouse lançait l'alarme : les églises étaient vides; à Albi, l'évêque restait seul avec son chapitre; plus un homme ne lui était spirituellement soumis, tous avaient trouvé hors de l'Église une religion vivante, vraiment apostolique.

Eh dehors des cloîtres cisterciens, en dehors du Midi albigeois et décidément rebelle, d'autres cherchaient avec ardeur la vie évangélique, espérant pouvoir la mener sans rompre avec le clergé — particulièrement dans les villes, où l'encadrement ecclésiastique était insuffisant, où la plupart des hommes, enrichis trop vite, étaient plus sensibles au problème de la pauvreté et du salut. C'était le cas à Lyon du marchand Pierre de Vaud qui, s'étant fait traduire l'Évangile dans son langage, vendit tous ses biens en 1176, distribua l'argent aux miséreux et se mit à prêcher la pénitence, rassemblant autour de lui ceux qui se voulaient « pauvres » en esprit et en vérité ; il s'acharna à rester au sein de l'Église, mais condamné et finalement insoumis parce que persuadé d'être inspiré par Dieu, il entra dans l'hérésie avec ses disciples, ceux qu'on appela bientôt les vaudois et que l'on confondit volontiers avec les cathares. Tout ce trouble — qui jette des milliers d'hommes dans les solitudes forestières, qui, face aux premiers exercices de la théologie rationnelle, propose une religion d'amour pur et d'application morale, qui rend les gens de commerce si attentifs aux prescriptions de l'Évangile, qui fait la popularité de tant d'ermites nourris d'aumônes, de tant de harangueurs inspirés vêtus d'un sac et toujours en route — est, dans ce temps du grand progrès, l'effet d'un affinement du sentiment religieux dans le monde laïc. Par endroits, et dans ses couches les plus évoluées (les disciples des cathares, les auditeurs des prédicants sont des chevaliers ou les plus fortunés des bourgeois ; ceux qui sont en quête de pauvreté sont, bien entendu, les plus riches et non point les misérables), le monde laïc, en effet, se dégage de la semi-sorcellerie paysanne ; il prend conscience peu à peu que le salut, dont il voit les images aux tympans des églises neuves, peut se gagner non point par des rites, mais par une forme de vie. Conception singulièrement moins fruste, mais qui n'est qu'un aspect d'une transformation générale des esprits — car, à ce moment, dans l'élite de l'« ordre » laïc, c'est toute la sensibilité, ce sont toutes les facultés intellectuelles qui progressent.

4. Révélation d'une culture profane

Les chevaliers et l'argent

En même temps qu'aux abbayes et au clergé des cathédrales, l'accroissement de la production, la multiplication des richesses ont, en effet, profité aussitôt à tous les chevaliers. Leurs pères avaient eu de quoi manger largement, de quoi nourrir des chevaux et des chiens, entretenir une grosse domesticité, bien traiter leurs amis ; cette abondance de nourriture sûre était leur supériorité sociale essentielle. Eux maintenant, depuis les dernières années du XIe siècle, ont, en outre, de l'argent. Car, en grande partie, on l'a vu, la circulation des deniers aboutit à leurs mains. Le paysan ne dépense guère, et n'épargne pas non plus les quelques pièces qu'il a gagnées en vendant à la ville ou sur les routes le surplus de sa récolte ; pour lui ce ne sont pas encore des valeurs auxquelles on peut s'attacher ; elles ont beaucoup moins de prix à ses yeux que la pitance, le bétail ou la terre ; aussi les troque-t-il, les donne-t-il au seigneur de sa tenure en échange des corvées abolies ou des prestations en nature ; s'il en reste, c'est pour le châtelain, dont les sergents lèvent la taille, prix de la sécurité publique. Quant à l'homme du bourg, il thésaurise plus longtemps sans doute les bénéfices que lui laisse son activité artisanale ou marchande, mais ce qu'il n'offre pas en aumône aux églises va, en bonnes quantités, aux péageurs qui l'arrêtent sur les routes, aux gardiens des foires, au seigneur de la ville qui vend fort cher les franchises. De la monnaie, des rognures d'argent, parfois un lingot plus gros, rarement une pincée d'or, que l'on serre dans un coin de la chambre avec les parures de fête, voilà ce que signifient les nouvelles conditions économiques pour les chevaliers.

Non point également pour tous à vrai dire. La moisson de métaux précieux est beaucoup plus abondante pour ceux qui, avec un château, détiennent le pouvoir de commander et de percevoir des coutumes, assurent la paix sur un grand territoire — pour ceux surtout qui ont la domination d'une ville active, d'une bonne juiverie que l'on peut de temps en temps pressurer, d'une foire fréquentée. Toutefois, l'inégalité des revenus en numéraire a pratiquement moins de conséquences qu'on ne pourrait le supposer. Car le premier devoir du seigneur est d'associer le plus grand nombre des gens de sa classe à sa fortune. Plus il gagne de deniers — que lui non plus n'épargne pas, puisque la vertu de largesse s'exalte encore dans les milieux nobles à mesure que s'accroissent les moyens de dépenser — plus nombreuse et plus brillante est sa cour. Voyageuse, le plus souvent de plein air dès que l'on sort de l'engourdissement hivernal, réunion de chasseurs et de guerriers préoccupés de ripailles et d'exploits physiques, mais qui peu à peu s'accoutument à d'autres divertissements que ceux des armes et pour qui la femme n'est plus seulement la fille dont on tire plaisir ou l'épouse légitime, première des domestiques — la cour est le cadre social où se situent au XIIe siècle, les progrès les plus poussés de la civilisation des laïcs.

Les croisades

Les premiers deniers supplémentaires ont été évidemment employés à améliorer l'armement, et le progrès s'est marqué d'abord dans le monde chevaleresque par un perfectionnement de l'outillage militaire, de la monture et des cuirasses[1]. Mais les nouvelles ressources ont permis aussi de voyager, de s'évader plus souvent du château ou du village. Voyages religieux — parmi les pèlerins, plus nombreux que tous sont certainement les nobles — mais également voyages militaires. L'aménagement des institutions de paix, le renforcement de l'autorité répressive, qui se manifeste dès le milieu du XIe siècle dans certaines principautés où l'évolution politique est particulièrement précoce comme la Normandie, ont rendu plus difficile l'exercice de la guerre, et ce n'est pas encore le temps des grands tournois. Pour tous ces fils trop nombreux, qui sont bridés

1. Voir pp. 70-71.

par la puissance paternelle, dont beaucoup n'ont pas été mariés car le lignage entend ne pas dissocier le patrimoine et ne se soucie pas de multiplier outre mesure les héritiers éventuels, pour ces garçons qui rêvent tous de sortir de la solidarité lignagère trop étroite et où fermentent souvent d'intolérables inimitiés, la route est là. Déjà quelques-uns sont partis ; on raconte qu'ils ont fait fortune hors de la province. La profusion des naissances, le desserrement de toutes les entraves à la circulation, la supériorité des techniques militaires qui garantit le succès sur des adversaires moins bien armés ont lancé au XIe siècle une bonne part de la chevalerie de France dans l'aventure lointaine. Spectaculaire fut en 1066 l'expédition du duc de Normandie, Guillaume, entraînant à la conquête du royaume d'Angleterre des troupes d'aventuriers venus de toutes parts, attirés depuis la Flandre jusqu'à la Bretagne par l'espoir des prouesses et du butin. Mais il faut évoquer aussi tous les chevaliers normands qui, les uns après les autres, l'oncle attirant le neveu, partirent depuis le début du XIe siècle pour l'Italie du Sud, d'abord mercenaires au service des cités grecques ou des seigneurs lombards, puis conquérants, fondateurs de royaumes, arrachant la Sicile à l'Islam. Tous les chevaliers de Bourgogne et de Champagne qui, habitués du chemin de Saint-Jacques, s'associèrent aux chrétiens d'Espagne pour refouler les Infidèles, repoussèrent vers le sud les limites de la Castille et construisirent le royaume de Portugal.

En Sicile, en Espagne, l'adversaire était aussi l'ennemi du Christ, et ce fut dans ces luttes heureuses contre les Sarrasins que se forma l'idée toute nouvelle de la guerre sainte, combinaison du pèlerinage et du combat, assurant à tous les participants, en même temps que le plaisir des armes, les indulgences salutaires, aux guerriers morts la palme du martyre, aux autres les profits de la victoire. De ce fait, le pèlerinage de Jérusalem, sans d'ailleurs que se fût modifiée l'attitude tolérante des Arabes, revêtit progressivement la forme d'expéditions armées, menées par petites bandes encadrées par des chevaliers — avant de devenir par l'initiative du pape, en 1095, la Croisade, l'œuvre pie, pour laquelle pendant un siècle allaient s'enthousiasmer les guerriers de toutes les provinces françaises, persuadés, en délivrant les Lieux saints sous le signe de la croix (et l'on trouve dans cette attention nouvelle portée aux traces du passage de Jésus un autre témoignage de cette redécouverte de l'Évangile qu'accomplit alors la chrétienté), d'être les instruments de ce que Guibert de Nogent appelait la geste de Dieu. Dans les trente années qui suivirent le grand départ de 1097, avant que les premiers replis devant l'Islam n'aient suscité la grosse entreprise de secours que fut la seconde Croisade, tout porte à penser que la moitié au moins des chevaliers de France partirent par petits groupes pour l'aventure levantine ou pyrénéenne. Simple excursion de quelques mois, de quelques années au plus pour la plupart (si beaucoup moururent en route, tués au combat, naufragés sur les pauvres nefs de ce temps, et surtout victimes du brusque changement de milieu biologique, très peu partirent avec l'intention de se fixer dans les terres conquises), ces migrations temporaires vers les confins espagnols ou la Terre sainte n'en exercèrent pas moins une influence profonde sur l'évolution de la civilisation chevaleresque.

Elles transformèrent d'abord notablement les mœurs militaires. En détournant au dehors, contre les Infidèles, l'agressivité des spécialistes de la guerre, les pèlerinages armés contribuaient à assurer la paix de Dieu. Les gens d'Église le sentaient bien et, à Clermont d'Auvergne en 1095, le pape Urbain, en même temps qu'il lançait la Croisade, consacrait de son autorité les prescriptions des conciles de paix : toutes les discordes devaient cesser entre les guerriers chrétiens unis dans une lutte commune. En fait, le départ des plus turbulents atténua aussitôt la tension à l'intérieur des lignages et entre les seigneuries concurrentes. En outre, dans la perspective de la Croisade se répandit et se renforça la conception, d'origine cléricale, du *miles Christi*, du chevalier vouant son activité au service de Dieu, n'acceptant de participer qu'à de justes combats contre les mécréants et les méchants. Contemporains des premières expéditions de guerre sainte apparaissent les premiers signes de la sacralisation progressive de la chevalerie. Le rôle du prêtre s'étend dans la cérémonie de l'adoubement ; il avait d'abord béni l'épée, il assume maintenant la préparation morale du futur chevalier. A l'éthique militaire et féodale, fondée sur la bravoure et la loyauté tendent de la sorte à s'incorporer certaines vertus chrétiennes : le preux, le vrai « prud'homme » redresse les torts, défend les opprimés ; « nouvelle milice » exaltée par saint Bernard, l'« ordre » des chevaliers prend peu à peu l'allure d'une confrérie religieuse. De cet idéal, il existe bientôt des témoins : les fraternités de moines-soldats fondées dans Jérusalem conquise au début du XIIe siècle pour l'encadrement des pèlerins, mais surtout pour la défense permanente des Lieux saints et dont les maisons se répandirent bientôt dans toute la France, alimentées en aumônes par tous ceux qui ne pouvaient personnellement participer au voyage d'outre-mer. Voués à la guerre efficace, bien nourris, soigneux de leurs armes, exempts d'obligations liturgiques excessives — mais vivant dans l'austérité, renonçant à la chasse, au luxe (ni housses, ni ornements sur les harnois militaires) et dans une certaine humilité (ils doivent éviter de raconter leurs prouesses), Templiers et Hospitaliers sont les types exemplaires pour les nouvelles générations de chevaliers.

Goûts et besoins nouveaux

Franchir les Pyrénées, s'embarquer à Gênes, à Venise, bientôt à Marseille — partir avec quelques voisins, quelques cousins, étroitement groupés sous la bannière d'un châtelain du pays, après avoir en mettant sa terre en gage emprunté un peu d'or et d'argent, c'était aussi découvrir un monde nouveau. Pour la culture savante, les reconquêtes chrétiennes sur l'Islam (celle de la Sicile et des pays espagnols beaucoup plus que celle de la Terre sainte) furent d'énorme conséquence, livrant à l'Occident jusqu'alors replié sur lui-même les procédés artistiques mozarabes, les sciences livresques byzantines et islamiques. Pour la civilisation chevaleresque, ce fut surtout la révélation — à

Saragosse, à Constantinople, à Antioche — d'un genre de vie beaucoup moins rustique. Pendant leur séjour en pays méditerranéen, ces hommes frustes furent éblouis par le décor, bariolage des vêtements, en joyeux contraste avec les gris, les bruns mornes des étoffes de laine ou de chanvre que tissaient pour eux les servantes de leur domaine, odeurs, saveurs des fruits et des épices, éclat des bijoux. Certes, on avait dès l'an mil idée de ces splendeurs orientales : quelques-uns avaient fait le pèlerinage — mais pour presque tous ce n'était qu'un rêve, entretenu par le souvenir de quelques objets étonnants aperçus dans le trésor des églises. Rentrés chez eux, les croisés rapportaient des impressions beaucoup plus vives, et souvent même déjà des habitudes qu'ils communiquèrent à ceux qui n'étaient pas partis. Répugnance plus grande pour la frugalité domestique, goût plus vif pour des marchandises maintenant plus abondantes et que la circulation ranimée de la monnaie permettait d'acquérir plus aisément. Raffinement qui se marque avant tout dans le costume — le luxe fondamental en ce temps, la grande occasion de dépense, et l'un des centres d'intérêt majeurs de la vie de société, si l'on mesure la place qu'occupe dans les œuvres de la littérature chevaleresque du XIIᵉ siècle la description des parures. Aux alentours de 1100, la mode change ; le vêtement, pour les hommes comme pour les femmes de l'aristocratie, devient beaucoup plus long : « chainse » descendant jusqu'aux pieds, recouverte par un « bliaut » aux longues manches, manteau traînant, « balayant la poussière » comme celui que le duc Robert de Normandie, mort en 1106, s'était, paraît-il, accoutumé à porter en Sicile, « surcot » qu'un peu plus tard il est de bon ton de revêtir par-dessus le haubert. Cette ampleur de l'habillement, qui contraste avec l'accoutrement très ajusté du vilain, dénote à la fois une tendance à une vie moins agitée, plus recluse, moins exclusivement orientée vers l'efficacité physique — et une plus large aisance. D'autant plus que les tissus ne sont plus de ceux que l'on fabrique à la maison. Les soieries sont encore très rares et importées d'Asie Mineure pour les très grands seigneurs, mais les draps de teintes et de façons très diverses fabriqués par des spécialistes trouvent dans la chevalerie une clientèle de plus en plus étendue et exigeante. Le goût affiné des nobles, l'accroissement de leurs ressources favorisèrent donc l'essor entre 1075 et 1180 des premiers grands centres artisanaux, producteurs d'étoffes de qualité, en Flandre, en Artois, en Picardie — et stimulèrent aussi quelques métiers d'art : au milieu du XIIe siècle, les émailleurs de Limoges ne travaillaient pas seulement pour les établissements religieux, mais pour les princes.

Progrès mental

En même temps s'enrichit l'univers mental des chevaliers. Aux croyances religieuses très primitives, aux recettes du combat et de la chasse, aux règles du comportement féodal et familial qui remplissaient à peu près seules l'esprit de l'homme armé vinrent s'adjoindre d'autres connaissances. Quelques reflets de la formation intellectuelle que l'on reçoit dans les écoles pénétrèrent à partir du XIIe siècle dans la société noble. Il n'était pas de famille de l'aristocratie qui ne comptât parmi ses membres un chanoine, un homme qui avait fait des études, qui peut-être avait lu quelques livres, qui était en tout cas familiarisé avec l'écriture, habitué à une certaine précision du raisonnement, et qui, d'autre part, restait en contact étroit avec les siens, les visitait souvent, choisissait parmi ses neveux celui qui lui succéderait, le préparait — et par ces seuls contacts à l'intérieur du lignage l'enrichissement de la culture ecclésiastique eut une large résonance dans la chevalerie. En outre, on se mit à penser dans le milieu des gens de guerre que l'éducation scolaire n'était pas une gêne pour le futur chevalier, et qu'il pouvait être de quelque intérêt de faire instruire ses fils, même ceux qui n'étaient pas destinés à l'Église : ainsi le père d'Abélard, qui avait reçu une telle instruction dans sa jeunesse, voulut-il en faire bénéficier ses garçons. Attention nouvelle aux valeurs intellectuelles qui fit entrer plus nombreux les jeunes nobles comme écoliers libres dans les établissements d'enseignement monastiques ou séculiers : à cinq ans, saint Bernard, sans être spécialement destiné à la vie religieuse, avait été placé à l'école des chanoines de Châtillon-sur-Seine. Elle fit aussi se multiplier les précepteurs — étudiants parfois qui, pour gagner un peu d'argent, interrompaient quelques années leurs études et entraient dans la domesticité d'un château — ou clercs qui se spécialisaient entièrement dans ce nouveau métier d'éducation.

En effet, de plus en plus nombreux — et c'est une des raisons qui font affluer les écoliers dans les centres d'études ecclésiastiques — sont alors les hommes voués au service de Dieu qui, après avoir reçu une formation scolaire, trouvent à monnayer leurs capacités intellectuelles et font carrière en dehors de l'Église. Au service d'un seigneur, ils accomplissent toutes les besognes d'écriture, ils remplissent toutes les fonctions qui demandent un peu de raisonnement. Ils sont rétribués pour rédiger les chartes, mais aussi, et de plus en plus, pour procurer à la société du château les divertissements intellectuels dont — moins inculte — elle commence à prendre le goût. Dans cette imprégnation progressive de la mentalité chevaleresque par les manières savantes de penser et de s'exprimer, un rôle capital fut tenu par les cours des plus grands seigneurs, carrefours de la vie mondaine, centres d'attraction pour la chevalerie de toute une province, et où étaient entretenues en permanence tout un groupe de clercs bien formés aux écoles. Parmi ces cours, celle du roi capétien fait encore pauvre figure, car le souverain, élu de Dieu, dont le sacre a fait une sorte d'évêque, se sent voué à l'austérité et consacre ses largesses à l'ornement des églises et aux célébrations liturgiques. Les cours les plus brillantes sont en France méridionale, à Poitiers autour du duc d'Aquitaine, à Narbonne, à Nîmes, à Saint-Gilles sur le Rhône autour du comte de Toulouse — au nord de la Loire, autour du duc de Normandie, autour du comte d'Anjou (Normandie et Anjou bientôt réunis avec l'Aquitaine sous une seule domination, celle des Plantagenêt) ; plus tard, dans la seconde moitié du XIIe siècle, autour du comte de Champagne et du comte de Flandre. Ce fut dans ces réunions permanentes, — dont les participants se renouvelaient constamment, où se lançaient les nouvelles modes vestimentaires, où les marchands de draps et d'épices trouvaient leur meilleure et leur plus stable clientèle, où l'on prit le goût de certains jeux d'intelligence, comme celui des échecs (dont la pièce maîtresse, remarquons-le, est féminine), où, depuis des générations, des moines ou des clercs à la solde du maître composaient en latin des chroniques et même des œuvres de divertissement, tels ces poèmes amoureux à la manière d'Ovide que Baudry de Bourgueil ou Hildebert de Lavardin dédiaient aux princesses normandes, — que furent à la fin du XIe siècle jugés pour la première fois dignes d'être écrits les ouvrages poétiques que l'on récitait devant un public de chevaliers. Œuvres le plus souvent de professionnels d'Église, intellectuels domestiques attachés à telle maison seigneuriale, ou bien « vaguants » exploitant leur talent ici et là — interprétées par des déclamateurs spécialistes, fournisseurs de plaisirs de toute qualité, les jongleurs — certaines étaient créées, dans les sociétés nobles les plus évoluées d'Aquitaine, par les chevaliers eux-mêmes, amateurs qui trouvaient dans ce jeu de paroles et de musique un plaisir nouveau et, chose plus nouvelle encore, un motif de gloire et de succès personnel. Ces productions étaient composées en langue romane — non point à vrai dire dans ces parlers quotidiens qui changeaient de canton à canton, mais dans des langages à demi factices, savants, communs au milieu très mêlé des littérateurs et qui pussent être entendus par tous les chevaliers à qui s'adressaient les interprètes itinérants. Le fait est important, car il suppose de la part des auditeurs un effort de transposition, une gymnastique intellectuelle qui s'éduque. Nouveau facteur de différenciation sociale : le chevalier est celui qui est capable de comprendre et de parler un autre langage que celui qu'il partage avec ses valets d'écurie, le dialecte des cours et des jeux de l'esprit.

Chansons de geste et poèmes amoureux

Deux foyers principaux de création, deux langues littéraires, deux inspirations aussi — parce que les habitudes mentales du public sont différentes. Entre la Normandie, le

Val de Loire et l'Ile-de-France, on voit apparaître, écrits pour la première fois dans les toutes dernières années du XIe siècle, des poèmes épiques dont les formes et les thèmes s'étaient lentement élaborés et transmis par la parole, les chansons de geste. La première peut-être de celles qui furent confiées à l'écriture fut ce chef-d'œuvre, composé par un lettré de génie, bon connaisseur de Virgile et de Lucain, et dont le succès fut immédiat et immense : la *Chanson de Roland*. Longues suites de vers assonancés, scandés à haute voix sur un accompagnement musical rudimentaire, ces poèmes sont bâtis pour plaire à des techniciens du sport militaire et à des féodaux, dont la vie morale est en grande partie ordonnée autour du dévouement vassalique — à des hommes qui ont pris la croix ou qui rêvent de le faire. Leurs héros sortent de l'époque carolingienne, car c'est le temps de la première expansion chrétienne aux dépens de l'Islam et dont tous ceux qui ont suivi les chemins de Saint-Jacques ont vu les traces — et aussi la période de gestation de l'aristocratie féodale, où chaque famille de prince et de châtelain situe ses principaux ancêtres, la racine de sa généalogie. Ces héros sont partagés entre le souci de la gloire personnelle, l'avidité, les devoirs envers les parents, les obligations vassaliques; ils s'affrontent dans des combats dont les phases sont minutieusement, inlassablement décrites; la plupart d'entre eux enfin sont les modèles d'une chrétienté héroïque, engagée au service de Dieu dans la guerre sainte; les Sarrasins, leurs ennemis, sont aussi ceux du Christ, ceux des croisés ou des pèlerins d'Espagne — et ces joutes, ces galopades, ces conflits entre la foi jurée et la démesure ont pour décor le pin et l'olivier, Orange, les Aliscamps d'Arles, les ports pyrénéens, Constantinople.

Au même moment, entre Poitiers et Limoges, se révèlent les premiers témoignages écrits d'une littérature en langue occitane. Le ton en est bien différent. Ce sont de courtes chansons dont les paroles profanes s'ajustent à des mélodies plus complexes, venues de ces psalmodies liturgiques dont Saint-Martial de Limoges était l'un des plus féconds foyers de création ; leur thème dominant est la relation amoureuse ; leur premier auteur connu est un seigneur, parmi les plus grands, le duc d'Aquitaine, Guillaume IX. Ces différences tiennent à la teinte particulière que revêt la civilisation chevaleresque au sud de la Loire. Les institutions féodo-vassaliques n'y forment pas le cadre principal de la société noble, qui est elle-même moins exclusivement occupée de l'activité militaire, plus civile, habituée, dans un pays où les traditions de vie urbaine n'ont pas été aussi nettement interrompues pendant le haut Moyen Age, à d'autres rencontres que les plaids judiciaires ou la formation des groupes de combat. Les contacts y sont plus intimes avec les pays méridionaux, avec l'Espagne mozarabe et musulmane, d'où sont venues peut-être des incitations au chant profane — tandis que la vie scolaire est beaucoup moins dévloppée, les clercs formés à une culture à la fois latine et chrétienne, beaucoup moins nombreux, et la religion — plus profondément imprégnée par l'esprit clunisien — d'orientation surtout musicale et décorative. Enfin, ce pays a connu sans doute plus tôt cette transformation sociale de première importance : la promotion de la femme dans le monde chevaleresque.

Promotion de la femme

Jusqu'alors, la femme noble, partageant les mœurs du guerrier, passionnée de chasse, battant à mort ses servantes, appréciée pour ses capacités physiques, sa fécondité et sa vigueur corporelle, était reléguée dans une situation très inférieure. Ne pouvant porter les armes, elle était considérée comme mineure, exclue des cadres féodaux ; dans l'entière dépendance de son père pendant sa jeunesse, elle passait ensuite, par un marché conclu en dehors d'elle entre les mâles des deux lignages, sous celle de son mari ; veuve, sous celle de ses fils ou du seigneur du fief, qui lui imposait un époux de son choix. Au spirituel, elle n'était pas en meilleure posture, car la plupart des gens d'Église voyaient dans la femme la source du mal, un germe de faiblesse ; elle ne pouvait avoir de vie religieuse propre ; c'était encore un homme, son époux ou son père, qui devant Dieu en avait la responsabilité. Tout changea dans les dernières années du XIe siècle. Dans la vie religieuse, l'attention se porta décidément vers des figures féminines, celles de saintes, comme la Madeleine, dont on commence alors à se disputer les reliques – celle de la Vierge surtout, qui apparaît de plus en plus comme l'indispensable médiatrice, toujours présente à côté de Jésus. La piété même cessa d'être une attitude purement masculine. Parmi les prédicateurs vagabonds beaucoup s'adressaient aux femmes ; on fonda pour elles des couvents – et le plus célèbre de tous, Fontevrault, chef d'ordre, où toutes les femmes nobles au début du XIIe siècle ont rêvé de finir leurs jours, est situé précisément entre Angers et Poitiers, dans le pays où les savants copient les poésies amoureuses latines, dans le pays des premières chansons d'amour profanes. Parallèlement, les droits de la femme s'affirmaient. La répudiation, geste habituel au XIe siècle dès que le mari était fatigué de son épouse (il lui suffisait de dédommager la famille, ou de trouver un homme qui voulût bien recueillir la délaissée), passa peu à peu sous le contrôle des cours ecclésiastiques, et l'Église, prudemment, si le seigneur n'était pas trop redoutable, prit la défense des femmes abandonnées malgré elles. On admit progressivement qu'une dame pouvait gérer une seigneurie pendant l'absence de son mari, et la multiplication des déplacements, les longues séparations de croisade installèrent cette nouvelle coutume. Bientôt elle put faire hommage pour un fief. Certes, les compagnes des guerriers étaient toujours traitées rudement, corrigées comme les domestiques ; elles coudoyaient dans la promiscuité des salles communes les concubines et les bâtards de leur maris. Pourtant, elles tenaient une place moins restreinte dans la vie chevaleresque. Respecter la femme (la femme noble bien sûr, l'attitude restant toute différente à l'égard de la vilaine) devint l'un des impératifs de la morale du preux. Et surtout, dans l'intervalle des luttes et des battues, dans les cours, dans ces pièces de dimensions plus étroites, dans ces

« loges », ces chambres de conversation que l'on commence vers 1100 à ménager en retrait de la grande salle dans les châteaux les plus modernes pour des réunions intimes, le commerce des dames prit place parmi les agréments de la vie noble. A la fin du XIe siècle, dans les cercles les plus évolués, on voit des chevaliers qui cherchent à leur plaire. Déjà, fugitivement, dans la *Chanson de Roland*, il est dit du Sarrasin Margaris de Séville que :

> pour sa beauté, dames lui sont amies,
> nulle en le voyant qui ne s'épanouisse[1]

Mais ce souci de l'opinion des dames est à la même époque beaucoup plus vif dans la société mondaine du Poitou, du Limousin et du Languedoc.

La courtoisie

Là s'élabora, entre 1100 et 1140, une conception nouvelle des relations entre l'homme et la femme. Déjà, cette conception émerge à deux ou trois reprises de l'œuvre de Guillaume d'Aquitaine qui, dans son ensemble, est surtout consacrée à la célébration du plaisir physique, pour le gros rire d'une assistance essentiellement masculine. Elle fut ensuite reprise et affinée par les troubadours, pour devenir ce qu'on appelle l'amour courtois. Ce sentiment, qui doit sans doute quelque chose à *l'amicitia* découverte dans Cicéron par les humanistes et davantage peut-être à la dialectique amoureuse de l'Andalousie arabe — qui, par certains côtés, est une transposition de la dévotion religieuse et du dévouement vassalique (très significative est l'utilisation de tout un vocabulaire de service, d'hommage et de prouesse emprunté au langage féodal), est pourtant d'une originalité essentielle. C'est un amour de jeu, situé en dehors du mariage chrétien — la dame élue étant normalement l'épouse d'un autre — qui n'est certes pas désincarné,

1. Vers 957-8.

qui conserve bien, contrairement à ce qu'on croit souvent, pour but précis l'union charnelle, mais — voilà le progrès, le signe d'un affinement de la sensibilité — qui s'accommode d'un intervalle entre le désir physique et son assouvissement et s'efforce de le meubler par des plaisirs de sentiment.

Les échanges de plus en plus fréquents de part et d'autre de la Loire, la circulation constamment plus intense eurent pour effet de transplanter vers le milieu du XIIe siècle dans les cours chevaleresques de la France du Nord l'ensemble des rites amoureux qui depuis quelques années s'exprimaient dans les chansons occitanes. Ce transfert fut hâté par des circonstances politiques fortuites : Louis VII avait épousé en 1137 Aliénor, fille et héritière du duc d'Aquitaine, et pendant quinze ans la reine et son entourage s'efforcèrent d'acclimater en Ile-de-France un peu de l'esprit de la cour de Poitiers ; toutefois les habitudes mondaines méridionales étaient trop éloignées de l'austérité capétienne et le divorce d'Aliénor est la preuve même des distances qui séparaient encore les façons de vivre et de penser des pays de langue d'oui de celles de la région poitevine. Beaucoup plus efficaces furent en revanche la réunion de l'Aquitaine à l'Anjou et à la Normandie sous l'autorité de Henri Plantagenêt et de ses fils, et l'influence personnelle qu'exercèrent les filles d'Aliénor, épouses l'une du comte de Blois, l'autre du comte de Champagne. Certes, la vogue des épopées ne faiblit pas au nord de la Loire ; les poèmes purement militaires continuèrent d'y proliférer, s'organisant — comme de nos jours les *westerns* du cinéma — en cycles autour de personnages à succès. Mais la pointe du bon goût dans les réunions mondaines les plus fréquentées se transporta ailleurs. Tandis que les humanistes redécouvraient Ovide, les littérateurs professionnels s'appliquèrent à des dissertations sur l'amour et le savoir-vivre de l'homme de cour ; elles préparèrent ce maître livre de la nouvelle mode, dont les générations d'écrivains ont subi l'influence, le traité (en latin) *De l'art d'aimer dans l'honneur*, qu'André, chapelain de Marie de Champagne, dédia en 1184 à cette grande dame et où, selon la méthode scolastique, il mit en forme, non sans pédanterie, la doctrine de l'amour courtois. Parallèlement se répandit un nouveau genre littéraire, le roman.

Le roman

Différent des chansons de geste par sa forme : une poésie qui se libère du chant, des vers plus courts et rimant deux par deux, destinés à être lus — à haute voix — mais dans un cercle beaucoup plus intime, ce qui prouve le développement dans la haute société laïque, en même temps que de la pratique de la lecture, des facultés d'attention. Différent surtout dans son esprit : littérature d'évasion hors du réel et du rationnel, suite d'aventures merveilleuses, amoureuses et guerrières, liées par le procédé du voyage dans un monde de rêve, de la « quête ». Ces récits furent d'abord bâtis sur des canevas empruntés à la littérature antique (preuve de l'immense influence des clercs, des savants, sur la formation de la culture profane) : dans le *Roman de Thèbes*, rimé vers 1150, puis dans l'histoire d'Énée, puis dans le *Roman de Troie*, on voit progressivement le genre nouveau se dégager de la chanson épique, par l'abandon du grand thème de l'affrontement entre guerriers chrétiens et mécréants, par le développement des scènes décrivant la vie de cour, par l'analyse de plus en plus subtile des intrigues d'amour. En 1170 pénétra la « matière de Bretagne », tout l'imaginaire et tous les symboles de la fable celtique, introduite en Normandie et en Aquitaine depuis la Cornouaille et le pays de Galles, transplantée et amplifiée dans l'entourage des Plantagenêt qui, pour leur prestige, voulurent sans doute opposer ce nouvel univers poétique à la « matière de France », aux chansons d'inspiration carolingienne qui exaltaient France la douce, Saint-Denis et par là la puissance de leurs rivaux capétiens. Légendes de Tristan, du Graal, du roi Arthur, modèle de courtoisie, et de ses chevaliers de la Table Ronde, sur lesquelles brodent Marie de France, la première femme dont on ait conservé des écrits, Gautier d'Arras, fils de châtelain, le premier des nobles rimeurs de la France septentrionale, enfin le plus grand de tous, Chrétien de Troyes, clerc, pétri de culture classique, serviteur des comtes de Champagne et de Flandre. Dans sa dernière œuvre, *Perceval*, écrite entre 1174 et 1180, se dessine une nouvelle inflexion du roman, cette fois dans le sens mystique : sublimation de l'amour courtois, exaltation de la chasteté, de la pureté — vertu d'une « chevalerie » nouvelle, d'allure nettement religieuse.

Telle est la ligne que suivit dans son évolution la mentalité des seigneurs pendant ce siècle du grand progrès. Il est évident que seuls les meilleurs des littérateurs et quelques mondains, dans les cercles les plus élevés de la chevalerie normande, champenoise ou poitevine, participèrent réellement à cette épuration rapide de la sensibilité, à cette annexion de valeurs nouvelles qui reléguaient à la périphérie de la conscience les rudesses militaires. Pour la grande masse des chevaliers, l'amour courtois ne fut alors, quand ils en eurent connaissance, qu'une attitude mal comprise; ils étaient encore, et pour longtemps, de purs soudards, incultes, incapables de réprimer leurs appétits, aux réflexes religieux élémentaires — parfois, dans les provinces les moins pénétrées, d'une redoutable sauvagerie, pillards vêtus de peaux de renards, tueurs de moines, détrousseurs de marchands et ravisseurs de filles. Dans ce vaste pays, où les moyens de communication étaient encore si rudimentaires, les écarts chronologiques dans l'évolution des mœurs et de la sensibilité à l'intérieur d'un même groupe social restaient énormes. Pour la plupart du moins des membres de la classe guerrière, ce temps fut celui d'une mutation décisive.

Enfin, l'histoire de la production littéraire, comme celle de l'art sacré, comme celle de la pensée et des études, accuse une autre tendance — dont la formation vers 1150 d'une langue littéraire nouvelle fondée sur le dialecte de l'Ile-de-France et qui gagne très vite sur les autres est encore un témoignage : c'est une concentration progressive vers la France de la Seine, où les fruits des expériences si diverses encore en 1100 ont été acclimatés. Vers le milieu du XIIe siècle, à Chartres, dans les villes marchandes de Champagne, à Paris, une synthèse ainsi se prépare, tandis que se dessine un rassemblement politique autour de la province royale.

CHAPITRE IV

Le rassemblement capétien 1180-1270

Dans le Moyen Age français, le XIIIe siècle est l'époque de grande et générale prospérité. Prospérité des campagnes bien sûr et d'abord, dans ce pays encore si foncièrement rural, où les activités de tous les hommes sont encore tellement proches de la terre nourricière. Les villages sont riches, car, bien que les techniques agricoles ne bénéficient plus de perfectionnements nouveaux et que toutes les possibilités soient maintenant tirées des améliorations anciennes, bien que l'entreprise d'aménagement des sols encore vierges soit, sauf dans le Sud-Ouest, en voie de ralentissement, la production ne cesse pas de s'accroître. Diffusion plus profonde de la rotation triennale, amélioration progressive des races d'animaux domestiques. Poursuite surtout de la croissante démographique, qui est le facteur le plus actif de la tendance favorable : à la fin du XIIIe siècle, la population est dans les campagnes françaises plus dense qu'elle n'a jamais été, plus dense qu'elle ne sera jamais avant le grand essor du XVIIIe siècle. Greniers et celliers cependant sont pleins, le souvenir des famines est perdu.

Mais le trait nouveau, qui s'accuse à partir de 1180, c'est le progrès ininterrompu de la circulation, des échanges, et l'épanouissement des villes. A ce moment, en effet, dans les agglomérations urbaines, qui s'étaient ranimées aux générations précédentes, se situe le grand développement du commerce et de la prospérité marchande. Pour cela, la civilisation française reste bien, dans son ensemble, paysanne, profondément pénétrée par la nature champêtre. Pourtant, dans quelques-unes de ses manifestations les plus

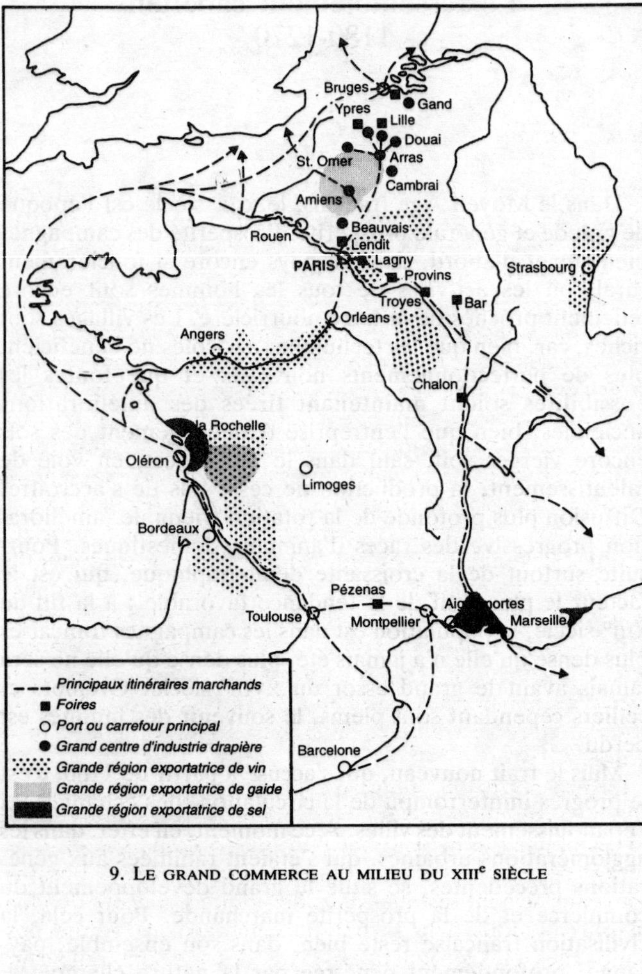

9. Le grand commerce au milieu du XIIIe siècle

évoluées, elle commence à revêtir certains caractères différents, qui viennent des villes.

1. Prospérité urbaine

Élargissement des marchés

Depuis le milieu du XIIe siècle, les pays français profitent pleinement de l'essor du commerce européen, préparé cent ans plus tôt par les offensives contre l'Islam, — ouverture du détroit de Messine par la reconquête de la Sicile, développement de l'activité navale dans les cités maritimes italiennes, construction de ces grandes flotilles qui, destinées à transporter les croisés en Terre sainte, ont reçu des cargaisons de marchandises, — favorisé ensuite par l'intégration progressive dans l'économie d'échange des pays du Nord, Angleterre émergeant peu à peu de la sauvagerie rustique, rivages de la Baltique colonisés par les paysans et les négociants d'Allemagne. La France, la France bourguignonne, champenoise, parisienne, artésienne surtout, est ainsi devenue le carrefour central d'un vaste réseau de circulation marchande, dont les nœuds sont à Bruges, centre du commerce nordique ; à Gênes, à Pise, à Venise, dans les cités de la plaine du Pô, relais du trafic de denrées orientales, et dont les postes avancés, points de jonction avec d'autres mondes marchands, sont Novgorod, Alexandrie, les cités caravanières de la Syrie et du fond de la mer Noire.

La prospérité du commerce ne s'expliquerait pas si ne s'était constamment accrue la demande de produits de luxe, de ces objets qui ne sont pas fabriqués à la maison et dont l'usage est entré dans les habitudes. De nombreux besoins nouveaux se sont installés dans des milieux sociaux de plus en plus étendus à la faveur de cette aisance venue des campagnes plus productives. Dans des maisons qui, sauf pour les plus misérables, ne sont plus des tanières de branchages et de terre, mais possèdent maintenant une cheminée bâtie, l'inconfort commence à s'atténuer. On s'accoutume à mieux lutter contre la nuit, à user de ces luminaires jusqu'ici presque exclusivement réservés au sanctuaire (victoire sur l'obscurité qui, alliée à une nouvelle conception du temps formée chez les musiciens, doit conduire bientôt à substituer à l'antique système des heures inégales selon les saisons, des heures dont la durée fixe est désormais indépendante de celle de la lumière solaire). Apparaissent les premiers meubles, coffres à charnières, à serrures, renforcés de fer, tentures de tissus pour le calfeutrage autant que pour la décoration, literies dont les éléments sont soigneusement inventoriés dans les testaments. Même dans certains ménages paysans aisés, bassines et récipients de métal viennent s'ajouter, au cours du XIIIe siècle, aux anciens ustensiles de bois et de terre cuite. Un certain raffinement de la cuisine vient corriger la simple gloutonnerie d'antan : à la table des châtelains, mais aussi dans certaines maisons chevaleresques et, à la ville, dans ces banquets qui rassemblent à dates fixes les membres des innombrables guildes, confréries et associations de tout genre, il se boit de plus en plus de vin dans les pays où la vigne vient mal, et l'on devient plus regardant à la qualité. La consommation de la viande, du poisson pendant les longues périodes d'abstinence, s'accroît ainsi que celle des épices, à la fois remèdes et condiments aux multiples usages en un temps où, par exemple, le vin n'est guère prisé quand il n'est pas enrichi de saveurs exotiques. Mais le luxe principal est toujours le vêtement. « Vous devez vous bien vêtir, disait saint Louis devant Joinville, parce que vos femmes vous en aimeront mieux et vos gens vous en priseront davantage », et c'est en leur distribuant de bonnes draperies de laine que le roi et les grands seigneurs récompensent au printemps les officiers de leur maison et leurs domestiques. « Escarlattes vermeilles, escarlattes sanguines, violettes de garance, draps pers, noire brunette », tous ces tissus sont, pour les riches, de couleur vive, car ce siècle est celui du chatoiement et de la bigarrure, et les foules, aux grandes fêtes, aux sacres royaux, aux cours solennelles, ont l'éclat et la diversité colorée des vitraux.

Dans ces draps lourds, souvent garnis de fourrures, on taille cottes et surcots, mais les dames « lacées moult étroitement » commencent à porter un costume différent de celui des hommes, « souquenille », (« femme est plus cointe et plus mignote en souquenille que en cote ») et, à la fin du siècle, « cote hardie » et « houce ». Surtout, les garde-robes prennent plus d'ampleur. Les épouses de chevaliers ont normalement trois ensembles vestimentaires, un pour les grandes occasions, un autre pour les dimanches, le dernier pour tous les jours. En 1279, une ordonnance de Philippe le Hardi limita le nombre des robes qu'un homme pouvait acheter chaque année : cinq robes fourrées pour les grands seigneurs, de quatre à deux pour les gentilshommes ; les bourgeois qui possédaient un capital de mille livres ne pouvaient en acheter qu'une seule pour eux, et deux pour leur femme.

Concentration artisanale. Numéraire et crédit

Pour satisfaire ces acheteurs, de plus en plus nombreux et exigeants, se sont formés d'importants centres de production. Le perfectionnement des moyens de transport (amélioration non pas des chaussées, que nul sinon les usagers ne se soucie d'entretenir, mais de l'équipement : constitution d'un personnel de convoyeurs spécialisés sur tel ou tel itinéraire et mieux fournis en bêtes de somme ou en barques fluviales, aménagement des relais, progrès de la technique maritime) favorise la concentration et la spécialisation. Au voisinage des voies d'eau, sur la Seine, la basse Loire, autour de La Rochelle et de Bordeaux, la production de vin s'oriente nettement vers l'exportation. Des foyers de fabrication artisanale apparaissent, dont deux, à la fin du siècle, l'emportent de loin sur tous les autres : Paris, pour tous les métiers d'art ; l'Artois et la Flandre, pour les belles étoffes. Autour d'Arras, de Douai, d'Ypres, puis de Gand s'est, en effet, peu à peu concentrée la production de la plus lourde draperie, la meilleure, teinte des couleurs les plus appréciées. Rassemblée dans quelques villes, la préparation du tissu s'y disperse en réalité dans un grand nombre de petits ateliers familiaux, dont les patrons, tisserands, foulons, teinturiers, tondeurs, n'accomplissent chacun qu'une des multiples phases du travail. L'outillage reste très primitif et les innovations techniques sont généralement interdites par les autorités urbaines. Mais ces grosses réunions de producteurs, dont tout l'effort, sous l'étroit contrôle des marchands, tend à l'amélioration de la qualité, déterminent un actif mouvement commercial : afflux de matières premières, laines fournies de plus en plus par l'Angleterre, alun importé d'Asie Mineure, produits colorants, la plupart tirés des campagnes voisines, comme la garance et surtout la gaide, ou pastel, source de toutes les nuances des bleus et des verts, dont les marchands d'Amiens étaient les plus importants revendeurs — quelques-uns, comme l'indigo, apportés par l'intermédiaire des trafiquants italiens du plus lointain Orient.

Essor constant du commerce, donc amélioration de l'instrument monétaire. Aux monnaies noires, irrégulières, de valeurs trop différentes, émises près de chaque ancien marché par les petits seigneurs et qui ne courent plus que dans les campagnes avoisinantes, les gros négociants préfèrent les pièces de poids et d'aloi stables, frappées dans quelques ateliers mieux gérés. Le XIIIe siècle sort peu à peu du morcellement monétaire qui s'était installé au temps de la grande constriction des échanges. On s'accoutume à évaluer les sommes par référence à de grandes monnaies régionales comme le viennois dans la vallée de la Saône et du Rhône et, gagnant rapidement dans toutes les provinces du royaume, les monnaies du roi, le tournois et le parisis. En 1266, sont frappées, à l'imitation de celles dont les marchands italiens introduisaient l'usage, des pièces d'argent de valeur plus forte, les « gros », valant douze des anciens deniers. Enfin l'émission de la monnaie d'or, abandonnée depuis l'époque mérovingienne, quand avaient disparu les derniers vestiges de l'activité commerciale de l'antiquité, est reprise au même moment par saint Louis, tandis que circulent de plus en plus nombreuses dans le royaume les pièces d'or italiennes. Et la hausse lente des prix agricoles, heureux stimulant de la production, se poursuit tout au long du siècle, accompagnant cette accélération constante de la circulation monétaire.

Comme celle-ci pourtant demeure très insuffisante, car le stock de métaux précieux ne s'est guère accru, l'usage du crédit prend alors une très grande extension. Crédits de consommation pour la plupart, pratiqués dans des formes très rudimentaires et garantis d'ordinaire par la terre, seule vraie richesse : usure à la petite semaine, prêts de plus longue durée gagés sur des fonds urbains ou ruraux, achats et ventes de rentes perpétuelles constituées sur des champs, des maisons, des revenus divers. Les créanciers sont les juifs, les marchands, les clercs des petites villes — mais peu à peu s'établissent dans les centres urbains les plus actifs des manieurs d'argent professionnels, des étrangers, des gens du Sud qu'on appelle d'abord « Cahorsins », puis — et c'est le vocable qui s'impose — « Lombards », car pour la plupart ce sont effectivement des hommes venus d'au-delà des Alpes. Haïs de leurs débiteurs, qui ont le sentiment d'être injustement étranglés, et de tout le monde, car on les sait riches et qu'ils vivent à part, groupés entre eux, dans la même rue, sur la défensive, ces aubains ont besoin de la protection des seigneurs, qui se la font payer très cher. Après le milieu du siècle, on discerne auprès des cours princières et dans les grands foyers d'affaires des mouvements de crédit portant sur des sommes beaucoup plus considérables ; les prêteurs sont parfois des financiers locaux, — c'est le cas à Arras, — mais plus souvent les représentants de compagnies italiennes, siennoises, lucquoises ou placentines. Toutefois, même dans ces secteurs très évolués (et très limités) de l'activité financière, les méthodes de maniement des fonds sont singulièrement primitives, la comptabilité insuffisante pour permettre l'usage des virements de compte à compte, la lettre de change inconnue. Pour transférer des valeurs d'une place à l'autre en évitant le transport du numéraire, le moyen le plus efficace est encore d'utiliser les maisons de l'ordre du Temple, disséminées partout et qui sont organisées pour récolter les subsides de croisade et les acheminer vers la

Terre sainte : le roi s'en sert et beaucoup d'autres — et un peu de la méfiance populaire à l'égard des hommes d'argent va de la sorte s'attacher aux Templiers. Les seuls progrès notables dans l'aménagement de la circulation des richesses se marquent dans le perfectionnement d'une institution liée aux formes les plus élémentaires du commerce itinérant : la foire. Concentration là encore — organisation surtout de cycles de foires qui, dans une même région, se succédant pendant la bonne saison, constituent une sorte de rendez-vous permanent pour tous les marchands. Telles les foires fondées par les comtes de Flandre à Ypres, Lille, Messines, Bruges et Thourout et qui contribuèrent beaucoup à concentrer dans cette région la fabrication des draps de qualité. Telles surtout les foires de Champagne.

Les foires de Champagne

De fondation ancienne, mais relancées au XIIe siècle par les comptes qui surent attirer, par des garanties efficaces, les trafiquants étrangers, ces grandes réunions — qui, en six périodes échelonnées du printemps à l'entrée de l'hiver, faisaient affluer les marchandises pour quelques semaines dans les entrepôts de quatre petites bourgades, Troyes, Provins, Lagny et Bar-sur-Aube — furent au XIIIe siècle, pour tout l'Occident, le principal carrefour du commerce. Là, tous les négociants au long cours du Bassin parisien, de Flandre, des pays rhénans, rencontraient ceux de la France du Sud et de l'Italie (à Lagny, en 1278, vingt-trois consuls représentaient des hommes d'affaires venus de Gênes, de Venise, de Plaisance, Milan, Bologne, Lucques, Asti, Sienne, Florence et Rome). Chaque foire se déroulait selon un rythme précis : huit jours d'« entrée » pendant lesquels les marchands s'installaient, déballaient leurs cargaisons, se visitaient, fixaient les prix; ensuite venait la période des ventes, des draps d'abord, puis des « cordouans », c'est-à-dire de tous les cuirs, puis des denrées qui s'estimaient à la pesée et que l'on appelait d'une manière générale « avoir du poids », entendons, les « épices », toutes les matières odorantes ou colorantes venues par le Levant et l'Italie. Après un temps plus ou moins long selon les foires, les transactions prenaient fin, les changeurs « abattaient » leurs tables ; commençaient alors les « issues », période où, tandis que se serraient les marchandises, que se formaient les caravanes de transport, on arrêtait les comptes et on effectuait les règlements en espèce.

Les foires champenoises remplissaient ainsi une double fonction. Commerciale d'abord : jusque vers 1260, avant que certains négociants italiens ne prissent l'habitude d'aller directement traiter leurs affaires aux Pays-Bas, elles établirent la principale jonction entre les deux courants majeurs du négoce européen, entre les transalpins importateurs d'« épices » et les courtiers qui écoulaient les draps d'Artois et de Flandre. Un chiffre, pour donner la mesure de ces transactions : en 1280, aux seules foires de Provins, furent négociées 55 000 pièces de draps, dont la moitié étaient de provenance flamande. Fonction financière aussi, plus importante encore et plus durable, puisqu'elle se prolongea après 1300 : comme s'y traitaient les plus grosses affaires commerciales du monde occidental, les foires de Champagne se trouvaient être désignées comme lieu d'échéance pour un grand nombre de créances — et surtout, comme le règlement de toutes les opérations était reporté aux « issues » de chaque réunion, un vaste système de compensation des dettes fonctionnait entre les marchands pendant toute la durée de la foire. Ce qui permettait d'y acheter et d'y vendre pour une valeur beaucoup plus importante que celle de la monnaie réellement en circulation : les foires portaient ainsi remède à la pénurie de métaux précieux dont souffrait l'économie européenne. Elles apparaissent, en tout cas, au centre de la prospérité française (et par leur position géographique, elles expriment nettement la prépondérance économique de la France septentrionale sur celle du Midi qui, malgré l'activité des aventuriers marseillais, la fondation d'Aigues-Mortes, les foires de Pézenas, la lente renaissance du carrefour lyonnais, l'essor beaucoup plus vif de Toulouse et de Bordeaux, reste plus somnolente) — à condition de leur adjoindre leur prolongement naturel : Paris, la très grande ville, foire permanente, marché ininterrompu rattaché aux réunions par des liaisons étroites, tout un réseau de chemins fluviaux, et dont le rôle économique, qui déjà l'emporte sur le leur, ne cesse de s'amplifier.

Personnalité de la ville

Tout au long du XIIe siècle, les villes n'ont cessé de croître et elles rassemblent, au temps de saint Louis, une part beaucoup plus importante de la population. Paris, certes, qui compte maintenant au moins 80 000 âmes, et peut-être même 150 000, est un monstre en France et dans toute la chrétienté latine, l'Italie mise à part. Mais les carrefours régionaux comme Toulouse, les centres d'industrie comme Arras réunissent alors 30 ou 40 000 habitants, et chacune des petites bourgades qui entourent les évêchés et les grands monastères, plusieurs milliers. En outre, la société urbaine n'est plus une simple excroissance mal dégagée de la campagne ; elle a pris de la personnalité. Sans doute l'agglomération bourgeoise est-elle encore toute pénétrée par les activités paysannes ; elle contient beaucoup de terres non bâties, jardins, champs même et pâturages ; les rues sont aussi boueuses, encombrées de bestiaux, de volailles et de fumier que les chemins du village, et dans le calendrier citadin, moissons et vendanges demeurent des dates très importantes ; les gens des villes ont tous hors les murs des biens qu'ils cultivent, en particulier des parcelles de vigne, car toutes les cités médiévales sont couronnées de ceps. Toutefois, différence fondamentale, la ville est maintenant strictement close, entourée tout entière d'une muraille, avec des portes que l'on garde et qui sont fermées à la tombée du jour. Elle est donc très nettement distincte de la campagne, ouverte, sans protection — du « plat-pays ». Pour cela, la ville devient un monde particulier, où les demeures, qui sont plus solides et tendent à pousser en hauteur, n'ont pas la même disposition, où l'on se vêt, où l'on se nourrit d'une autre manière, où les jours sont autrement rythmés.

Associations de métiers

En même temps qu'a crû la population de la ville par l'incessante immigration des ruraux, que se sont diversifiées ses fonctions économiques, la structure sociale a perdu de son uniformité. A l'exemple des marchands, associés depuis la renaissance du commerce pour former les caravanes saisonnières, les revendeurs, les artisans spécialisés dans la fabrication ou la distribution d'un même produit se sont rassemblés en communautés, les « métiers ». Confrérie religieuse avant tout, réunie autour d'un saint protecteur, association de prières pour les membres défunts, de charité pour ceux qui, vivants, ont besoin d'aide, le métier est un groupement fermé qui détient le monopole d'une certaine activité. Mais il est régi par un règlement qui, édicté et appliqué par l'autorité de la ville, veille à éviter la concurrence et protège les consommateurs en fixant les prix et en contrôlant la qualité. Mis à part les domestiques et les éléments troubles, mendiants, vagabonds, étroitement surveillés et soumis à un régime d'exception, tous les hommes de la ville, tous ceux qui participent à ses franchises et portent le titre de bourgeois, se trouvent ainsi englobés dans ces associations professionnelles.

L'embrigadement dans le métier serait un facteur d'égalité sociale. Pas de grosses entreprises; de petites boutiques-ateliers, groupées par profession dans la même rue, largement ouvertes sur la lumière du jour — car on ne saurait travailler aux chandelles — où le labeur se fait en plein air, sous les yeux de tous, avec de pauvres outils. Le maître, un ou deux compagnons, un ou deux apprentis, qui, le plus souvent, sont ses fils, vivent tous en commun, à la même marmite, dans un climat très semblable à celui du lignage rural, avec les jeunes enfants et les domestiques — le groupe de travail est une famille, représentée au sein de l'association de métier par son chef, mais où les besoins de chacun sont satisfaits et qui ignore les antagonismes d'origine économique. Cependant il existe de grands et de petits métiers, une hiérarchie dans les activités professionnelles, qui se manifeste en particulier lors des grandes cérémonies collectives par des préséances dans les processions. On ne s'enrichit pas aussi vite dans toutes les professions, le niveau de vie n'y est pas semblable. Ces différences apparaissent beaucoup plus nettes dans les villes qui sont traversées par les courants commerciaux les plus puissants et où sont fabriqués des objets destinés à l'exportation lointaine. Ainsi, à Arras, à Douai, à Lille, les travailleurs de la laine sont comme tous les autres organisés en métiers ; mais les chefs des petits ateliers dépendent entièrement des grands entrepreneurs qui les fournissent en matières premières, se chargent d'écouler leur production, sont souvent leurs créanciers, parfois les propriétaires de leur outillage, patrons qui les traitent de haut et les grugent. Ce sont de véritables salariés, et comme leur activité est greffée sur un vaste cycle de trafic, ils sont à la merci du moindre obstacle à la circulation marchande, exposés au chômage, c'est-à-dire à la misère ; ce qui les rend plus durs pour leurs aides, qui sont en partie embauchés à la semaine, voire à la journée et vivent dans une insécurité beaucoup plus grande encore. Atmosphère tendue, opposition marquée entre un prolétariat agressif et une aristocratie du commerce, luttes des métiers pour obtenir la gestion autonome de leurs intérêts, grèves. Les premières apparaissent à Douai, en 1245. A vrai dire, ce sont là milieux d'exception. Mais hors de ces secteurs d'avant-garde, dans toutes les villes du XIIIe siècle, s'enracinent quelques familles riches, qui se distinguent de plus en plus nettement du « commun ».

L'oligarchie bourgeoise

Par la nature de leurs richesses : ces bourgeois fortunés sont des « terriers » comme on dit à Lyon ; ils ont investi une grande part de leur avoir dans des fonds. Ils logent en ville dans les plus beaux « hôtels », construits en pierre comme les châteaux et les églises, et bien fournis de mobilier. Ils possèdent beaucoup de maisons, des éventaires de marchands, des boutiques qu'ils louent. A la campagne, ils sont seigneurs, et le plus beau de leur fortune est fait de terres grasses que travaillent des tenanciers et qui leur procurent de quoi nourrir leur maisonnée sans rien faire. Ils gardent un œil sur la boutique de « mercier », de marchand de draps ou d'épices, de changeur, où leur père a gagné son argent. Mais ce sont des hommes de loisir, et ils accaparent les fonctions municipales. A tour de rôle, ils sont échevins dans le Nord, consuls au Midi. Ce sont eux qui réglementent au mieux de leurs intérêts propres le commerce et l'artisanat de la ville, tiennent élevés les prix du vin et du blé, car ils en vendent, bas celui des denrées qu'ils achètent pour les revendre au dehors. Ils considèrent comme leur affaire personnelle les finances de la communauté urbaine, faussent l'assiette des impôts à leur profit, prêtent à intérêt les deniers publics. Oligarchie bien assise — ouverte encore, tant que les affaires vont bien, aux hommes nouveaux — à peine menacée à la fin du siècle par les premières agitations des petits. Nouvelle élite de la culture. D'une culture pratique dans ses fondements, celle que l'on acquiert en gérant une entreprise commerciale, faite de réalisme, d'une expérience directe du monde et des choses, mais qui s'ouvre parfois sur les plaisirs de l'art et de l'esprit. Les plus riches des bourgeois ont en effet consacré une portion de leur fortune à l'ornement de leurs églises ; les métiers ont payé certains vitraux des nouveaux sanctuaires ; toute la profusion décorative de la cathédrale d'Amiens s'est alimentée à la prospérité des exportateurs de gaide — et dans les moindres villes, les mieux nantis ont constamment financé les créations d'art religieux ; tel ce bourgeois de Mâcon qui pourtant ne comptait pas parmi les plus gros et qui, mort avant 1250, avait offert à l'église mère de la cité des vases sacrés d'or et d'argent, payé de ses deniers l'adjonction d'une croisée d'ogive à l'entrée du chœur sur la vieille voûte romane, fondé enfin pour sa famille une chapelle particulière. Nouvelle clientèle pour les artistes ; nouveau public aussi pour les écrivains. Car l'accoutumance à la richesse, l'attrait de la vie noble font adopter sans l'élite bourgeoise certaines habitudes, certains goûts qui étaient jusqu'alors propres aux chevaliers. Arras, la grosse ville des drapiers et des gens de finance, devient ainsi, au début du XIIIe siècle, un très grand centre littéraire; on y connaît plus de cent quatre-vingts poètes, professionnels ou amateurs, qui, tout au long du siècle, ont pratiqué tous les genres, essayé toutes les formes poétiques, rassemblés autour d'une ancienne association mi-religieuse mi-littéraire, devenue une sorte d'académie, le Puy.

Les paysans et le commerce

Mais les effets du développement des échanges se font sentir bien au-delà du mur des villes, jusqu'au bout des sentes charretières qui conduisent aux villages neufs et aux cabanes isolées sur le front des essarts. Les produits de la terre en effet se vendent de mieux en mieux, en plus grosses quantités et plus cher : ravitaillement pour la ville trop peuplée, trop prise maintenant par ses tâches particulières pour être tout entière nourrie par les parcelles cultivées, grandes et petites, que tiennent les bourgeois; fourniture aussi de denrées qui font l'objet d'un trafic de plus grande ampleur, bestiaux qui depuis la Normandie ou le Morvan s'acheminent en troupeaux vers la boucherie parisienne, plantes tinctoriales exportées en Angleterre, vin qui se boit jusqu'au fond de la Baltique. Comment, par quels intermédiaires le rural entre-t-il dans le circuit marchand, on l'ignore — mais des signes multiples montrent bien l'attention qu'il porte maintenant au négoce. Dans ces chartes de libertés qui, ici et là, sont accordées aux communautés villageoises, les paysans font reconnaître par le seigneur leur droit à tenir chez eux des poids et des mesures, obtiennent la création d'un marché hebdomadaire, de foires saisonnières.

Tous ne sont pas aussi habiles dans la conduite de leur exploitation ou dans la discussion avec les acheteurs, tous ne sont pas aussi chanceux, et l'économie d'échanges, en pénétrant plus profondément dans la paysannerie, y accentue les inégalités sociales. L'opposition est toujours entre laboureurs et brassiers. Mais, parmi les brassiers, il en est dont la pauvreté devient plus visible, qui, pour faire face à telle calamité, ont dû emprunter, vendre sur leur terre des rentes dont il faut désormais payer les arrérages en deniers. Charge accablante qui enlève à la famille tout espoir de se rétablir, la conduit à de nouveaux emprunts, à accepter en échange de secours une dépendance plus étroite du bien familial qui, d'alleu, devient tenure, et même à placer leur personne en sujétion héréditaire. Dans certaines provinces se reconstitue de cette façon, au plus bas niveau de la hiérarchie des fortunes, un nouveau servage, servage de la glèbe, servage de pauvres, dont on se rachète dès que l'on est assez riche, mais où la misère fait tomber, et c'est cette forme de servitude qui, ici et là, s'est prolongée jusqu'à la Révolution. La poursuite de la croissance démographique, l'arrêt des entreprises de défrichement multiplient, dans tous les villages, les paysans sans terre, obligés pour subsister de travailler sur le domaine des riches ou de fuir vers les faubourgs des villes. Parmi les laboureurs, au contraire, certains s'élèvent. Heureuses alliances familiales, ardeur plus vive au travail, plus grande astuce pour dissimuler aux agents seigneuriaux chargés de lever la taille la cache où l'on serre les deniers — mais la voie ordinaire de cet enrichissement des rustres, c'est l'exercice d'un office subalterne dans une seigneurie. Au village, les gros sont d'abord le prévôt, le forestier, tous les agents seigneuriaux, qui, par leurs fonctions, échappent aux taxes, gardent pour eux en rétribution une part des exactions qu'ils perçoivent, des profits de la justice qu'ils rendent au nom du sire — qui, surtout, sont les vrais maîtres des manants, les exploitent à leur guise, acceptent des cadeaux ou les exigent. En outre, ils sont souvent chargés par leur seigneur d'écouler sur les marchés le surplus des redevances, le grain et le vin qui s'accumulent dans les granges dîmières. Ils ont pris à ferme à des conditions avantageuses la meilleure part de l'ancien domaine du maître ; ils ont détourné à leur profit ce qui peut encore subsister de corvées dans le village ; ils sont les premiers à qui profite l'ouverture des nouveaux débouchés commerciaux. Ces paysans enrichis vivent en seigneurs, dans l'oisiveté ; des tenanciers travaillent leur terre ; ils ont acquis des rentes en argent assises sur le patrimoine des plus pauvres. Ils épousent volontiers, sans dot, une fille de chevalier. Ils poussent certains de leurs fils aux études et leur préparent de belles carrières ecclésiastiques. De leur épargne, ils achètent de la terre noble ; certains sont justiciers, seigneurs de fiefs, et s'installent dans le manoir d'anciens hobereaux ruinés. Le thème du vilain enrichi, qui reste puant et sans manières, mais qui n'en occupe pas moins la place du gentilhomme, se répand dans la littérature chevaleresque au XIIIe siècle, et témoigne du scandale des gens biens nés devant l'ascension — par l'argent — du vulgaire.

Difficultés de la noblesse rurale

Car le jeu de l'argent — qui bouscule la répartition des fortunes foncières, dont la stabilité donnait naguère aux diverses catégories sociales l'allure de castes immuables qui, dans la ville, et même au village, font, du marchand d'épices et du croquant, le créancier, le gendre, parfois le successeur du seigneur — remet en question la supériorité de la chevalerie et la notion même de noblesse. Pour la plupart des nobles, en effet, les temps nouveaux sont ceux de la gêne, des difficultés financières. Habitués dès l'enfance à mépriser le gain, ils se sont très rarement préoccupés d'accroître les rendements de leur héritage (dans la France d'alors, le seigneur attentif aux perfectionnements agricoles, soucieux d'enclore pour soustraire ses terres à la vaine-pâture, d'améliorer son cheptel, de planter de nouvelles vignes, n'est pas — comme c'est le cas alors en Angleterre — le chevalier, mais le fermier ou le gros bourgeois, sur le domaine qu'il vient d'acquérir et qu'il exploite comme une affaire : il n'existe pas parmi les livres destinés au public noble de traités du bon ménager). Ils n'ont su ni voulu tirer parti des conditions favorables. Désireux avant tout d'obtenir un revenu stable et d'être libérés de tout souci de surveillance, ne songeant même pas aux avantages qu'ils pourraient avoir à vendre eux-mêmes le blé, le vin ou la gaide, ils s'accoutument à bailler à ferme à des régisseurs les champs que leurs grands-pères faisaient travailler par leurs valets; ils ont déchargé leurs tenanciers des prestations en denrées qui pouvaient être portées sur les marchés, en échange de quelques redevances en deniers.

Redevances fixes, qui, de ce fait, perdent constamment de leur valeur par l'effet de la hausse continue des prix. Or, tandis que leurs revenus s'amenuisent, les besoins en monnaie ne cessent d'augmenter. Il faut maintenant de l'argent pour tout. Pour marier sa fille, depuis que s'est imposé l'usage de lui donner une dot en numéraire. Pour acheter son salut, puisqu'aux aumônes en terre se sont substituées, au moment de la mort, des fondations, à beaux deniers, de messes et d'anniversaires, l'offrande de rentes qui, assises sur le patrimoine, grèvent à perpétuité le budget des héritiers, et dont le poids s'alourdit à chaque génération. Il faut beaucoup plus d'argent que jadis pour tenir son rang, car, tandis que parures et costumes se font plus coûteux, l'équipement militaire devient constamment plus perfectionné. Dans les provinces retirées, les armes primitives sont mises au rancart, nul ne peut se passer de ce haubert qui, dans les régions les plus évoluées, est devenu au début du XIIIe siècle un vêtement finement travaillé, prolongé par des gants et des chausses de maille — de très grand prix; quant au heaume, c'est maintenant une boîte fermée, de façon beaucoup plus complexe, qui enferme complètement la tête (ce qui entraîne, outre l'abandon de la barbe et l'adoption d'une coupe de cheveux beaucoup plus courte, la nécessité, puisqu'on ne peut reconnaître l'adversaire à son visage, de manifester son identité par des signes, par des symboles peints, origine des armoiries et de toute cette technique de l'héraldique qui, dès 1300, forme l'un des éléments principaux de l'éducation noble). En outre, la demeure du chevalier se transforme, elle devient une « maison-forte », avec un fossé, des tours, une réplique abrégée du château — non sans doute par souci de sécurité, car l'époque est au contraire plus paisible, mais parce que l'homme d'armes a pris plus d'indépendance à l'égard du châtelain, et parce qu'il tient à manifester extérieurement sa qualité, à se séparer davantage des rustres du village, qui ne sont plus aussi éloignés de lui par la fortune. Tout cela coûte. Où trouver l'argent quand il faut remplacer le cheval tué à la guerre ou au tournoi, quand il faut adouber solennellement un fils et traiter à cette occasion avec magnificence toute la foule des amis? On emprunte, habitude ancienne. Mais alors qu'au siècle précédent, on pouvait trouver assez facilement chez les cousins, chez le seigneur, les quelques pièces qui manquaient, il faut maintenant, pour des sommes plus importantes, s'adresser à des prêteurs moins conciliants, qui entendent bien tirer de leurs avances un profit sûr. Nul ne s'inquiète plus guère en effet des condamnations portées par l'Église contre le prêt à intérêt. Dette, mise en gage d'une partie de la terre, dont les revenus, dès lors, vont au créancier — impossibilité bien sûr de rembourser : nouvelle gêne, il faut vendre — mal — et le soulagement est de courte durée, car voici que, de nouveau, plus de deniers que n'en fournit la seigneurie sont nécessaires. Ainsi le patrimoine se défait; par bribes, puis par plus gros morceaux, il passe aux mains de ceux qui gagnent, des nouveaux riches. Aussi, malgré l'insouciance, le sentiment s'installe dans la mentalité des nobles que leur position n'est plus aussi sûre, que l'entrée de leur caste est forcée par les bourgeois, par les agents seigneuriaux, petits-neveux d'esclaves de leurs ancêtres, par les mercenaires soldés, de plus en plus nombreux, combattants professionnels eux aussi, mais de basse naissance. C'est pourquoi, dès le début du XIIIe siècle, dans l'aristocratie appauvrie, mais resserrée autour de ses privilèges, de son genre de vie, de ses préjugés communs, s'organise la défense contre les intrus. Affirmation plus précise de l'idée que la noblesse n'est pas liée à une certaine fortune ni au métier des armes — que la cérémonie, coûteuse, de l'adoubement peut être retardée bien au-delà de la majorité sans que le fils de chevalier cesse pour cela d'être tenu pour noble. Apparition de titres nobiliaires nouveaux, « écuyer » en France du Nord, « damoiseau » dans le Midi, qui expriment justement cette supériorité native de l'homme de bonne race empêché de s'intituler chevalier, faute d'avoir pu se faire armer. Notion plus clairement conçue d'une distinction sociale due exclusivement à la naissance, transmise par le sang de père en fils, la « gentillesse », et qui donne droit à des honneurs particuliers, à des égards extérieurs masquant la déchéance de fait des anciens lignages dominants. Cette conception — qui n'est pas près de s'effacer des consciences — est le legs de la société féodale, décomposée au cours du XIIIe siècle par la mobilité croissante des richesses par la prospérité même du commerce.

Ainsi se trouve notablement rabaissée l'ancienne élite des campagnes. Par l'activité des courtiers en grains, en vin et en bestiaux, par le jeu de tant de créances qui lient paysans besogneux et hobereaux gênés aux financiers bourgeois, par l'implantation de quelques marchands enrichis et des serviteurs des princes dans les seigneuries villageoises, chaque petit pays rural est ainsi entré au XIIIe siècle dans la dépendance de la ville voisine, chaque bourgade est devenue une véritable capitale, le nœud principal de toutes les relations sociales. La preuve en est que châtelains et chevaliers des environs souhaitent maintenant y avoir une demeure, un « hôtel », où ils viennent passer les plus plaisants de leurs jours.

Cet attrait de la vie urbaine est une très importante nouveauté. Elle entraîne d'abord des changements profonds dans l'aménagement des pouvoirs. Au XIIIe siècle, le support le plus solide de la puissance politique n'est plus le château rural, mais la ville, elle-même place forte avec ses remparts, ses fossés et ses portes — siège d'une autorité particulière, bailliage ou prévôté, qui s'étend sur les villages d'alentour — lieu des tailles les plus profitables, source des revenus en deniers les plus abondants. En outre, la tonalité de la civilisation s'en trouve modifiée. Les avant-gardes de la culture ne sont plus placées dans ces cours vagabondes qui réunissaient seulement des guerriers et des clercs domestiques; elles se sont fixées dans les plus grandes villes, où le public est beaucoup plus large et plus mêlé.

2. La France royale

Argent et puissance

Le développement constant des échanges aussi bien que la croissance des villes ont favorisé, depuis le dernier quart du XIIe siècle, la concentration politique. Désormais ce sont beaucoup moins les amis, les terres, les dépendants qui assurent la puissance, que le trésor. Philippe Auguste le sentait bien, qui, dans le « testament » qu'il rédigea, en 1190, avant de partir pour la Terre sainte, prit d'abord grand soin de cette réserve de richesse. Seul le trésor permet de faire efficacement la guerre. Les palissades de pieux derrière lesquelles le châtelain du XIe siècle narguait ses ennemis ne sont plus des défenses dignes de ce nom. Au contact des Byzantins, l'art des sièges a fait de très rapides progrès depuis la croisade. Une vraie forteresse, celle qui donne le moyen de tenir un pays, doit donc être de bonnes pierres, avec des tours rondes, renforcées à la base, équipées d'archères et de machicoulis — mais pour moderniser le vieux château, il faut énormément d'argent. Il en faut bien plus encore pour construire et entretenir les machines de siège, perrières, mangonneaux, catapultes, dont les projectiles démolissent les murailles des anciens forts. En outre, les meilleurs guerriers, les plus efficaces, ceux qui savent leur métier, qui ne se dérobent pas en pleine campagne sous prétexte que leur temps de service féodal est terminé, ceux qui ne rançonnent pas, mais détruisent, qui sont capables d'escalader les enceintes, qui manient cette arme nouvelle, compliquée, mais terrible, car nul haubert ne résiste à ses traits, l'arbalète — sont des mercenaires, étrangers venus des régions pauvres, « brabançons » ou « basques », groupés en bandes qu'on appelle des « routes ». Mais il faut de l'argent encore pour les payer. Le trésor permet aussi, en distribuant des « fiefs de bourse », c'est-à-dire constitués par une rente annuelle en numéraire, de s'attacher de nouveaux dépendants, et par un lien beaucoup plus ferme, car toute infidélité peut recevoir sa sanction immédiate. Grâce au trésor, on peut acheter aux nobles en mal d'argent leur hommage pour les terres qu'ils possédaient en alleu jusqu'alors. Grâce au trésor enfin, il est permis de commander de loin, ce qui était depuis des siècles impossible — en utilisant des agents rétribués par une solde et non plus par un don de terre, donc sûrs et qui peuvent être déplacés. L'argent confère le vrai pouvoir. Ceci assure, parmi les innombrables sires, qui, par petites parcelles, se partageaient le pouvoir de commander et de punir, une supériorité absolue à quelques seigneurs, à ceux qui, héritiers des anciennes magistratures régionales, les ducs, certains comtes, étendent leur autorité sur les grands chemins marchands, sur les foires, les grosses villes. Car ceux-ci peuvent exploiter bourgeois et lombards, et seuls obtenir des plus riches hommes d'affaires, qui trouvent en eux leur meilleur soutien et leurs meilleurs clients, des crédits avantageux et sans limites. Les progrès du commerce et de la circulation monétaire ont ainsi contribué à la restauration progressive de principautés vastes et cohérentes. D'abord dans les régions les mieux situées par rapport aux itinéraires de grand trafic, en Normandie, en Flandre, en Champagne, en Anjou – puis, depuis le milieu du XIIe siècle, dans la région parisienne, c'est-à-dire dans le pays royal.

La dignité royale

La royauté n'avait pas été complètement étouffée par la poussée féodale. Le roi de France conservait trois positions sûres. Son titre d'abord, le privilège unique d'avoir été sacré, c'est-à-dire imprégné de la puissance divine (d'où la croyance, qui s'est propagée au XIe siècle, dans le pouvoir magique du souverain de guérir en les touchant les écrouelles) – d'avoir été sacré comme Charlemagne, comme le grand empereur dont la figure remplit la jeune littérature et hante les imaginations chevaleresques – d'être donc comme lui le protecteur attitré de tous les gens d'Église jusqu'aux confins du royaume, ce territoire immense qu'il faut alors plus d'un mois pour traverser. Le roi de France, d'autre part, surplombe le réseau infiniment embrouillé des relations vassaliques ; il n'est pas pris dans cet écheveau : lui ne prête hommage à personne – parmi tous les nobles, il est le seul à ne pas s'agenouiller, tête nue, mains jointes, devant quiconque, sinon devant Dieu, son seul seigneur ; en revanche les plus hauts barons du royaume, les ducs, les plus puissants des comtes sont ses fidèles, comme leurs ancêtres l'étaient de Charlemagne ; et c'est dans l'entourage du roi que s'est formée, au début du XIIe siècle la notion, très fausse d'abord, mais à laquelle on s'est efforcé d'ajuster la réalité, d'un système féodal en forme de pyramide, dont le roi serait le sommet et qui le relierait par échelons successifs à tous les chevaliers de France, jusqu'aux plus humbles. Enfin, le roi est le maître d'une grosse seigneurie familiale : son domaine. Hasard cette fois, qui, durant deux siècles, depuis l'élection de Hugues Capet, a rendu la magistrature royale héréditaire ; parce que chaque souverain a eu la chance d'avoir un fils, l'astuce de le faire élire et couronner de son vivant — et par cette transmission héréditaire, le patrimoine personnel du premier Capétien, la vieille principauté des ducs de France (Paris, Orléans, quelques annexes sur l'Aisne et sur la Somme) s'est attachée à la dignité souveraine, est devenue son plus solide soutien, a introduit peu à peu dans la mentalité des rois cet amour de la terre ancestrale, qui ne doit pas sortir du lignage, qu'il faut au contraire agrandir autant qu'on le peut. Non point que les Capétiens aient jamais rêvé d'étendre ce « domaine » jusqu'à en faire coïncider les limites avec celles du royaume (comment auraient-ils pu imaginer pouvoir administrer et exploiter par leur seule famille cet espace énorme et dont ils n'avaient jamais vu qu'une petite partie ? Et c'eût été de prévoir cette chose impensable : la suppression de la structure féodale — mais depuis le règne de Philippe, ils ont souhaité tenir solidement, au milieu des seigneuries de leurs vassaux, une principauté suffisamment vaste pour que, leur aumône faite aux serviteurs de Dieu, leurs cadets bien établis sur ces apanages qui doivent leur permettre de tenir le rang de fils de roi, il reste à l'héritier du titre assez de terre et de ressources pour bien entretenir sa famille et pour mener un train de vie digne de la qualité royale. Conception très mesurée et qui prit insensiblement plus d'ampleur, à mesure que s'ouvraient des possibilités, que s'accroissaient les besoins de la cour et que l'idée même de la royauté devenait moins mesquine. Le domaine s'étendit donc, et avec lui les pouvoirs du roi — montée progressive, conduite

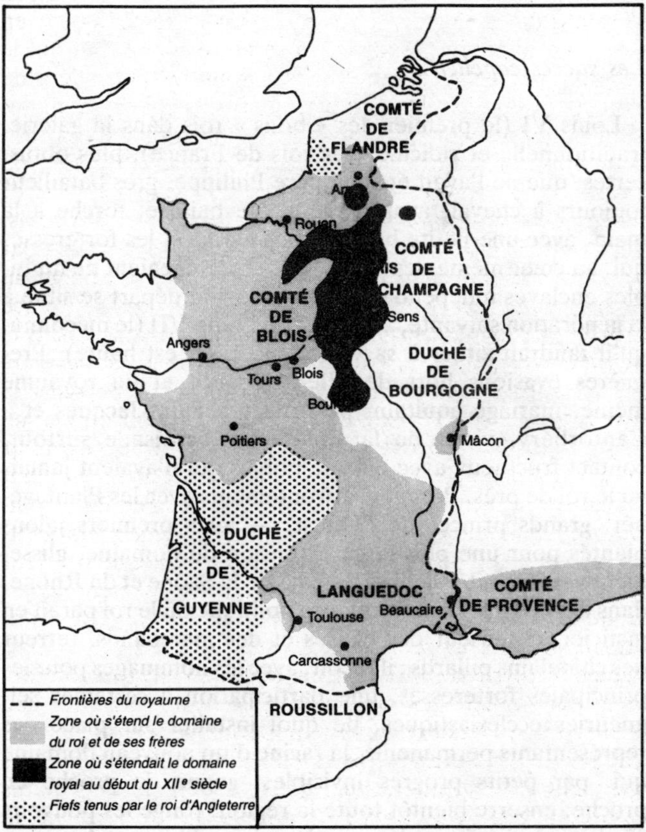

10. La France royale à la fin du règne de saint Louis

autant par le hasard et par la transformation du milieu, économique, social et politique, que par l'initiative personnelle des souverains.

Les succès capétiens

Louis VI (le premier des « bons » rois dans la galerie, traditionnelle et ridicule, des rois de France), plus obtus, certes, que ne l'avait été son père Philippe, gros batailleur toujours à cheval, avait démoli tête baissée, torche à la main, avec une petite bande de camarades, les forteresses qui, au cœur même des pays capétiens, érigeaient de multiples enclaves indépendantes. Mais le vrai départ se situe à la génération suivante, au temps de Louis VII (le méconnu, qu'il faudrait situer à sa vraie place, qui est haute). Premières évasions hors de l'Ile-de-France et du royaume même, mariage aquitain, pèlerinage à Saint-Jacques et à Cantorbéry, visite de la Chartreuse, croisade surtout, contact fructueux avec tant de nobles qui n'avaient jamais vu le roi de près. Premiers affrontements avec les Plantagenêt, grands princes de l'Ouest, — mais premiers jalons plantés pour une plus large extension du domaine, glissement vers le Sud-Est, vers les pays de la Saône et du Rhône, dans des contrées sans armature politique où le roi paraît en justicier, défenseur des églises et des marchands, terreur des châtelains pillards ; il reçoit, avec les hommages pour les principales forteresses, une participation à certaines seigneuries ecclésiastiques, de quoi installer sur place des représentants permanents, la racine d'un nouveau domaine qui, par petits progrès invisibles, gagne de proche en proche, enserre bientôt toute la région, ronge les pouvoirs féodaux, les anémie, les expulse. Avec Philippe Auguste, c'est le tournant décisif, au moment où les conditions de l'action politique se transforment d'un coup, où l'argent permet de mener des entreprises de beaucoup plus vaste envergure. Vingt ans de chevauchées exténuantes, de sièges interminables, de revers, de déroutes, de fuites éperdues où l'on perd bagages et archives, de persévérance

— enfin Bouvines, et la puissance des Plantagenêt complètement défaite. L'Artois, le pays des grandes villes drapantes, la Normandie, beaucoup plus riche que tout le vieil héritage capétien, l'Anjou, le Poitou sont réunis au domaine, dont l'étendue est plus que triplée, et qui, pour cela, change de structure. Pour l'administrer, il faut créer des organes nouveaux, des fonctionnaires, les « baillis », chargés, loin de Paris où s'est définitivement fixé le centre politique du royaume de rendre la justice du roi, de former les vassaux en bandes pour les expéditions militaires, de rassembler les deniers avant de les diriger vers le trésor du Temple. Philippe mort, Louis VIII aborde un autre monde, les pays de Toulouse et de Carcassonne, y reprend en main la lutte que des barons d'Ile-de-France menaient depuis quelques années contre une noblesse contaminée par l'hérésie cathare ; il contracte en ces confins méditerranéens des fièvres dont il meurt très vite, mais prépare, inconsciemment, une nouvelle avance de la seigneurie royale — annexe si lointaine, si différente, par le dialecte (c'est ainsi qu'on la désigne : pays de « languedoc »), par les usages, qu'elle vivra pendant des siècles d'une existence presque autonome. Après une régente — la première, et c'est un autre signe de la situation nouvelle qui, au second tiers du XIIIe siècle, est reconnue à la femme dans le monde féodal — un saint, Louis IX.

Sa manière de gouverner est encore singulièrement primitive : « maintes fois il advint qu'en été, il allait s'asseoir au bois de Vincennes après sa messe et s'adossait à un chêne et nous faisait asseoir autour de lui, et tous ceux qui avaient des affaires venaient lui parler sans s'embarrasser d'huissier ni d'autre » ; séances de conseil tenues par terre, sur des tapis, sur la pelouse du verger royal ou sur quelque escalier — aucune distance entre le roi et ses sujets, aucun intermédiaire, sauf quelques clercs et quelques chevaliers de l'« hôtel », de la maisonnée du roi, qui se spécialisent pour recevoir les requêtes des plaideurs, pour préparer les procès, pour vérifier les comptes. Mais le règne de Louis IX, c'est surtout le règlement de la vieille querelle avec le roi d'Angleterre — le souci de gouverner dans la justice et la charité – les enquêteurs envoyés en tournées dans le domaine pour réprimer les abus de pouvoir des gens du roi – les ordonnances édictées par le souverain et valables pour tout le royaume, de destination toute morale (le roi agit en représentant de Dieu, reprend l'œuvre de paix jadis assumée par l'Église, punit les blasphémateurs, met des obstacles aux guerres privées), mais qui ouvrent la voie à la loi du roi. Saint Louis, premier souverain d'Occident, arbitre de toutes discordes, martyr du Christ en croisade et tenu pour un saint bien avant sa mort, fait pénétrer d'un seul coup, jusqu'au plus épais des consciences paysannes, la vénération de la dignité royale. Lorsqu'il meurt en 1270, il reste à perfectionner les rouages administratifs, à trouver dans le droit romain les formules de la souveraineté – mais la France est vraiment un royaume.

Telle est la ligne, ainsi jalonnée par quelques figures de rois (car jusqu'à saint Louis l'autorité est exclusivement personnelle et le roi est tout; le ressort de l'expansion se détend dès qu'il est en voyage, ou trop vieux, ou malade, dès qu'il ne peut plus monter sur son cheval, jouter à la lance ou prononcer lui-même les sentences que rendent les gens de son conseil). Mais dans les principautés qui ne sont pas venues se fondre dans le domaine du roi, dans le comté de Flandre et dans le duché de Bourgogne, en Bretagne, dans la Guyenne qui reste au roi d'Angleterre – et hors du royaume, en Savoie, en Provence, la puissance du duc ou du comte se fortifie au même rythme, par des moyens semblables, extension de la seigneurie personnelle, création d'un corps de fonctionnaires dociles, utilisation du droit féodal au profit du maître, institution d'une sécurité supérieure. A la fin du XIIIe siècle, la féodalité politique est morte, les anciens châteaux se confondent avec les maisons-fortes des chevaliers et sont tous contrôlés par un pouvoir éminent; le réseau des hommages converge vers l'autorité suprême; la noblesse appauvrie, besogneuse, est domestiquée.

Les agents du roi

La constitution de ces principautés étendues a eu pour premier effet la formation d'un nouveau groupe social, celui des auxiliaires du pouvoir. Au service du roi et des grands seigneurs, répartis en sections spécialisées dans leur « hôtel » ou rassemblés par petites équipes au chef-lieu des circonscriptions locales, ces hommes de service sont déjà nombreux à la fin du siècle. Ils sont recrutés dans tous les milieux, parmi les clercs qui ont reçu une formation scolaire, parmi ceux, encore rares, qui sont allés en Italie, à Bologne surtout, s'initier au droit romain — recrutés aussi dans la haute classe bourgeoise, chez ces gens habitués à gérer des finances, et dans la petite chevalerie, dans les familles nobles où l'on sent la gêne et où les gages payés par le roi ou le duc, l'autorité qu'ils délèguent sont des moyens d'échapper à l'appauvrissement et à l'humiliation, à cette espèce de déchéance devant les classes montantes. Ils sont placés dans des situations très diverses : humbles teneurs de livres, greffiers de justice, scribes employés à ces écritures qui jouent dans les rapports sociaux un rôle de plus en plus important ; notaires installés par l'autorité pour enregistrer les contrats et qui deviennent les intermédiaires obligés dans les bourgs et bientôt dans les campagnes, sollicités dès qu'il faut contracter un emprunt, engager un domestique, établir un testament, commander une œuvre d'art ; gardiens des châteaux, baillis, grands administrateurs, qui, eux, sont tous nobles, armés chevaliers par leur maître lorsqu'ils ne le sont pas de naissance, car ce sont des hommes d'épée et qui détiennent sur les seigneurs un office de direction. Mais grands et petits sont rapprochés par des manières de penser et un comportement communs : ils doivent tout au prince, leur fortune est étroitement liée à la sienne ; ils en sont les plus ardents défenseurs, acharnés à étendre ses droits, à pousser ses avantages. Ainsi, ce sont les officiers du roi de France, beaucoup plus que le roi lui-même, qui, par leurs initiatives, par leur astuce, leurs empiétements, ont étendu si rapidement le domaine ; c'est par eux, qui en sont tous imprégnés, que l'idée de la supériorité royale se propage lentement dans les consciences les plus ouvertes. En outre, ils constituent avec les ecclésiastiques un second groupe de gens qui lisent, pour qui le livre n'est pas seulement un objet décoratif que l'on conserve comme un bijou dans son trésor pour l'étaler aux cérémonies, mais un outil, un instrument de connaissance. Toutefois, leur culture est particulière, juridique essentiellement. Certains — ceux qu'on appelle les « légistes », nombreux surtout dans la France du Sud — ont appris aux écoles d'Italie ou de Montpellier, mais aussi dans ces nouveaux centres, à Orléans, à Paris où, par la méthode scolastique, avec les gloses et les questions, sont commentés les textes juridiques, le droit savant, canonique ou romain. Mais la plupart ne parlent pas latin et se sont formés par la pratique ; à ceux-ci d'entreprendre la tâche immense de fixer par l'écriture, de faire entrer dans les cadres de l'intelligence rationnelle la masse enchevêtrée des usages, différents d'un canton à l'autre, conservés dans la mémoire des hommes, pleins de lacunes et de contradictions, qui régissent souverainement la société et qu'on appelle avec respect la « coutume » : ainsi paraissent après 1240 les coutumiers de Normandie et d'Anjou. Pour ces praticiens sont écrits des recueils de jurisprudence, tels, dans le second tiers du XIIIe siècle, les *Conseils* de Pierre de Fontaines, des ouvrages où, comme dans le *Livre de Justice et de Plaid*, élaboré à Orléans vers 1260, sont vulgarisés les principes du droit savant, et — victoire encore de la langue vulgaire — des traductions ; celle du *Code* et des *Institutes* de Justinien est présentée pour la première fois au milieu du siècle. Mais ces juristes, ces administrateurs s'intéressent aussi à d'autres littératures. Ils forment un nouveau public pour les chroniques, pour les encyclopédies, pour ces recueils de curiosités qui foisonnent vers 1250 ; certains goûtent les romans de chevalerie et les poèmes d'amour courtois ; le plus célèbre de ces agents du pouvoir, le Picard Philippe de Rémi, sire de Beaumanoir, bailli de Vermandois pour le roi de France, outre la rédaction des coutumes de Beauvaisis qui fait son importance historique, écrivit entre 1276 et 1285 deux romans amoureux et maintes chansons. Ainsi s'adjoignent aux cercles cultivés des écoles, des cadres de la haute Église, des grandes cours seigneuriales, de nouveaux foyers de connaissance, — mais d'orientation différente, beaucoup plus près du réel et de l'action, et surtout beaucoup moins fermés, beaucoup plus disséminés, en contact direct avec des couches sociales beaucoup plus humbles.

Progrès de la sécurité et de l'unité

Avec la reconstitution des États se renforce, d'autre part, la sécurité. Le temps de saint Louis n'est pas seulement celui d'une prospérité dont le souvenir nostalgique s'est transmis longtemps de génération en génération ; c'est aussi — les deux choses sont liées — celui de la paix. Le brigandage militaire recule, refoulé dans les contrées les moins accessibles ; un frein est mis à la turbulence chevaleresque ; la guerre privée est contrariée : selon les prescriptions royales, l'offensé doit attendre quarante jours avant d'engager les représailles contre celui qui lui a fait tort, délai qui permet à la colère de tiédir, aux amis de s'entremettre pour rétablir la concorde. Usage contrôlé des armes ; « assurements » par lesquels tout homme menacé peut se placer directement sous la sauvegarde du roi ou du duc : la société se civilise. Elle se détend : la solidarité lignagère perd de son utilité ; on commence à en sentir la gêne. Les liens se relâchent, moins d'indivisions, le frère prend plus d'indépendance à l'égard des autres. Les cadres étroits des petites seigneuries, qui naguère enserraient de petits mondes isolés sous le ban et la tutelle du châtelain, sont en très rapide dissolution. Certes, les juridictions privées sont encore bien vivantes et ne sont pas près de mourir, mais, de moins en moins fréquentées et de moins en moins lucratives, elles sont coiffées par la puissance souveraine : de la sentence prononcée par le hobereau on peut en appeler au bailli voisin, qui ne manque aucune occasion de s'interposer entre les manants et leur seigneur. Pratiquement celui-ci exerce de moins en moins cette fonction essentielle de défense qui, au XIe siècle, au XIIe siècle, avait justifié les exactions, la taille. Avec l'apparition des gens d'armes soldés, des sergents royaux ou ducaux partout présents, faisant la plus efficace des polices, la fonction sociale de la seigneurie est remise en question, comme celle de la noblesse, qui a perdu son impunité en même temps que sa supériorité économique.

Desserrement des anciennes solidarités, rapprochement des groupes sociaux — réduction aussi des particularismes. Les châtellenies se résorbent dans des ensembles politiques plus vastes, à l'échelle des nouveaux moyens de relation ; la rédaction des coutumes régionales, l'institution de juridictions d'appel font disparaître les usages propres à telle localité ; la croisade albigeoise installe dans le Languedoc conquis par les chevaliers d'Ile-de-France certaines coutumes parisiennes ; des pratiques communes, des manières semblables de se comporter pénètrent peu à peu par l'intermédiaire des grands administrateurs, qui sont formés tous ensemble dans l'entourage du prince, sans attache dans la région et trop fréquemment déplacés pour y prendre racine. C'est ainsi que, par ceux qui sont à la solde du roi, le parler de la Cour de Paris, langue de l'administration, se répand jusqu'aux confins de l'Angoumois, jusqu'à Lyon, où commence à s'infiltrer à la fin du siècle, en terre d'Empire, l'influence capétienne.

Cette tendance à l'unité se marque également dans le corps de l'Église de France. Le ciment est ici la lutte contre l'hérésie que la hiérarchie catholique entend à toutes forces extirper. Dans chaque diocèse, les liens se font plus étroits entre le clergé et l'évêque, qui fait de chaque unité paroissiale un cadre de surveillance. Adjoints aux juridictions ordinaires, des organes de police spirituelle, ceux de l'Inquisition, parviennent à redresser les courants hétérodoxes, à faire disparaître les sectes dissidentes que le XIIe siècle avait connues proliférantes et à rassembler l'ensemble des fidèles en une unité de foi au moins apparente. Enfin et surtout, depuis les premières années du XIIIe siècle s'introduisent dans toutes les villes avec une rapidité étonnante deux milices spirituelles, très disciplinées et singulièrement efficaces, les deux ordres mendiants, Dominicains et Franciscains. Engagés au cœur du monde à l'inverse des anciennes congrégations bénédictines, réalisant enfin à l'intérieur de l'Église l'idéal de pauvreté et de vie apostolique que les âmes inquiètes n'avaient longtemps pu trouver que dans l'hérésie, étroitement liés au Saint Siège, ils suppléent aux insuffisances du clergé séculier et propagent partout, par la prédication, une doctrine saine et uniforme. Le XIIIe siècle est véritablement l'époque du regroupement. Après la foisonnante diversité des temps féodaux une synthèse se réalise au cœur du pays capétien, et s'impose jusqu'aux limites du royaume, et bien au-delà.

3. La synthèse de l'Ile-de-France

Économiques ou politiques, les lignes de force du XIIIe siècle convergent vers le centre du Bassin parisien. C'est un moment d'effacement pour la France méridionale, qui avait été le berceau de la civilisation romane. Ses campagnes ont été moins profondément rénovées; les routes marchandes les plus fréquentées ne sont plus maintenant celles d'Espagne, mais d'Italie, et ne passent plus par l'Aquitaine : par la démolition de l'« empire » des Plantagenêt, l'Anjou, le Poitou ont été détournés vers le nord, vers Paris; reste la Guyenne, petite, ouverte sur la mer et l'Angleterre, enrichie par le fructueux commerce des vins, mais tournant de plus en plus le dos au continent; et si la Provence est, avec l'activité de Marseille, du bas Rhône, du chemin de la Durance, plus prospère et plus vivante que jamais, le vieux pays de Gothie, autour de Toulouse et de Carcassonne, foyer de l'hérésie cathare, a été labouré par la croisade albigeoise et par l'Inquisition, qui ont frappé surtout ses élites : implantation de nouvelles classes dirigeantes, climat de méfiance – pour un temps le déclin est très net. Cette défaillance accuse la prédominance de l'Ile-de-France et d'abord de la cité royale, de la seule grande ville au nord des Alpes, de Paris. Moins diverse que naguère, la civilisation française commence dès le

XIIIe siècle, dans quelques-unes au moins de ses nuances, à prendre le ton parisien.

Paris

Paris était encore au XIe siècle une petite cité parmi d'autres, bien située sur un axe fluvial, sans plus. Elle était loin de l'emporter sur l'autre ville capétienne, celle de la Loire, Orléans, comme elle nœud de trafic, plus qu'elle, avec ses écoles célèbres, foyer culturel ; et les rois n'y demeuraient pas davantage que dans les autres bourgades où ils avaient un palais et entre lesquelles ils partageaient

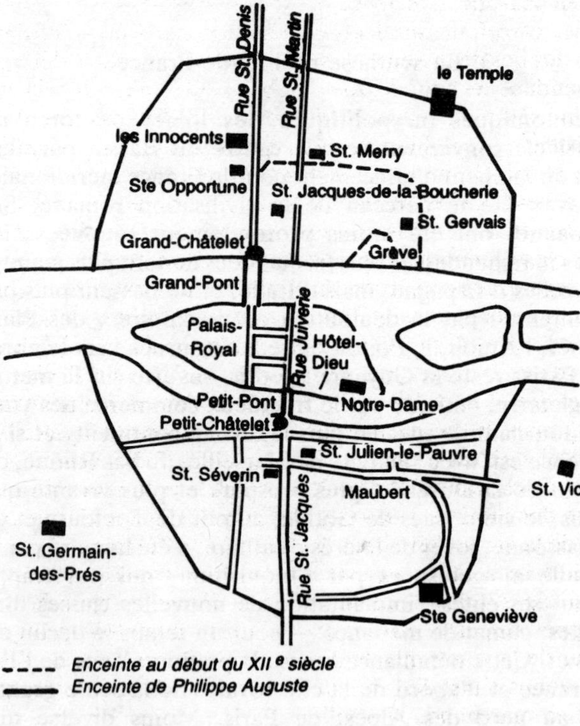

11. PARIS AU TEMPS DE PHILIPPE AUGUSTE

leur résidence. La fortune de Paris date du XIIe siècle pour trois raisons conjuguées : le développement de la circulation sur la Seine, en liaison avec l'essor des foires de Champagne ; le succès des maîtres dont l'enseignement attire des foules d'auditeurs ; enfin le choix du roi qui en fait son séjour de prédilection — pour des motifs multiples, mais peut-être avant tout parce que cette ville est mieux située par rapport aux meilleurs terrains de chasse. Désormais, Paris n'a cessé de grandir, devenant dès le XIIIe siècle une agglomération démesurée, quatre ou cinq fois plus peuplée que les plus grosses villes françaises.

Triple fonction : capitale — la première capitale où se soit en Europe fixé le centre d'un État — foyer économique, carrefour intellectuel. Ville triple. Au cœur, dans l'une des îles de la Seine, la « cité », le vieux réduit défensif où pendant le haut Moyen Age s'était contractée la vie urbaine. Elle est entourée d'une très vieille enceinte dont subsistent encore bien des pans ; à la pointe est, la cathédrale Notre-Dame toute neuve (les deux tours de façade sont achevées vers 1230) s'élève au-dessus des maisons du chapitre et des établissements charitables ; à l'autre extrémité, clos d'un mur, le palais du roi rassemble des jardins, des vergers, des constructions diverses, des oratoires, parmi lesquels celui que saint Louis fait reconstruire, la Sainte-Chapelle. Ce n'est pas la seule résidence du roi, qui loge aussi dans la forteresse du Louvre sur la rive droite, à Vincennes et dans les autres châteaux des environs immédiats, mais le point fixe de l'administration royale, de l'« hôtel », c'est-à-dire de la nombreuse domesticité de clercs, de chevaliers et de valets. Jadis, l'île de la cité était le centre des affaires — autour des rues Draperie et Juiverie — et de la vie scolaire dans le cloître Notre-Dame. Mais ces activités se sont transportées dans la seconde moitié du XIIe siècle sur les deux rives de la Seine : expulsés par Philippe Auguste en 1180, les Juifs, autrefois groupés autour de la voie centrale de l'agglomération franque, sont ainsi venus s'installer sur la rive droite, dans le nouveau quartier marchand, la « ville ».

Protégé depuis 1190 par une muraille qu'il a aussitôt

débordé, mieux borné à l'est par les terrains spongieux du Marais encore non bâtis, ce quartier s'ordonne autour de deux rues, pavées sur l'ordre de Philippe Auguste, l'une qui conduit au prieuré clunisien de Saint-Martin-des-Champs, — tout près, autour de Saint-Jacques-de-la-Boucherie se concentrent les éventaires des métiers de la viande, — l'autre, le chemin de Saint-Denis, sur lequel s'ouvre aux Champeaux, entre les Innocents et Sainte-Opportune, le marché où, tous les samedis, les paysans des environs offrent leurs denrées, et qui débouche sur le grand pont. Ce pont de pierre de six arches, fermé par le Châtelet, où siègent la plupart des sergents du prévôt royal, est la partie la plus sûre de Paris, et c'est là que sont presque toutes les boutiques des changeurs. Mais le carrefour le plus actif est la Grève, la berge où, en amont du pont qu'ils ne peuvent aisément franchir, les bateaux des « marchands de l'eau » débarquent le grain, le bois, le vin surtout de la haute Seine et ce qui vient des foires champenoises — tandis que le sel et les poissons venant de Rouen sont déchargés au Châtelet. Près de la Grève, les rues des Lombards. Plus loin, le Temple, groupe de maisons-fortes où l'on garde l'argent du roi. Quartier grouillant, vivant à la fois de la fabrication et des échanges. Paris est, en effet, un grand centre artisanal, mais dont la production est infiniment plus variée que celles des villes drapantes d'Artois et de Flandre : il s'agit surtout, pour ce qui n'est pas destiné à la consommation locale, d'objets d'art et de très grand luxe, façonnés en une multitude d'ateliers. Dans son *Livre des Métiers*, Étienne Boileau, prévôt de Paris au temps de saint Louis, énumère quelque cent cinquante associations professionnelles réunissant près de cinq mille maîtres — encore ne s'intéresse-t-il qu'aux plus importantes. Paris est aussi un relais majeur du commerce. Commerce locale entretenu par la seule présence d'une très forte agglomération et que domine le groupe des bouchers, gens très riches et commandant à de nombreux aides aux outils dangereux; commerce au long cours encadré par la communauté des marchands de l'eau, dont le comité directeur, que préside le prévôt des marchands, est devant le roi le porte-parole de la bourgeoisie parisienne, car celle-ci n'a pas reçu de charte de franchises.

De l'autre côté du fleuve, le climat est différent. Entre l'abbaye de Saint-Germain-des-Prés, dont les clos de vigne, les prairies largement étendues isolent le petit bourg paysan qui s'est formé autour d'elle, et l'abbaye de Saint-Victor, remontant à travers les jardins le long de la route d'Orléans — la rue Saint-Jacques —, les pentes de la montagne Sainte-Geneviève, sur l'aire de l'ancienne ville romaine dont nombre de monuments sont encore debout et en usage, c'est le quartier des écoles. Il commence au Petit-Pont, dont les boutiques étaient au XIIe siècle occupées par des professeurs, englobe le Petit Châtelet, résidence du prévôt du roi, se développe autour de Saint-Séverin et de Saint-Julien-le-Pauvre, dans l'axe de la rue de Garlande, jusqu'à la place Maubert où se groupent les métiers d'alimentation. Il a grandi avec le renom des écoles parisiennes qui, dès le second tiers du XIIe siècle, sont devenues les premières de la chrétienté pour l'étude de la dialectique et des sciences sacrées et qui constituent maintenant un *studium generale*, un vaste centre de recherches aux multiples maîtres, le séminaire de tout le haut clergé, la pépinière des évêques et des dirigeants de l'Église, où ont étudié bien des papes et dont la clientèle s'étend à la France entière, à l'Angleterre, à l'Italie, à l'Allemagne, aux pays scandinaves.

L'Université

Cet afflux d'étudiants innombrables, — venus de tous les points du monde, avec des habitudes, des manières de vivre très différentes, quelquefois fortunés mais le plus souvent faméliques, passant la nuit sous le porche des églises, gagnant quelques deniers en s'engageant comme serviteurs ou répétiteurs de leurs camarades plus riches, comme copistes, comme chantres, souvent obligés d'interrompre leurs études, délaissant la théologie pour le droit ou la médecine qui permettent de faire plus rapidement carrière — cet afflux d'étudiants a posé dès la fin du XIIe siècle de graves problèmes d'adaptation. En s'amplifiant, le foyer des études s'est déplacé des abords de Notre-Dame jusque sur la montagne Sainte-Geneviève. Pour le service des écoliers et en étroite communauté d'intérêts avec eux, s'est rassemblée là toute une population laïque de logeurs, de parcheminiers, de fabricants d'encre et de livres. Pour porter remède à la misère étudiante, des établissements de secours ont été créés sur le modèle des hospices offerts aux pèlerins sur les routes ; dès 1180, les rentes d'une aumône permettaient d'offrir, dans l'Hôtel-Dieu de la cité, un lit et une bourse de douze deniers par mois à dix-huit écoliers pauvres ; d'autres collèges furent fondés ensuite par la charité privée, parmi lesquels celui que l'ami de Saint Louis, Robert de Sorbon, destina aux étudiants en théologie — tandis que chacun des grands ordres religieux se préoccupait d'organiser pour ses membres un centre d'accueil près du *studium* parisien. Enfin, pour assurer eux-mêmes la discipline des études, pour défendre leurs intérêts face aux bourgeois de la ville, aux gens du roi et à l'autorité épiscopale, maîtres et étudiants se sont réunis en une communauté très semblable aux associations de paix, aux « charités », aux associations professionnelles des villes, — avec ses banquets périodiques, ses services religieux, son activité funéraire, — ont formé une conjuration qu'on appelle après 1208 l'Université. Soutenu par la papauté contre le prévôt royal et le chancelier de l'évêque, ce syndicat a gagné progressivement entre 1192 et 1231, dans les bagarres et les grèves, sa reconnaissance officielle et ses privilèges, en particulier, l'immunité judiciaire. En grandissant enfin, le corps universitaire s'est diversifié. Quatre groupements particuliers d'entraide se sont formés : les « nations » de France, de Picardie, de Normandie et d'Angleterre, entre lesquels maîtres et écoliers se répartissent selon leur pays d'origine et le dialecte vulgaire qu'ils parlent dans l'intervalle des cours et des exercices. En même temps se sont séparées les quatre branches d'enseignement, qui pour la première fois en 1219 sont appelées « facultés ». Une faculté préparatoire, celle des « arts », rassemble les étudiants les plus nombreux de beaucoup, les plus jeunes aussi : on y entre vers douze ou treize ans ; on passe à dix-neuf ans le baccalauréat ; puis, après deux ans d'études supplémentaires, l'octroi de la licence et une cérémonie d'initiation analogue à celles qui ouvrent l'accès des associations de métier, – un « chef-d'œuvre » (la leçon inaugurale), une prestation de serment et un banquet offert aux confrères, – on devient maître, apte à ouvrir une école. Les trois autres facultés sont très spécialisées : le droit et la médecine qui sont à vrai dire, fort peu développés – la théologie, reine des études, au contraire, qu'abordent dans leur maturité les meilleurs des maîtres ès arts et qui ouvre les plus hautes carrières d'Église.

La culture parisienne

Tel est le triple visage de Paris. Paris, qui n'est pas le seul centre créateur, – au XIIIe siècle, d'autres villes, Troyes, Arras surtout, jouent un rôle essentiel dans l'élaboration de la culture nouvelle, – mais qui se situe très en avant-garde, qui lance les modes : c'est ainsi, par exemple, que les imagiers qui ont sculpté la décoration de Notre-Dame étaient en avance d'une vingtaine d'années, par les thèmes qu'ils choisissaient et par la manière dont ils les traitaient, sur ceux qui travaillaient à Amiens, à Reims, à Strasbourg. Deux faits confèrent à Paris cette sorte de magistère. En premier lieu s'y trouve un milieu réceptif beaucoup plus dense et plus évolué que tout autre – constitué non pas par la Cour, si l'on entend par ce mot, comme au XIIe siècle ou au XVe siècle, le groupe des seigneurs qui entourent le roi (celle de Paris est restée austère, très ecclésiastique, et la culture parisienne n'est pas à cette époque celle des mondains), mais par la compagnie très nombreuse des serviteurs royaux, chevaliers et clercs, par les bourgeois les plus riches, par les universitaires. Milieu tout différent de la société courtoise, raisonneur, ouvert sur le réel. D'autre part, les courants artistiques et intellectuels, qui naguère étaient orientés par des lignes de force essentiellement religieuses – liaisons entre monastères, relations personnelles des prélats –, suivent maintenant les chemins du grand commerce, dont Paris est le nœud principal. Autre grande nouveauté du XIIIe siècle : la boutique, où l'on peut avec de l'argent acheter des livres ou des œuvres d'art, qui pourront être transportés et revendus — autre aspect de la pénétration de l'économie monétaire. Au XIe et au XIIe siècle, les livres étaient écrits dans les ateliers monastiques pour l'enrichissement de la bibliothèque de l'abbaye ; parfois offerts en présents, ils restaient le plus souvent dans la communauté, dont ils étaient la possession collective au même titre que le sanctuaire et les ornements de l'autel ; comme ceux-ci, ils avaient été confectionnés très lentement, avec un souci de perfectionnement formel, avec piété aussi, puisque ce travail était considéré comme un moyen d'élévation spirituelle. Dans le monde nouveau des gens d'études et des administrateurs, le livre est tout autre chose, un instrument qui d'abord doit être utile — et un grand changement s'est opéré au cours du XIIe siècle dans sa fabrication. Affaire maintenant de copistes salariés, — qui souvent sont des étudiants besogneux, — travail rapide, qui, pour économiser le temps et le parchemin, utilise une cursive abrégée et qui écarte toute ornementation superflue, c'est un artisanat orienté vers la vente : les premières librairies apparaissent dans la seconde moitié du XIIIe siècle, révolution fondamentale dans l'histoire de la culture. Au même moment, on voit aussi certains artistes ne plus travailler seulement en équipe, pour bâtir ou décorer des églises, ou dans la domesticité d'un seigneur, mais tenir boutique, offrir aux acheteurs leur production, petits objets transportables, enluminures, émaux, ivoires travaillés en statuettes ou en plaques à reliefs. La clientèle est encore très restreinte, et l'artiste travaille d'ordinaire sur commande. Mais avec les livres achetés, vendus, avec ces coffrets historiés, ces autels portatifs, ces Vierges à l'enfant, qui sont les copies fidèles des œuvres monumentales, transportés dans les balles des marchands jusqu'au fond de la Baltique, jusqu'en Sicile, se propagent les connaissances intellectuelles, les formes, les goûts nouveaux. Diffusion qui a grandement favorisé la primauté de la culture parisienne.

Le fonds de cette culture est constitué au XIIIe siècle par la tradition ecclésiale, particulièrement vivante dans l'entourage capétien qui reste, par un sens profond de la responsabilité royale et par fidélité au souvenir carolingien, beaucoup plus soumis que d'autres cours seigneuriales de France à l'influence des clercs : art religieux de Saint-Denis et de Chartres, polyphonie liturgique, recherche de Dieu par la dialectique. Mais cette tradition a été infléchie par trois apports nouveaux. Le sens d'abord de la diversité et de la richesse du monde, très vif chez des hommes — et ce sont les nouveaux participants de la culture — qui ont été conduits par les affaires, l'administration ou l'école, à l'observation lucide de la réalité et qui sont en contact quotidien avec des étrangers, financiers lombards, étudiants venus d'Angleterre ou de Cologne. La découverte ensuite d'un système de pensée tout à fait étranger à l'univers mental chrétien, celui d'Aristote — non point de l'Aristote logicien que l'on connaissait bien et dont on avait tiré la méthode scolastique, mais du « Nouvel Aristote », du moraliste, du métaphysicien. L'*Éthique*, la *Métaphysique*, la *Philosophie naturelle*, la *Politique*, accompagnées des commentaires des penseurs arabes ou juifs du monde musulman, Avicenne, Averroès, ont été traduits soit en Sicile et en Espagne, soit à Paris même, et c'est l'entrée bouleversante dans l'École d'une construction rationnelle séduisante, stimulante, dissolvante pour une pensée greffée jusqu'ici sur une foi sans problèmes, — c'est en particulier la révélation d'un système philosophique ordonné autour de l'homme et de la nature et non plus fasciné par les mystères du surnaturel. Troisième nouveauté : l'introduction de la sensibilité franciscaine. Répondant aux besoins des foules urbaines, de plus en plus nombreuses et de moins en moins frustes, qui réclamaient en vain leur nourriture spirituelle au clergé séculier insuffisant, routinier et ritualiste, les disciples de saint François se sont répandus très rapidement dès la première moitié du XIIIe siècle dans les villes françaises (les premiers frères Mineurs arrivèrent à Paris en 1219, où on les prit pour des hérétiques — mais en 1233 ils étaient installés dans toutes les agglomérations urbaines au nord de la Loire) et, malgré les résistances des prêtres paroissiaux, hostiles à ces intrus qui leur disputaient leur clientèle, ils ont exercé une influence considérable par la prédication morale, par la diffusion des pratiques sacramentelles, conviant les hommes — leur action sur la spiritualité de saint Louis, par exemple, fut primordiale — à l'imitation de la vie du Christ. Il s'en est suivi une rénovation complète du christianisme, un enrichissement de la vie affective — et non pas, celui-ci, limité à quelques clans d'esthètes. Certes, ces nouveautés ne s'insinuèrent que lentement dans les consciences et la civilisation ne fut pas franchement marquée par l'influence franciscaine avant le XIVe siècle. Il faut cependant compter cette imprégnation progressive parmi les éléments principaux de la synthèse de l'Ile-de-France.

En définitive, l'équilibre paraît bien le caractère le plus frappant de la culture du XIIIe siècle dans sa pointe parisienne — une maturité des facultés intellectuelles désormais suffisante pour discipliner, sans les dessécher, les poussées vitales qui tumultueusement s'étaient épanouies au siècle précédent. Équilibre, dans la prospérité d'un monde délivré de la faim et de la guerre, entre la raison et le sentiment, entre la nature et le divin. Cet accord des extrêmes se manifeste d'abord par une sorte d'assagissement de la tradition féodale et courtoise, qui est dégagée de l'irrationnel, ramenée au réel, réintégrée dans la logique, en même temps qu'elle est située plus strictement dans les cadres de la vie chrétienne.

Renouvellement de la mentalité chevaleresque

Au XIIIe siècle, la vogue de la littérature chevaleresque est toujours aussi grande, littérature de sport et d'amour, littérature d'évasion dans l'imaginaire, chansons épiques, romans, lyrisme en langue provençale (car il est faux que la croisade albigeoise ait diminué la production de poèmes amoureux en langue d'oc) dont le public est partout répandu : c'est le temps des châtelains poètes, tandis que le mécénat, jadis pratiqué seulement par les très grands seigneurs, tend à se disperser, la facilité plus grande des communications favorisant la dissémination des petits centres littéraires. Mais ce goût devient provincial – et dans les cercles d'avant-garde, qui sont ceux du Bassin parisien et avant tout de Paris, se discerne une inflexion nouvelle. Complexe d'ailleurs. D'une part, recherche plus profonde, description plus claire de tous les détours psychologiques de l'amour courtois, par le procédé scolaire de l'allégorie et avec toutes les ressources de la culture littéraire et des démarches logiques de la scolastique : c'est le *Roman de la Rose*, de l'Orléanais Guillaume de Lorris, véritable « somme » de la courtoisie (ce vocable d'universitaire convient à cette construction dialectique animée par une étonnante aisance oratoire) où aboutit en 1236 toute la littérature amoureuse, mais en se clarifiant, en revêtant équilibre et grâce. Dans un tout autre sens, retour au concret. Cette tendance apparaît dans certains romans du début du siècle, ceux de Jean Renard en particulier, qui, au début de l'*Escoufle*, affirme sa préférence pour la vérité et la raison, témoigne dans *Guillaume de Dole* de ses qualités d'observateur, ironique autant que l'auteur inconnu du délicieux *Aucassin*, soucieux d'analyser les caractères et s'intéressant aussi aux bourgeois et aux paysans – mais elle s'exprime d'une manière éclatante par les succès des chroniques, des histoires vraies racontées en prose vulgaire, simplement, par les témoins.

Il se produit donc un renouvellement dans la mentalité chevaleresque, où la violence impulsive, le goût de la fable, la religiosité formaliste et bornée font place au sens du devoir et de l'efficacité, à la domination lucide de soi-même. Un nouveau type d'homme exemplaire apparaît : le « prud'homme » (« si grande chose et si bonne que, rien qu'à le dire, le mot emplit la bouche »), le prud'homme placé par saint Louis, qui s'y connaissait, au-dessus du « béguin », du dévot qui cherche son salut hors du monde, – attaché à suivre l'exemple du Christ, mais raisonnable et bon vivant, aimant à plaisanter ; toujours aussi passionné de chevaux et de joutes, mais sachant maîtriser sa brutalité. Le meilleur témoin de ce renouvellement — homme exceptionnel certes, mais plus significatif encore de l'idéal d'une époque et d'une classe que les personnages littéraires, que la statue du saint Théodore de Chartres ou du Saül de Reims — c'est saint Louis lui-même, tel que le présente, naïvement et sans déformations excessives, le vieux Joinville. Ce roi « aima Dieu de tout son cœur et suivit son exemple... et mit son corps en aventure plusieurs fois pour l'amour qu'il portait à son peuple » ; ce roi, « entendant que l'on ne doit pas dépenser le temps en choses oiseuses ni en demandes curieuses de ce monde... son étude mettait à lire Sainte Écriture, car il avait la Bible glosée et les originaux de saint Augustin et d'autres saints et d'autres livres de la Sainte Écriture, auxquels il lisait et faisait lire moult de fois devant lui au temps de dîner et heure de dormir »[1] ; ce roi, dans l'attitude même de saint François, lavait les pieds des pauvres le jour du « grand jeudi » et nourrissait de ses mains les lépreux, macérait son corps ; il s'accrocha à l'idée de croisade, en voie pourtant de discrédit, la ranima par son ardeur personnelle, fit à deux reprises le saint voyage, la seconde fois malgré son entourage, et finit par y mourir en martyr. Mysticisme donc — écho de celui des héros du *Lancelot* en prose — mais, c'est le trait nouveau, tempéré de réalisme : saint Louis, qui respectait les prêtres, s'opposa toujours à leurs empiétements, refusa de soutenir le pape dans sa lutte contre l'empereur, et prisait plus la franchise que la dévotion. Santé, équilibre entre les vertus de l'Évangile, tenu pour modèle de vie, et celles de la chevalerie, apaisées les unes et les autres par le bon sens : telle est bien la forme nouvelle de l'idéal aristocratique.

Classicisme gothique

Ce même assagissement, qui discipline la fougue de l'âge précédent, ce même équilibre s'expriment dans l'art de l'Ile-de-France, dans le gothique classique, dont les traits se

1. Guillaume DE SAINT-PATHUS, *Vie Monseigneur saint Loys*, VII.

révèlent dans les premières années du XIIIe siècle à la façade de Notre-Dame de Paris, et qui trouve l'un de ses aboutissements vers 1250 à Paris encore, dans la Sainte-Chapelle du Palais — les autres à Chartres, à Amiens et à Reims. Là encore la tendance est à l'unité, et la formule architecturale qui s'y élabore s'est ensuite imposée pendant plus de trois siècles dans la plupart des pays d'Occident. En améliorant le dessin des arcs d'ogive, en substituant les arcs-boutants aux contreforts, les maîtres d'œuvre ont pu s'affranchir davantage encore de la pesanteur et de l'opacité. Le nouveau style, c'est en premier lieu l'élan, la libération de la matière : élévation des voûtes, des flèches, jusqu'aux limites du possible — jusqu'à l'écroulement à Beauvais, où la voûte du chœur avait été imprudemment montée à quarante-huit mètres, la flèche, à plus de cent cinquante ; étirement général, accentuation de la fuite ascensionnelle par la progressive suppression, à l'intérieur de l'église, des chapiteaux, des frises, de tout ce qui pouvait interrompre le libre jet des piliers ; par l'adjonction à l'extérieur de gâbles, de pinacles, angles aigus, pointes de flèches dardées vers le ciel. C'est un art du jaillissement, et aussi de la lumière. L'édifice tend à se réduire à une carcasse de piliers et d'arcs ; les fenêtres deviennent plus hautes, plus larges, occupent pour la première fois à Chartres toute la travée ; pour ouvrir davantage la construction, la galerie intermédiaire, empruntée aux églises normandes par les architectes de Notre-Dame de Paris, est remplacée par une arcature légère, simple décor. La chapelle haute de la Sainte-Chapelle n'est plus qu'une étonnante verrière — tandis que Jean de Chelles à la façade septentrionale du transept de Notre-Dame ouvre la première de ces immenses rosaces rayonnantes, qui bientôt remplissent tout ce qui pouvait subsister encore d'espace plein. Mais dans cette recherche de l'aérien, de l'immatériel par l'ascension et l'illumination se maintient cependant l'équilibre le plus robuste et le plus sain, ce sens de la mesure qui rend si harmonieuses les proportions de Chartres, qui confère son aplomb souverain à la façade de Paris, cette rigueur mathématique dans l'agencement des lignes et des angles qui, comme les grandes polyphonies, est une victoire de la raison.

Quant à l'art décoratif, il tendrait aussi à l'irréel dans la mesure où il est dominé par le moyen d'expression devenu le principal avec la disparition du mur : le vitrail. Les verriers de Chartres au début du XIIIe siècle, ceux qui après 1245 travaillent à Paris à la Sainte-Chapelle et aux roses du transept de Notre-Dame produisent les chefs-d'œuvre lyriques de ce temps, lyrisme de la couleur nue, éclatante, infiniment plus exaltante que les terres brunes ou vertes des fresques romanes, plus lumineuse que celle de ces pierres précieuses qui communiquaient à Suger la plus subtile des jouissances, des rouges, des bleus intenses, dont le jeu pur dans les compartiments cloisonnés des fenêtres fait oublier le prétexte iconographique. Et le vitrail domine tous les arts graphiques, donne leur accent particulier — raideur des personnages guindés dans des cernes sombres, schématisme des paysages, fonds d'or où chantent les couleurs vives — aux miniatures, dont Paris est alors en Europe, avec Winchester, le grand centre de production. Mais dans la sculpture s'affirme de la manière la plus admirable cet équilibre entre l'amour mystique, le goût du réel et le bon sens qui fait le fond de la culture parisienne. Les imagiers sont en correspondance, étroite, d'une part, avec les prédicateurs franciscains, prennent comme eux l'Évangile pour référence unique et refont du christianisme une religion de l'incarnation — d'autre part, avec les savants des écoles, rendant comme eux à la nature sa place dans l'univers intelligible. Plus de monstres sinon dans les recoins obscurs, plus de déformation — victoire sur l'irrationnel. Les éléments purement décoratifs ne sont empruntés ni au bestiaire imaginaire, ni aux compositions irréelles de formes abstraites. Ce sont, observées de près, germant partout où leur présence n'entrave pas le jaillissement architectural, élément de vie, rappel de la nature champêtre toute proche et qui est au fond la source mère de cet équilibre encore paysan — les plantes de l'Ile-de-France, les feuilles de lierre, de vigne, de laitue. Et, dans la grande statuaire, éclate la victoire de l'humanisme. Les thèmes mariaux s'amplifient, se prolongent par ceux de la vie de Jésus, par l'exaltation des héros chrétiens, des apôtres, des saints qui, détachés du mur, dégagés de la colonne, sont placés aux porches dans les proportions mêmes et les attitudes de la vie. Ce sont des hommes – devenus accessibles, fraternels, vivants, sortis de l'extase qui tenait subjugués les personnages des transepts et des bas-reliefs romans. Ainsi, sur le visage du « beau Dieu », qui est, au trumeau d'Amiens, entre tant d'autres images du Christ, l'une des représentations les plus parfaites d'une religion d'alliance entre l'homme et le surnaturel, la majesté et la science divine s'unissent à la tendresse humaine. Ainsi la douceur rayonne dans les scènes de l'enfance du Christ sculptées au portail du cloître de Notre-Dame de Paris. Tendresse, douceur, mais non pas souffrance. Cette incarnation est heureuse, celle de la réconciliation dans l'homme de la nature et du divin, celle de la confiance dans la rédemption qui fait triompher de la mort. Le XIIIe siècle est, dans l'art plastique, l'une des rares époques du sourire – sourire encore gauche, enfantin, aux limites du rire, mais qui libère de la hantise des forces inconnues, de la peur sacrée. Et c'est lorsqu'il exprime à la perfection l'équilibre humain que le gothique classique rejoint – et parfois, comme dans le groupe de la Visitation de Reims, d'une manière troublante – la statuaire grecque.

Progrès du raisonnement

L'attitude qui se marque dans les voies nouvelles où s'engage la littérature courtoise ou dans les traits nouveaux des visages sculptés, l'accueil de la beauté naturelle, l'effort pour amener les extrêmes à l'harmonie dans la lumière de l'intelligence, on les découvre, plus accusés encore dans le monde, toujours étroit, mais beaucoup plus ouvert que jadis sur les autres milieux sociaux, des professionnels de l'étude et de la pensée. Aux écoles parisiennes, les instruments de la connaissance logique n'ont cessé de se perfectionner depuis Abélard. La virtuosité dans le maniement du syllogisme prend encore plus d'agilité par un exercice nouveau, la « dispute », la mise en discussion publique des contradictions des auteurs, qui tend, au début du XIIIe siècle, à prendre le pas sur toutes les autres activités scolaires et qui est, pour les hommes d'étude, ce qu'est le tournoi pour les chevaliers, la lutte amicale, le moyen à la fois de s'entraîner, de s'assouplir et de se faire valoir. Les connaissances acquises sont maintenant systématiquement mises en place, dans ces résumés de leur enseignement magistral qu'élaborent tous les grands professeurs, les « sommes », manuels condensés qui permettent d'aller plus avant, de dépasser la lecture des textes. Enfin et surtout les nouvelles traductions d'Aristote et de ses commentateurs fournissent, non seulement un cadre de pensée rationnelle, mais de quoi le remplir d'une richesse intellectuelle insoupçonnée. La lecture de ces textes inconnus avait beaucoup contribué dans les dernières années du XIIe siècle au succès du *studium* de Paris. Poussés par leurs étudiants, les maîtres — ceux des « arts » surtout, dont l'auditoire était plus jeune et plus téméraire — se hasardèrent de plus en plus, grisés par la découverte d'un système logique où tout était organisé sans mystère, à l'échelle de l'homme. Certains s'aventurèrent si loin des cadres traditionnels de la pensée chrétienne qu'ils parurent dangereux : en 1210, un concile condamna deux professeurs parisiens, Amauri de Bène et David de Dinant ; les « leçons » de la *Philosophie naturelle* et de ses gloses furent désormais interdites ; pendant quelques années, on se limita comme jadis à la lecture de la seule logique. Mais il parut bientôt aux dirigeants de l'Université, et au pape qui en était un ancien étudiant, que ces barrières ne sauraient tenir longtemps, que sans doute il serait moins dangereux d'affronter la doctrine nouvelle, en essayant de l'accorder à celle de l'Église. Les artisans de cette conciliation furent les savants des ordres mendiants, qui avaient maintenant des couvents sur la montagne Sainte-Geneviève et qui, étroitement soumis au pouvoir pontifical, donnaient toute garantie d'orthodoxie. Face à l'aristotélisme, les Franciscains, se plaçant dans un courant permanent de la pensée chrétienne dont saint Augustin avait montré la voie au Moyen Age commençant et qui s'était amplifié au XIIe siècle au sein de l'école de Saint-Victor et dans les monastères cisterciens, devant les progrès de la théologie rationnelle, prirent le parti du sentiment, du mysticisme — d'un mysticisme modéré, sans excès, raisonnable, ouvert sur la création et tout à fait conforme à l'esprit de saint François, capable de rattacher à Dieu, par l'illumination de la grâce, la nature dont la philosophie grecque venait de rendre sensible la puissance et la beauté. Les Dominicains, au contraire, prirent à bras le corps la philosophie naturelle, et, par une gymnastique éblouissante de l'intellect, réduisirent peu à peu les innombrables contradictions qui l'opposaient sur le plan de la raison au dogme chrétien. Ce fut, préparée par Albert le Grand et poursuivie en grande partie dans le couvent de la rue Saint-Jacques, l'œuvre de l'Italien Thomas d'Aquin, dont les « sommes », dans toute leur vigueur et leur audace, attestent la tendance dominante des hommes cultivés du siècle de Saint Louis : l'effort acharné pour réduire à l'unité, pour tout accorder dans une commune compréhension.

A vrai dire l'entreprise thomiste dépassait les mesures. Elle se risquait sur des arêtes bien périlleuses, plus aiguës et plus fragiles que les flèches des cathédrales, inaccessibles à la plupart ; elle n'empêchait pas les plus hardis des intellectuels de subir la séduction de la pensée d'Aristote, de tenir pour impossible la conciliation entre le dogme et la philosophie et de gagner à l'étude d'Averroès de plus en plus d'indépendance à l'égard de la doctrine. Il y a vers 1270, dans l'École, parmi les philosophes et les théologiens, un bouillonnement de vie, une frénésie de découverte, des passions, des oppositions : on est au seuil d'une crise de conscience où les valeurs intellectuelles vont être remises en question.

Esprit critique

Plus significatif de cette phase de l'évolution de la culture, plus déterminant aussi est l'état d'esprit qui, depuis les petits cercles d'écoliers groupés autour des régents, se propage dans les autres milieux cultivés de Paris et des grandes villes du nord de la France. On l'appelle quelquefois l'esprit « bourgeois » — à tort car s'il est en effet propre aux citadins et n'effleure pas les nobles de campagne, et moins encore, bien sûr, la masse amorphe des paysans, il est commun à bien des groupes sociaux : marchands riches, dans la mesure — encore fort restreinte au demeurant, sauf à Paris peut-être et dans des villes de forte oligarchie comme Arras — où ils sont curieux d'autre chose que de leur métier et du salut de leur âme — mais aussi clercs, chanoines, curés de paroisses urbaines, universitaires, anciens écoliers devenus médecins, notaires, commis d'écriture, chevaliers de la domesticité royale, petits nobles résidant en ville, artistes, enlumineurs, tailleurs d'images. Tous ont une faculté de connaissance beaucoup plus ferme ; lucidité, clairvoyance, c'est ce qui les distinguerait le mieux, dans l'attitude mentale, de leurs ancêtres du XIIe siècle. Curiosité aussi pour l'univers. Le milieu du XIIIe siècle est le temps des grandes encyclopédies où tout ce que l'on sait du monde est rassemblé et commence à s'ordonner, le temps des *Miroirs*, des *Trésors*, des *Lapidaires*, des *Bestiaires* — recueils de choses étranges, transmises naïvement, mais qui ouvrent l'esprit sur la diversité de la création, font découvrir que le réel est aussi étonnant que l'imaginaire et qu'il peut, lui, être peu à peu inventorié et placé dans la lumière de l'intelligence. Vue positive du monde, volonté de n'être pas dupe : tous ces gens sont croyants sans la moindre fissure, d'une piété calme, naturelle, parfaitement intégrée à leur comportement quotidien, qui de plus en plus s'adresse au Christ par l'intermédiaire d'intercesseurs familiers, la Vierge partout présente, les saints, d'une religion sans anxiété — mais à l'égard du monde, ils ont gagné, progrès majeur, le sens de l'ironie. Tout ce qui est excessif est critiqué, sans respect : les modes courtoises, cette dévotion à la femme qui, asservissant l'homme, met en question l'ordre des choses; la noblesse fanfaronne accrochée à des préséances que ne justifient plus des supériorités morales ou matérielles; les excès de la pratique religieuse, l'écart déplorable entre les missions des gens d'Église et la manière dont ils se comportent dans la vie. Sens de l'équilibre et du possible, alliance de la foi la plus saine, vécue en profondeur, et d'une sévérité très franche à l'égard des prêtres — qui se manifeste maintenant parce que les clercs ne sont plus les seuls à pouvoir s'exprimer, mais qui est aussi le signe d'une meilleure conscience des valeurs religieuses, d'une plus grande exigence, d'une promotion des laïcs dans la vie spirituelle. Ces hommes savent se moquer. Pour eux se développe toute une littérature où le délassement naît du rire : revues satiriques comme celles que monte à Arras le grand musicien et metteur en scène Adam de la Halle; contes plaisants où paraissent en posture grotesque les paysans enrichis, les femmes, les fiérabras, les prêtres et les moines surtout; parodies, fables où les animaux accusent les travers de la société humaine. Intelligence trop raisonneuse, parfois un peu pédante — mais vitalité, grâce, beauté rustique encore naïve — tout ce qu'exprime en ses poèmes le grand Rutebeuf, parisien : voilà le ton du XIIIe siècle.

Diffusion des modes parisiennes

Par les marchands, par les anciens écoliers de l'Université devenus évêques ou écôlatres en province, par les gens de la Cour du roi envoyés loin de Paris en mission temporaire ou chargés d'un office, les goûts, les manières de sentir et de s'exprimer qui s'étaient formés depuis 1180 au cœur du pays capétien ont été très rapidement diffusés dans l'ensemble du royaume. La pénétration se fait essentiellement par les villes, dont le patriciat a mal géré les finances et sur lesquelles s'appesantit la main du roi. Toute la France au nord de la Loire (à l'exception de la partie du comté de Flandre, au nord de Lille et de Douai, où le dialecte est germanique et qui tend de plus en plus à se détacher du royaume), toute la Bourgogne jusqu'aux abords de Lyon subissent maintenant entièrement l'influence de l'Ile-de-France. Plus au sud, dans ces pays aquitains qui, au milieu du XIIe siècle, étaient encore si profondément étrangers à la civilisation des « Francs », la propagation commence : la scolastique parisienne a son centre de diffusion à Toulouse où, pour alimenter en armes doctrinales la lutte contre l'hérésie cathare, un *studium generale* a été fondé en 1229; langue des relations avec la Cour, le francien gagne lentement aux dépens de l'occitan, étend vers le Midi le public des littérateurs de Picardie et de Paris; c'est à la mode de France, en s'inspirant de la cathédrale d'Amiens à Clermont, à Limoges, à Rodez, à Narbonne, de la Sainte-Chapelle de Paris à Saint-Nazaire de Carcassonne, que les prélats, dans la seconde moitié du XIIIe siècle, reconstruisent leur église, et le style gothique, dont les Cisterciens avaient déjà introduit quelques éléments, progresse, refoulant la tradition romane.

Enfin, le long des routes commerciales et des grands axes de la politique européenne, la diffusion de la culture parisienne dépasse largement les limites de ce royaume, que saint Louis a rendu le plus prestigieux de la chrétienté. Dans l'Empire, dont la frontière en Forez, en Velay, en Gévaudan, bientôt à Lyon, recule insensiblement devant la poussée capétienne, le Hainaut, le Barrois, le comté de Bourgogne, le Dauphiné sont, par le langage et tout ce qu'il véhicule, par les grandes directions du négoce, par la pénétration des modes artistiques, complètement tournés vers le royaume, tandis que l'influence française commence à s'insinuer en Provence, dont le maître est le frère de saint Louis. Si l'Angleterre, qui, à la fin du XIe et pendant tout le XIIe siècle, avait vécu en symbiose avec la France, s'éloigne peu à peu du continent et commence à forger sa civilisation propre, en revanche, dans les pays allemands qui émergent de la rusticité carolingienne, les aristocraties laïques et religieuses adoptent les manières françaises; les rythmes des troubadours, les thèmes des romans de Champagne ont été repris par les *minnesänger* dans les dernières années du XIIe siècle; dans la vallée du Rhin, du Main, de la Lahn, les cathédrales neuves ont la silhouette de celles de Laon ou de Soissons; les procédés français de construction s'imposent de la Scandinavie au moyen Danube, et la sculpture de Reims trouve son écho fidèle à Bamberg, son prolongement à Strasbourg. De même, comme ce sont des chevaliers de la France du Nord qui en majorité ont fait les croisades, les colonies chrétiennes établies en Proche-Orient, en Syrie, à Chypre, en Morée, sont « franques » par leur langage, le style de leurs châteaux et de leurs églises, le genre de vie de leurs seigneurs. En Castille, à Burgos, à Léon, à Tolède, l'architecture, la décoration des nouveaux édifices religieux sont françaises encore, et l'Italie elle-même, qui, fidèle à la tradition romaine, reste à peu près imperméable à l'influence gothique, se laisse pénétrer par les œuvres d'art mineures, par ces statuettes d'ivoire qui furent peut-être l'une des sources d'inspiration de Giotto — et par la littérature : les dialectes littéraires de France sont ceux des divertissements mondains, et le Florentin Brunet Latin n'est pas le seul qui ait choisi pour ses œuvres en langue vulgaire le parler d'outre-monts. D'un bout à l'autre de la chrétienté, tous ceux qui ne sont pas entièrement pris par la vie des champs, grands marchands en relation avec les foires champenoises, dignitaires de l'Église, gens de cour, chevaliers errant de tournoi en tournoi ont perçu quelque écho de la synthèse de l'Ile-de-France. Le XIIIe siècle est sans doute le moment où, dans ses pointes extrêmes, la civilisation de l'Europe s'est trouvée le plus intensément française.

CHAPITRE V

La fin du Moyen Age
XIVe et XVe siècles

Un temps d'étonnants progrès, où les pays français se sont peuplés, où se sont façonnés les paysages tandis qu'achevait de se former un système agricole qui n'a guère ensuite subi de modifications avant le XVIIIe siècle — où se sont constitués de nouveaux circuits commerciaux qui réveillèrent les villes, où, pour la masse des hommes, le christianisme a cessé d'être un simple ensemble de rites propitiatoires pour devenir un cadre moral, alors que, dans quelques élites, l'outillage logique et la sensibilité s'enrichissaient de prodigieuse manière : telle est, dans l'évolution de la civilisation française, la première époque. Ses racines plongent dans les temps carolingiens et, par-delà de fortes épaisseurs de sauvagerie, rejoignent l'antiquité romaine, mais elle ne couvre pas toute cette grande étendue chronologique, que, par habitude, les historiens appellent le Moyen Age. Il est, dans l'histoire de l'Occident et dans celle de la France, un autre Moyen Age — mieux connu, plus présent, celui que les romantiques ont ressuscité — mais sensiblement différent du premier. Entre les deux, le tournant se situe aussitôt après la mort de saint Louis, dans les années soixante-dix du XIIIe siècle. Trois modifications majeures se produisent alors : un changement d'attitude à l'égard de la connaissance ; une nouvelle conception du pouvoir politique ; un complet renversement des conditions économiques.

Tournant dans la pensée chrétienne

La première de ces transformations n'affecte qu'un milieu très restreint, celui des intellectuels — mais ce sont eux qui disposent les façons de raisonner et de sentir des générations ultérieures, et pour cela, ce changement, d'abord limité à l'École, engage tout l'avenir. Les Dominicains de l'université de Paris avaient tenté de concilier le nouvel Aristote avec le dogme chrétien. C'était faire confiance à la philosophie grecque et encourager ceux, maîtres et écoliers, si nombreux à la faculté des arts, qui l'étudiaient pour elle-même, pour sa richesse propre, sans trop se soucier de l'intégrer à des perspectives mentales ordonnées par rapport au christianisme. En fait, vers 1260, se constitua autour du maître Siger de Brabant un groupe de dialecticiens qui s'inspiraient uniquement d'Aristote et de son commentateur musulman le plus hardi en même temps que le moins religieux, Averroès ; ils construisaient, pour des disciples enthousiastes, un système du monde purement logique, si foncièrement dégagé des cadres chrétiens qu'il fit scandale. Cette témérité décida tous ceux qui s'effrayaient depuis longtemps de la pénétration de la dialectique dans le comportement religieux à réagir. Brutalement : les averroïstes parisiens furent solennellement condamnés en 1270 puis en 1277, et cette seconde condamnation s'étendit à la doctrine de Thomas d'Aquin. Tout ajustement d'Aristote à l'Écriture était ainsi réputé impossible — et vaines, dangereusement vaines, les tentatives menées par des générations de clercs, depuis saint Anselme et les premiers balbutiements de la scolastique, pour rendre intelligibles les mystères du dogme, pour réaliser l'alliance de la raison et de la foi. Telle est bien la grande rupture. La nouvelle position des intellectuels, dont l'Anglais Duns Scot est à Paris dans les premières années du XIVe siècle le représentant exemplaire, est franciscaine et renoue avec l'autre tendance de la spéculation chrétienne, celle qui, antérieurement au succès d'Aristote, se fiait à l'illumination mystique : ce n'est pas par l'intelligence que l'on peut parvenir à Dieu, mais par la volonté animée par l'amour.

Elle sépare définitivement l'attitude religieuse et la démarche rationnelle.

Dès lors, en effet, il apparaît à tous qu'il est impossible d'appliquer la logique à la vérité révélée, que toute théologie rationnelle est sans intérêt. La foi est affaire désormais de sentiment pur, et la vie religieuse se fait purement affective. C'est d'ailleurs à ce moment même, après une cinquantaine d'années de pénétration progressive, contrariée par la résistance des séculiers ; et peut-être aussi par la réticence de bien des fidèles qui voyaient dans les Mendiants les gens du pape, que s'affirme vraiment l'influence des Franciscains et des Dominicains sur le comportement religieux des masses urbaines (influence limitée aux villes, notons-le bien, ce qui contribue à accentuer l'opposition croissante entre la civilisation citadine et celle des champs). Répandus dans tous les foyers, vivant dans les rues en contact constant avec les laïcs, agissant par l'exemple, par la prédication, par la confession auriculaire dont ils furent les propagateurs, les frères gris et les frères blancs sont les artisans d'un renouvellement total des représentations religieuses. Le christianisme qu'ils prêchent ne se raisonne pas, il se vit, derrière Jésus souffrant — et pour atteindre à la joie parfaite, ce ne sont pas les facultés intellectuelles qui sont utiles, mais l'esprit d'enfance, l'humilité et la charité. Ainsi, les nouvelles préoccupations des hommes d'étude se révèlent en correspondance étroite avec les formes nouvelles de la piété populaire : les unes et les autres mènent au mysticisme.

Les nouveaux domaines de la spéculation

Mais en revanche, dans les perspectives ouvertes par Duns Scot, la raison humaine peut s'appliquer à tout ce qui n'est pas vérité révélée, et qui de ce fait se trouve situé à l'échelle de l'homme, à la portée de son intelligence et, en outre, elle peut le faire en toute liberté, puisque la foi n'est pas en cause. De la sorte — et la pensée de Duns Scot se trouva reprise et prolongée par Guillaume d'Ockham, le maître parisien le plus influent et dont l'enseignement, qui remplit tout le second quart du XIVe siècle, a infléchi d'une manière décisive l'histoire intellectuelle, malgré les condamnations qui, lui aussi, le frappèrent — la philosophie, à peu près complètement bannie de la recherche théologique, se trouve libérée du même coup de toutes les contraintes dogmatiques, orientée vers les faits d'expérience : devant elle s'ouvre un champ d'application *pratique* singulièrement vaste, l'étude de l'homme et du monde. En fait — et, là encore, la correspondance est nette entre l'attitude des universitaires et les curiosités positives qui se manifestaient depuis le milieu du XIIIe siècle parmi les laïcs accédant à la culture — les méthodes logiques commencent au XIVe siècle à être appliquées en France à la compréhension des phénomènes naturels. Les maîtres Jean Buridan et Nicolas Oresme se hasardent à l'observation du monde physique en utilisant — d'une manière à vrai dire encore tâtonnante et timide — la méthode expérimentale. Il s'ensuit un progrès net des sciences exactes, des mathématiques, de l'optique. Par là, le sens de la précision numérique, jusque-là si étranger à l'esprit des hommes les plus instruits, commence à s'y insinuer, en même temps qu'une conscience de plus en plus claire de l'espace et du temps. Celle-ci se manifeste dans les miniatures du milieu du XIVe siècle par les premiers essais de perspective, par les raffinements rythmiques des musiciens de *l'ars nova* ; l'installation à Paris, à Caen, des premières horloges publiques la renforce.

Par ailleurs, le raisonnement se porte à l'analyse des relations politiques et sociales. Plus que sur le *Defensor pacis*, livre de combat contre la théocratie pontificale, composé par Marsile de Padoue qui fut recteur de l'université de Paris en 1312 et par Jean de Jandun, régent au collège de Navarre, et qui, malgré les interdictions, ne cessa d'être lu et commenté aux écoles, ces spéculations sur le pouvoir se fondèrent sur Aristote encore, en particulier sur la *Politique*, que Nicolas Oresme entre 1370 et 1377 traduisit en langue vulgaire. Les universitaires de l'entourage de Charles V élaborèrent une théorie de la « bonne policie », du bon gouvernement : le roi, ministre de Dieu sur terre, doit, à l'imitation de « monseigneur Saint Louis », pratiquer toutes les vertus chrétiennes et gouverner pour le « bien commun »; pour y parvenir, il doit s'aider d'un conseil, d'un bon conseil choisi et efficace, formé de gens intelligents, *raisonnables*, pas trop nombreux, qui veilleront à ce qu'il se contente des ressources de son domaine et ne soit pas trop prodigue envers les méchants; si elle ne réussit pas ainsi à se tempérer par la raison, la monarchie devient tyrannie – et au début du XVᵉ siècle, au fort de la lutte entre Armagnacs et Bourguignons, après l'assassinat de Louis d'Orléans, un autre universitaire, Jean Petit, démontra publiquement devant toute la Cour, à coup de syllogismes, la nécessité du tyrannicide.

La machine administrative

Mais l'application de la réflexion rationnelle à la compréhension du monde n'explique pas seule ce progrès de la conscience politique. En fait, depuis le dernier quart du XIIIᵉ siècle, la nature du pouvoir et son application s'étaient radicalement transformées. De Louis VII à saint Louis, la croissance de l'autorité royale s'était faite à l'intérieur de la féodalité; le Capétien avait simplement développé son autorité de seigneur. « Monarchie féodale », puisque le roi rendait la justice entouré du conseil de ses vassaux, puisqu'il les avait derrière lui à la guerre, puisqu'il sollicitait leur « aide » en deniers lorsqu'il avait à faire face à une dépense que ne pouvaient couvrir les ressources de sa seigneurie personnelle. L'idée d'une puissance souveraine, supérieure à la féodalité, n'apparaissait clairement à personne, puisque, aux yeux de tous, le pouvoir du roi, direct, personnel, patriarcal, s'exerçait sous la forme familière d'une « amitié » née de l'hommage, liant le dépendant au maître de son fief. Mais après 1270, la royauté prit une toute autre allure. D'abord, par le gonflement de son appareil administratif. Déjà nombreux au temps de saint Louis, les « gens du roi » se multiplièrent énormément dans les dernières années du XIIIe siècle. Des dizaines de plumitifs, d'agents de justice, de sergents d'armes et de police, autour de chaque siège de bailliage et de sénéchaussée, autour de chaque forteresse royale; des centaines d'auxiliaires de tout rang, clercs et laïcs, au centre du gouvernement, où le personnel de l'« hôtel », chargé de l'entretien de la maison royale, est maintenant bien distinct de celui de la « Cour », dont les organes se sont eux-mêmes différenciés : le Parlement avec ses « chambres », la Chancellerie, la Chambre des comptes. Administration encore rudimentaire, au regard d'un État moderne, improvisée, souple, toute domestique d'esprit et de genre de vie, dont les chefs de service vivent dans la familiarité du roi, et dont les agents passent volontiers d'une tâche à l'autre au hasard des besoins — mais qui bientôt prend de la régularité et de l'ordre, et surtout fait figure de monstre dans un monde accoutumé à l'exercice direct du pouvoir, au contact manuel, verbal entre le chef et ses hommes. Lourde machine capable de fonctionner d'elle-même, quelle que soit la personnalité du souverain. La grande nouveauté est là : petit-fils de saint Louis, Philippe le Bel est le premier roi de France dont on ne sache pas avec certitude s'il est responsable de tous les actes de son règne, et dont l'action personnelle ait commencé à être éclipsée par celle de ses principaux conseillers; après lui, les souverains peuvent perdre leur prestige, ne plus conduire eux-mêmes leur armée au combat, mais la confier à des capitaines et la diriger de loin de leur chambre d'étude; et la folie même du roi n'empêche pas que justice soit rendue en son nom, et la guerre menée, et les taxes levées. Au seuil du XIVe siècle, le pouvoir a cessé d'être strictement contenu dans la personne royale.

Guerres et fiscalité

En outre, cet organisme complexe, manié collectivement par tant d'officiers foisonnants, partout répandus, ardents propagateurs des prétentions royales, étend son action beaucoup plus loin que ne le faisait la monarchie « féodale ». Le roi de France ne conçoit plus que sa seule mission soit de faire régner paix et justice à l'intérieur du territoire que Dieu a mis en sa garde et de conduire pour le salut commun son peuple à la croisade. Présent aux frontières du royaume — dont se sont détachés les pays catalans et, de cœur sinon de droit, les pays flamands — et, au-delà, à Lyon, bientôt en Dauphiné, il voit ses intérêts et, à son sens, ceux de ses sujets contrariés par les entreprises des seigneurs étrangers. Avec le XIVe siècle commence en Europe le temps des grands conflits armés. La guerre — autrefois expédition saisonnière de pillage contre les peuples voisins — était devenue en France à l'époque féodale, locale, familiale même, brigandage, vengeance individuelle, agitation sporadique de petites bandes dans les intervalles de la trêve de Dieu, aux lisières des seigneuries, chevauchées courtes et réglées par les usages de l'« honneur ». Les seules expéditions d'envergure étaient montées contre des objectifs lointains, c'étaient les croisades. Désormais, il s'agit d'affrontements singulièrement plus âpres, à l'échelle des grandes formations politiques qui se sont peu à peu dégagées de la féodalité. Les prétextes en sont encore, la plupart du temps, des querelles de fiefs et de vassalité ou des discordes de famille, mais ces conflits sont envenimés par des intérêts économiques, par la lente germination au sein de la conscience collective, non pas d'un sentiment national, mais d'une xénophobie, d'une agressivité à l'égard des gens d'ailleurs, plus vive au voisinage de ces frontières, qui prennent plus de réalité aux confins des États. Il y a là un changement profond dans les conditions de vie en Europe, dont les formes et les causes mériteraient d'être étudiées de près.

Pour mener de telles guerres qui durent et nécessitent un effort soutenu, les moyens d'action que fournissaient au roi de France les coutumes féodales sont insuffisants. Comment entreprendre des opérations efficaces, avec l'*ost* des vassaux, qui se sont lentement rassemblés dans leur bailliage puis se sont acheminés sans hâte vers le point de concentration, munis d'un harnachement souvent vétuste, soucieux surtout de passer un bon moment, aux frais du seigneur roi, en compagnie de camarades retrouvés, sans la moindre idée de discipline, et bien décidés à rentrer chez eux, quittant s'il le faut l'armée en plein siège ou la veille d'une bataille, une fois accomplis les quarante jours de service qu'ils doivent pour leur fief ? Depuis le XIIe siècle, les rois employaient des mercenaires, spécialistes des armes modernes et travailleurs consciencieux. Au temps de Philippe le Bel, c'est l'armée tout entière qui reçoit une solde, variable selon la qualité et l'armement du combattant. Les vassaux sont eux aussi devenus des soudoyers, ce qui permet d'exiger d'eux un service sans limitation de temps, un équipement convenable, vérifié dans les « montres », de les grouper en compagnies bien dirigées. Efficacité, mais coûteuse. Alors que l'entretien de la maison du roi, de la Cour, de tous les agents du gouvernement ne nécessite en temps normal qu'un recours très limité à la monnaie, il suffit de mobiliser pendant deux ou trois mois une armée — pourtant très peu nombreuse, ne groupant jamais plus de deux ou trois mille cavaliers — pour multiplier par trois ou quatre les dépenses en numéraire et vider d'un seul coup le trésor. Un siège un peu long est l'origine d'une gêne qui dure plusieurs années. L'adaptation de l'armée à la guerre nouvelle a nécessité le brusque élargissement des finances royales. Or, l'idée est très profonde que le roi, comme tout seigneur, doit se contenter des ressources de son domaine et des aides de ses vassaux, que la coutume limite à quelques cas très précis. Le roi a-t-il le droit de demander davantage, de lever des impôts ? C'est l'une des questions qui ont spécialement préoccupé, au temps de Charles V, les théoriciens de la politique ; et, si l'auteur du *Songe du Verger* estime que le souverain, responsable du bien commun, peut réclamer des subsides de son propre chef pour l'intérêt général, Nicolas Oresme, au contraire, fait dépendre les levées « extraordinaires » du consentement exprès des sujets. En fait, et malgré les réticences, les gens du roi se procurent l'argent dont ils manquent comme ils peuvent, en usant d'expédients de toutes sortes. Emprunts, mais aussi taxes diverses. La fiscalité du roi commence à peser sur le royaume, à relier, par-delà les intermédiaires féodaux, la fortune des sujets à celle du souverain.

Le roi souverain et les états

Enfin, parmi les auxiliaires de la Monarchie acharnés à trouver les ressources d'une politique de plus grande envergure, se forma dans le dernier quart du XIIIe siècle une autre conception de l'autorité royale. Ses propagateurs furent surtout des officiers venus des nouveaux domaines languedociens, les « légistes », instruits dans le droit romain aux écoles de Bologne ou de Montpellier : ils élaborèrent une doctrine de la souveraineté en opposition complète avec les notions qui s'étaient formées dans la seigneurie féodale. Pour eux le roi de France est « empereur en son royaume », ce qui signifie d'abord qu'il est indépendant à l'égard de tout autre pouvoir, hormis celui de Dieu. A l'égard de l'empereur — mais l'Empire, depuis la mort de Frédéric II en 1250, n'est plus rien en Occident. A l'égard du pape aussi, et c'est à ce moment que le royaume se dégage — et violemment : on sait l'âpreté du conflit qui opposa Philippe le Bel à Boniface VIII — de l'emprise pontificale, que l'Église de France commence à prendre conscience de former un corps uni attaché plus étroitement au roi qu'au Saint-Siège. Parler de l'*imperium* du roi, c'était aussi affirmer nettement qu'il détient sur l'ensemble de ses sujets une autorité souveraine à laquelle nul ne peut s'opposer. C'était ressusciter l'idée de lèse-majesté. C'était dégager définitivement la puissance royale de son enveloppe féodale. Mais il devenait par là nécessaire d'établir entre le monarque et ses sujets d'autres communications que celles qui suivaient jadis, de maillon en maillon, la chaîne des hommages. D'où les premières réunions des « états ». Simple adaptation, en fait, du « conseil » féodal : le roi convoquait auprès de lui, outre les barons et les prélats, des représentants d'autres « états », c'est-à-dire de catégories sociales définies, comme la bourgeoisie des bonnes villes ou l'Université. Ces assemblées n'avaient aucune régularité.

Le roi en décidait la réunion à l'occasion d'une difficulté particulière, lorsqu'il sentait le besoin d'une adhésion des corps principaux du royaume à la décision qu'il voulait prendre. Le grand rassemblement qui eut lieu à Paris en 1302 est le premier qui ait frappé les contemporains : il s'agissait, au fort de la lutte contre les décisions pontificales, de préparer les esprits à l'excommunication possible du roi et de voir jusqu'où l'on pouvait résister. Aux réunions suivantes, on fit part plus souvent des difficultés financières et des projets de taxation. Ces « états » — de consistance très variable : les assemblées qui, à la mort des fils de Philippe le Bel, réglèrent les problèmes dynastiques étaient exclusivement composées de nobles et de dignitaires de l'Église, alors que les délégués de la bourgeoisie tenaient la place prépondérante quand il était question d'argent — n'étaient jamais « généraux » dans ce royaume encore si vaste et si divers; le Languedoc avait toujours les siens, particuliers, et, dans le pays de langue d'oui, ils étaient souvent réunis par province. Pas de représentation régulière : seuls y venaient ceux que les gens du roi convoquaient. Pas de discussion non plus, on entendait la volonté royale. Pourtant, dans la première moitié du XIVe siècle, un dialogue commença à s'établir par ce moyen entre le roi et ses sujets. Avec la guerre, avec l'accroissement des besoins financiers, les convocations se multiplièrent. En marge des assemblées plénières se menaient des marchandages; les gens du roi devaient promettre, en compensation des aides, certaines réformes. Face au pouvoir royal moins personnel, souverain, et qui créait peu à peu ses outils de gouvernement, se manifestaient les doléances des sujets, naissait l'idée d'un contrôle possible, conformément aux théories des philosophes de la politique : dans ce domaine encore, la fin du Moyen Age est de tonalité bien différente.

Changement de climat économique

Elle l'est davantage par les caractères de l'économie. Dans les décennies qui encadrent l'an 1300 se produit, en effet, un renversement complet de la conjoncture. L'ample mouvement d'expansion, qui répandait depuis trois siècles la prospérité dans les pays français et qui avait soutenu un progrès sans rupture, ralentit vers 1270, puis s'arrête. C'est le début d'une longue période de marasme, de stagnation, de repli, et cette régression de la production et des échanges, obligeant à lutter âprement contre mille difficultés qui s'enchaînent, assombrit la vie quotidienne. Est-ce à dire qu'elle entraîne un déclin de toutes choses ? Faut-il, comme Huizinga et après lui tant d'historiens, parler à propos des XIVe et XVe siècles de crépuscule, de décadence ? Considérer tous les hommes de ce temps comme des névrosés, incapables de créations équilibrées, perdus dans le rêve, partagés entre un mysticisme excessif et la recherche frénétique des plaisirs sauvages ? Il y a dans cette vue pessimiste un reste de romantisme. Et l'historien doit se méfier — d'abord parce que son matériel documentaire, qui commence à devenir pléthorique et l'oblige de plus en plus à choisir, le contraint aux sondages : or, ce sont les traits exceptionnels qui frappent et qui risquent de faire oublier le normal, l'équilibre quotidien de la vie — et aussi parce que, à force d'épier la nouveauté pour la saisir dès qu'elle pointe, il oublie tout ce qui demeure, les épargnes, les réserves, cette énorme coulée d'habitudes rassurantes qui, venue du Moyen Age prospère, pénètre et réconforte la période d'adversité — enfin parce que ce monde, encore si vigoureusement planté dans la terre, si proche de la nature, si endurci, si primitif au fond dans ses façons de vivre et dans ses réflexes, est moins vulnérable, moins affecté par les oscillations de la fortune que, du sein de notre civilisation compliquée et fragile, nous serions tentés de le croire. De même que les méthodes, les curiosités, les manières de raisonner et de considérer le monde se prolongent parmi les intellectuels, à peine et insensiblement infléchies par les nouvelles options philosophiques — de même que la féodalité et la seigneurie restent, malgré les progrès de la souveraineté royale, le cadre fondamental des relations politiques et que l'hommage, la fidélité du vassal, la solidarité familiale et les banalités comptent infiniment plus aux yeux des hommes que les réunions d'états ou le recours à la justice royale – de même l'énorme majorité des gens de France, paysans soucieux seulement de récolter de quoi manger jusqu'au prochain été, hobereaux de province ignorants de tout luxe, préoccupés surtout de chasse et de rencontres lignagères, citadins modestes, vignerons des faubourgs, hommes de petit métier et de petite clientèle, n'ont senti que très amortis et, on peut le croire, sans en prendre autrement conscience que dans le paroxysme des crises, les effets de ces variations du cours des monnaies, de ces interruptions des itinéraires commerciaux qui, dans les rares secteurs évolués de l'activité économique, modifiaient plus sensiblement le train de vie de quelques-uns. Temps de misères certes, mais où s'est conservé suffisamment de vitalité pour que les traditions culturelles soient maintenues, renouvelées et pour que soit amorcés la reprise qui fait surgir en plein XVe siècle les premiers bouillonnements de la Renaissance.

1. La misère des temps

Venues de tous les milieux sociaux, plus douloureuses lorsque le cri monte des classes plus humbles qui commencent alors à s'exprimer, les lamentations remplissent le XIVe siècle. Intermittentes d'abord, isolées, depuis les environs de 1330, elles s'amplifient peu à peu et enfin se fondent entre 1420 et 1430 dans une plainte générale. Lassitude des difficultés matérielles, inquiétude, angoisse devant la mort menaçante s'expriment dans les œuvres littéraires, dans les poèmes de circonstance ampoulés de rhétorique, d'une manière plus précise dans les écrits intimes, dans les journaux, dans les mémoires, plus tragiquement encore dans les testaments, dans les inventaires, où la dureté des temps se montre sans phrase. Parmi ces périls, qui ne sont pas tous clairement distingués, trois calamités surgissent, obsédantes, la famine, la guerre, la peste.

Disettes

Pour les contemporains de Duguesclin et de Jeanne d'Arc, le bon temps, l'âge d'or, celui de monseigneur saint Louis, c'était d'abord l'époque où tous avaient toujours de quoi manger. Ils vivaient, certes, dans l'illusion : le XIIe, le XIIIe siècles avaient connu de mauvaises années, des étés trop pluvieux, des hivers trop rudes, et des temps de soudure où le plus grand nombre devait pour tromper sa faim mêler au bon grain des denrées moins comestibles, et serrer aussi sa ceinture. Il n'en est pas moins vrai que la fin du Moyen Age par rapport à l'époque féodale nous apparaît comme une période d'insécurité alimentaire : disettes plus fréquentes, plus graves, famines dont les hommes en plus de deux siècles avaient perdu l'habitude. Au cœur de toutes les difficultés de ce temps, situons une pénurie de subsistances. D'où vient-elle ?

Avant le XIVe siècle, avant le développement des fiscalités princières, avant aussi que se fût établi le sens nouveau de la précision chiffrée, nul ne s'était jamais soucié de dénombrer les habitants d'une ville ou d'une province (le premier document conservé dans les archives françaises qui ait une très lointaine ressemblance avec nos recensements modernes date de 1328 ; c'est l'« état des feux des baillies et sénéchaussées » qui, dans le domaine royal, fait le compte, par paroisse, des « feux », c'est-à-dire des unités imposables, et se révèle d'interprétation très délicate). Tout porte à croire cependant que la population s'était accrue depuis le début du XIe siècle à un rythme vif. Mais ce progrès avait été constamment accompagné et stimulé par un accroissement non moins vif de la production agricole, dû au perfectionnement progressif des techniques, à l'extension continue des labours, gagnant sur les mares, les friches, les grands bois. Or, dès les dernières années du XIIIe siècle, il semble bien que les récoltes aient cessé de croître. Les meilleurs procédés de culture étaient maintenant répandus partout où ils pouvaient pénétrer. Plus d'améliorations nouvelles, plus de défrichements — parce qu'ici, il n'était plus possible, sans fausser le système agricole, de réduire encore l'étendue des forêts et des pâtures, parce que là, on avait dans le grand élan de conquête aventuré les essarts sur des terres trop maigres, épuisées après quelques récoltes médiocres et que, bien loin de pouvoir pousser plus avant les champs, il fallait, au contraire, les ramener sur des sols moins ingrats, parce qu'ailleurs, les maîtres des espaces incultes jugeaient maintenant moins profitable de les mettre en culture que d'en tirer le bois ou les produits d'élevage que la croissance des villes et les progrès de la vie matérielle rendaient plus nécessaires et qui se vendaient mieux que les blés. Stabilisation, sinon recul de l'espace agricole. Défaillance des rendements céréaliers, car les sols souvent tendaient à s'épuiser. Stagnation de la production vivrière, et par conséquent rupture d'équilibre, puisque l'essor démographique se prolongea, sur sa poussée, quelque temps encore. Avec beaucoup moins sans doute de quinze millions d'habitants, la France au début du XIVe siècle était un pays surpeuplé, où beaucoup ne pouvaient manger à leur faim. La pénurie redevenue chronique, le dérèglement des prix agricoles qui s'ensuivit, la discordance qui désormais régna entre la valeur des céréales et celles des autres produits marchands semblent avoir modifié sensiblement la mentalité des producteurs paysans. Le principal souci devint, comme avant le grand essor agricole, de survivre d'année en année. Ce repliement de la campagne fut, avec l'accroissement partout d'un prolétariat famélique, le premier élément du malaise économique. Mais celui-ci fut entretenu et aggravé par un second facteur de déséquilibre : la guerre.

Le XIIIe siècle n'était pas terminé que l'on était entré déjà dans la longue période des conflits de grande envergure. Les campagnes que mena Philippe le Bel en Guyenne et en Flandre étaient en fait le prélude à la guerre contre le roi d'Angleterre, officiellement ouverte en 1337. Guerre de Cent Ans : l'expression, inexacte puisque la lutte armée, prolongée jusqu'en 1453, s'est étendue en fait sur plus d'un siècle, a le mérite de bien marquer la permanence des hostilités et le caractère apparemment le plus net de la nouvelle époque. Dans la vie quotidienne place dut désormais être faite à la guerre. Des hommes devaient naître qui ne surent jamais ce qu'était la paix véritable, pas même par le témoignage de leurs grands-parents. Quelle sorte de guerre ?

Nouvelles techniques du combat

On ne la fait pas exactement comme jadis, du temps de Philippe Auguste ou de Saint Louis. Compte tenu de tout ce qui reste d'habituel dans les gestes du guerrier et dans son équipement – combien de hobereaux pauvres ont dû rejoindre l'armée du roi avec les armes et la cuirasse qu'avait fait forger leur aïeul au temps de la prospérité des campagnes ? – compte tenu de la force des anciens usages qui imposent une certaine attitude face à l'adversaire, beaucoup de choses se sont transformées pendant le XIVe siècle. La principale nouveauté tient sans doute à la plus grande efficacité des armes de jet : l'arbalète, compliquée, fragile, mais précise et dont le trait, le « carreau », possède une effrayante puissance de perforation ; le grand arc, qui porte loin, fort et dont le tir est extraordinairement rapide – pour ne rien dire de l'artillerie, de ces armes à poudre, que les progrès de la métallurgie ont permis de construire, encore peu maniables, employées essentiellement pour les sièges, à la place des anciennes catapultes, et qui dans les batailles rangées agissent surtout par leur bruit, terrifiant les chevaux et les hommes. Ce perfectionnement des instruments d'attaque à distance a rendu dérisoire la protection de l'écu de cuir et de l'ancienne chemise de maille. Première conséquence : l'armure a dû s'adapter ; on a fixé sur le haubert, aux points les plus vulnérables, des plaques de fer ; d'abord juxtaposées, elles se sont ensuite organisées en un ensemble, l'« armure de plate », qui enferme le combattant dans une carapace, celle-ci suffisamment résistante, de plus en plus perfectionnée, munie d'articulations – de plus en plus lourde aussi. Au XVe siècle, une armure de type moderne pèse de soixante à quatre-vingts kilos et pour cela le guerrier est devenu incapable de s'armer lui-même, voire de se soutenir — incapable aussi de la plupart des gestes, obligé de marcher et de frapper droit devant lui, ne pouvant se relever s'il tombe à terre, s'enlisant si le sol est bourbeux. En outre, les possibilités de la cavalerie se sont notablement réduites, d'abord parce que nul cheval ne peut porter ni très loin ni très vite des cavaliers aussi pesants, et aussi parce que la monture, qui n'est pas cuirassée, est rapidement mise hors de combat par les traits des archers ou des arbalétriers. D'où l'importance croissante de la lutte au sol. Les chevaliers français s'adaptent lentement, gauchement, à travers de cuisants échecs, à la tactique nouvelle introduite par les Anglais : combattre en armure, mais à pied, avec des armes courtes, la masse d'armes ou l'épée. La supériorité de leurs ancêtres cavaliers s'estompe à mesure que grandit le rôle des fantassins : archers, coutiliers, qui, de leur hallebarde munie de crochets désarçonnent les cavaliers, attaquent au poignard, par les interstices de leur carapace, les gens d'armes lorsqu'ils sont tombés à terre, ou en les surprenant par le dos, puisqu'ils sont incapables de se retourner. Peu à peu, l'homme revêtu d'armure, le cavalier jouteur, jadis seul guerrier digne de ce nom, se trouve intégré dans un groupe de combat qui l'encadre : deux archers, maintenant montés pour être plus mobiles — et ce sont très souvent des nobles trop pauvres pour porter l'armure de plate — un coutilier — il arrive parfois au XVe siècle que des gentilshommes remplissent aussi cette fonction quelque peu répugnante — le valet et le page, chargés de l'entretien des armes et de la garde des chevaux pendant l'engagement. Cette équipe, on l'appelle la « lance », car elle s'ordonne encore autour de la pointe d'attaque dont est armé son chef.

Les ravages de la guerre

De tels changements n'ont pas été sans modifier la mentalité du guerrier. Si tenaces que soient les règles morales formées dans les joutes à l'ancienne mode, le combat, maintenant que l'on tue de loin, que la piétaille est meurtrière, perd peu à peu son apparence de duel, d'affaire d'honneur que l'on doit mener loyalement, sans « mal engin ». Au contact des spécialistes mercenaires, traitant la guerre en hommes de métier, soucieux d'efficacité, peu préoccupés — lorsqu'ils ne sont pas parvenus au faîte d'une carrière exceptionnelle — de courtoisie et de gestes chevaleresques, gens venus la plupart du temps des provinces les plus sauvages et des groupes sociaux les moins dégrossis, — par la lente contamination des attitudes xénophobes, face à des ennemis qui parlent un autre langage, — devant le comportement même des principaux adversaires, les Anglais, de mœurs plus brutales, accoutumés dans les guerres d'Écosse et de Galles à la lutte sans merci, — les chevaliers français prirent l'habitude de la ruse efficace, plus de mépris peut-être de la vie humaine. En tout cas, ils sont engagés dans des opérations d'une tout autre allure. Les batailles rangées préparées à l'avance sont de plus en plus rares. Les actions principales deviennent les chevauchées rapides, en surprise, les poursuites, les embuscades, un harcèlement d'escarmouches par petites bandes très mobiles — et surtout les sièges, qui forment désormais les épisodes majeurs de la guerre : on le voit bien dans les chroniques comme dans les enluminures des livres d'histoire. Sièges interminables, car les châteaux et les villes — les procédés de défense étant très en avance sur ceux de l'attaque — sont imprenables et le blocus rarement complet. Longs investissements de places fortes qui, chose nouvelle, étendent la saison des combats sur l'hiver et pendant lesquels l'assiégeant s'installe, dresse ses propres forteresses, ses propres logis face à ceux de l'ennemi. Mais temps de restrictions et de misères pour les assiégés, même après l'expulsion des bouches inutiles, périodes de désœuvrement et d'ennui pour les autres qui s'impatientent, sur qui tombent les maladies lorsque le mauvais temps dure, et qui finalement, enragés d'avoir tant souffert, massacrent les défenseurs lorsque la ville tombe enfin, pour avoir tenu trop longtemps. Ces sièges cependant fixent longuement les armées sur un point, pacifiant le reste du pays. Telle est la guerre nouvelle.

Infiniment moins destructrice que les conflits modernes, elle présente, somme toute, assez peu de dangers physiques pour les combattants, car malgré la recrudescence d'agressivité, malgré cette accoutumance croissante au meurtre et à la souffrance, la guerre est toujours essentiellement, plus que jamais peut-être, une course aux rançons, un grand jeu d'argent où l'on risque sa fortune dans l'espoir d'en gagner une autre, où les pauvres qui n'ont pas de quoi se racheter sont massacrés sans hésitation, mais où, avant la bataille, on s'entend à plusieurs pour capturer vivant le gros gibier et se partager les bénéfices. Il n'est pas question de tuer les vaincus quand on les sait bien nantis, ce serait tout perdre — et c'est par accident, dans l'affolement d'une victoire imprévue, effrayé par une fausse alerte qu'Henri V d'Angleterre, au soir d'Azincourt, fit passer par les armes la plupart de ses prisonniers : ruineux gaspillage qui fut longtemps déploré dans l'entourage du roi victorieux. Normalement, toute bataille s'arrête dès que l'adversaire abandonne le terrain. Pas de poursuite, les vainqueurs s'assurent de leurs prisonniers et ne voudraient à aucun prix les hasarder. Donc, pas de bataille décisive. Sauf malchance, par conséquent, le combattant noble conserve sa vie ; mais il risque de passer de longues années captif. Car la rançon est généralement très élevée (l'honneur commande de surenchérir dans les tractations qui suivent la défaite, car plus haut est le prix demandé, plus éclatante est la valeur du captif), trop élevée pour que le lignage puisse aisément en rassembler le montant, même en usant de la coutume féodale qui oblige vassaux et dépendants à « aider » exceptionnellement le seigneur quand il est prisonnier. Captivités plus ou moins pénibles, mais qui sortent durablement le chevalier de son milieu naturel, relâchent les liens habituels de la famille et de la vassalité — et qui sont également lassantes et coûteuses pour les « maîtres » obligés d'entretenir le prisonnier, qui souvent s'en débarrassent, cèdent leurs droits au rabais à d'autres geôliers. Cette coutume enfin entraîne un énorme mouvement de pièces d'argent et d'or en un temps où le numéraire est rare, détourne ces monnaies de leur circuit normal et par ces transferts désordonnés déséquilibre les fortunes nobles.

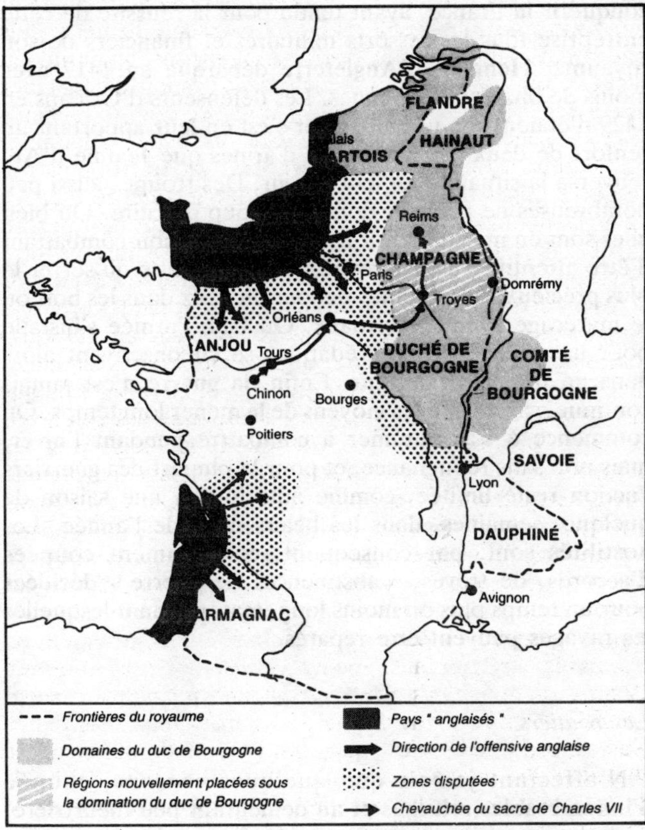

12. Le déchirement de la France, 1420-1430

Pour ceux qui ne la font pas, la guerre n'est pas non plus aussi ruineuse qu'on pourrait le penser. Les effectifs des armées sont, en effet, extrêmement faibles. Partant conquérir la France, ayant tendu pour la réussite de cette entreprise tous les ressorts militaires et financiers de son royaume, Henri V d'Angleterre débarqua en 1417 avec moins de onze mille hommes. Les défenseurs d'Orléans en 1429 n'étaient pas un millier, et c'est en leur apportant un renfort de deux cents hommes d'armes que Jeanne d'Arc renversa la situation en leur faveur. Des troupes aussi peu nombreuses ne peuvent donc beaucoup détruire. Ou bien elles sont en mouvement : il suffit alors au non-combattant d'être attentif, d'avoir prévu quelque cachette où serrer le plus précieux, de patienter un jour ou deux dans les bois ou le marécage avec les bestiaux. Ou bien l'armée s'installe pour un siège et les déprédations se circonscrivent alors dans un tout petit secteur. Enfin, la guerre n'est jamais continue, car nul n'a les moyens de la mener longtemps. On commence à s'accoutumer à combattre pendant l'hiver, mais non sans répugnance, et pour la plupart des guerriers l'action reste limitée, comme autrefois, à une saison de quelques semaines, dans les beaux mois de l'année. Les hostilités sont, par conséquent, constamment coupées d'accords, de trêves, « abstinences de guerre » décidées pour un temps plus ou moins long, mais pendant lesquelles les ravages peuvent être réparés.

Les routiers

N'affectant jamais que quelques cantons, coupée d'innombrables relâches et au demeurant peu meurtrière, la guerre nouvelle est pourtant désastreuse, beaucoup plus que les conflits féodaux de jadis. Elle est d'abord plus profonde et plus délibérément destructrice. Les incursions anglaises dans la première période de la guerre de Cent Ans ont été des expéditions de pillage systématique, avec de longs charrois menant le butin jusqu'aux bateaux. Puis, après les étonnants échecs qu'ils subirent dans les grandes batailles rangées à Crécy et à Poitiers, les Français répondirent à ces razzias par une nouvelle tactique : dévaster préalablement le pays, décourager l'ennemi en détruisant devant lui ce qu'il s'apprêtait à prendre. La guerre surtout est une guerre de professionnels, et c'est là le malheur principal. Le roi de France, le roi d'Angleterre, plus tard les princes ne se contentent plus des services soldés de leurs vassaux : au moment d'entreprendre une campagne, ils traitent avec des capitaines, entrepreneurs de combats, aventuriers de toute origine, anglais, allemands, bretons, comtois, basques, espagnols, lorrains, la plupart du temps nobles, qui, moyennant une subvention, mettent à leur disposition leur « compagnie », leur « route ». Groupe fortement uni sous l'autorité d'un chef d'autant mieux obéi qu'il est lui-même plus vaillant et qu'il sait combler et défendre ses hommes, une telle bande réunit une quinzaine, une trentaine d'hommes d'armes, rarement plus ; ce sont des nobles aussi, mais pauvres, ou bâtards, et quelquefois même d'anciens paysans ; des auxiliaires les accompagnent, valets, forgerons, un clerc toujours, pour tenir les écritures et donner la communion. Les routiers font la guerre et la font bien. Mais quand leur employeur ne peut plus payer, lorsque viennent les trêves qui les mettent en chômage, toutes les compagnies ne se dissolvent pas. La plupart, formées par des combattants maintenant déracinés, incapables de reprendre leur ancienne vie, continuent à piller pour leur propre subsistance, et avec plus d'âpreté car elles n'ont plus de solde. Elles se nourrissent du pays, vont plus loin quand il est exsangue, coupent les routes, traquent les caravanes marchandes, imposent aux communautés urbaines et paysannes des tributs réguliers, en échange d'une relative sécurité. Les compagnies, qui ont prolongé et approfondi les misères de la guerre, qui ont fait de la violence chose quotidienne, rendant les trêves plus douloureuses que les phases actives des conflits où les soldats sont au moins occupés à se battre entre eux et où quelques-uns meurent, ont été la plaie véritable. Recrudescence du mal après chaque paix générale : après Brétigny en 1360, « grandes compagnies » dont on ne sait que faire, qui se répandent dans les provinces épargnées, en Bourgogne, dans la vallée du Rhône, menacent le pape en Avignon, refusent de partir à la croisade et que Duguesclin parvient enfin à entraîner en Castille — après Arras en 1435, les « écorcheurs », les « retondeurs » « qui retondaient ce que les premiers avaient failli de happer et de prendre ». Brigands (le mot est du temps et vient d'une pièce de l'équipement militaire), mais dont les chefs ne sont pas au ban de la société — c'est parmi eux, il faut le rappeler, que se sont recrutés les compagnons de Jeanne d'Arc, — continuent de traiter avec les rois, se piquent de courtoisie, sont soucieux de prouesses, font parfois de beaux mariages, achètent des seigneuries quand ils sont avisés et meurent souvent dans la plus édifiante dévotion.

Désordres financiers

Enfin la guerre est désastreuse parce que, menée avec des moyens si médiocres, à petits coups, sans efforts prolongés, elle est pourtant terriblement coûteuse, dévoreuse de monnaie, et qu'elle ruine les finances des souverains. Ce fut avant tout pour solder les gens de guerre ou pour payer des dépenses nées de la guerre — l'énorme rançon du roi Jean fait prisonnier à Poitiers en 1356 — que dans les pays français s'installa l'impôt, la ponction régulière dans l'épargne privée pour les besoins du prince. Installation progressive, que beaucoup jugèrent scandaleuse et qui suscita, outre des résistances et de tenaces révoltes, d'interminables discussions entre les représentants du roi et les « états » du royaume. La gabelle du sel, les aides perçues dans les villes sur la vente des principales denrées de consommation, la taille levée par « feux » dans les campagnes détournèrent ainsi vers des dépenses improductives une forte partie de la monnaie en circulation. Ce prélèvement fut encore insuffisant et obligea les gens du roi à pratiquer d'autres expédients, dont le « remuement des monnaies », le changement de la valeur nominale des pièces. Or, ces manipulations, parce qu'elles étaient délicates dans un système de bimétallisme où les cours de l'or et de l'argent étaient d'une extrême variabilité, condamnées comme frauduleuses dans l'entourage même du souverain (pour l'édification de Charles V, Nicolas Oresme fonda sur la notion aristotélicienne du bien commun une théorie de la stabilité monétaire), désorganisèrent les prix et freinèrent de ce fait les échanges. Fiscalité et variations imprévisibles des valeurs conduisirent elles aussi au repliement, à la thésaurisation, aggravant le malaise économique que suscitait l'insuffisance de la production agricole. De la guerre, des déséquilibres psychologiques, sociaux, monétaires qu'elle engendre, autant que de ses dévastations, vient en bonne partie l'assombrissement des derniers siècles du Moyen Age.

Les pestes

Troisième fléau, plus redoutable encore, car nul ne savait d'où pouvaient venir les coups, ni comment s'en protéger : la maladie. L'hygiène mauvaise, — on avait quelques habitudes de propreté, mais la nourriture était irrégulière et déséquilibrée, les logis mal aérés et les parasites foisonnants, — des recettes médicales inefficaces ouvraient la porte aux épidémies. Celles-ci pourtant, au XIIe, au XIIIe siècle, n'avaient pas connu de développements catastrophiques, sans doute parce que la plupart des hommes mangeaient à leur faim et parce que l'organisme humain s'était accoutumé à des attaques morbides qui se présentaient sous des formes invariables et jouissait à leur égard d'une immunité lentement acquise. Cet équilibre biologique fut rompu au XIVe siècle. D'abord parce que la population, devenue trop nombreuse, insuffisamment alimentée, entra dans un état chronique de déficience physique, qui s'aggrava encore lorsqu'elle commença à être malmenée par la guerre, obligée à des exodes, à l'entassement derrière les murailles des villes assiégées. Mais surtout parce qu'une maladie nouvelle s'introduisit brusquement en Europe, la peste, sous ses formes buboniques et pulmonaires. La « peste noire », comme on l'appela, vint des échelles du Levant, véhiculée par les navires de commerce et pénétra en France au début de 1348 par Marseille et les ports du Languedoc. Puis le grand carrefour qu'était alors Avignon la diffusa de toutes parts. En dépit de toutes les précautions prises — malgré le repliement des villes, les cordons sanitaires aux portes, la fuite vers les asiles champêtres, malgré les grands feux d'herbes aromatiques que l'on croyait propres à désinfecter l'air, malgré les pénitences collectives, les processions de « flagellants » cherchant, en Flandre d'abord, puis en Picardie et en Champagne, à apaiser le ciel par des macérations publiques, et les massacres de juifs rendus responsables de la calamité quand on ne s'en prit pas aux ordres mendiants, malgré les recherches thérapeutiques des maîtres de la Faculté de médecine de Paris consultés par le roi — le mal gagna partout et connut son paroxysme dans l'été 1348. Terrible hécatombe : Froissart pensait, comme tous ses contemporains, que le tiers des hommes avait disparu dans cette saison. L'estimation parait trop forte pour les campagnes, mais inférieure à la réalité pour les villes. Les registres paroissiaux du petit bourg de Givry en Bourgogne montrent que la moitié de la population périt cette année-là (680 décès en août, septembre, octobre, alors que la moyenne mensuelle normale était de cinq, et la population totale sans doute de douze à quinze cents âmes) et la mortalité fut terrible dans les groupements plus serrés, monastères, chapitres cathédraux, corps de troupe : à Marseille, tous les franciscains moururent ; à Montpellier, sept dominicains survécurent sur cent quarante. Ce coup extraordinairement brutal — on en imagine les répercussions immédiates, la terreur, aggravée par la rapidité du mal qui s'attaquait d'abord aux plus vigoureux, le manque de prêtre, tout de suite, donc le désarroi des consciences, puis la durable défaillance d'un clergé privé des meilleurs, le manque de bras et la brusque hausse de tous les gages, l'arrêt des guerres dans toute l'Europe pendant six ou sept ans, l'énorme transfert successoral et cette sorte de frénésie vitale qui saisit les survivants — modifia pour longtemps les conditions de vie. Car la peste s'installa à demeure, avec des périodes de rémission, mais des retours offensifs périodiques – en 1361, en 1373, en 1380, etc. – pendant lesquels, de nouveau, on ne savait comment enterrer les morts.

Marasme des campagnes

Ce fut vert le milieu du siècle, quand les effets des trois calamités majeures commencèrent à se conjuguer, que la misère devint visible et se marqua de plus en plus. Dans les campagnes, les dévastations furent inégales. Très profondes seulement dans les provinces où les hostilités durèrent, la Normandie, l'Ile-de-France, les confins de la Guyenne, la Provence – mais le plus souvent temporaires, réparées avec persévérance dans l'intervalle des passages militaires et des mortalités. Elles modifièrent pourtant le paysage : destruction et abandon des lieux habités, recul de la vigne, progression des friches et des bois, parfois définitive comme en Puisaye ou dans la Dombes. Car la baisse de population fut forte et générale : on estime que la Normandie, peuplée d'un million et demi d'habitants à la fin du XIIIe siècle n'en aurait plus compté que 500 000 cent cinquante ans plus tard. Ce dépeuplement fut parfois total et durable sur de grands espaces : tandis que, en 1417, les trois derniers habitants d'une paroisse de Saintonge partaient se réfugier à Bordeaux, la moitié des villages de la haute Provence perdaient presque tous leurs habitants. Toutefois, les paysans qui n'étaient pas morts ou n'avaient pas fui se trouvaient en réalité, parce qu'ils étaient beaucoup moins nombreux, en bien meilleure posture. L'espace était plus large ; ils pouvaient abandonner les mauvaises terres, concentrer leur exploitation sur les meilleures. Si les pays ingrats se vidèrent, dans les plus fertiles, l'immigration effaça très vite les effets du dépeuplement. Partout, les cultivateurs purent tenir tête aux seigneurs. En fait, quand, après chaque alerte, les chevaliers et leurs régisseurs battaient le rappel des travailleurs et dirigeaient la remise en culture, la réparation des masures et la plantation de nouvelles vignes, la reconstruction des seigneuries se fit à l'avantage des rustres. C'est ainsi que la plupart de ceux dont les ancêtres, à l'orée du XIVe siècle, étaient encore enserrés dans un servage héréditaire, « questaux » d'Aquitaine, « hommes couchants et levants » des campagnes bourguignonnes, parvinrent à s'en délivrer — en s'enfuyant loin de leur résidence pour aller occuper des terres vacantes dans les pays dépeuplés, en s'arrangeant à l'amiable avec le maître de leur corps, tenaillé lui-même par ses propres difficultés. Dès le milieu du XVe siècle, le servage ne fut plus en France qu'une survivance sporadique. D'autre part, le loyer de la terre fut allégé — par le seul avilissement des monnaies, mais aussi par accord avec le seigneur : quand, pendant les abstinences de guerre, il s'agissait de trouver de nouveaux preneurs pour les tenures désertes, les villageois, tous solidaires, refusaient de les accepter sans une réduction des cens; souvent, le métayage, qui s'était répandu pendant la prospérité rurale du XIIIe siècle, fut remplacé par un léger fermage en argent. Rassemblés en communautés familiales peut-être plus étroites qu'avant les temps difficiles, les cultivateurs, à la fin de la guerre de Cent Ans, travaillaient presque tous des exploitations plus vastes, plus concentrées et de meilleur rapport. Vivaient-ils aussi misérablement que leurs ancêtres? En 1465, c'est-à-dire à un moment où bien des plaies étaient déjà cicatrisées, l'Anglais John Fortescue s'étonnait, en traversant la France, de voir les paysans, vêtus de légers haillons, boire de l'eau pure, se nourrir de pommes et de pain de seigle, ne jamais manger de viande sinon du lard, des tripes, les têtes des animaux abattus pour les bourgeois et les nobles; mais ses préjugés le rendaient sans doute peu lucide. Un peuplement plus clairsemé, la régression sensible des espaces cultivés, mais de plus fortes solidarités familiales, moins de vrais pauvres, une aisance moyenne, une tendance accusée certes dans les communautés d'exploitation à réduire les échanges avec l'extérieur, le poids plus lourd de l'impôt rural, mais des ménages dont l'équipement est sans doute moins rudimentaire que cent ans plus tôt : tel est au

XVe siècle, après les mortalités et les exodes, le nouveau visage des campagnes françaises.

A l'intérieur des enceintes urbaines, parmi les maisons, la campagne reste présente, avec les bestiaux, les cuves à vendange, les jardins et les parcelles labourées (plus nombreuses certainement car le dépeuplement a rendu les constructions moins denses et parce que le ravitaillement est plus hasardeux et la hantise de la faim plus obsédante). Pourtant la ville est plus franchement qu'autrefois séparée du monde rural. Plus strictement close, étroitement cernée par les remparts car les faubourgs ont été détruits devant les ennemis, Anglais ou routiers — moins exposée aux périls de la guerre (prise, elle subit entièrement le pillage et le viol, mais les murailles sont bonnes et, sauf surprise ou trahison, il faut pour les réduire plus de patience que n'en ont d'ordinaire les capitaines), c'est un refuge, un îlot de sécurité où les plus misérables, les déracinés, les épaves de la société rurale essaient de se glisser — rarement avec succès car les bourgeois ferment leurs portes aux gens du dehors, bouches nouvelles qu'il faudrait nourrir dans les disettes et qui peut-être portent les germes de la peste. En effet, la ville n'échappe ni aux calamités ni aux inquiétudes. Elle est plus violemment frappée par les mortalités ; elle est plus anxieuse de subsistance ; elle est surtout affectée dans sa fonction essentielle par le dérèglement du mouvement commercial.

Stagnation commerciale

Depuis la fin du XIIIe siècle, la géographie des affaires s'est sensiblement modifiée en Occident. La grande industrie drapière de Flandre et d'Artois est entrée en décadence pour des raisons multiples, mais dont la plus déterminante est sans doute un changement de mode : le discrédit des draps lourds auxquels les gens soucieux d'élégance ont préféré les soieries, les étoffes plus légères de laine ou de lin, doublées de fourrures. Marasme à Douai, qui décline rapidement. Arras ne tombe pas tout à fait, car une fabrication nouvelle s'y installe dans le cours du XIVe siècle, celle des tapisseries de haute lisse, désormais parures indispensables de demeures princières. Mais, d'une manière générale, la préparation des tissus s'est dispersée dans un grand nombre de petites centres urbains et souvent, d'une manière plus diffuse encore, à la campagne où le travail échappait à la réglementation trop stricte des métiers, où surtout les salaires, simple appoint de morte-saison pour des paysans besogneux, étaient beaucoup plus bas. Largement dispersée hors de France, l'industrie textile fut désormais, en France même, beaucoup plus disséminée, avec quelques zones plus actives, en Normandie, en Champagne, en Bresse, dans le bas Languedoc. Un autre nœud majeur de l'ancien système économique se relâcha, les foires de Champagne. Dès 1270, le grand commerce européen avait cessé de s'organiser tout entier autour d'elles; elles conservèrent leur fonction financière quelque temps encore, jusque vers 1310, puis la perdirent ensuite très rapidement. En fait, à partir du XIVe siècle, l'économie d'échanges prend en Occident plus de complexité. Elle n'est plus rassemblée aussi simplement autour de l'axe routier Flandre-Italie, qui, traversant les pays français, avait fait jusqu'à présent leur étonnante prospérité. Ceci tient au cloisonnement politique, à l'isolement progressif des royaumes, où les souverains, qui cherchent par tous les moyens à drainer les pièces d'or vers leurs caisses, s'essaient maladroitement à diriger le commerce au long cours et le désordonnent. Ceci tient aux guerres, au déséquilibre qui, depuis le retour au bimétallisme, affecte le système monétaire, à l'établissement de nouveaux itinéraires marchands : liaison directe, que rendent possible les progrès de la technique maritime, entre les ports italiens, l'Angleterre et la mer du Nord, aménagement des pistes alpines qui permettent aux négociants italiens de gagner les Pays-Bas par la Suisse, le plateau bavarois et la vallée du Rhin. Jadis carrefour commercial de la chrétienté, la France se trouve maintenant un peu à l'écart, et les grands foyers économiques, les aires de prospérité majeure où la pratique des affaires se renouvelle ne sont plus chez elle, mais en Italie, autour de la mer du Nord, dans les royaumes ibériques.

La paralysie de l'activité commerciale dans les pays

français est, en partie, la conséquence du déplacement des grands circuits. Mais ses causes profondes sont (beaucoup plus que la guerre elle-même, qui ne mit jamais un obstacle absolu aux déplacements marchands puisque les petits secteurs d'hostilité pouvaient être contournés) avant tout la pénurie de numéraire, liée étroitement au désordre monétaire, et d'autre part l'abaissement du pouvoir d'achat dans l'ancienne aristocratie des chanoines et des seigneurs ruraux provoqué par les gaspillages de la guerre, par le repli de la production agricole et le moindre rendement des seigneuries. En vérité, ce marasme n'est pas absolument général. Quelques lieux de grande prospérité marchande subsistent. Ce sont les capitales politiques, ces points privilégiés ou, drainé par les nouveaux moyens fiscaux, tout l'or des impôts vient converger, se déverser entre les mains du prince, des ses familiers, de ses domestiques, de ses hôtes, car, levé sous prétexte de guerre, il se dépense surtout dans le luxe et les fêtes. Petits centres de principautés féodales encore vigoureuses, tel, au temps de Gaston Fébus, Orthez, capitale du Béarn. Mais surtout deux foyers majeurs : Avignon, la cité du pape et des maisons cardinalices, qui par le chemin de Durance et par Marseille participe à l'activité italienne, et que la chrétienté entière, avant le schisme, alimente en métaux précieux — ; Paris, la ville qui ne cesse de croître (200 000 habitants, peut-être davantage au début du XVe siècle) et qui, à cause de la présence de la Cour royale, s'est substituée aux foires de Champagne comme principale place de commerce et d'argent entre les Alpes et les Pays-Bas. Dans ces quelques villes où les compagnies italiennes ont leurs mandataires, les affaires sont meilleures que jamais. Un groupe de grands négociants y prospère, fournisseurs du prince, intéressés de très près à ses finances, dont, en échange d'avances de monnaie, ils contrôlent pratiquement la gestion. Ces îlots cependant sont exceptionnels au milieu d'une commune médiocrité.

Déclin de l'activité urbaine

Les autres villes sont en déclin. Ruines, maisons branlantes par quartiers entiers en attestent l'appauvrissement. Les rôles d'imposition montrent d'une part l'étonnant fléchissement de la population — à Toulouse, 40 000 habitants au seuil du XIVe siècle, 20 000 seulement cent ans plus tard — et, d'autre part, la dissolution des grandes fortunes. Leur clientèle se raréfiant de par la gêne des nobles, artisans et revendeurs ont la vie beaucoup plus dure. Ils cherchent un remède à leurs difficultés dans le renforcement des contraintes professionnelles. Dès le début du XIVe siècle, les associations de métier se sont durcies, enserrées dans un réseau de règlements tatillons, se sont fermées aux nouveaux venus. Ainsi en 1318 les échevins d'Arras décidèrent que dorénavant on ne recevrait au métier des poissonniers de mer « plus de confrères qu'il y a orendroit, s'ils ne sont enfants âgés de confrères et nés de loyal mariage, et rien d'autre... pour esquiver le trouble et l'inconvénient qui était en la ville, grevable au profit commun... pour la grande quantité qu'il y avait de confrères au dit métier et qui chaque jour accroissait, par quoi les denrées en enchérissait »[1]. Mais cette réaction aveugle, qui sclérose les procédés de fabrication, qui paralyse les initiatives aventureuses en protégeant les entreprises les plus faibles et les plus routinières, aggrave encore le marasme. Régression donc, et fort nette. Le marchand des cités provinciales françaises paraît, quand on compare son activité, sa mentalité, ses façons de vivre à celles des Italiens de son temps, singulièrement retardataire. Sa clientèle est petite, car, pour satisfaire leurs besoins essentiels, les hommes qui pour la plupart exploitent un lopin de terre et s'associent avec des éleveurs pour se pourvoir directement de viande et de laine se passent de son intermédiaire en ce temps de repliement. Il vend de tout, sans pouvoir se spécialiser, car son rôle varie selon les fluctuations de la production agricole locale : fournisseur en année grasse des quelques denrées que le domaine ne peut pas produire, l'huile, le sel, les poissons séchés en période de jeûne, les étoffes surtout, il devient, en temps de disette, essentiellement pourvoyeur de grains. On le voit souvent sur les

1. G. Espinas, *Les Origines du droit d'association dans les villes de l'Artois et de la Flandre française*, t. II, n° 46.

routes convoyer encore lui-même ses marchandises. Très peu de personnel, des méthodes de comptabilité archaïques (l'usage des chiffres arabes ne s'introduit, et très lentement, qu'après 1430) ; une vie d'extrême rusticité, pas de livres, sinon quelques ouvrages de piété en langue vulgaire ; pas d'œuvres d'art, sinon quelques grossières images religieuses ; le seul luxe, des draps d'apparat à tendre sur les murs, un costume de tissu plus riche. Et dès que le marchand a rassemblé un peu d'argent, il achète de la terre, cette terre qui est le meilleur investissement puisqu'elle assure le bien premier, la sécurité de la subsistance. L'idéal de l'homme de commerce est de devenir dès qu'il le peut seigneur foncier, de mener la vie noble, oisive et champêtre. On ne saurait discerner dans son attitude à l'égard de la richesse la moindre préfiguration de l'esprit capitaliste.

Affaissement général des fortunes

Stagnation des techniques, recul de la production et des échanges : le mouvement d'ascension sociale, si vif au XIIIe siècle, est maintenant à peu près arrêté. Dans les décennies qui jusque vers 1380 ont suivi le renversement de la tendance, sous les premiers chocs des mutations monétaires, de la guerre, de la peste, quelques spasmes ont agité le corps social. Désarroi des années 1349, 1350, 1351, aussitôt après le passage de la peste noire, quand le gouvernement royal essaya, avec de pauvres moyens, de ramener l'ordre dans les prix et sur le marché du travail — révoltes paysannes, la Jacquerie de l'Ile-de-France en 1357, les Tuchins de Languedoc en 1381, réflexes de rage incontrôlée devant une misère trop grande, insurrections de quelques-uns qui, après avoir massacré dans leur fureur gens du roi et seigneurs, s'affolèrent, ne surent que faire, tuèrent à tort et à travers et, pour n'être pas seuls coupables, forcèrent les autres à les suivre, mouvements sans chefs, sans programme, sans espoir et finalement piétinés par les gens d'armes — soulèvement de bourgeoisie à Rouen, à Paris contre les taxes en 1380, quand on s'aperçut que la machine fiscale continuait de fonctionner, en dépit des promesses que Charles V, qui considérait encore la levée des impôts comme une mauvaise action, avait faites en mourant. Mais après ces soubresauts sans répercussions profondes, la dépression économique s'est marquée dans la structure sociale par un rabaissement général.

Dans les villes, sauf à Paris, les grosses fortunes se sont défaites et si le groupe des misérables, de ces gens sans aveu tenus à l'écart de la communauté bourgeoise, mendiants inscrits au matricule des églises pour les distributions de secours, écumes de la misère et de la guerre, s'est beaucoup gonflé, la distance s'est restreinte entre les « gros » et les « maigres », et la tension est moins forte que dans le XIIIe siècle finissant. Dans la noblesse, même affaissement. Plus que les paysans, les hobereaux de village ont pâti de la dévastation des campagnes : patiemment reconstruite après chaque calamité, la seigneurie foncière rapporte pourtant de moins en moins; le produit des dîmes et des prestations s'est amoindri, les cens ont perdu de leur valeur. Moins de pouvoirs, moins de ressources, autant de besoins d'argent sinon plus. Or, à la guerre, sauf pour certains capitaines et les routiers sortis de très bas, profits et pertes se compensent en un jeu où, comme dit Froissart, « gagnaient une fois les uns et pas les autres, ainsi que telles aventures adviennent en fait d'armes ». Les familles chevaleresques subirent ici et là des chocs brusques : une rançon que l'on met des années à payer et qui ruine définitivement toute la parenté, — une bataille plus meurtrière que les autres, comme Azincourt ou Verneuil, — l'exil pour des gentilshommes qui, soucieux de ne pas trahir leur foi envers le roi, leur naturel seigneur, préférèrent quitter les provinces « anglaisées ».

Nombre de lignages s'éteignirent donc ou virent leur seigneurie passer aux mains des communautés religieuses enrichies par les donations pieuses et les fondations funéraires (car la prodigalité aumônière ne fut en rien freinée par la misère du temps) — aux mains d'aventuriers heureux ou de quelques bourgeois à l'affût d'un bon placement. Mais, dans l'ensemble, ce fut pour tous, du XIVe au

XVᵉ siècle, un enfoncement continu, non point dans la médiocrité, car noblesse est toujours largesse, dépense, amour de la parure et vertu de gaspillage, mais dans des difficultés financières, des embarras qui ne trouvaient leur solution que dans la course aux grosses dots, aux pillages, aux pensions distribuées par les princes.

Les enrichis

De ce commun fléchissement émergent cependant quelques enrichissements individuels, quelques hommes dont les mains sont pleines d'or et dont la fortune, sur le fond de misère, paraît plus éclatante, plus scandaleuse. Ces heureux des temps difficiles sont d'abord quelques entrepreneurs de guerre, tel ce capitaine engagé dans les combats bretons du milieu du XIVᵉ siècle « qu'on appelait Croquart, qui avait été en son commencement un pauvre garçon et longtemps page du Seigneur d'Ercle en Hollande » et qui « se porta si bien que, à une rencontre où ils furent, son maître fut tué ; mais pour le vasselage de lui, ses compagnons l'élurent pour être capitaine au lieu de son maître et y demeura. Depuis, en bien peu de temps, il gagna tant et acquit et profita par rançons, par prise de villes et de châteaux, qu'il devint si riche qu'on disait qu'il avait bien la finance de soixante mille écus, sans les chevaux dont il avait bien en son étable vingt ou trente, bons coursiers et doubles roncins. Et avec cela il avait le renom d'être le plus appert homme d'armes qui fut au pays... Et lui fut promis du roi de France que, s'il voulait devenir français, le roi le ferait chevalier et le marierait bien et richement, et lui donnerait deux mille livres de revenus par an, mais il n'en voulut rien faire » [1]. Tel, cinquante ans plus tard, Perrinet Gressart, fils sans doute d'un humble agent des finances royales, routier d'abord puis capitaine, qui prit et garda comme son bien la place forte de La Charité-sur-Loire, en fit le cœur d'une principauté solide, plaça ses profits dans des seigneuries

1. FROISSART, *Chroniques*, CCCXXV.

foncières et plaida longuement pour défendre ces domaines, qui s'intitulait noble homme — car, comme le dit le Jouvencel, « armes ennoblissent l'homme quel qu'il soit » — et mourut riche, honoré de tous. Mais la vraie richesse, abondante, sûre, est pour les familiers des princes. Participer au pouvoir, être directement branché sur le circuit de la fiscalité, avoir sa main dans les coffres que gabelle, aides, maltôte remplissent toujours, quels que soient les malheurs et les dangers, de cette monnaie qui partout manque, est le meilleur moyen de faire durable fortune. A tous les niveaux. Petitement dans les capitales locales, comme, par exemple, pour cet Hugues Jossart, bachelier ès lois, d'abord procureur de l'archevêque de Lyon, puis lieutenant du bailli royal, enfin conseiller du roi dans sa ville, qui acquit plusieurs terres nobles et fut lui-même anobli par Charles VI en 1398. Beaucoup plus brillamment autour du souverain — et c'était le cas d'un Arnaud de Corbie, conseiller puis président au Parlement de Paris avant d'avoir la chancellerie, qui triplait son gros traitement régulier par des gages extraordinaires et qui recevait en toute occasion des cadeaux, des sinécures lucratives. Scandaleusement enfin, comme pour ces nobles de la maison des princes qui tournent à la Cour dans un tourbillon de folle profusion.

Désarroi des consciences

Autre sujet d'inquiétude pour ces hommes au ventre creux, à la bourse vide, jaloux de ceux, très rares, qui vivent trop facilement de la misère de tous : le sentiment de n'être plus dirigés par leurs guides naturels. Et d'abord par l'autorité religieuse. Depuis longtemps, on raillait en France un pape trop italien, trop préoccupé de puissance temporelle, de profits de finance, trop solidaire apparemment des intérêts des sociétés bancaires de Sienne ou de Florence. Au début du XIVe siècle, les reculades de Boniface VIII devant le roi Philippe avaient, en crevant la boursouflure des prétentions romaines, détruit d'un seul coup bien des habitudes de déférence. Puis pour plaire au roi, la Cour pontificale se transporta à Avignon, s'y fixa et investit tant d'argent dans les constructions que l'établissement parut définitif. Cette résidence n'était pas proprement dans le royaume, mais à sa porte, en pays français, entouré de cardinaux en majorité aquitains, qui craignaient l'Italie, ses *bravi* et ses miasmes, le Saint-Siège fit dès lors partout figure de satellite soumis. Scandale dans toute l'Europe, mais si grand profit moral et matériel pour le gouvernement royal qu'en 1378, quand il parut que la « captivité de Babylone » allait prendre fin et que le pape se préparait à retourner définitivement à Rome, Charles V, qui ne pouvait s'y résoudre, n'hésita pas à brouiller les élections et à provoquer un schisme. Le choc fut brutal et d'immenses conséquences. Deux papes affrontés. Bientôt trois, chacun excommuniant l'adversaire et tous ses partisans. Devant leur obstination, leur mauvaise volonté à rechercher l'entente, mûrirent lentement dans l'université de Paris les thèses conciliaires, l'idée que le pouvoir pontifical, comme celui des rois, doit être contrôlé, quand il a tendance à devenir tyrannique, par l'assemblée des fidèles représentés par les plus sages. A vrai dire, la mise en question de l'autorité pontificale ne fut clairement exprimée que dans quelques cercles très restreints d'intellectuels et d'hommes de pouvoir. Pour la masse des croyants — qui ne perçurent de ces déchirements que les échos lointains, déformés en s'enfonçant dans des zones d'intelligence de plus en plus frustes — il n'y eut jamais qu'un pape et un vrai. Toutefois des inflexions durables se dessinèrent. L'Église de France prit peu à peu l'habitude, depuis l'adhésion aux actes de Philippe le Bel jusqu'au mouvement de « soustraction d'obédience » lancé à la fin du XIVe siècle pour contraindre au compromis les pontifes concurrents, de former un corps indépendant, rangé derrière le roi. En outre — et ceci va plus loin — les doutes soulevés à propos du magistère pontifical, ces antagonismes de grands prélats, encouragèrent une tendance déjà puissante, celle qui poussait les fidèles à vivre leur religion en dehors de l'encadrement de la hiérarchie, dans une attitude de piété individuelle, intime, à rechercher un contact direct avec Dieu. Mysticisme populaire aux formes plus ou moins évoluées, exacerbé en temps de peste par les angoisses superstitieuses, largement propagé dans le Midi par la prédication errante des Spirituels, ces dissidents franciscains, ennemis farouches du pape d'Avignon.

Crise de l'autorité royale. Les princes

Beaucoup plus sensible, clairement perçue celle-ci non seulement par quelques initiés proches du pouvoir mais, au moins en certaines périodes critiques, par tous les féodaux et toute la population des bonnes villes, origine de troubles matériels qui affectèrent plus ou moins chacun, fut la défaillance de l'autorité royale. Une question toute nouvelle s'est trouvée posée au seuil du XIVe siècle et l'est restée, plus ou moins préoccupante, pendant plus de cent ans : celle de la légitimité de celui qui se disait roi. Affaire de race et de succession, car le caractère héréditaire de la dignité royale n'était pas mis en doute. Par un hasard étonnant, tous les rois depuis Hugues Capet avaient eu un garçon pour leur succéder. Mais les trois fils de Philippe le Bel ne laissèrent en mourant que des filles. A la mort du dernier, les barons et les évêques élirent un cousin, Philippe de Valois, le plus proche descendant mâle de saint Louis qui fût aussi « du royaume ». Le choix était arbitraire : il existait d'autres prétendants aux droits sûrs. Édouard III, roi d'Angleterre, Charles le Mauvais, roi de Navarre. Ce fut un prétexte pour tous ceux que mécontenta le roi « trouvé » pour se rebeller, transférer leur hommage, rompre leur fidélité, former des partis hostiles. Le changement de dynastie, outre qu'il établit sur le trône des souverains sans expérience, à la tête légère et, parfaits représentants de l'insouciance chevaleresque, habitués au gaspillage noble, introduisit une dangereuse fissure dans le loyalisme, Philippe VI, Jean le Bon et même, au début de son règne, le maladif et méfiant Charles V vécurent entourés de factions, jamais sûrs de leurs vassaux, dans la crainte du poison ou des sortilèges, de ces manières insidieuses de tuer qui d'Italie commençaient à pénétrer en France. Une nouvelle crise éclata au début du XVe siècle. Non que personne ait jamais cru aux droits héréditaires revendiqués par le roi d'Angleterre Henri V pour justifier son entreprise de conquête, mais du fait de la présomption de bâtardise qui, fondée sur de troublants témoignages, pesait sur le dauphin et qui ne se dissipèrent qu'après le sacre de Reims — le résultat le plus décisif de l'aventure de Jeanne d'Arc. Tous ces doutes, renforcés par les échecs militaires des souverains, interprétés comme les signes de la condamnation divine de l'usurpateur, cette incertitude qui s'insinuait au profond du peuple (« étron, étron de roi et de roi ; nous n'avons roi que Dieu ; crois-tu qu'ils aient loyalement ce qu'ils ont ? ils me taillent et me retaillent« disait publiquement en 1385 Guillaume le Juponnier, d'Orléans, « pauvre homme chargé de femme et de quatre enfants[1] » mirent la royauté en état de moindre résistance face à deux forces hostiles.

Non plus la féodalité, inoffensive — mais d'abord les « états » dont le rôle avait grandi avec les embarras financiers nés de la guerre et qui furent un moyen d'expression et d'action, sinon pour toutes les classes dirigeantes, du moins pour les gens des villes, et plus exactement pour la bourgeoisie parisienne. Puissance notable à elle seule en vérité, inspirée par les réflexions politiques des universitaires et soutenue par le petit peuple de la capitale, las des impôts et mieux informé que personne du gaspillage de la Cour. A deux reprises — sous la conduite d'Étienne Marcel entre 1355 et 1358, dans les années difficiles qui encadrent le désastre de Poitiers où fut capturé le roi Jean, et en 1413, au fort de la rivalité entre les factions princières, dans le tumulte et l'émeute dirigée par les bouchers — les Parisiens tentèrent d'instaurer un régime de monarchie tempérée, où la levée et l'utilisation des taxes auraient été étroitement contrôlées par les États. Tentatives vaines et qui ne prirent quelque gravité que quand un prince chercha à en tirer

1. *Choix de pièces inédites du règne de Charles VI*, I, p. 59.

profit : Charles le Mauvais au XIVe siècle, au XVe le duc de Bourgogne Jean sans Peur, qui savaient parler en public — dans ce milieu de grande ville où la harangue était alors le moyen le plus efficace de remuer les consciences. La véritable force adverse qui minait le pouvoir royal venait, en effet, des princes. La grande féodalité était morte — mises à part les principautés vraiment étrangères qu'étaient devenues la Bretagne, la Flandre, la Guyenne et, à la périphérie du royaume, les seigneuries des Pyrénées. Restaient les proches parents du roi. Prétendants éventuels à la couronne, ils ne pouvaient être châtiés par les moyens ordinaires ; ils tiraient une partie de leur puissance de leur apanage, de ces portions du domaine royal qu'il était d'usage de donner aux cadets pour les aider à tenir leur rang et que, prodigues, les Valois avaient faites trop belles ; ils la tiraient aussi des grands commandements qui leur étaient confiés de surcroît, et surtout de leur privilège d'accéder directement au roi, de profiter de son affection, ou tout au moins de cette bienveillance que l'on ne peut refuser à ceux de son lignage, d'obtenir de lui toutes sortes de faveurs personnelles, de passe-droits, de pardons. Cette puissance se développait dangereusement quand le roi était faible, trop jeune ou malade, car le prince alors pouvait disposer des ressources et du personnel du royaume pour faire sa politique propre. Certains princes ne songèrent qu'à bien vivre, tel, parmi les frères de Charles V, ce doux égoïste à la prodigalité prestigieuse que fut le duc Jean de Berry ; d'autres menèrent au loin les aventures, comme les Angevins, maîtres de la Provence et fascinés par le royaume de Naples. Mais au début du XVe siècle, le prince le plus dangereux, car sa puissance tendait à éclipser celle du roi lui-même, car ses possessions formaient un État véritable, à demi seulement incorporé dans le royaume et où germait une espèce de sentiment national opposé à celui qui pointait alors dans les provinces royales, était bien le duc de Bourgogne, maître des Pays-Bas.

Ce malaise provoqué par le fléchissement des cadres traditionnels ne fut jamais si grave qu'entre 1410 et 1435. Le roi fou, les princes et les nobles partagés en deux clans antagonistes, Armagnacs et Bourguignons, par des meurtres que la justice royale ne peut punir, leurs instigateurs étant trop haut placés, l'invasion anglaise, le dauphin désavoué par ses parents, le schisme, le concile dressé contre le pape – une inquiétude qui gagne les couches sociales les plus humbles, qui jusqu'à Domremy, aux extrémités du royaume, trouble la conscience d'une petite paysanne sans culture. C'est aussi le fond de la misère, les gens de guerre partout, la mortalité réveillée et « pour réconforter les pauvres gens, on rétablit ces enfants de l'ennemi d'enfer, c'est à savoir : impositions, quatrième et maltôtes; et ceux qui furent chargés de les administrer étaient gens oiseux qui n'avaient de quoi vivre et qui taxaient tout si près que toutes les marchandises cessaient de venir à Paris tant à cause de la monnaie que des impôts. A cause de cette cherté, on faisait à Paris de longues plaintes. Et sur les fumiers de Paris en 1429 on aurait pu trouver ici dix, ici vingt ou trente enfants, garçons ou filles, qui là mouraient de faim et de froid, et il n'était si dur cœur qui, les entendant la nuit crier : hélas! je meurs de faim, n'en ait eu grand pitié; mais les pauvres ménagers ne pouvaient les aider car on n'avait ni pain, ni blé, ni bûche »[1].

2. Le legs de l'âge gothique

Ce furent là à vrai dire des années d'exceptionnelle misère. Imaginer sous des teintes aussi sombres tout le XIVe siècle serait prêter sa seule attention aux défaillances et aux plaies que chroniqueurs, mémorialistes et prédicateurs décrivent avec complaisance, oublier tout ce qui dans le quotidien reste sain, équilibré, vivace. Certes, les contemporains de Philippe VI et de Charles V ont perdu cette sécurité dans l'aisance qui avait fait la plénitude du « siècle de Saint Louis ». Certes, dans tous les milieux sociaux la culture est en régression sensible, refoulée par les difficultés de la vie matérielle et la brutalité des temps de

1. *Journal d'un bourgeois de Paris*, année 1429.

guerre, et les mœurs sont sans doute devenues plus rudes, avec cette accoutumance à la douleur physique qui rend moins surprenantes les atrocités du début du XVe siècle. Pourtant cette période est moins stérile, plus fidèle à la tradition du Moyen Age classique qu'on ne l'a dit et qu'il ne paraît à première vue. Protégés, sinon des pestes, du moins de la faim et des dommages de la guerre, maints îlots de facilité subsistèrent autour des capitaines heureux, dans les communautés religieuses urbaines bien pourvues d'aumônes et de rentes, pour ne rien dire des cours d'Avignon et de Paris. Aussi les grandes formes de l'art, tous les courants de pensée qui s'étaient épanouis à l'époque précédente poursuivirent-ils sans défaillance sensible leur évolution. Avec toutefois moins d'ampleur, un rétrécissement marqué, et une tendance surtout à s'éloigner peu à peu de la réalité quotidienne. Tandis que, en quelques points très privilégiés, s'élaborait une culture nouvelle, exquise, mais celle-ci réservée à une élite très restreinte et tout à fait coupée du monde.

Le « Roman de la Rose » et les « Chroniques » de Froissart

Deux livres — à mon sens les maîtres livres de ce temps — font parfaitement saisir la persistance de la tradition. Le premier, qui se présente lui-même comme l'aboutissement de toute la littérature courtoise, fut composé entre 1265 et 1290, à l'orée donc de la période difficile, mais pendant tout le XIVe siècle il jouit de la vogue la plus vive : c'est la continuation par Jean de Meung du *Roman de la Rose*. Dans l'autre, les *Chroniques* de Jean Froissart, toute la bonne société de l'époque s'est reconnue avec complaisance. Mais à vrai dire, le ton est bien différent dans chacun de ces ouvrages, qui correspondent aux deux pôles de la culture « gothique » : scolastique ironique chez Jean de Meung, idéal chevaleresque chez Froissart.

Dans la seconde partie du *Roman de la Rose*, le XIVe siècle a trouvé, mises à la portée de chacun, et spécialement de ces gens de Cour qui, sans être allés aux écoles, étaient curieux de savoir, toutes les connaissances accumulées par l'Université au XIIIe siècle. Pour les deux tiers, les 18 000 vers que Jean de Meung ajouta aux printanières séquences de Guillaume de Lorris, sont traduits des *auctores*, des classiques latins et surtout d'Ovide, mais aussi des grands penseurs de l'École nourris d'Aristote, Abélard, Alain de Lille, Guillaume de Saint-Amour. C'est une « somme », une encyclopédie où acquérir sans peine la culture qu'il est bon d'afficher, où satisfaire cette curiosité qui s'est éveillée à la génération précédente. C'est aussi quelque chose de plus, la plus frappante expression de l'un des versants de l'esprit médiéval, du côté raisonneur et critique, cette conquête du XIIIe siècle. Trois allégories principales — car, comme tous les littérateurs de son temps, Jean de Meung ne présente d'idées abstraites que personnifiées — : Vénus, qui est l'invitation à l'amour, mais à l'amour sans détour, sans complications, sans refoulement, l'amour débridé des fabliaux ; et surtout Raison et Nature, qui véritablement mènent le jeu. Au nom de ces deux principes venus d'Aristote, conventions sociales et habitudes de pensée sont remises en question. Toutes les manières courtoises sont critiquées avec violence, et la femme ramenée à la position déprimée qu'elle occupe en réalité dans une société restée très masculine, particulièrement dans le monde des gens d'étude et des gens de guerre. La conception du pouvoir et de la hiérarchie sociale comme l'image d'un roi gouvernant pour le bien commun répondent aux spéculations des théoriciens de la politique ; tandis que la vraie noblesse, de cœur et d'âme, est opposée à l'aristocratie de naissance, qui n'est que vanité : « si quelqu'un me contredisant et de sa race se targuant vient me dire que le gentilhomme (puisque ainsi le peuple le nomme) est de meilleure condition par son sang et son extraction que ceux qui la terre cultivent... je réponds que nul n'est racé s'il n'est aux vertus exercé... ». En outre, le mysticisme des frères mendiants est pourfendu, sous l'apparence de Faux-Semblant, alors qu'est exalté un christianisme intellectuel et équilibré, une piété d'action et qui ne se sépare pas du monde. Tous les hommes éclairés ont utilisé ce manuel de sagesse facile et d'ironie consolante, et dans les années 1401-1402 — alors que sa virulence, loin de s'être émoussée, devenait, au contraire, plus apparente ; alors que l'on était plus sensible à ce qui pouvait se trouver de libérateur dans la critique sociale, dans la référence aux grands hommes de la Rome païenne, en un temps où bien des valeurs anciennes commençaient à vaciller — l'œuvre de Jean de Meung était l'objet d'un débat passionné parmi les gens de lettres : adversaires, les tenants de la courtoisie comme Christine de Pisan, les défenseurs d'une religion sentimentale et respectueuse, comme Gerson ; partisans, au contraire, les « humanistes » de la jeune équipe qui, dans l'entourage royal, jetait les bases d'une construction nouvelle.

Le brillant reportage de Froissart ne fut pas moins apprécié. Ici, sur le décor de la guerre de Cent Ans, c'est le rêve, la parade, la parure, le ballet réglé de la chevalerie et de la vie courtoise ; c'est l'évasion dans les « grandes aventures » où sont transposées dans la vie réelle, mais en conservant une bonne part de leur gratuité, les attitudes, les « quêtes » de Lancelot et des chevaliers de la Table Ronde. Exaltation de la prouesse — « vertu si noble et si recommandable qu'on ne doit pas passer outre trop brièvement, car elle est la matière même et la lumière du gentilhomme, et comme la bûche ne peut brûler sans feu, le gentilhomme ne peut arriver à l'honneur parfait et à la gloire sans la prouesse [1] » — c'est-à-dire des actes où s'expriment dans les « appertises d'armes » la valeur militaire, le courage physique, l'art de manier la lance et le cheval, mais dans l'honneur, la loyauté, le respect des formes — vertu que pratiquent par intervalles et que respectent toujours de loin, même quand ils vivent dans l'affût des rançons et des pillages, les moins scrupuleux des capitaines, et qui les anoblit, qui les fait vraiment gentilshommes. Sur le même plan, la largesse, car le preux vit dans les fêtes, dans la destruction joyeuse des richesses, en compagnie des dames, ses partenaires dans les jeux compliqués de la courtoisie amoureuse. Voilà qui

1. Jean FROISSART, *Chroniques*, Prologue.

montre combien restent vigoureux les usages institués progressivement deux cents ans plus tôt dans les cours féodales — plus vigoureux peut-être que jamais, car c'est au moment même où la lutte contre les Anglais dévoile un tout autre visage de la guerre, que la société noble achève de subir l'imprégnation des romans de chevalerie.

Vitalité féodale

En effet, en dépit des mouvements qui ont bousculé la hiérarchie des positions sociales, en dépit de la pénétration d'autres manières de gouverner et de juger les hommes, le XIVe siècle se trouve encore tout encadré par la vassalité. Il se peut que l'on attache un peu moins de prix dans l'entourage immédiat des princes au dévouement de l'homme fieffé, au respect de la foi jurée, aux devoirs d'aide et de conseil. Ceux-ci conservent leur valeur fondamentale pour l'immense majorité des nobles, qui tous sont pris dans le réseau serré des hommages. Époque plus féodale peut-être en vérité dans sa structure intime que le XIe siècle, où les fiefs étaient certainement beaucoup moins nombreux, les obligations vassaliques moins strictement codifiées. Époque plus chevaleresque certainement, dans son esprit et ses gestes, sinon dans ses impulsions et ses actes décisifs. Le XIVe siècle est le temps des devises, du développement de l'héraldique, le temps des chevaliers errants qui défendent en chemin les dames nobles contre les brigands et les routiers, le grand moment des tournois, qui commencent à devenir des représentations. En 1351, dans la Bretagne, déchirée par la rivalité franco-anglaise, les chevaliers tenants des deux partis s'affrontèrent trente contre trente, selon les règles courtoises, mais sans se ménager, en un combat qui resta célèbre, « pour l'amour de leurs amies », mais aussi pour « qu'on en parle aux temps à venir dans les salles, dans les palais et autres lieux du monde », et plus encore peut-être pour soumettre, conformément à la vieille croyance, le conflit général au jugement de Dieu. L'année suivante se tenait la première assemblée de l'ordre de l'Étoile, le premier ordre de chevalerie qui ne fût pas monastique, créé en France par le roi Jean. Destinée sans doute à grouper plus étroitement des amis particulièrement sûrs autour du souverain qui craignait la trahison, cette confrérie d'allure religieuse, où survivait, adapté à la mode courtoise, l'idéal des anciennes fraternités de chevaliers-moines, exaltait l'éthique et le comportement des paladins des légendes arthuriennes. De cette fidélité aux anciens cadres de pensée témoigne enfin l'extraordinaire vigueur de l'idée de croisade, dont nul, dans les cercles de la noblesse, ne discerne l'anachronisme. Guerres saintes menées contre les derniers païens des pays baltes, où les meilleurs des chevaliers français se retrouvent pour d'exaltantes parties de chasse à l'homme ; hantise du voyage de Jérusalem, dont Philippe de Mézières à l'extrême fin du siècle se fait le touchant propagateur, et qui domine toutes les consciences nobles. En 1391, Louis de Bourbon, beau-frère de Charles V, conduit tout seul, sur les traces de saint Louis, son patron, avec ses amis et ses vassaux, une expédition contre Tunis ; tandis que d'autres, comme ceux qu'entraînent avec eux Jean, le futur duc de Bourgogne, ou le maréchal Boucicaut, vont dans les Balkans affronter les Turcs.

Puissance de l'art gothique

Autre legs du temps de saint Louis, pieusement conservé : le décor, le cadre esthétique. La perfection intellectuelle du gothique rayonnant triomphe pendant tout le XIVe siècle, pour qui Reims, Amiens, la Sainte-Chapelle sont les monuments exemplaires, l'image même de la beauté. On discerne bien quelques inflexions dans les courants artistiques, mais elles sont après tout secondaires. Un changement d'échelle, un rapetissement des entreprises qui tient à la difficulté des temps, mais aussi au fait que tous les grands édifices viennent d'être rénovés dans leur ensemble, et qu'il ne reste plus qu'à achever, à adjoindre les accessoires, flèches, gâbles, pinacles, porches et jubés. Très peu d'amples constructions, – sauf dans le Midi languedocien, enfin guéri du lourd malaise albigeois et où sont alors érigés ces deux chefs-d'œuvre, l'église des Frères Prêcheurs à Toulouse et la cathédrale d'Albi, – profusion au contraire d'édifices annexes de dimensions restreintes. Des chapelles, ajoutées à cette époque, travée par travée, tout au long des bas-côtés et des déambulatoires des grandes églises. Ou simplement des tombeaux, « enfeux » accolés aux murs ou tombes « élevées », construits comme des monuments isolés. Ces travaux sont pour la plupart commandés par ces riches, dont l'opulence surgit de la commune pauvreté, et qui, par testament, dépensent à pleines mains, vidant d'un coup leur réserve de monnaie, chargeant à jamais leurs héritiers de très lourds arrérages, pour jouir après leur mort d'oraisons abondantes et personnelles. Car, au XIVe siècle, dans cette société où les bouleversements politiques, le mouvement plus rapide des richesses desserrent bien des liens communautaires et où l'inclination au mysticisme libère la piété de l'encadrement sacerdotal, la dévotion tend elle aussi à devenir individuelle et égoïste. De plus en plus, les artistes travaillent pour des mécènes et pour des laïcs. Il s'agit là d'un changement capital, dont les effets déjà se discernent, même dans les œuvres qui ont été exécutées pour des communautés ecclésiastiques. Art plus plaisant. Certes toutes les créations sont d'inspiration religieuse et seules encore les choses de Dieu paraissent mériter des ornements durables, mais une place est faite maintenant au sentiment du beau, au plaisir esthétique. Ce qui s'insère dans les formes souveraines du gothique classique, c'est la grâce. Le sens nouveau de la beauté des corps s'exprime, dans les miniatures et les bas-reliefs qui, à l'extrême fin du XIIIe siècle, illustrent le thème de la Création, en des nus d'une étonnante pureté de ligne, et, plus tendrement, dans les figures des ressuscitées de la cathédrale de Bourges. Il conduit à briser dans les statues le rythme des lignes verticales par ce hanchement qui est comme le départ d'une danse. Danses, sourires, finesse des anges et des jeunes gens, style printanier qui parfois glisse dans un peu de mièvrerie, mais qui a conquis la souplesse. Même dans les vitraux, où les jaunes éclatants l'emportent maintenant sur les bleus et les rouges, et où les formes commencent à s'évader du carcan des cernes de plomb et à se développer souplement. Cet art est plus libre, en effet, plus dégagé des contraintes liturgiques ou scripturaires ; il est aussi plus attentif au réel, à la ressemblance, aux apparences sensibles, dans la mesure même où il s'évade du symbolisme religieux et où il s'applique à satisfaire des chrétiens qui, de spiritualité moins haute, croient moins en l'éternité et davantage en la réalité de la vie et de la mort.

La civilisation des cours ; le cadre

La culture du XIVe siècle n'est pourtant pas toute héritée du Moyen Age central. Malgré les difficultés matérielles, elle a continué de s'enrichir. De précieux apports en particulier lui sont venus d'Italie, de l'Italie du *trecento* en pleine prospérité marchande, en pleine fermentation intellectuelle et artistique — par Avignon, où la Curie pontificale garde des liens avec Rome et attire d'au-delà des Alpes les financiers, les artistes, les gens de plume — et aussi, peut-être même davantage, par l'intermédiaire de la très active colonie de marchands, de banquiers et d'artistes lombards installée à Paris. C'est principalement à Paris, en effet, autour de la Cour, autour de ces Valois qui aimaient tant les belles choses, qui, rompant avec l'austérité capétienne, avaient introduit le goût du geste large et qui dépensaient sans compter pour des constructions, des livres, des pierreries l'argent levé pour financer la croisade ou la guerre anglaise, que s'est formé — fleur de serre fine et fragile, éclose en lieu calfeutré — un ensemble de goûts et d'habitudes mondaines, d'un extrême raffinement, d'une extrême élégance et qui, depuis Paris et les capitales des apanages, s'est répandu dans toute la haute société européenne.

Culture d'une élite très étroite, beaucoup plus foncièrement aristocratique que ne l'avait été même celle des cours féodales du XIIe siècle. Beaucoup plus intime, en effet, beaucoup plus fermée, en outre, plus séparée de la nature. Le cadre : des logis et non plus, comme au temps de saint Louis encore, des vergers ou des pelouses. Des logis qui ne sont plus seulement des repaires où l'on se tapit quand il fait sombre et froid ou quand vient le danger, mais des lieux aménagés pour vivre à l'abri. Châteaux de campagne dont la carcasse extérieure est encore celle d'une forteresse, avec tours, fossés et pont-levis, mais où, derrière cet écran défensif, les bâtiments de résidence s'ordonnent plaisamment sur des cours, s'ouvrent par de larges baies décorées. Et surtout, dans la ville, hôtels plus dégagés de l'allure militaire, comme ceux que l'on bâtit à Paris dans le quartier neuf, rive droite, au sud de Saint-Antoine, et dont quelques-uns, dispersés au milieu des jardins et des ménageries, forment la nouvelle résidence royale, mieux adaptée aux goûts du jour que le Palais de la Cité, ou que Vincennes, ou que le Louvre, construite par Charles V, agrandie et ornée par Charles VI : Saint-Paul. Des dimensions modestes, mais beaucoup plus de confort. Les grandes salles froides, quand il en reste, ne servent plus que pour les bals ou les grandes audiences. La vie quotidienne se déroule dans de petites chambres desservies par des escaliers à vis, mieux meublées, avec des chaises à dossier, des tables, tendues de ces tapisseries — Jean le Bon en fit confectionner plus de deux cent cinquante — que l'on fabrique à Arras et surtout à Paris, chauffées par des cheminées et, la nuit, éclairées : douze torches, à l'émerveillement de Froissart, illuminaient chaque soir pendant son souper le comte de Foix, Gaston Fébus. La journée se passe d'une pièce à l'autre « lès un brasier, en chambres bien nattées ». Ainsi pour Charles V, après une matinée partagée entre la messe, la récitation des heures, les affaires du conseil, après une heure de sieste :

était un espace avec ses plus privés en ébattement de choses agréables, visitant joyaux ou autres richesses... ; puis allait à Vêpres, après lesquelles, en été, la reine venait parfois vers lui et on lui apportait ses enfants. Parfois on lui présentait là dons étranges de divers pays, artillerie ou autres harnais de guerre et diverses autres choses, ou marchands venaient apportant velours, draps d'or et toutes manières de belles choses étranges ou joyaux, qu'il faisait visiter aux connaisseurs dont il y avait de sa famille. En hiver, spécialement s'occupait souvent à ouïr lire de diverses belles histoires de la Sainte Écriture ou des *Faits des Romains* ou *Moralités des Philosophes* et d'autres sciences jusqu'à heure de souper, auquel s'asseyait d'assez bonne heure et était légèrement pris; après lequel une pièce avec ses barons et chevaliers s'ébattait, puis se retrayait et allait reposer[1].

Dans ce milieu protégé contre les forces naturelles, où l'on s'efforce de ne pas penser à la peste — qui d'ailleurs frappe peu ces gens mieux nourris et mieux soignés — et où l'on oublie très aisément les routiers, la cherté des vivres et les villages qui brûlent, on a le goût du neuf, de l'« étrange », du subtil, du piquant. Il faut des divertissements à ces princes, qui chassent toujours et joutent et font la guerre, mais qui ne sont pas comme leurs proches ancêtres engourdis dès que la nuit tombe ou que l'hiver vient, et dont l'activité mord maintenant sur des périodes où les jeux de plein air sont impossibles. Plus que jamais pour ces réunions d'intérieur, pour ces bals aux flambeaux, pour ces lectures à haute voix, ces auditions musicales, le costume est un plaisir; en tissu plus léger, plus élégant, plus travaillé, il n'est plus taillé comme autrefois par les servantes de la maison, mais par des professionnels, « tailleurs de robes » et « lingères »; celui des hommes — pourpoint et chausses — se différencie maintenant complètement, sinon par ses couleurs et la délicatesse de son étoffe, du moins par ses formes, du féminin. Décolleté plus ouvert, vêtement épousant de plus près la ligne du corps, artifices pour amincir la taille et souligner les seins, modelage arbitraire, au gré de la mode, de la silhouette féminine, on sent que là aussi les habitudes de la vie s'éloignent davantage de la nature et que les Cours de ce temps connurent un

1. Christine DE PISAN, *Le Livre des faites et bonnes mœurs du sage roi Charles V*, XVI.

progrès dans l'érotisme, un raffinement, une première conquête intellectuelle de l'amour physique, qui n'est au fond que l'aboutissement des subtilités que la courtoisie avait brodées naguère autour du sentiment de l'amour.

L'« art nouveau »

Très précieuses, un peu fragiles, les créations littéraires et artistiques offertes à ce petit monde clos portent aussi la marque de cette recherche excessive d'élégance, de cette poursuite de la nouveauté, de l'inédit. Mais, bien loin de témoigner d'une régression, d'une décadence, ni même de l'affadissement de la culture de l'âge précédent, elles vont hardiment de l'avant, annoncent une mutation esthétique. *Ars nova* : les musiciens affichent ainsi leur volonté de modernisme, eux qui, comme le grand Guillaume de Machaut dans sa *Messe de Notre-Dame* – la première messe à plusieurs voix qui, sans doute, ait jamais été écrite – et dans tant de mélodies profanes, libèrent définitivement les vocalises de la vieille gangue grégorienne, disloquent le rythme, jouent de la syncope ; et en même temps – cette période de mortalités et d'appauvrissement est l'une des grandes époques de la chanson – ils renouvellent toute la lyrique en élaborant des formes poétiques qui vont fleurir pendant trois siècles, le virelai, le rondeau, la ballade. Renouvellement, plus profond et de conséquence beaucoup plus lointaine, de la peinture sur livre, cet art de cabinet, si apprécié de ces « connaisseurs » qui vivaient dans l'entourage de Charles V, qui tous s'efforçaient d'avoir la plus belle bibliothèque. Plus que jamais Paris en est la capitale. De toutes parts, les artistes viennent y travailler pour l'Europe entière ; les styles se forment dans ses ateliers et c'est là, plus encore peut-être qu'à Florence ou à Sienne, moins ouvertes sur l'extérieur, moins accueillantes à tant de tendances et de recherches, – on s'en rend compte quand, pour quelque exposition, les manuscrits à peinture sortent de l'obscurité des dépôts, que s'est préparée au XIVe siècle la révolution picturale de l'Occident. Depuis la mort de saint Louis les décorateurs de livres se sont progressivement libérés du symbolisme gothique. Ils ont d'abord, en assouplissant leur dessin, introduit le mouvement, transposé sur le parchemin le geste dansant des statues neuves, gagnant peu à peu une extraordinaire virtuosité calligraphique, remplissant les marges d'une profusion de fleurs et d'animaux, situant ainsi le texte au milieu de la vie des jardins et des bois, de cette nature que — et l'on retrouve ici l'influence à la fois du naturalisme aristotélicien et de l'attendrissement franciscain devant la création — l'on sait de mieux en mieux observer. Mais la conquête principale et qui transforme tout est celle de la troisième dimension. Ce fut Jean Pucelle qui le premier, dans les livres qu'il illustra vers 1325, chercha à représenter autour des saints personnages des bréviaires et des livres d'heures l'espace, l'atmosphère ; peut-être y était-il invité par l'attitude nouvelle des savants de l'École, mieux avertis de la géométrie et de l'optique et découvrant eux aussi peu à peu la notion rationnelle de l'étendue et de la distance ; il avait peut-être aussi perçu l'écho des recherches menées parallèlement aux siennes par les fresquistes d'Italie. En tout cas, les procédés qu'il emploie pour donner l'illusion de la profondeur, encore malhabiles, inaugurent une vision nouvelle. Après lui, en quelques années, les fonds d'or qui entouraient d'irréel les figures peintes, puis les quadrillages bariolés imités des verrières, cédèrent le pas aux paysages, aux intérieurs. La peinture cesse alors d'être un signe pour devenir une interprétation du monde réel.

L'épanouissement parisien de 1400

Cette marche en avant des musiciens, des poètes, des peintres de cour aboutit, autour de 1400, dans l'entourage de Charles VI et de son frère Louis d'Orléans, de leurs oncles, les ducs apanagés de Berry, d'Anjou et de Bourgogne, à un moment de fécondité exceptionnelle. Alors que toute l'Europe chrétienne éclairée attendait des universitaires parisiens qu'ils résolussent le problème du schisme — alors que les maîtres Pierre d'Ailly et Jean Gerson cherchaient à donner une forme équilibrée, plus mesurée, moins divagante aux courants de mysticisme venus des Pays-Bas et des bords du Rhin, à cette dévotion elle aussi « moderne » alors que le Néerlandais Claus Sluter, aux gages du duc Philippe de Bourgogne, introduisait brusquement, dans les sculptures de la Chartreuse de Dijon, un monde de formes violemment opposées dans leur vigueur fougueuse et grasse, brutale, épaisse, populacière et dure, à la tradition d'élégance et de raffinement des imagiers de France — dans Paris fleurissait un nouvel humanisme. Très différent de celui du XIIe siècle, beaucoup plus dégagé des préoccupations religieuses. Les amoureux des lettres latines étaient alors, en effet, pour beaucoup, des clercs, des universitaires, tels, avec Gerson et Pierre d'Ailly, Nicolas de Clamanges et Gontier Col ; mais non point tous : Jean de Montreuil, secrétaire de Charles VI, entiché de Virgile et de Térence, avait étudié les « arts » à l'Université, sans conquérir toutefois ses grades et n'avait point d'emploi dans l'Église ; Christine de Pisan, elle, était une femme qui vivait de ses écrits, une Italienne. L'influence de l'Italie sur cette attitude d'esprit fut, en effet, certaine : Jean de Montreuil était en correspondance avec le Florentin Collucio Salutati, pontife de l'humanisme ; le *Cas des nobles hommes et femmes* et le *Décaméron* de Boccace furent traduits par Laurent de Premierfait, ainsi que les *Remèdes de Fortune* de Pétrarque, qui était venu en mission à Paris en 1361. Mais ce qui compte, c'est cette curiosité avide pour le beau style latin et pour toute l'antiquité romaine. Déjà en 1350, Jean le Bon avait fait peindre sur les murs de son château de Vaudreuil les scènes de la vie de César. La fin du XIVe siècle fut la grande époque des traductions — qui enrichissent prodigieusement la langue vulgaire, commençant à lui donner, outre un vocabulaire beaucoup plus étendu, mieux adapté, en particulier, à la description des mouvements de l'âme, propre à affiner encore le sens psychologique de ceux qui n'avaient pas fait d'études universitaires, cette rigueur syntaxique nécessaire au raisonnement, qui était le privilège du latin. Dans les *Faits et dits mémorables* de Valère Maxime, translatés par Simon de Hesdin, dans la version de l'*Histoire Romaine* de Tite-Live par Bersuire, l'ami de Pétrarque, Rome apparaît enfin délivrée de l'affabulation déformante des romans antiques, et les Romains ne sont plus des preux mais des héros.

Dans le même temps, pour les princes jetant à pleines mains l'or que, malgré l'interruption momentanée des attaques anglaises, la machine fiscale continuait d'extorquer aux sujets maintenant accoutumés à l'impôt, les ateliers parisiens produisaient des œuvres d'art admirables. Entre 1361 et 1375 fut ainsi réalisé par Nicolas Bataille sur les dessins de Jean Bandol le plus bel ensemble de tapisseries que l'on connaisse, la série de l'*Apocalypse* commandée par le duc d'Anjou. La création picturale surtout fut intense. Quelques peintures sur panneaux déjà — les plus belles sont de Jean Bellechose — mais qui ne sont au fond que des miniatures transposées, au milieu des joyaux et des ciselures, sur l'or des bibelots précieux — avec pourtant quelques portraits, portraits de princes voulant voir fixer les traits de leur visage, peut-être par ce nouveau souci de gloire individuelle que stimulait l'humanisme. Des peintures sur livres à profusion : aux artistes français se sont joints, de plus en plus nombreux, des Italiens de Lombardie, des gens du Nord surtout, tels, Beauneveu de Valenciennes et les trois frères de Limbourg. Dans ces images, dont les plus riches ont été peintes pour le duc de Berry, toute l'élégance et la finesse de la vie mondaine se déploient magnifiquement au milieu de paysages où le réel subit une extraordinaire transmutation poétique, en des cortèges venus d'un Orient légendaire, somptueux, bariolés, et qui exagèrent encore les extravagances de la mode de cour. Tandis que surgit isolé, poignant dans ce concert de fêtes, le cri pathétique du maître des *Heures de Rohan*, comme un écho de la misère et de la mort qui enserrent de tous côtés les réjouissances des riches.

Et en fait, cette Renaissance, — aussi précoce que la florentine, mais qui assumait toute la richesse de la civilisation gothique, courtoise et scolastique, — dont perçaient les premières fleurs autour du roi fou, au milieu des bals et des déguisements —, encore mièvre, un peu fiévreuse, mais prête à se gonfler de vie, fut brutalement coupée. Les troubles politiques frappèrent alors, en effet, directement Paris, son centre. Les jardins de Saint-Paul avaient été envahis en 1413 par l'émeute; puis les routiers armagnacs pillèrent les banques lombardes, forçant à fuir les financiers, ruinant l'un des éléments essentiels de la prospérité parisienne; cinq ans plus tard, Jean de Montreuil, Gontier Col étaient massacrés par les bandes de la faction adverse. Lié aux Bourguignons. Paris resta dès lors, pour de longues années, une ville assiégée, isolée du monde, désertée par la cour du roi et les maisons des princes — stérile. Mais à ce moment même se discernait, dans l'ensemble de la France, l'annonce d'un redressement.

3. La détente

1435, le roi de Bourges se réconcilie à Arras avec son cousin de Bourgogne, 1444 des trêves arrêtent pour un temps la guerre contre les Anglais et les ordonnances royales instituent l'année suivante des « compagnies » de gens d'armes permanentes, régulièrement soldées et dont les cantonnements chez l'habitant sont préparés, troupes qui, par conséquent, ne devraient pas, dans l'intervalle des combats, retomber d'une manière désordonnée sur le pays et le ronger. 1453, l'armée de Charles VII et son artillerie chassent du royaume les dernières bandes anglaises. C'est la paix. Déjà, dans certains secteurs de l'économie, se manifestaient depuis quelque temps les premiers signes d'une reprise.

Reprise des affaires

Les premiers mouvements s'en révèlent ici et là — ainsi parmi les marchands de Toulouse — vers 1440. Mais elle est alors encore timide, incertaine et trébuchante : quelques succès éphémères et personnels d'individus hardis, souvent aventuriers étrangers, comme ces Génois qui s'établissent alors à Marseille, souvent aussi hommes d'affaires à demi officiers de cour et dont les entreprises sont stimulées par le service particulier et fructueux d'un prince. La fortune de Jacques Cœur, qui stupéfia les contemporains, montre à la fois les caractères et les limites de ce premier redressement. Son père était l'un des fournisseurs du duc de Berry, mais de fortune modeste, car la cour du prince ne résidait à Bourges que par intervalles. La chance de Jacques Cœur fut le transfert dans sa ville, au hasard des luttes civiles, de l'un des gouvernements de la France, autour du dauphin Charles, bientôt « roi de Bourges ». Grosse clientèle et stable, qu'il s'occupa comme ses parents à ravitailler en produits de luxe : c'est dans ce but qu'il fit en 1432 un voyage en Égypte, en Syrie et à Chypre, mais en petit commerçant encore, sans capitaux, embarqué sur les navires d'autrui et obligé, comme les trafiquants du haut Moyen Age, de convoyer sa marchandise, au milieu des périls (il fut au retour capturé en Corse par les pirates et rançonné). Mais il put ainsi s'approcher des organes de la fiscalité. Dans l'installation improvisée de la cour royale, ce négociant presque domestique, habitué à manier les métaux précieux, fut chargé de la frappe des monnaies. Condamné d'abord, mais sans rigueur, pour des spéculations imprudentes, il s'accrocha à ces offices de finances qu'il considérait avec raison comme le plus sûr soutien de ses affaires. Toute son activité fut donc intimement liée à la maison du roi, et sa prospérité, qui débute après la paix d'Arras, est au fond celle de Charles VII. Celui-ci attendait de son serviteur zélé la fourniture des plus belles parures et des meilleures épices au moindre dommage de ses réserves monétaires. Double mission pour Jacques Cœur : accroître d'abord les disponibilités du roi et pour cela trouver des métaux précieux — comme tant d'autres dans ce XVᵉ siècle assoiffé d'or et d'argent, Jacques Cœur les chercha dans les entrailles de la terre, s'intéressa aux mines du Lyonnais, joua aussi sur la variation des cours, fit avec les Barbaresques l'échange de l'argent contre l'or. Quérir, d'autre part, les produits de luxe à leur source, le Levant méditerranéen, mais pour économiser le métal, sans passer par l'intermédiaire des Italiens; pour cela former une flotte basée à Montpellier puis à Marseille, et la manier avec une petite équipe de « facteurs » dévoués, intégrés à sa famille. Il réussit parce qu'il est tout près du roi, investit comme ses ancêtres la plupart de ses profits dans des terres, s'enrichit beaucoup, — trop : on le jalouse, on le perd, en 1453 il s'effondre. Bel exemple pour les moralistes, pour ceux qui, dans les sermons, évoquent les retours de la roue de Fortune — mais ce cas, par son isolement même, et plus encore par l'archaïsme des procédés, témoigne de la torpeur profonde qui tenait encore les milieux d'affaires français.

Le grand retournement s'est produit, en réalité, vers 1475, vingt-cinq ans après l'arrêt définitif des hostilités. Effet de la paix certes : le trésor du roi soulagé, les mutations monétaires s'arrêtent, et surtout la reconstruction des campagnes n'est plus, tous les dix ans, compromise par une nouvelle vague de dévastations. Dans cette économie encore fondamentalement terrienne, un quart de siècle a suffi pour tout réparer. Quelques bonnes récoltes, de quoi manger, de quoi nourrir les enfants et les fortifier contre les premières maladies, ce sont aussitôt des villages plus peuplés, des travailleurs plus nombreux, les lisières du terroir reprises à la friche, l'aisance paysanne du temps de saint Louis retrouvée. Mais non point dépassée, car les procédés de culture et d'élevage n'ont pas été améliorés : les engrais sont aussi rares, les rendements aussi faibles et, pour bien des générations encore, mêmes écarts de production d'un an sur l'autre, même absence de réserves, même terreur de la disette. Du moins existent, de nouveau, après tant de misère, de destructions et de famines, de temps en temps quelques surplus, donc un courant de plus en plus gonflé d'échanges, l'argent qui circule, un desserrement général.

Toutefois, la prospérité nouvelle a pour cause essentielle, plus que la fin des guerres, un renversement de la conjoncture. La France sort, en un mouvement qui s'accélère dans les dernières années du siècle, de la longue phase de stagnation. Le temps revient de l'aisance marchande, dans les très grosses villes et aussi dans les moyennes où — signe certain — de nouveau s'établissent les hommes d'affaires italiens. La circulation se fait plus active, plus rapide aussi sur les routes mieux aménagées, bien pourvues de relais, par des navires plus stables et plus vastes. C'est alors que se marque la nouvelle orientation des courants de richesse. L'ouverture d'abord de la façade atlantique, et l'horizon qui de ce côté, en quelques années, s'élargit démesurément : un peu avant 1480, de Madère arrive le sucre, par Marseille, mais surtout par Rouen ; en 1483, des marins de Honfleur touchent les îles du Cap-Vert ; vingt ans plus tard, le Brésil voit les premiers navigateurs venus de Normandie. Paris est resté la grande ville de tous métiers et de tous trafics, mais elle a maintenant des rivales, d'autres carrefours : Orléans, Troyes, Limoges, Rouen, qu'un voyageur en 1500 juge plus peuplé que Nuremberg et dont effectivement la population a triplé. Un autre nœud essentiel s'est formé, le relais de tout ce qui vient d'Italie et d'Orient, Lyon, dont les foires, fondées au début du siècle, ont depuis longtemps distancé celles de Chalon-sur-Saône, et, plus récemment, celles de Genève. Effet de l'action royale : en 1462, il a été interdit aux commerçants de France de fréquenter le rendez-vous genevois. L'autorité royale, jaugeant sa richesse à la masse de monnaie qui circule dans le royaume, se soucie en effet maintenant de contrôler les échanges, et espère les diriger. Ainsi se trouve favorisée, pour éviter d'acheter aux fournisseurs étrangers, la fabrication des tissus précieux, draperies de Rouen et de Montvilliers, soieries nouvellement produites à Tours et à Lyon. Cependant, jusqu'à la fin du XVe siècle, les marchands de France restent, à la différence de ceux d'Italie ou des Pays-Bas, des hommes de vie très sobre, préoccupés seulement de se bien vêtir, d'acquérir de la bonne terre pour l'établissement de leurs enfants, et de contribuer à l'embellissement de leur église pour le salut de leur âme ; craignant Dieu, ils sont peu soucieux de culture ; ils amassent l'or et l'argent, mais beaucoup moins qu'on ne pourrait le croire, car les espèces sont rares. Certes, dans cette activité ranimée où « toutes gens excepté les nobles, lesquels encore je n'excepte pas tous, se mèlent de marchandise », se construisent les premières fortunes durables, se fondent les premières dynasties d'hommes nouveaux. Mais la réussite éclatante est encore, comme autrefois, pour ceux-là seuls qui allient au maniement des affaires l'exercice de fonctions politiques. Et si, à l'approche du XVIe siècle, tous, dans la France où plus rien ne paraît des plaies du temps de Jeanne d'Arc, labourent et travaillent et où, comme le dit Claude Seyssel à la gloire de Louis XII, « avec les gens croissent les biens, les revenus et les richesses », les vrais profits sont encore pour le roi, ses amis et ceux qui les servent.

Éclipse de Paris. Sclérose de l'Université

Départ — mais vers un monde transformé. Car, dans les temps de misère, bien des traits de la civilisation médiévale se sont définitivement effacés. C'en est fait d'abord pour un temps de la primauté parisienne. Cette éclipse — relative — de Paris est venue de l'écartèlement même de la France, déchirée depuis 1415 jusqu'en 1435 entre les Armagnacs, les Bourguignons et les Anglais. Pendant cette période et au-delà, la ville royale s'est trouvée située au milieu d'une large bande de guerre active qui prenait le royaume en écharpe entre la Somme et la Loire, depuis la Picardie jusqu'à Lyon. Zone d'insécurité majeure, interceptant toutes les relations coutumières : les rapports politiques, le commerce, la vie intellectuelle durent donc s'organiser dans un cadre provincial autour de centres locaux. Ce cloisonnement fut aussi favorisé par le renforcement progressif des apanages : chaque prince des fleurs de lys, et également chacun des rares grands seigneurs dont la principauté n'avait jamais fait partie du domaine royal, voulut avoir son administration particulière, sa cour distincte de celle du roi, sa capitale personnelle ; et quand, dans le dernier quart du XVe siècle, ces petits États furent les uns après les autres réunis à la couronne, la Bourgogne et ses annexes du Nord entre la Somme et la Flandre, l'Anjou, la Provence, la

Bretagne, chacune de ces villes princières, avec ses hôtels nobles, pied-à-terre pour les gentilshommes des campagnes voisines, avec ses gens d'administration, ses parlementaires, avec son centre d'études, ses ateliers d'art, ses traditions de culture, conserva sa fonction et son rayonnement provincial. Mais Paris souffrit bien plus encore de n'être plus la ville du roi. Elle avait pris en 1418 le parti de Bourgogne. Or, ce fut vers le dauphin Charles, réfugié outre-Loire sur les terres de son oncle le duc de Berry, que se porta le loyalisme monarchique ; autour de lui que, soutenue par les progrès du sentiment xénophobe, s'organisa la résistance à l'Anglais. Roi de Bourges, Charles VII vécut entre Orléans et Chinon, établit à Poitiers les services centraux de l'administration royale. La paix revenue, Paris rallié, il s'était habitué au val de Loire, dont la Cour ne se détacha plus. Aussi Paris qui, à la fin du siècle, a retrouvé toutes ses activités, qui est de loin la ville la plus peuplée d'Europe, n'est pourtant plus le seul pôle de la civilisation française. Celle-ci porte ailleurs des fleurs souvent plus précieuses, dans les résidences royales de Touraine ou d'Orléanais, à Dijon, à Beaune, à Aix, à Moulin — et dans ce Lyon en étonnant essor, porte de l'Italie, foyer des grands négoces et des industries nouvelles.

Défaillance temporaire. Définitive en revanche fut celle de l'un des principaux supports de la culture médiévale : l'Université parisienne. En vérité, il s'agit là pour beaucoup d'un effet de cette même décentralisation née du déchirement politique. En outre, la multiplication des centres universitaires fut encouragée par la circulation plus aisée de la pensée : les savants avaient moins d'intérêt à se rassembler tous au même point puisqu'ils pouvaient plus aisément correspondre, se visiter, échanger les livres. Du fait de cette décontraction, des universités furent donc érigées au XVe siècle dans toute l'Europe, dans les Allemagnes, en Italie, en Espagne, mais aussi dans les provinces françaises : Toulouse avait depuis longtemps la sienne, Montpellier des écoles médicales ; les papes avaient établi un *studium* en Avignon ; le souci des princes de contrôler la formation de leur clergé et de leurs fonctionnaires fit fonder des centres d'enseignements nouveaux à Poitiers, Aix, Bordeaux, Caen, Dole, puis Besançon, Grenoble, Cahors, Valence. Le foyer parisien souffrit de ces concurrences. Mais bien davantage de la perte de ses franchises anciennes, privilèges judiciaires, réserves de bénéfices ecclésiastiques pour ses gradués, que les rois et les papes s'entendirent pour lui enlever. Bien davantage aussi de la pauvreté, car avec la guerre et la dépréciation des monnaies, les rentes qui entretenaient les collèges avaient perdu beaucoup de leur valeur. Des pensionnaires moins nombreux et insuffisamment entretenus ; davantage d'étudiants faméliques, bâclant leurs études et vivant d'expédients, tels les compagnons de François Villon. L'Université souffrit enfin des discordes politiques, des troubles internes, de l'occupation anglaise qui provoqua la promotion des médiocres, du relâchement de la discipline. Ainsi se rouilla peu à peu la grande machine à penser. Elle avait exercé dans le respect de tous un véritable magistère politique au début du XVe siècle ; on la consultait de toutes parts ; mais, terrifiée d'abord par les émeutes cabochiennes, puis étroitement muselée, elle perdit très vite toute influence dans ce domaine. Restait la théologie rationnelle, sa spécialité. Les meilleurs, de longue date, s'en étaient détournés pour l'expérience mystique. Gerson, par exemple, jadis en contact avec les Frères de la Vie Commune, avait élaboré une doctrine de l'amour de Dieu qu'il diffusa par de petits traités, d'abord en latin puis en langue vulgaire, et rêvait d'une réforme des études nourrie de vie intérieure. Ce mysticisme vivifiant fut un moment propagé, au collège de Navarre, par l'enseignement du dernier des grands professeurs parisiens, Nicolas de Clamanges. Mais celui-ci mort (1437), les « terministes » ne s'occupèrent plus que de logique formelle, jonglant avec les mots, alors que les maîtres du collège de Sorbonne, enfoncés dans la routine, préféraient, par paresse, au commentaire direct de la Bible, le très commode *Livre de sentences* de Pierre Lombard, vieux de trois siècles. La grande aventure scolastique, qui avait donné à la pensée ses cadres rationnels et préparé l'Occident à la conquête scientifique et technique du monde naturel, s'achevait ainsi dans le pédantisme, dans les vains raffinements du syllogisme, dans la rumination d'un langage abstrait, trop technique et inculte, dont se moquaient tous les gens d'esprit.

Mort de la seigneurie

Une autre armature essentielle de la civilisation d'autrefois ne reprit pas vie dans le redressement de toutes choses, ce fut l'encadrement seigneurial. Certes, les notions d'honneur, de fidélité, tout le jeu de représentations et de réflexes formés autour de la féodalité et de la chevalerie sont, au temps de Louis XI et de Charles VIII, encore singulièrement vivants. Morte au contraire, et définitivement, est la liaison humaine, âme de la seigneurie médiévale, entre protecteurs et protégés, entre le patron qui assure la paix, apaise les discordes — et ses dépendants qui, pour prix de la sécurité dont ils jouissent, l'entretiennent, le servent, l'« aident ». Dans les campagnes reconstruites, des liens se sont renoués entre le maître du sol et les exploitants, mais, établis par des baux de longue durée, par des contrats de métayage, ils sont de nature purement économique et vidés de tout contenu sentimental. Représentés souvent par un régisseur qui seul entre en contact avec les paysans, les gros possesseurs, gentilhommes, bourgeois, religieux, sont maintenant vraiment de purs rentiers du sol. Le divorce est à peu près total entre le village et la maison noble, maintenant située à l'écart, près de la forêt, avec son colombier, ses privilèges de chasse. D'autre part, les vieux droits banaux, pouvoir de justice, maréchaussée, blaierie, péages, ont pour la plupart survécu aux guerres, mais ils n'ont plus de sens. Ils ne sont plus légitimés par la fonction de défense que jadis avaient assumée leurs détenteurs. Quand les écorcheurs couraient la campagne, « sciant les gueules » des rustres pour savoir où était cachée leur épargne, quand on annonçait l'arrivée des Anglais, ou des Bourguignons, ou des gens d'armes du roi, le seigneur le plus souvent n'était pas là, mais engagé lui-même dans une bande, ou captif, ou fugitif. Pendant les troubles, maintes seigneuries changèrent de titulaire, et le seigneur naturel, celui dont la race était unie, par des siècles de mutuel secours, à celle des villages, frappé de confiscation, ou ruiné par les rançons et obligé de vendre, fut remplacé par de nouveaux venus, étrangers, routiers, traîtres récompensés par le parti vainqueur, hommes d'argent, qui se soucièrent surtout de tirer le plus gros profit de leurs nouveaux droits. Ces transferts achevèrent de ruiner le loyalisme, de miner cette confiance réciproque, qui, aux temps féodaux, malgré les exactions abusives des prévôts, avait assuré la solidarité entre le châtelain et les manants. A la fin du XVe siècle dans les campagnes françaises, compte tenu bien sûr de rémanences plus vivaces dans les provinces moins remuées par la guerre, les communautés d'habitants ne sont plus maintenues, guidées par le pouvoir seigneurial. Elles n'ont plus d'intermédiaires véritables, de répondants, face aux gens du roi qui paraissent par intervalles, collecteurs d'impôts ou troupes en cantonnement. Car, dans cet effondrement des anciens cadres locaux, s'affirme seule la puissance royale qui, après de temporaires défaillances, s'est régénérée dans le combat.

Pour ses sujets, le roi est toujours l'objet de cette vénération qui s'attache aux êtres imprégnés d'une essence divine, le guérisseur, le guide, le fils de saint Louis dont on attend la direction morale (d'où ce désarroi devant Charles VII qui, le premier, afficha sa maîtresse : « dans la dernière semaine d'avril » (1448), écrit dans son journal cet homme d'étude que l'on appelle le Bourgeois de Paris, « vint à Paris une demoiselle que l'on disait aimée publiquement du roi de France qui, sans foi, ni loi, ne tenait pas la parole donnée à la bonne reine son épouse... Hélas ! quelle pitié de voir le chef du royaume donner un si mauvais exemple à son peuple »). Mais il est, en outre, le souverain. C'est lui qui a chassé les Anglais, qui a vraiment protégé le peuple. Dans la longue lutte, il a gagné le droit de lever des taxes qui font paraître abusives celles qu'exige encore le châtelain, et son pouvoir d'imposer est si fermement assis qu'il ne consulte plus les « états » que dans quelques provinces. Il s'est forgé une armée tout entière dans sa main, bien munie d'artillerie, et qui lui confère sur tous ceux qui pourraient dans le royaume prétendre à la puissance politique une supériorité décisive. Dans le dernier quart du XVe siècle, il a réalisé, — par une série de hasards heureux, mais aussi par une volonté tenace, — ce que nul souverain n'avait jamais souhaité avant la guerre de Cent Ans, l'abolition des apanages et des États féodaux. Après la démolition de cet État bourguignon, à demi dans le royaume, à demi dans l'Empire, et que Charles le Téméraire avait rêvé d'ériger en souveraineté entièrement indépendante, le domaine du roi s'identifie dans l'esprit des hommes au royaume, mis à part quelques îlots encore d'autonomie, la principauté bourbonnaise, les féodalités pyrénéennes, Albret, Foix, mais qui ne comptent plus guère. Il subsiste, certes, des clientèles, des rassemblements d'hommes armés, des châteaux privés, de fortes habitudes d'insoumission qui, longtemps encore, se manifesteront par des rébellions, des flambées d'impatience courant d'un bout à l'autre du royaume, et fréquemment allumées par ce personnage qui seul maintenant inquiète vraiment le roi : son frère, ou son fils. Mais il ne s'agit plus désormais que de tumultes sans lendemain, sans conséquences, de « guerres folles ». Ce ne sont plus des seigneuries qui font la France ; le royaume est maintenant bien au roi.

La prédication et le théâtre

Mais ce n'est pas parce que le XVe siècle a vu se désagréger deux des armatures maîtresses de la civilisation médiévale, la scolastique et la seigneurie, qu'on doit le considérer comme une période de fléchissement dans l'évolution de la civilisation française. C'est, bien au contraire, dans l'ordre de l'esprit, un temps de jeunesse, de renouveau, de grande fécondité. Toutefois, la progression se situe sur un autre plan. Les XIIe et XIIIe siècles avaient surtout ouvert les voies d'une compréhension rationnelle de l'homme et de la nature ; c'est dans la formation de la sensibilité que le

XVe siècle marque une étape majeure. Cette avance coïncide avec la pénétration de certaines formes de la culture — les plus directement accessibles à qui n'a pas reçu une éducation particulière du raisonnement, celles qui font appel au sentiment — dans des couches sociales beaucoup plus profondes, jusqu'au tréfonds du peuple, mais dans les villes presque exclusivement. Pénétration qui s'opère par des moyens nouveaux : le sermon d'abord, le divertissement le plus recherché, le plus populaire de l'époque. Attendu depuis des semaines dans chacune des villes qu'il doit visiter dans sa tournée, le prédicateur célèbre, Frère Prêcheur ou Cordelier, arrive avec sa réputation d'inspiré ; on sait qu'il a guéri des malades, certains l'ont vu marcher sur les eaux. Dans l'une de ces églises nouvelles construites par les ordres mendiants, vaste halle à prêcher centrée sur la chaire plus que sur l'autel, ou bien en plein vent sur la place, il va pendant des heures tenir l'attention du peuple tout entier, des centaines, des milliers d'auditeurs, les femmes d'un côté, les hommes de l'autre. Sans artifices de rhétorique, dans une langue hardie, volontiers triviale, celle des plus humbles, il ne parle pas de théologie, mais de morale pratique : que faire pour gagner son salut ? Il manie son public, raconte des anecdotes burlesques quand l'attention se relâche, fait trembler en évoquant les souffrances de Jésus, le châtiment des damnés, la mort imprévisible. Il attaque violemment les avares, les gros, les princes même et le haut clergé — conviant ainsi à une vie religieuse plus libre, moins respectueuse de la hiérarchie, semant les germes de l'esprit de réforme — mais apprenant aussi aux moins doués à réfléchir, enrichissant leur sensibilité. Les plus habiles de ces parleurs sacrés déclenchent parfois sur leur passage de véritables révolutions morales : ainsi au retour d'un de ces sermons, les Parisiens « étaient si tournés en dévotion qu'en moins de trois ou quatre jours ils allumèrent plus de cent feux où ils brûlèrent trictracs, cartes à jouer, billes, billards et tout ce qui pouvait servir à se mettre en colère et à maugréer dans les jeux d'argent ; le même jour et le lendemain, les femmes brûlèrent tous les atours de leur coiffure, tels que les bourrelets, les pièces de cuir ou de baleine qu'elles mettaient à leurs chaperons pour les raidir ou les retrousser par devant; les demoiselles abandonnèrent leurs cornes, leurs queues et une grande foison de leurs pompons[1]... ». Mais le travail le plus efficace est celui qu'accomplissent quotidiennement dans l'intervalle de ces réjouissances oratoires les tâcherons de la prédication et de la confession, les Frères des couvents du lieu.

Avec le sermon et, au fond, très voisin de lui par ses procédés et ses effets, le théâtre. Le XVe siècle a passionnément aimé les représentations, pantomimes, tableaux vivants montés par les prédicateurs pour accroître la percussion de leurs paroles, décors animés tendus par les rues pour les mariages, les funérailles, les entrées de princes, — quand en 1420 le roi d'Angleterre Henri V fit son entrée à Paris « toute la grand'rue Saint-Denis, depuis la seconde porte jusqu'à Notre-Dame était encourtinée et noblement parée; la plupart des notables s'étaient vêtus de rouge; un très émouvant mystère de la Passion, d'après celui qui est peint autour du chœur de Notre-Dame, fut édifié rue de la Calandre, devant le Palais »[2], — représentations théâtrales enfin. Pièces de pur divertissement, farces, moralités, soties, mais surtout, beaucoup plus prisés, de retentissement infiniment plus prolongé et constituant avec les prônes la principale des distractions collectives, drames religieux, les « mistères ». Montés par des confréries pieuses spécialisées, ce sont au XVe siècle des illustrations de la passion du Christ. Ces œuvres interminables, — la meilleure, composée par Arnoul Gréban, qui dirigeait la maîtrise de Notre-Dame de Paris, réunit plus de 34 000 vers —, jouées en plusieurs journées, connaissaient un prodigieux succès. Parce que, dans le prologue, on pouvait voir exposé par des allégories très faciles à comprendre le problème central de tout le christianisme, celui du salut; parce que, entre les scènes où se trouvaient transposés les récits évangéliques, étaient intercalés des épisodes de divertissement, des entrées de diables, des

1. *Journal d'un bourgeois de Paris*, année 1429.
2. *Ib.*, année 1420.

dialogues profanes, des histoires tirées des légendes apocryphes, telle celle de Madeleine la Pécheresse ; et surtout parce que c'étaient de fascinants spectacles, avec leurs centaines de personnages et de figurants, leurs travestissements, leurs décors, les raffinements d'une mise en scène servie déjà par une machinerie perfectionnée. Ces impressions visuelles, musicales aussi, soutenues par le ronronnement du texte, contribuèrent puissamment à l'éducation de l'âme populaire.

Tonalité nouvelle du sentiment religieux

Auprès de l'action profonde qu'exerçaient le sermon et le théâtre, le rôle de l'imprimerie paraît très limité. Introduite en 1470 à Paris par les maîtres de Sorbonne, implantée trois ans plus tard à Lyon, puis répandue ici et là par les mécènes qui pouvaient couvrir les très lourds frais d'installation, la technique nouvelle, appliquée presque exclusivement à la fabrication de livres de piété, ne modifia pas sensiblement avant la fin du XVe siècle les conditions de la lecture. En revanche, plus anciennement appliqué, bien plus répandu, le procédé xylographique contribua lui aussi à l'affinement de la sensibilité, en répandant largement l'image, isolée ou réunie à d'autres dans de petits opuscules. Images de piété encore, qui fixèrent et prolongèrent les impressions affectives du drame et de la prédication. Ainsi toutes ces actions conjuguées provoquèrent une brusque efflorescence du sentiment religieux. On incline parfois à juger le XVe siècle moins chrétien que ne l'avait été celui de saint Louis. Illusion : il l'est, au contraire, bien davantage et bien plus profondément. Mais c'est un autre christianisme qui s'exprime alors, car c'est à ce moment que la religion des prêtres devint vraiment populaire et commença à être véritablement sentie et vécue, dans les villes au moins, par le peuple entier. Comme toutes les vulgarisations, ce transfert des conceptions religieuses depuis un petit groupe d'intellectuels dans des masses surtout sensibles et émotives entraîna un changement de tonalité. D'autant plus que cette prise de conscience se fit d'une manière assez libre, car les fidèles n'étaient plus aussi strictement encadrés par le clergé. L'Église de France avait, en effet, souffert beaucoup elle aussi de la misère des temps. Frappée dans ses communautés les plus agissantes par la peste noire, puis ruinée par la guerre qui, comme le dit Jean Molinet, laissait

> ... aux abbayes grandes
> Cloîtres rompus, dortoirs gâtés,
> Greniers sans blé, troncs sans offrandes,
> Celliers sans vins, fours sans pâtés,
> Prélats honteux, moines crottés...

Après la fin des troubles, le clergé inférieur se trouvait donc dans une situation plus lamentable que jamais, les revenus des églises accaparés par des curés non résidents, les desservants mal formés, moqués par leurs ouailles et surtout misérables, donc avides et attachés surtout à vendre au meilleur prix sacrements et indulgences.

Religion, par conséquent, plus intime, plus personnelle, familière. Dans un univers où la limite entre la nature et la surnature est estompée, le saint remplit la fonction d'intermédiaire, de protecteur, de conjurateur des forces mauvaises que le prêtre n'assume plus qu'imparfaitement. Saints patrons individuels, ceux dont on porte les noms, — ce n'est guère avant la fin du XIIIe siècle que s'est généralisé l'usage de donner aux jeunes enfants non plus les vieux noms des ancêtres, mais ceux de saints vénérés qui se trouvent ainsi associés à la famille ; saints patrons collectifs, ceux des associations professionnelles, de ces « charités », groupements de bonnes œuvres, de prière et de sépulture, qui se multiplient alors prodigieusement dans les villes et dans les campagnes, ou bien ceux des confréries militaires d'archers ou d'arbalétriers qui encadrent l'infanterie urbaine, et dont ils sont les véritables capitaines — ou encore saints tutélaires objets d'un culte général, ceux qui protègent contre la mort subite, saint Christophe et sainte Barbe, ceux qui commandent à telle ou telle maladie, comme saint Antoine ou saint Roch, et qu'il fait bon se concilier. Tous sont présents dans les actes les plus quotidiens et vivent au milieu des hommes d'une vie d'autant plus intense que l'on connaît bien leur visage peint sur les vitraux, les retables, les bannières, et qu'on les a vus agir et parler, munis de leurs attributs traditionnels, dans les processions ou les représentations théâtrales. Mais dominant leur foule bariolée et rassurante, étendant son manteau sur tous les hommes comme un rempart contre les périls de la terre et la colère de Dieu, la Vierge médiatrice est l'objet d'une dévotion qui connaît alors un énorme développement, avec l'institution du rosaire et de tant de confréries de toute nature vouées à son service exclusif. C'est, en effet, au XVe siècle, dans les foules accédant à la conscience religieuse, que s'est achevée la lente évolution du christianisme médiéval, dont Marie est devenue le personnage central. Auprès d'elle, le Christ n'apparaît plus guère que sous la forme de l'enfant Jésus qu'elle soutient, qu'elle allaite, ou bien, mort, étendu sur ses genoux, dans le groupe pathétique de la Piétà. Dans ces deux représentations majeures, autour desquelles s'organise la vie dévote, la Vierge à l'enfant, la Vierge douloureuse, s'affirme la nouvelle orientation de la piété, proposée depuis deux siècles par la prédication franciscaine, vers la tendresse et surtout vers le drame.

Religion pathétique. En un temps où se diffuse la pratique du chemin de croix, où les confréries mettent en scène interminablement la Passion de Jésus, où Philippe de Mézières vient de fonder un ordre de la Passion, où Isabeau de Bavière fait écrire pour son usage une méditation du Calvaire, où les Cordeliers dans leurs sermons décrivent un à un avec une précision inquiétante les instruments du supplice et les plaies du Christ, où l'image du crucifix, bras à la verticale, le poids du corps tirant les mains, le corps rigide, prend l'allure d'un gibet, où peintres, sculpteurs, graveurs sur bois répandent partout l'image de l'Homme de Douleur couronné d'épines attendant la souffrance, où le corps de Jésus devient, dans l'imagination des dévots, une fontaine de jouvence arrosant les pécheurs du sang de la rédemption — s'associer à la Passion est devenu l'acte principal de la piété. C'est ainsi que l'on se prépare à la mort, à la « bonne mort » qui est maintenant le point de convergence de toutes les préoccupations religieuses. Hantise de la mort certes : l'histoire romantique s'est complue à en relever toutes les manifestations. Cadavres en décomposition, le ventre ouvert, représentés depuis l'extrême fin du XIVe siècle sur les tombeaux ; image même de la Mort qui, personnifiée, armée de son dard, apparaît dans tant de livres d'Heures, ou bien dans cette vieille histoire des Trois morts et des Trois vifs que le duc de Berry fit en 1400 représenter sur la pierre et, plus impressionnante encore, dans la danse macabre, d'abord peinte vers 1425 au cimetière parisien des Innocents, puis copiée partout et vulgarisée enfin par l'impression illustrée. Mais il faut bien voir la signification de ce thème. Il n'est pas le symptôme d'un dérèglement mental, de l'écrasement d'un monde torturé par les misères, travaillé par la guerre. En réalité, dans les sermons comme dans l'*Ars moriendi*, ce traité de la mort bien conduite qui, diffusé par l'imprimerie et la xylographie, connut en France un énorme succès après 1480, la pensée de la mort est un aiguillon qui pousse — soit à profiter mieux du plaisir de vivre (et le thème de la déchéance physique stimulant de la jouissance immédiate a traversé le XVIe siècle porté par toute une littérature), soit, pour ne pas se laisser prendre au dépourvu, à mieux se défendre du péché. Car cette religion plus populaire, plus vulgaire, se fonde désormais moins sur l'amour ou la contemplation intellectuelle de Dieu, que sur l'idée de péché et sur la crainte d'un enfer que toute une imagerie proliférante rend encore plus redoutable. Voilà l'une des grandes nouveautés du XVe siècle. Toute la sensibilité religieuse des humbles, des ignorants, qui avait jusqu'ici trouvé son exutoire dans des pratiques et des crédulités extérieures au culte, pénètre, stimulée par la propagande des Frères Mendiants, dans le christianisme et lui donne pour des siècles un nouveau visage. Mais en même temps, soulevées par cette irruption de sentiments irrationnels, foisonnent beaucoup d'autres croyances. Les démons n'ont pas moins de réalité ni d'efficacité que les saints ; le diable est partout, on le sent, on le voit, on poursuit ses adeptes devant les tribunaux laïcs ou ceux d'Inquisition ; ils sont condamnés individuellement ici et là ou par groupes importants, comme à Arras en 1459 et 1465 ou à Lyon en 1480. Visionnaires, inspirés, thaumaturges remplissent tout le XVe siècle, qui ouvre la grande époque de la sorcellerie. Et ce temps de curiosité, qui cherche à comprendre, mais lassée d'Aristote et que rebute la logique sclérosée de l'École, trouve la cause des phénomènes dans l'action d'êtres invisibles, dans l'influence des étoiles ou dans des rapports irrationnels. Les médecins sont aussi, et peut-être d'abord, des astrologues, et les intellectuels de la meilleure qualité sont préoccupés de magie et d'occultisme. Par là, les forces vives de la sensibilité populaire rejoignent les manifestations de la haute culture, qui elle aussi paraît en pleine rénovation.

Les princes mécènes

Les troubles de la guerre ont été trop circonscrits dans le temps et dans l'espace pour interrompre ou même pour faire dévier sensiblement le courant vivace de la culture princière. Dans Paris encerclé, « anglaisé », les ateliers des enlumineurs, des sculpteurs sur ivoire, des fabricants de plates-tombes se sont dissociés, engourdis. Mais les écrivains et les artistes se sont regroupés ailleurs autour des princes, toujours pourvus d'or et soucieux de leur gloire. Le XVe siècle est le temps des mécènes de haute naissance, et il est notable que le plus grand poète de l'époque — mis à part, comme il se doit, encore qu'il ait soigné son succès dans les réunions mondaines, François Villon, l'étudiant souteneur, cambrioleur et meurtrier, qui seul sut introduire dans les cadres trop rigides de la nouvelle lyrique le chant bouleversant de sa propre misère — ait été un prince, Charles d'Orléans. Comme aussi l'un des plus grands peintres, René d'Anjou, en qui l'on a cru reconnaître récemment l'auteur des étonnantes miniatures, études des plus rares éclairages, soleil levant sur les prairies ou chambre obscure de dormeur, qui ornent le plus bel exemplaire de son médiocre roman, le *Cœur d'Amour épris*. Les centres de l'art vivant sont autour des plus hauts seigneurs, à Tours, Bourges et Orléans où vivent les rois — à Angers, à Aix — à Moulins dont le duc de Bourbon fait à la fin du siècle la plus brillante des capitales. Nettement plus somptueuse, la cour des ducs de Bourgogne se situe en réalité assez à l'écart ; elle est provinciale, sclérosée, retardataire dans la mesure où l'esprit chevaleresque s'y fige et, sans se renouveler, devient le thème dominant d'une vaste parade strictement réglée, dont l'étiquette, transmise à l'Autriche et à l'Espagne, reviendra en France au temps de Louis XIV — dans la mesure où la courtoisie, la casuistique amoureuse, l'allégorie s'ankylosent dans la virtuosité étourdissante et vaine des Grands Rhétoriqueurs ; la cour bourguignonne est surtout de plus en plus étrangère, depuis Sluter, depuis que son centre fut transféré en Flandre, et ses grandes créations, les tombeaux de Dijon avec leurs cortèges de pleurants, la grande peinture de Van Eyck et de Roger, la musique d'Ockeghem, sont, non plus françaises, mais flamandes, hennuyères ou brabançonnes. Au contraire, dans les cours des fleurs de lys de la Loire et du Rhône, prend son départ vers 1440 un élan créateur qui — on l'oublie trop, car, influencé certes par l'exemple italien, il n'est pourtant pas latin, mais plonge ses racines les plus nourrissantes dans la civilisation gothique — est déjà véritablement la Renaissance.

L'art flamboyant et la grande peinture

Renaissance d'abord du décor architectural. Après la longue domination du gothique rayonnant d'Ile-de-France, un renouvellement des procédés s'est produit vers 1420 et a fait surgir un art tout différent, le flamboyant. Art des angles bien marqués, des moulures vigoureuses, des fortes brisures de lignes et de courbes, en réaction affirmée contre la gracilité et toutes les inflexions molles qui avaient au XIVe siècle affadi l'architecture des cathédrales. Art végétal autant que l'ancien, mais gonflé d'une sève plus robuste, qui fait jaillir du fût même des colonnes les croisées des voûtes. Art très savant qui simplifie la construction, la réduit à ses organes essentiels. Art plus libre surtout qui dans une exubérance décorative combine en accolades courbes et contrecourbes, fait se tordre toutes les lignes comme dans un brasier, bourgeonner les frisures des feuillages en touffes, en guirlandes, en bouquets autour des fenêtres à meneaux de l'étage maître des hôtels, sur les jubés et les tombeaux des églises votives, et qui masque la structure profonde de l'édifice sous un revêtement plastique indépendant. C'est un nouveau départ, aiguillonné par toutes les tâches de reconstruction, qui depuis Paris et la Normandie se propage jusqu'à Brou, jusqu'à Auch. Repris tout vif par le XVIe siècle, le gothique flamboyant forme en fait la solide armature sur laquelle est venue se plaquer superficiellement la décoration italienne, mais qui est restée en France jusqu'au XVIIe siècle la carcasse de tous les bâtiments.

En même temps naît la grande peinture. Aux enluminures des livres, les amateurs préfèrent maintenant décidément le tableau peint sur panneau de bois qui, tout en conservant l'éclat, la richesse précieuse des miniatures, a l'avantage de pouvoir s'exposer dans les petites pièces intimes où l'on aime à vivre, ou sur les autels des chapelles particulières. Les plus grands créateurs sont là aussi au service des princes, et pour cela il existe alors trois provinces de la peinture française, comme il y a trois régions de résidence princière (mise à part la Bourgogne où l'on peint flamand). En premier lieu le Val de Loire, où Charles VII et Louis XI aimèrent à vivre. Là, le style des décorateurs qui illustraient des livres pour le duc d'Anjou ou Jean de Berry, enrichi par l'apport des maîtres émigrés de Paris après l'occupation anglaise, connaît son épanouissement souverain dans l'art de Fouquet. Cet artiste avait rapporté d'un voyage en Italie, avec un répertoire décoratif d'inspiration antique, le sens de l'espace et du volume ; ses figures calmes, dressées hors du temps, ne sont pas sans analogie avec celles que peignait au même moment Piero della

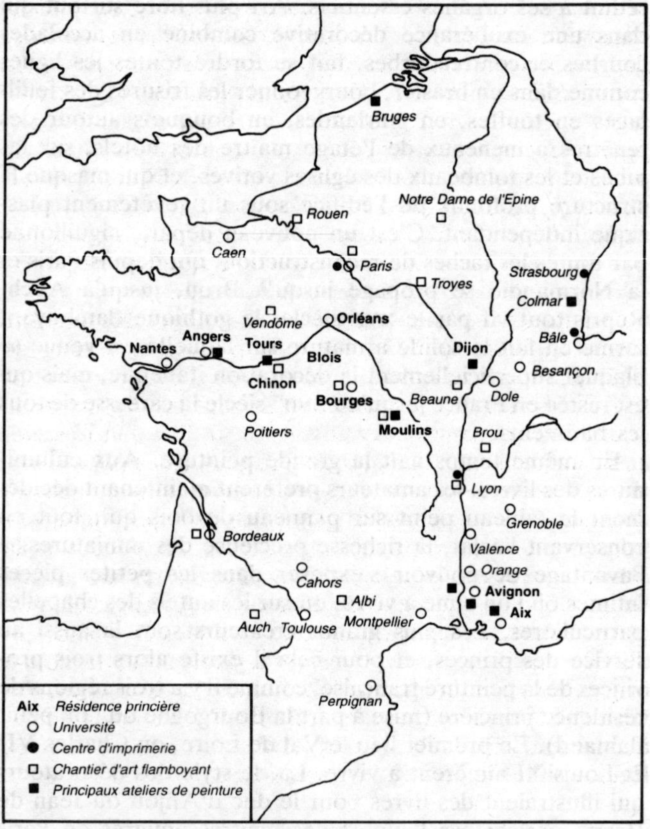

13. Les foyers de culture dans la seconde moitié du XVe siècle

Francesca, mais elles sont baignées par une autre atmosphère, celle des pays ligériens, moins stricte, un peu amollie, mais où, dans l'air mouillé, les chairs prennent de la douceur et où les couleurs rares, les roses, les jaunes, chatoient. En Provence, ce furent d'abord les commandes des cardinaux résidant en Avignon après le retour de la curie à Rome, puis celles de René d'Anjou lorsqu'il transporta sa cour à Aix, qui stimulèrent les recherches des peintres ; le message des décorateurs siennois qui au siècle précédent avaient orné les demeures pontificales et cardinalices s'y combina avec des influences flamandes ; vers le milieu du siècle s'affirma un style d'une grande puissance qui doit sa forte architecture au sens de la composition équilibrée, à l'analyse d'une lumière franche comme celle qui sculpte les collines calcaires du Comtat et qui simplifie toutes les formes. Enfin, un peu plus tard, le duc de Bourbon fit travailler à Moulins les plus grands imagiers de son temps ; parmi ceux qui composèrent les vitraux de la collégiale et décorèrent le château ducal, l'un d'eux peignit aussi sur panneaux des portraits de princesses, des nativités, des triomphes de la Vierge, avec pureté, simplicité et douceur. Ici et là, dans ces grands ateliers qui donnent le ton à toute une production mineure, la perspective et la forme sont enfin dominées. Cet art vigoureux, musclé beaucoup plus que celui de la cour de Charles VI, doit certes beaucoup aux découvertes plastiques de Flandre et d'Italie, mais il les a complètement assimilées et affirme son originalité dans la grâce, l'harmonie, la discrétion, ces vertus de l'esthétique gothique. Et c'est bien alors, à Tours, à Avignon vers 1450, que, dans l'art pictural, il faut en France situer le vrai départ de la Renaissance.

Prémisses de l'humanisme

Renaissance intellectuelle enfin, plus tardive, beaucoup plus limitée, plus dépendante aussi de l'Italie, mais qui, au sein de la décomposition universitaire, est un dernier signe de la vitalité du Moyen Age finissant. Dès 1470, Guillaume

Fichet, membre de la Société de Sorbonne, — un Savoyard qui, pendant ses études avignonnaises, s'était nourri de Pétrarque et des classiques latins, et qui venait de prendre à Milan un contact direct avec les intellectuels d'outre-monts, — avait introduit dans l'université de Paris un premier ferment d'humanisme. Les presses, dont il avait facilité l'installation, imprimèrent les *Elegantiae* de Valla, c'est-à-dire le livre de base de la philologie nouvelle. Puis autour de Robert Gaguin, doyen de la faculté de décret, de professeurs italiens et de réfugiés grecs qui diffusaient les doctrines platoniciennes, se forma une petite compagnie d'amis des lettres antiques, universitaires ou gens de cour, très dévots, attirés par la vie monastique et le mysticisme ascétique, mais soucieux de retrouver, contre le jargon des scolastiques, la pureté du latin classique, et de restaurer, contre les remâcheurs de logique vide de la faculté des arts, une philosophie véritable, nourrissante pour l'âme, séduits pour cela par le platonisme. Tout petit cercle, mais auquel participait Jacques Lefèvre d'Étaples, qui rêvait alors d'un monachisme réformé selon la tradition bernardine, cherchait dans la Kabale la réponse à ses inquiétudes et publiait à la fois, au retour d'Italie, une paraphrase d'Aristote et un traité de magie naturelle...

Le Moyen Age finit là, selon les manuels d'histoire. Mais finit-il vraiment, et quand? Question vaine quand on considère les dernières années de ce siècle, qui n'est pas de fléchissement, mais d'exubérance, et qui dans la méditation de la mort trouve en fait un regain d'ardeur et de force créatrice. Stagnation des techniques agricoles, archaïsme et routine dans les boutiques des petites villes — mais voici que déjà s'ouvre vers l'Ouest aux marins de Normandie et de Saintonge un nouveau monde. Et la mièvrerie de la rhétorique courtoise, le verbiage ridicule des gens de Sorbonne ne comptent guère en regard de l'épanouissement du sentiment religieux, de toutes les formes naissantes qui germent sur la tradition gothique, de ce courant de pensées et de curiosités nouvelles encore à peine formé, mais qui prend très vite de la puissance et où vient bientôt s'abreuver le jeune Rabelais.

ORIENTATION BIBLIOGRAPHIQUE

Ce petit guide, sans prétentions érudites, signale au lecteur quelques ouvrages choisis parmi les plus accessibles. Tous sont écrits en langue française. Ils fourniront à celui qui voudrait pousser plus avant les éléments d'une bibliographie véritable.

HISTOIRES GÉNÉRALES

Georges DUBY, *Histoire de la France*, tome 1, nouvelle édition 1977.
Jean FAVIER, *La France médiévale*, 1983.
Jean-Robert PITTE, *Histoire du paysage français*, tome 1, Le sacré, 1983.
Jacques LE GOFF, *La Civilisation de l'Occident médiéval*, 1962.
Robert FOSSIER, *Le Moyen Age*, tome 1 : Les mondes nouveaux 350-950 ; tome 2 : L'éveil de l'Europe 950-1250; tome 3 : Le temps des crises 1250-1520 ; 1982-1983.
J.P. POLY et E. BOURNAZEL, *La Mutation féodale X^e-XIIe siècles*, 1981.
Robert FOSSIER, *L'Enfance de l'Europe*, 2 vol., 1982.
Léopold GÉNICOT, *Le XIIIe siècle européen*, 1968.

ÉCONOMIE, SOCIÉTÉ, VIE QUOTIDIENNE

Guy FOURQUIN, *Histoire économique de l'Occident médiéval*, nouvelle édition, 1979.
Robert FOSSIER, *Histoire sociale de l'Occident médiéval*, 1970.
Marc BLOCH, *La Société féodale*, 1939-1940.
F.L. GANSHOFF, *Qu'est-ce que la féodalité ?*, nouvelle édition, 1982.
Georges DUBY, *Les Trois Ordres ou l'imaginaire du féodalisme*, 1978.

Georges DUBY, *L'Économie rurale et la vie des campagnes dans l'Occident médiéval*, 2 vol., 1962.
Georges DUBY, *Guerriers et paysans*, 1973.
Georges DUBY, *Le Chevalier, la femme et le prêtre*, 1981.
Georges DUBY et A. WALLON, *Histoire de la France rurale*, tome 1 : Des origines à 1340, 1975.
Robert FOSSIER, *La Terre et les hommes en Picardie*, 2 vol., 1968.
Roger DION, *Histoire de la vigne et du vin en France, des origines au XIXe siècle*, 1959.
Jacques GIMPEL, *La Révolution industrielle au Moyen Age*, 1975.
Philippe WOLFF, *Commerce et marchands de Toulouse (1350-1450)*, 1954.
Michel MOLLAT, *Les Pauvres au Moyen Age*, 1978.
Guy FOURQUIN, *Les Soulèvements populaires au Moyen Age*, 1972.
Robert DELORT, *Le Moyen Age, histoire illustrée de la vie quotidienne*, 1972.
Edmond FARAL, *La Vie quotidienne au temps de Saint Louis*, 1942.

STRUCTURES POLITIQUES ET INSTITUTIONS

Jean-François LEMARIGNIER, *La France médiévale : institutions et société*, 1970.
F. LOT et R. FAWTIER, *Histoire des institutions françaises au Moyen Age*, 3 vol., 1957-1962.
Marc BLOCH, *Les Rois thaumaturges*, nouvelle édition 1983.
Gabriel FOURNIER, *Le Château dans la France médiévale*, 1978.
Jacques BOUSSARD, *Nouvelle Histoire de Paris*, tome 1, 1976.
Laurent THEIS, *L'Avènement de Hugues Capet*, 1981.
Marcel PACAUT, *Louis VII et son royaume*, 1964.
Jean RICHARD, *Saint Louis*, 1983.
Jean FAVIER, *Philippe le Bel*, 1978.

Philippe CONTAMINE, *La Guerre au Moyen Age*, 1980.
René FÉDOU, *Lexique historique du Moyen Age*, 1980.

VIE RELIGIEUSE ET VIE INTELLECTUELLE

André VAUCHEZ, *Religion et société dans l'Occident médiéval* , 1981.
André VAUCHEZ, *La Spiritualité du Moyen Age occidental (VIIIe-XIIe siècles)*, 1975.
André VAUCHEZ, *La Sainteté en Occident aux derniers siècles du Moyen Age*, 1981.
Pierre-André SÉGAL, *Les Marcheurs de Dieu. Pèlerinages et pèlerins au Moyen Age*, 1974.
Marcel PACAUT, *Les Ordres religieux et monastiques au Moyen Age*, 1970.
P. ALPHANDÉRY et A. DUPRONT, *La Chrétienté et l'idée de croisade*, 2 vol., 1954 et 1959.
Emmanuel LE ROY-LADURIE, *Montaillou, village occitan*, 1975.
Pierre RICHÉ, *Écoles et enseignement dans le Haut Moyen Age*, 1979.
Michel ROUCHE, *Histoire générale de l'enseignement et de l'éducation en France*, tome 1 : Des origines à la Renaissance, 1981.
Étienne GILSON, *La Philosophie du Moyen Age*, 1945.
Étienne GILSON, *Héloïse et Abélard*, 1938.
Bernard GUENÉE, *Histoire et culture historique dans l'Occident médiéval*, 1981.
Jacques LE GOFF, *Les Intellectuels au Moyen Age*, 1960.
Jacques VERGER, *Les Universités au Moyen Age*, 1973.
Jacques STIENNON, *Paléographie du Moyen Age*, 1973.
Daniel POIRION, *Précis de littérature française du Moyen Age*, 1983.
Jean-Charles PAYEN, *Le Moyen Age I, Des origines à 1300*, 1970 (littérature).

L'ART FRANÇAIS MÉDIÉVAL

Gabrielle DÉMIANS d'ARCHIMBAUD, *Histoire artistique de l'Occident médiéval*, nouvelle édition, 1983.
Henri FOCILLON, *Art d'Occident, le Moyen Age roman et gothique*, nouvelle édition, 1983.
Georges DUBY, *Le Temps des cathédrales, 980-1420*, 1976.
Émile MALE, *L'Art religieux du XIIe siècle en France*, dernière édition, 1947.
Émile MALE, *L'Art religieux du XIIIe siècle en France*, 1925.
J.-F. FINO, *Forteresses de la France médiévale*, 3e édit., 1977.
Marcel AUBERT, *L'Art roman en France*, 1961.
Marcel AUBERT, *Le Gothique à son apogée*, 1964.
Louis GRODECKI, *Architecture gothique*, 1979.
R. JULLIAN, *La Sculpture gothique*, 1965.
Jacques CHAILLEY, *Histoire musicale du Moyen Age*, 1950.

LE BAS MOYEN AGE

J. HUIZINGA, *L'Automne du Moyen Age*, 2e édit., 1975.
M. MOLLAT, *Genèse médiévale de la France moderne XIVe-XVe siècles*, 3e édit., 1956.
Jean FAVIER, *La Guerre de Cent Ans*, 1980.
Bernard GUENÉE, *L'Occident aux XIVe et XVe siècles : les États*, 2e édit., 1980.
Francis RAPP, *L'Église et la vie religieuse en Occident à la fin du Moyen Age*, 2e édit., 1981.
Pierre CHAUNU, *Le Temps des réformes ; la crise de la chrétienté; l'éclatement 1250-1550*.
Bernard GUILLEMAIN, *La Cour pontificale d'Avignon 1309-1376. Étude d'une société*, 1962.
Jean CHELINI, *L'Église au temps des schismes 1294-1449*, 1982.
Philippe CONTAMINE, *La Vie quotidienne pendant la guerre de Cent Ans en France et en Angleterre*, 1976.
Jacques HEERS, *Fêtes, jeux et joutes dans les sociétés d'Occident à la fin du Moyen Age*, 1971.

Bernard GUENÉE, *Tribunaux et gens de justice dans le bailliage de Senlis à la fin du Moyen Age 1330-1550*, 1963.
Émile MALE, *L'Art religieux de la fin du Moyen Age en France*, 1949.
M. LACLOTTE et D. THIÉBAUD, *L'École d'Avignon*, 1983.
Daniel POIRION, *Le Moyen Age II, XIVe et XVe siècles* (littérature).

SECONDE PARTIE

La France moderne

De la France moderne à la France contemporaine

Quoi de commun entre ces Français du XVᵉ siècle et nos contemporains de la seconde moitié du XXᵉ siècle ? Moins d'un demi-millénaire, dans l'histoire de ce peuple, à peine moins que la précédente période, ce Moyen Age déjà si riche. Et pourtant il semble qu'un abîme sépare de l'actuelle civilisation française les hommes des années 1480, ardents à découvrir les mondes nouveaux et anciens, chrétiens fervents jusqu'à l'angoisse de la mort, ouverts à la joie de vivre de ces générations échappées aux grands cataclysmes de la guerre interminable, – et en même temps, si frustes, tellement repliés sur leur petite patrie, le cadre social étroit de la paroisse, ou de la province. Ce XVᵉ siècle nourri de contrastes, de vies hors série, épanouissement médiéval et annonce des temps nouveaux, qu'est-il face au monde français d'aujourd'hui ? Haut lieu et cœur de la plus grande révolution technique que l'humanité ait jamais vécue, la France d'aujourd'hui reste à l'avant-garde, y prend sa large part de tout l'effort de ses savants et de ses artistes, de ses techniciens et de ses intellectuels, et laisse en même temps survivre dans ses campagnes et ses petites villes provinciales endormies tant de reflets de la France d'hier et d'avant-hier... Au rythme où se précipite l'emprise scientifique sur la vie quotidienne, au rythme où le cinéma, la radiotélévision, la vitesse transforment mentalités et modes de vie, le prodigieux et parfois effrayant XXᵉ siècle mériterait, si nous l'osions, la moitié de cette étude, sinon plus. L'homme de 1880, qui s'étonne encore devant le chemin de fer, cette première merveille d'hier, n'est-il pas plus proche parent du compagnon de Louis XII que de nous-mêmes, envahis par la mécanique et servis par elle, vivant au contact direct et permanent des nouveaux mondes, enfin présents après trois siècles de lointains rapports, de ces mondes qui maintenant bousculent la vieille Europe ? Assurément, le premier XXe siècle contient bien à lui seul plus de promesses et plus de novations déjà acquises pour toute une civilisation que les quatre cents ans qui précèdent. Laissons cette tentation de faire deux parts aussi déséquilibrées, et de réserver autant de place à ces cent dernières années qu'aux quatre siècles précédents : il nous manque encore, pour y céder, les dizaines de solides études sur le rôle artistique et social du cinéma, de la radio, sur les transformations psychologiques et physiologiques dues au machinisme...

Ce prodigieux XXe siècle, il est vrai, n'est pas fait d'une mutation brusque, d'un saut historique, quelle que soit l'importance de certaines dates. La première révolution industrielle commande les deux suivantes ; Paris achève aujourd'hui de polariser la civilisation française, parce que tout le XIXe siècle a préparé cette croissance gigantesque de la capitale, annonciatrice du « désert français » ; les révolutions d'hier continuent à inspirer, à orienter la pensée politique et cette passion de la *respublica* qui anime l'opinion, forte de traditions multiples et de hardiesses novatrices. Distinguons donc, suivant une coupure plus classique, — trop classique —, deux mouvements : avant cette France « contemporaine », née de la Révolution, sociale et politique, puis des transformations économiques et sociales, avant 1789, — ou 1787, s'il faut une date —, les trois siècles « modernes », où s'épanouit la civilisation, encore provinciale de l'ancien régime ; où la maturité est représentée par ce XVIIIe siècle des fêtes galantes et de l'*Encyclopédie*, de l'Europe des lumières, de la France enseignant à l'Europe sa langue et ses arts.

Aussi bien la France du XVe siècle ne possède-t-elle pas les cadres sociaux et politiques, et les structures économiques qui vont se maintenir jusqu'à la Révolution ? Les éléments dominants sont alors fixés ; et, si la place n'était comptée, il suffirait de suivre sur ces trois siècles le destin d'une petite capitale provinciale : Arras, Dijon ou Moulins, pour s'en rendre compte : ces villes, chacune dans leur réussite propre d'œuvre humaine difficile, grandissent, rayonnent sur le plat pays, commercent et échangent livres et idées avec Paris, et avec leurs voisines; mais reflètent encore dans leur vie intérieure ces grands conflits, et ces échanges puissants qui nourrissent la vie française pendant si longtemps : heurts et osmoses de la société seigneuriale héritée du haut Moyen Age, et de la société bourgeoise, si puissante à mesure que le commerce et la robe élargissent son avenir; succès et revers de l'autorité monarchique, ferme en son principe et plus faible dans son exercice quotidien, s'appuyant sur la bourgeoisie et redoutant la noblesse, son alliée d'autrefois, usant du clergé tout en contrôlant son action sur les hommes. Mal centralisée encore, ouverte, de toutes ses frontières mal gardées, sur les autres pays d'Europe, l'Allemagne renaissante de Dürer ou l'Espagne du siècle d'or, sensible à tous les régionalismes, mal unifiée malgré toutes les manifestations de patriotisme que révèlent les guerres meurtrières, la France montre encore, au temps de Louis XV et des philosophes, bien des traits que le trop riche xve siècle portait en lui, — au moins en germe.

France moderne, France contemporaine; la fin du xviiie siècle, la nuit du 4 août ou le 26 août 1789, comme charnière; les vieux cadres, classiques scolaires, sont encore bons.

Orientation bibliographique

Pour l'ensemble de la période moderne (XVIe-XVIIIe siècles), il convient de recommander quelques ouvrages de base qui éclairent l'évolution générale de la civilisation et de la société françaises. Les titres des livres indiqués ci-dessous ne sont pas repris dans les orientations bibliographiques placées en fin de chapitre.

P. GOUBERT et D. ROCHE, *Les Français et l'Ancien Régime*, 2 vol., 1984.

Robert MANDROU, *Introduction à la France moderne, essai de psychologie collective (1500-1640)*, 1961.

Robert MANDROU, *La France des XVIIe et XVIIIe siècles*, 1967.

F. BRAUDEL et E. LABROUSSE, *Histoire économique et sociale de la France*, tome 1 : de 1450 à 1660 ; tome 2 : de 1660 à 1789, 1970 et 1977.

G. DUBY et A. WALLON, *Histoire de la France rurale*, tome 2 : L'âge classique des paysans de 1340 à 1789, 1975.

Georges DUBY, *Histoire de la France urbaine*, tome 3 : La ville classique de la Renaissance aux Révolutions, 1982.

Jean DELUMEAU, *La Civilisation de la Renaissance*, 1967.

Pierre CHAUNU, *La Civilisation de l'Europe classique*, 1966.

Fernand BRAUDEL, *Civilisation matérielle, économie et capitalisme, XVe-XVIIIe siècles*, 3 vol., 1979.

J.-L. PRADEL, *La Peinture française*, 1983.

Ferdinand BRUNOT, *Histoire de la langue française*, tomes 2 à 9, nouvelle édition, 1967.

A. ADAM, G. LERMINIER, E. MOROT-SIR, *Littérature française*, tome 1 : Des origines à la fin du XVIIIe siècle, 1967.

Henri COULET, *Le Roman jusqu'à la Révolution*, 1967.

F. LEBRUN, M. VÉNARD, J. QUÉNIART, *Histoire générale de l'enseignement et de l'éducation en France*, tome 2 : De Gutenberg aux Lumières, 1480-1789, 1981.

Philippe ARIÈS, *L'Enfant et la vie familiale sous l'Ancien Régime*, 1960.

Marc BLOCH, *Les Rois thaumaturges*, nouvelle édition, 1983.

G. CABOURDIN et G. VIARD, *Lexique historique de la France d'Ancien Régime*, 1981.

CHAPITRE VI

Milieux et mentalités rurales de la fin du XVe au début du XVIIIe siècle

Pendant plus de deux siècles, de la fin du XVe siècle – quand ont été effacées les traces de la guerre de Cent Ans et des crises qu'a connues alors toute l'Europe occidentale – au début du XVIIIe, jusque vers 1730 ou 1740, les campagnes françaises présentent un visage sans modification profonde, sans altération violente, pour ainsi dire inchangé. Les campagnes, mais elles seules.

Les structures économiques et sociales de la France (comme, peut-on dire, celles de l'Europe, de tous les pays d'ancien régime) sont ainsi fixées, qu'il est légitime de séparer un instant, en esprit, villes et campagnes, indispensables les unes aux autres, liées entre elles ; mais celles-là évoluent assez vite, celles-ci restent longtemps semblables à elles-mêmes. La base nourricière de notre pays a peu varié des siècles durant ; là où s'établit vers 1500 la limite essentielle entre terres labourées et forêts, là même elle court encore, ou peu s'en faut, en 1700. Tous les villages sont alors implantés en ce début du XVIe siècle, là où nous les retrouvons presque tous aujourd'hui (malgré les désertions temporaires provoquées par les guerres). Mêmes bases, doit-on dire aussi mêmes contraintes ? mêmes vies étroites, peu extensibles ?

Pendant ces deux premiers siècles de la France moderne, l'héritage rural du Moyen Age se maintient et pèse, presque immuable : il survit dans l'organisation sociale, telle que la représente la communauté de village, plus ou moins groupée autour de son clocher, administrée, ou, pour le moins, dominée par le seigneur, le curé et, accessoirement, l'agent royal ; il se perpétue, ce système, dans l'organisation économique : les paysans nourrissent sans doute les villes proches, et, dans une faible mesure, animent le grand commerce, par l'intermédiaire des rentiers du sol, nobles et évêques, bourgeois aussi qui ont acquis, dès les XIIIe-XVe siècles, des terres, tous gros vendeurs de produits agricoles; mais au total, l'économie dominante est ici à court rayon et porte sur des ressources limitées. Le village vit replié sur lui-même; il est certes ouvert au monde extérieur, au-delà de ses landes et forêts, grâce au curé qui lit chaque dimanche les ordonnances royales; grâce aussi aux soldats, cette engeance redoutée qui ne vient que trop souvent; grâce aux vagabonds encore, cette autre plaie. C'est beaucoup et peu à la fois.

A l'exception des alentours des grandes villes exigeantes et révolutionnaires, par exemple les plaines greniers de Paris, — Beauce, Brie, Picardie, — et à l'exception aussi de tels villages de grand passage sur les rivières et les routes, le monde rural mène sa vie à part, éloignée dans l'espace réel de l'époque, de la vie urbaine, dont les aventures, richesses, joies et épreuves sont et plus variées, et plus changeantes. Ce qui ne signifie pas que la vie rurale soit paisible. Mais elle s'affirme presque immuable dans ses risques, ses malheurs, ses insécurités latentes, ses traditions ou ses réjouissances, comme le répète sans cesse notre rare littérature de la terre. En dépit de la variété des modes de vie, qu'apportent reliefs, sols, climats, — depuis les grands céréaliers beaucerons jusqu'aux transhumants batailleurs des Pyrénées ou de Haute-Provence, — ou bien qu'insinuent, ici et là, les rares spéculations agricoles du temps, tel le pastel de la vallée toulousaine ou encore les vignobles au long du Rhône ; en dépit de tout ce que l'histoire, a incorporé à la vie paysanne de traits particuliers inédits : l'Ouest où il a fallu reconstruire après la guerre de Cent Ans et ou une relative liberté paysanne s'est installée, alors que dans les régions à l'abri de l'Est, Bourgogne, Lorraine et Comté, un régime plus sévère s'est maintenu avec la macule longtemps persistante du servage. Mais cette diversité insidieuse n'est point telle, malgré tout, en ces temps où le premier souci est d'assurer la subsistance et les besoins de chaque communauté, où la base de toute alimentation, de toute vie, est le pain. L'insécurité première, celle de la vie de chaque jour, uniformise, simplifie avec ses gênes médiocres, et crée une tonalité moyenne de cette vie rurale. En deçà de toutes les diversités régionales, c'est une épure dont les grands traits sont à préciser.

1. L'insécurité matérielle

L'économie de suffisance et la petite exploitation

Le fond de cette précarité, de cette médiocrité dans les meilleurs cas (sols et climats généreux de cantons poitevins, ou aquitains), c'est « l'économie naturelle », ou de suffisance. Le petit paysan fixé à un sol dont il se sent propriétaire, attaché à ses pratiques communautaires qui fondent la solidarité des campagnards, mais de surcroît accablé par des charges de toutes sortes, ce paysan n'a qu'une ambition : produire ce dont il a besoin, du blé d'abord, de l'orge et de l'avoine ensuite, un peu de vin aussi, même dans les régions les plus septentrionales (à la veille de la Révolution, les intendants signalaient encore des vignobles importants dans toute la Bretagne, le Perche, le pays de Caux... bien au-delà de la prétendue limite nord de la culture de la vigne). Ne dépendre que de soi, ou de quelques voisins proches, charrons, tisserands, à qui les services demandés sont bientôt rendus, c'est là une règle de vie restée valable jusqu'au milieu du XIXe siècle. Règle d'or, point tellement oubliée aujourd'hui, dans ces pays de petite exploitation familiale que sont encore le Massif central, une part de l'Aquitaine — et qui a même connu un regain de faveur récemment, entre 1940 et 1944. Le rapprochement n'est pas fortuit : cette idée d'avoir tout à soi, sous la main, jouit d'un grand prestige, lorsque la vie est difficile, chacun redoutant de manquer un jour ou l'autre du nécessaire. Née des disettes constantes, famines et « chertés », elle se trouve incorporée dans les conditions économiques héritées du passé.

Georges Lefebvre dit fort bien, parlant du paysan du XVIIIe siècle : « Le type rural français est le paysan qui cultive pour lui-même, et tout au plus pour la ville prochaine »[1], ce qui est plus vrai encore de son aïeul aux siècles précédents : ce paysan français est un petit exploitant sur le terroir de sa commune, il possède une demi-douzaine de parcelles éparses dans les différentes expositions, sur des sols souvent variés ; il exploite ainsi sa part de chaque sole du village, ces grandes divisions des assolements d'autrefois, si différents des rotations scientifiques d'aujourd'hui, dans leur simplicité (triennaux dans le Nord, biennaux dans le Midi, ils ne connaissent d'autre amélioration des terres arables que le repos parfois prolongé). Ce petit exploitant peut ainsi « faire rendre » 10, 15 hectares, dans nos mesures d'aujourd'hui ; il tire aussi parti, avec ses voisins, des biens communaux, très vastes : landes, forêts, pacages marécageux... avec quoi il nourrit sa famille, entretient ses bêtes, se vêt de la laine de ses moutons, et du chanvre d'une chènevière au long d'un ruisseau ; il renouvelle son matériel avec le bois de la forêt, régulièrement distribué, couvre sa maison du chaume de ses récoltes... Propriétaire, ou non, il importe assez peu : la grande propriété « capitaliste » a progressé aux cours des siècles modernes, mais autour des villes ; c'est de grande signification urbaine, autant et plus que rurale. C'est là que se rencontrent les laboureurs, rassembleurs (en fermage) de terres dispersées ou exploitants d'un grand domaine dont le propriétaire est citadin, paysans riches qui vendent directement une part de leur récolte, souvent assument la « ferme » de redevances et qui possèdent plusieurs chevaux ou bœufs. Pour travailler 50 ou 60 hectares, il faut plus d'une bête de trait.

Bien des journaliers alors n'ont même pas les deux ou trois têtes de gros bétail nécessaires aux plus durs travaux : ils louent leurs bras chez le voisin mieux nanti et, en échange, empruntent l'attelage, parfois l'araire de ce même voisin. Cette prédominance de la petite exploitation, dont il reste aujourd'hui encore tant de témoignages, n'est pas

1. *Études sur la Révolution française*, Paris, 1953, p. 208.

chose immuable : sans l'imputer aux temps néolithiques, contentons-nous de constater que le Moyen Age, son régime seigneurial, les destructions des invasions et des guerres (cf. pp. 240-241) l'ont singulièrement favorisée. Et qu'elle a eu la peau dure : car au cours de ces mêmes XVIe et XVIIe siècles, l'Angleterre voisine, l'Allemagne d'au-delà de l'Elbe l'ont fortement malmenée, au bénéfice de la grande propriété et de la grande exploitation. La France rurale, en tout cas, n'a pas connu, même au siècle des physiocrates, un mouvement d'enclosure comparable à celui de l'Angleterre ; pour bien des raisons, dont la principale est l'éclat, l'attrait de la vie urbaine française, à quoi les nobles français furent plus sensibles que leurs homologues britanniques, ces landlords grands « encloseurs ».

Cette stabilité de la petite exploitation surtout céréalière expliquerait déjà par elle-même la médiocrité de la condition paysanne, en ce temps où, lorsque les greniers étaient abondamment garnis, chacun mangeait jusqu'à trois livres de pain par jour, base de l'alimentation même à la ville [1] ; en fait, elle est étroitement liée à une vie collective, dont il ne subsiste presque plus rien aujourd'hui (sauf dans les tracés parcellaires), en Lorraine notamment. La terre de chaque paysan est intégrée à un terroir commun, où les cultures sont les mêmes d'année en année : le paysan ne dispose donc pas de ses propres parcelles à sa guise, comme du bois mort ou vif, ou de la fougère ou des myrtilles de la forêt, mais seulement en accord avec le reste du village, de la paroisse. L'exiguïté des domaines nécessite l'entraide : les moissons faites à la faucille (presque partout jusqu'au XIXe siècle), les labours à l'araire, si pénible à manœuvrer (et pourtant de faible rendement), les grands abattages en forêt, les vendanges aussi... tous ces travaux sont exécutés en commun, pendant des saisons de vie collective, où tous les participants s'entraident de mois en mois. L'individualisme rural, si fort aujourd'hui, est chose récente : de paysans individualistes autrefois, il n'y a que les vignerons

1. *Cf.*, entre autres, LABROUSSE, *La Crise de l'économie française*, Paris, 1944, p. XXIV.

d'Aquitaine, de Bourgogne, producteurs de vins déjà réputés, qui ne se soucient pas de ces formes collectives, qui vont et viennent de leur carré de vigne à Dijon, à Bordeaux, où ils vendent leurs vins, achètent des barriques et leur pain ; attachés à la terre, oui ; mais en fait, par leur vie de commerçants, citadins. La communauté de paroisse possède ainsi sa réalité profonde qui explique assez la lenteur avec laquelle techniques et cultures nouvelles se sont répandues dans nos campagnes, jusqu'à une époque récente : le maïs et le haricot, rapportés d'Amérique au cours du XVIe siècle, n'ont gagné la France méridionale qu'en de longues décennies ; et aussi, plus tard, le tabac, la pomme de terre, exemple mieux connu. Il en alla de même pour les instruments ou techniques de culture : l'araire, qui servait aux labours, est resté identique à lui-même, ou presque, de l'antiquité au XVIIIe siècle ; et, employé encore hier dans des cantons montagneux du Massif central, en Velay et en Combrailles, il reste facile à identifier aux instruments antiques. Mieux encore : R. Thabault, dans un beau livre, que nous citerons souvent, raconte avec quelles lenteurs et prudences le brabant est devenu d'usage courant dans son village de Mazières-en-Gâtine, en plein milieu du XIXe siècle [1]. Mais le novateur de Mazières est alors maître de son champ ; ses voisins, peut-être goguenards, viennent le voir essayer son outil — ils ne peuvent l'en empêcher ; puis lorsqu'ils voient, deux, trois ans après, le champ entièrement débarrassé de la fougère et des genêts, ils se décident sans doute ; en revanche, au XVIe ou au XVIIe siècle, une telle innovation est invraisemblable d'emblée, pour bien des raisons : le paysan qu'a décrit La Bruyère cultive comme son voisin, comme son père ; il ne peut faire autrement et ne le cherche pas. Un paysan seul, libre de ses mouvements, en ces temps difficiles ? Les documents ne nous en présentent pas, si ce n'est, dans tel village de la vallée de la Haute-Saône en 1636 ou du Bourbonnais en 1662, l'unique survivant d'une atroce famine.

1. Roger THABAULT, *Mon Village*, Paris, 1945, p. 99 et *passim*.

Techniques et coutumes

En fait les techniques et coutumes culturales sont d'usage immémorial : en dépit de certaines innovations comme les apports arabes sur les bords de la Méditerranée au cours du Moyen Age (cf. pp. 96-97), ce sont là pratiques dont l'énumération est facile, la description aussi : les céréales d'hiver et de printemps occupent les meilleures terres ; près du village ou de la maison isolée, des potagers, quelques arbres fruitiers ; le paysan cultive toujours selon les mêmes méthodes et avec les mêmes instruments de bois, parce que le fer est cher (plus rare, mais difficile à travailler) et que le paysan, entre les mains de qui ne passe pas beaucoup de billon à longueur d'année, en achète le moins possible : une hache, une serpe, une faucille, une bêche, la pointe de l'araire... Donc la plupart des outils sont en bois : la herse, les jougs, les fléaux, les brouettes et les chars aux roues souvent non jantées. Mais, en contrepartie de cette utilisation répétée de la forêt commune, quels faibles rendements ! l'araire, qui retourne ou égratigne 10 centimètres de sol, n'arrache pas les mauvaises herbes ; quelle lenteur de la moisson à la faucille, javelle après javelle, et quelle dépense d'énergie physique soulignée par la comparaison classique en nos temps de productivité : l'hectare moissonné en une heure à la faucille par cinquante hommes, à la faux par vingt-cinq hommes, à la faucheuse par dix. L'engrais des sols, que le paysan sait nécessaire, n'est pas assuré, d'abord faute de bétail abondant ; la jachère, pratiquée partout, repose la terre, mais très lentement : les plantes sarclées ne sont pas utilisées pour varier les assolements (elles ne connaissent leur timide diffusion qu'au XVIIIe siècle). Dans beaucoup de pays montagneux, les sols sont laissés en jachère pendant des années, envahis peu à peu par les genêts, les fougères, le taillis bas, qui annonce et précède la forêt : tout cela coupé un beau jour, puis brûlé, enrichit le sol — pour quelques saisons : c'est l'écobuage, méthode qui n'a pas complètement disparu au XIXe siècle [1].

1. Sur les méthodes de cultures, cf. Marc BLOCH, *Caractères originaux de l'histoire rurale française*, Paris, 1951, chap. VI et VII.

L'engrais de ferme ne supplée pas à cette méthode du repos : le bétail est peu nombreux, maigre, parce que le paysan ne peut lui fournir pour pitance que les herbes folles de la jachère, les chaumes des soles moissonnées, les herbes rares des sous-bois ; peu de prairies de fauche sauf sur les terroirs humides, pas de fourrages abondants. L'élevage n'est qu'un complément de la culture céréalière, et même dans les pays de haute montagne, où l'utilisation des alpages permet des troupeaux plus nombreux. Ainsi le bétail ne fournit pas à la terre un engrais abondant : peu de prés, par suite — peu de blé. Autour des villes, où les charrois, bientôt la poste, nécessitent des écuries importantes, les grandes exploitations, qui les fournissent en fourrage et élèvent les chevaux, sont mieux loties : exceptions toujours, et minces exceptions, à l'échelle du royaume.

Enfin ces petits paysans ne peuvent améliorer leurs cultures en achetant des semences sélectionnées, adaptées comme aujourd'hui aux sols et aux climats : manquent, et les sélectionneurs, — une technique très moderne issue d'une science qui n'existe pas à l'époque, — et l'argent. Les paysans emploient toujours, d'une année sur l'autre, leur propre grain et celui du voisin : heureux d'obtenir des rendements de trois pour un, de quatre pour un…

En toutes traditions, la part la plus grande est celle des mentalités : l'homme est pris dans un réseau d'habitudes reçues, acceptées dès l'enfance par l'autorité familiale, et maintenues ensuite sans effort. Non pas que cette vie repliée sur le village, les voisinages ancestraux, les paysans et artisans villageois qui en forment le cadre, paraisse une perfection : ils n'en ressentent que trop les insuffisances, victimes eux-mêmes de cette précarité ; et quotidiennement. Car, à supposer bonnes terres et bon ciel, trop de choses leur font défaut, et d'abord l'argent.

Charges et redevances

Dans cette vie appuyée sur elle-même, le petit paysan n'a point de fonds : c'est l'explication de ces nombreux petits métiers artisanaux, qui, autour des villes marchandes et même assez loin d'elles, peuvent apporter, en utilisant les loisirs forcés de l'hiver, quelques ressources en sus. Car de ses récoltes le paysan du XVIe siècle ne vend pratiquement rien. Non qu'il produise juste ce qu'il lui faut pour vivre, — les moissons, surtout les bonnes années, sont plus généreuses, — mais l'agent du seigneur et celui de l'évêque lui prennent une bonne part de cette production. Les épis coupés, mais non engrangés, passe le décimateur sur le champ, qui enlève selon les régions, une gerbe sur dix ou sept, ou quinze ou vingt ; plus tard, il faut moudre, puis faire cuire, au moulin banal, au four ; chaque fois, un droit en nature est versé ; de même pour utiliser le pressoir seigneurial, ou pour fouler le chanvre... Admettons, tout de suite, que ces petits personnages du village, qui représentent le seigneur absent, ou dédaigneux de ces basses besognes, sont plus exigeants, plus durs que ne le serait le maître lui-même. A quoi s'ajoutent encore, dans le cadre du même régime seigneurial, les droits en espèces que l'inflation médiévale, et surtout celle du XVIe siècle, ont considérablement réduits, en valeur réelle, il est vrai ; mais dans bien des provinces, le champart est resté droit en nature, donc un droit lourd. Aussi bien le compte en a-t-il été fait et refait [1] : lorsque le paysan a versé sa dîme, lorsqu'il a acquitté divers droits seigneuriaux et prévu ses banalités, lorsqu'enfin il a mis de côté sa semence, — à elle seule souvent le quart de la récolte, alors que dîme et banalité peuvent, l'un dans l'autre, constituer 25 à 30 p. 100 de cette même récolte, — il lui reste dans son grenier de quoi nourrir les siens ; le prix du blé augmente-t-il sur le marché urbain, où vendent les décimateurs et ces « blatiers, regrattiers » qui se chargent d'écouler les réserves seigneuriales ? le paysan n'en profite pas. Ainsi s'explique, à la fois, qu'il participe en fait très peu à l'économie monétaire urbaine, vendant à la foire annuelle voisine quelques chapons, du beurre, peut-être un veau, — et qu'il consacre le peu d'argent qu'il reçoit à acquitter ses impôts royaux : taille, gabelle... ; n'allant sans doute pas

1. LABROUSSE, *op. cit.*, Paris, 1944, Introduction générale.

toujours jusqu'à négliger sa terre pour n'en pas payer trop, comme l'assure Vauban[1] (réflexe bien compréhensible d'ailleurs et qui a eu la vie longue), mais persuadé que ces charges accablantes sont la principale, la grande cause de sa misère ; tellement persuadé qu'il est souvent prêt à prendre les armes, fusil ou fourche ou fléau, pour se protéger des « collecteurs » ; les grandes émotions des XVIe et XVIIe siècles, les révoltes des « croquans » étaient dirigées contre les agents royaux, percepteurs d'espèces, c'est-à-dire percepteurs d'une surcharge fiscale ; mais la charge première, et la plus lourde (ces violents mouvements ne doivent pas faire illusion), était bien celle constituée par la dîme et les banalités, les charges en nature.

Disettes et famines

Combien, dans ces conditions, la vie matérielle des campagnes françaises est difficile : ce paysan qui nourrit la ville par l'intermédiaire du décimateur et des intendants seigneuriaux ; dont les produits peuvent même entrer, de là, dans les circuits commerciaux internationaux, — blés provençaux en Méditerranée, blés aquitains vers l'Espagne, — ce paysan ne se nourrit qu'à grand-peine. Une mauvaise récolte, une forte gelée d'avril, un orage de juillet sur son champ, et voilà la récolte sinon anéantie, du moins diminuée. Dans une économie aussi fragile, une perte de 50 p. 100, et c'est ce que peut produire une gelée, ou même un gros orage, est une catastrophe que la solidarité villageoise ne peut pas compenser : alors le paysan emprunte du blé aux « aisez », bourgeois et gros laboureurs[2]. La forte gelée est surtout redoutable : les chroniques du temps regorgent de descriptions hivernales terribles, comme nous n'en voyons plus ; la Seine, la Loire, entièrement gelées, que chacun traversait sur la glace sans risque ; des glaçons en Méditerranée. Récolte diminuée, mauvaise moisson,

1. VAUBAN, *Dixme royale*, éd. Coornaert, p. 28.
2. VAUBAN, *ibid.*, p. 280.

cela signifie d'abord les droits plus lourds, puisqu'ils représentent un pourcentage ; et aussi parce que décimateurs et intendants des nobles se font d'autant plus exigeants que les rentrées sont mauvaises, donc l'ensemble du revenu amoindri. Récolte diminuée, c'est surtout, quelques mois plus tard, la soudure compromise : ayant acquitté ses droits, le paysan a donc pour vivre — une fois les semences faites, qui, elles, représentent, non un pourcentage, mais une masse fixe que la récolte ait été de cent ou de cinquante sacs, il faut toujours vingt-cinq sacs de semence) — ce qui reste dans son grenier ; et si celui-ci est vide au mois d'avril, il doit manger herbes et racines, vaille que vaille, pour tenir jusqu'en juillet. Et comment tenir, si l'on ne peut même passer l'hiver ; disettes, famines sévissent ainsi dans les campagnes avant de toucher les villes : le contraire de ce que nous avons vécu entre 1940-1944, où les villes souffraient plus que les campagnes.

Sur la fréquence des disettes, sur l'horreur des famines, les témoignages sont surabondants : un ouvrage de réflexion comme la *Dixme royale*, souligne la misère chronique du Vézelay pris comme exemple : « Le commun peuple... boit rarement du vin, ne mange pas trois fois de la viande en un an, et un peu de sel... Il ne faut donc pas s'étonner si des peuples si mal nourris ont si peu de force. A quoi il faut ajouter que ce qu'ils souffrent de la nudité y contribue beaucoup, les trois quartz n'estans vestus, hiver et esté, que de toile à demi pourrie, et déchirée, et chaussez de sabots... peuples faibles et mal sains. »[1] Disettes, chertés, famines, les contemporains distinguent prudemment une gradation fort significative : disette, c'est une misère noire, c'est le pain de fougère et de son, mais qui n'entraîne pas mort d'hommes, au plus de quelques vieilles gens ; la famine, c'est bien pis : le village anéanti, la province ravagée, jusqu'aux villes comprises, et « choses horribles, et qui font dresser les cheveux »[2], comme dit un médecin du

1. *Dixme*, p. 279. Cf. aussi d'innombrables documents d'archives (exemple : AD, Saône-et-Loire, B. 1297). Plaintes des mémoires et livres de raison (exemple : *Mémoires* de Jean BUREL, Le Puy, p. 451).

2. « Un enfant qui s'était déjà mangé une main » (*Journal* d'Olivier LEFÈVRE D'ORMESSON, 1640-1672, t. II, p. IX).

XVIIe siècle. Localisées parfois à un coin de province, puisque le stockage et la circulation des grains à travers le royaume n'étaient pas organisés, les famines se généralisent souvent par la spéculation des collecteurs, qui resserrent leur grain, jouent et gagnent à la hausse des mois durant, dans les villes mêmes, assaillies par les paysans, qui fuient leurs chaumières et viennent en ville mendier leur propre pain : ainsi, pendant ces séries d'années noires 1630-1632, 1636-1638, 1660-1664, 1693-1694 ; ainsi encore en 1709, ce sont les grandes catastrophes, sur un fond de misère, de froid et de faim chroniques. Un dernier élément achève le tableau : après, ou pendant les famines, les épidémies trouvent le terrain préparé dans ces corps sous-alimentés ; d'où la crainte des « bubbons », la peur de l'étranger, du mendiant, ou du simple passant qui traverse le village, et que l'on connaît pas, dont le sac de chemineau, d'errant, recèle peut-être ces dangereux animaux inconnus, porteurs de la peste, le mal redouté et toujours redoutable, au plus fort de ces crises[1]. Villages aujourd'hui fort peuplés, six mois plus tard déserts : pas besoin d'autre explication. Et à l'échelle de la France entière, 15, 16 millions d'habitants, 13 ou 14 après de telles épreuves, puis retour à 17 ou 20, au plus, après une vingtaine d'années passables. Ce sont des chiffres gros ; mais l'observation de détail les explique assez bien : tel village qui enregistre quinze décès par an, en année normale, en compte cinquante-cinq en 1709, trente encore en 1710...

Aussi quelle joie expansive, quelles réjouissances, bonne table et danses et chants d'allégresse, lorsque la moisson est finie, qui a permis d'engranger une belle récolte de blé, d'orge et d'avoine : ces fêtes rurales plantureuses, dont la tradition demeure encore aujourd'hui, ont la pleine signification d'une victoire sur la mort, d'une sécurité acquise

1. Gaston Roupnel, *La Ville et la Campagne au XVIIe siècle dans le pays dijonnais*, réédition, Paris, 1955, a donné de frappants exemples, pour sa Bourgogne, de ces maux redoutés : famines, épidémies, et de leurs conséquences démographiques. Cf. notamment, chap. 1 de la première partie.

pour quelques mois. Et quelle ferveur encore, dans cette foi agreste, lorsque, par une trop longue sécheresse, qui empêche le grain de grossir, un matin de juin déjà surchauffé, toute la paroisse, curé et bedeau en tête, part en procession de l'église, portant avec mille précautions à travers champs, dans le murmure des prières, la statue de saint Médard, le bon saint qui fait pleuvoir, allant jusqu'à le tremper dans la dernière fontaine qui tient encore un peu d'eau, pour lui bien préciser ce qu'on attend de lui. Et pourtant, à supposer tout réussi, belle récolte et beaux labours, hiver point trop rude, et été pas trop orageux, quels risques encourus encore : un simple passage de gens de guerre, par exemple. Au vrai notre paysan, en cette France moderne, trouve peu d'aide autour de lui : l'encadrement social de l'époque est pour lui oppressif sans égards ni ménagements pour les vilains, les « croquans ». Richelieu les compare aux mulets, qui, étant accoutumés à la charge, se gâtent par un long repos plus que par le travail.

2. L'insécurité sociale

Mauvais jeu de mots que ce sous-titre pour un lecteur d'aujourd'hui. Et pourtant quelle meilleure façon de désigner cette rupture d'équilibre social, qui caractérise la situation de la paysannerie française moderne (déséquilibre et instabilité) en dépit de l'attachement à la terre ? Nombreux sont dans les campagnes ces journaliers qui n'ont même pas un jardin, louent leurs bras, ici et là, suivant les saisons, voyagent beaucoup, errants dangereux parce qu'ils deviennent facilement brigands, ou soldats, ce qui est tout comme, ou presque jusqu'aux réformes militaires du XVIIIe siècle. Cas limite parmi ces masses paysannes, isolées en fait, privées de tout appui social, hors les communautés privilégiées, fixées dans le voisinage immédiat des villes, à vue de remparts, et celles qui jalonnent voies d'eau et grandes routes (si rares encore). Isolement tragique, même aux yeux des contemporains.

Le châtelain

Pourtant les cadres sociaux existent : le seigneur châtelain, maître des terres (et, ici et là, encore des hommes, c'est le fait de certaines communautés monastiques), qui est le protecteur attitré du village, — les droits qui lui sont toujours payés en sont le signe même : s'il a été remplacé récemment, par un de ces bourgeois enrichis du XIVe ou du XVe siècle, qui aimaient placer leurs fonds en terres, les droits sont toujours perçus, la protection devrait donc subsister à l'ombre du château, du colombier, autres signes extérieurs de cette dépendance ; — puis, voisin du châtelain, le curé, autre protecteur au spirituel, comme le hobereau l'est au temporel, assurant à chacun le viatique religieux de sa vie terrestre, et le passage dans l'au-delà. Mais si le prêtre et le châtelain sont toujours là, si le curé peut encore chaque dimanche rassembler dans l'église tous ses paroissiens, si l'hôte du château peut, moins souvent, lorsqu'il lui naît un garçon ou lorsqu'il marie sa fille, convier ses paysans à mettre en perce un demi-muid dans la cour du château, la réalité sociale quotidienne n'est plus celle du Moyen Age commençant (cf. p. 21).

« Le pauvre peuple », comme dit Vauban, est plus opprimé que protégé par le seigneur : c'est le grand drame de la campagne française (qui ne trouve son dénouement qu'en 1789), ce maintien des droits seigneuriaux, redevances normales lorsque autrefois le noble assurait la défense du terroir, réduites aujourd'hui à manifester, lourdement, la supériorité sociale et même raciale (« le sang bleu ») du noble. Et il convient d'en prendre la mesure : tenons pour des exceptions, qui déshonoraient l'ordre, ces seigneurs des « haultes Sévennes », du Gévaudan et du Cantal, dont nous parle Fléchier, qui sont devenus pillards, ravagent leurs propres campagnes, pillent leurs voisins, rançonnent les voyageurs ; les Grands Jours d'Auvergne de

1665, n'en ont d'ailleurs pas purgé les montagnes du Massif central. Mais croyons ferme qu'en Champagne ou en Sologne, le noble se contentait de recevoir ses rentes, de rendre la justice, d'user du premier banc à l'église, le dimanche, de veiller à ce que « ses » paysans ne chassent point, de chercher noise aux sergents royaux sur ses terres; ce qui est déjà beaucoup. Il a été dit trop souvent que le petit hobereau de village vit comme ses paysans, aussi fruste, aussi ignare et miséreux qu'eux[1] : il ne lit certes pas Homère dans le texte, ni même Ronsard, — peut-être même son ancêtre du XIIe ou du XIIIe siècle, avant la grande poussée urbaine médiévale, a-t-il été moins rustaud que lui (cf. p. 100), — mais il reste le maître, d'autant plus attaché à ses droits, à sa première place, que son train de vie, diminué par l'inflation incessante et sournoise, et son costume, trop vite élimé, le distinguent moins du commun. Sentiments que nous allons voir s'affermir encore avec la grande « révolution » des prix au XVIe siècle, et jusqu'au XVIIIe, mais sentiments essentiels. Car les rapports sociaux sont bien affaire de tradition, surtout de mentalité : ce hobereau du XVIe, qui ne rêve peut-être plus de croisades à Jérusalem ou Constantinople comme ses ancêtres, passe et repasse chaque jour devant son colombier, franchit ses fossés, lorsqu'ils subsistent encore. Et de même, plus encore peut-on dire, pour le bourgeois lyonnais qui a discrètement fait l'acquisition en Forez d'une « terre noble », à dix lieues de la ville où il a fait fortune de soie, d'épices ou d'or, et qui s'est venu fixer là, fier de son nouveau titre. De celui-là, parvenu en noblesse, le paysan n'a rien à attendre non plus; riche sans doute, plus qu'un hobereau de vieille souche, il emploie encore sa richesse à spéculer sur les grains, avec quelques bons amis de la ville, de Feurs ou de Lyon... Il ne s'est pas fait noble par vocation de redresseur de torts, ou de philanthrope.

La protection seigneuriale du passé a disparu, et depuis

1. Description « judiciaire » d'un petit noble, François d'Estut, seigneur de Chassy : « Le jean foutre ne sçayt pas lire », AD, Nièvre, B, 60.

longtemps. Restent donc les charges et les vexations, plus fréquentes que les bons moments, les obligations de toutes sortes (jusqu'aux corvées toujours exigées), contre lesquelles le pouvoir royal n'a pas réagi très vigoureusement : la monarchie a rogné sur le droit féodal, mordu largement sur les privilèges nobiliaires, mais au bénéfice des habitants des villes surtout ; et de fait, la main royale pour les paysans, c'est surtout celle des « gabeleurs », et autres collecteurs des droits royaux. « Protecteur naturel », le seigneur ne l'est plus. Cette belle expression est de M. Mousnier, qui pense que cette protection ancestrale avait fini par créer une nature. Mais il estime que le seigneur protège toujours; il tire argument du fait que les révoltes paysannes du XVIIe siècle étaient surtout dirigées contre les agents royaux. Ce qui est vrai. Mais la déduction est contestable [1]. Par contre, le paysan attend encore beaucoup de son curé, sur un tout autre plan : pour un au-delà, dont il ne met pas un instant en doute l'existence, qu'il croit même constamment présent et mêlé à ce bas monde, naturel et surnaturel confondus.

Le curé

Ce bas clergé des campagnes, en dépit de l'importance de son rôle social et politique (lecteur, commentateur plus ou moins avisé des ordonnances royales, quand elles lui parviennent), en dépit de l'ampleur des œuvres d'assistance (qu'attestent ces nombreux hôpitaux-hospices de bourgades au XVIe siècle encore), ce bas clergé n'apporte pas aux paysans une efficace protection : parce qu'il n'est pas riche, vivant aussi chichement que ses ouailles, délesté de la dîme par les évêques, qui la font percevoir dans la plupart des diocèses par un laïc, recevant chaque année un viatique fixe dont le XVIe siècle va faire la portion congrue ; n'ayant rien à attendre de ses fidèles, si ce n'est quelques bons repas

1. R. MOUSNIER, *Histoire générale des Civilisations*, t. IV : les XVIe et XVIIe siècles, Paris, 1953, p. 162.

au château ; parce qu'aussi, le curé de campagne ne sort jamais de son village : il voit son évêque au plus une fois l'an, pour la confirmation lorsque la tournée pastorale a lieu : l'état des chemins, les intempéries sont souvent de bonnes raisons pour ne pas la faire ; enfin il n'a pas reçu la formation intellectuelle et spirituelle qu'imposerait son état : instruit à la diable — le plus souvent par son prédécesseur, qui a choisi dans une famille nombreuse le plus éveillé de ces petits paysans, à qui il enseignait les rudiments de catéchisme, — nanti de quelques mots de latin, juste ce qu'il faut des Évangiles pour la messe, ignorant des Pères de l'Église, voire de l'Ancien Testament, le bon curé vit dans une pauvreté morale comparable à celle des paysans ; conséquence lointaine, en partie, de ce gallicanisme exigeant qui, de Charles VII à François Ier, a fait placer la nomination des évêques entre les mains du roi, Très-Chrétien selon son titre, mais parfois négligent (c'est le moins qu'on puisse dire). Ainsi le curé dans sa paroisse rurale est, le plus souvent, un pauvre bougre, crotté, mal soigné, isolé de tout soutien d'état, au cœur de ce village où il prodigue avec bonne volonté quelques rudiments, plus ou moins orthodoxes, de christianisme, partageant enfin sentiments et passions de ses fidèles, jusqu'aux moments troubles[1], beaucoup plus encore qu'il ne les gouverne.

Soldats et brigands

Enfin l'insécurité se mesure encore aux rapports extérieurs : la vie sociale du village n'est pas plus fermée que l'économie, et ne se borne pas aux travaux collectifs, aux veillées en commun, à la messe dominicale. Les paysans, qu'ont seuls observés et décrits La Bruyère et Vauban, connaissent de leurs contemporains lointains quelques

1. PORCHNEV, *Les Soulèvements populaires en France avant la Fronde*, traduction française, Paris, 1963, cite dans son appendice des curés angoumois, conduisant leurs paroissiens à l'émeute contre les gabeleurs en 1636, p. 595.

autres types : les agents du roi, personnages encombrants, commis percepteurs de la taille, de la gabelle ; sur la route, proche ou lointaine, passe parfois un déplacement royal, princier, longue théorie de carrosses, de cavaliers empanachés, que les villageois vont voir à respectueuse distance ; parfois encore quelques citadins, qui aiment les voyages à la campagne, mais n'en éprouvent guerre le besoin, l'ayant à leur porte, et quittant simplement Lyon pour Saint-Rambert, ou Paris pour Saint-Cloud ou Montmartre ; Mme de Sévigné qui aimait les Rochers, est une originale, voyageant loin, et par plaisir. Tout cela n'est pas dangereux sauf les agents fiscaux, capables de faire place nette lorsqu'ils ne sont pas payés : les plus redoutables visiteurs du village, ce sont les soldats et les brigands.

Nos archives, (la série B des Archives départementales, notamment) regorgent de plaintes, de récits horribles touchant la soldatesque détestée, qui laisse partout derrière elle tant de mauvais souvenirs. Les soldats arrivent, à loger ou non ; en service, en campagne ou non : amis ou ennemis, il n'importe non plus ; le comportement est le même : ce qui ne doit pas étonner puisque ce sont partout jusqu'à la fin du XVIIe siècle des mercenaires, qui louent leur talent sans se soucier beaucoup de la cause qu'ils servent, pourvu qu'ils soient payés, et trop souvent, ils avaient pour excuse à leurs déprédations le retard de la solde. La guerre coûte cher aux rois et aux princes, et même à Charles Quint. Donc, à part de rares exceptions mentionnées avec une admiration hyperbolique, les soldats ravagent les villages, fourrageant et pillant « meubles, linges, habitz, litz et harnois de labourage… moutons, veaux et autre menu bestial »… ; « tirant des coups de fusil sur les poules, maltraitaient et battaient plusieurs personnes, poursuivaient l'espée nue à la main, quelques filles… »[1] Quelle désolation, lorsqu'une troupe tombe ainsi sur un village sans défense. Ces bons soldats qui aiment la vie dangereuse (ou parfois ont été condamnés, suivant la formule juridique alors en usage, « à servir le Roy par force dans ses armées pendant dix, vingt années ») sont

1. Descriptions pittoresques tirées de AD, Nièvre, B, 44 et 81.

sans égards pour le paysan, finalement moins défendu peut-être contre la soldatesque que ne l'était son ancêtre du haut Moyen Age contre les invasions.

Récoltes sur pied, greniers, bétails, lourdes armoires, femmes sont aussi menacées par les brigands, dont les veillées d'hiver parlent sans cesse : terme générique d'ailleurs, qui peut englober (à juste titre) les soldats, à qui souvent, une couleur étrangère est donnée : Espagnols, Allemands, Anglais surtout, à la fin du XVIIe siècle notamment. Les brigands sont aussi variés : nobles oisifs, pillards impunis et impossibles à dénicher des hautes montagnes dans leurs nids d'aigle au-dessus des vallées, – Crussol sur le Rhône, Nonette sur l'Allier, et tant d'autres, – organisant des bandes de pillerie dans les pays comme le Gévaudan qui ne reçoivent guère la protection des troupes royales ; soldats déserteurs, brigands de grand chemin, gîtant dans les forêts profondes, en bandes nombreuses, organisées, dirigées par quelque robuste gaillard, qui s'attaquent aux villages, lorsque les proies meilleures, marchands surpris sur les routes et sur les rivières dangereuses, chargés d'or et de denrées précieuses, leur font défaut, l'hiver notamment, qui ralentit le grand commerce. Fernand Braudel[1] a montré cette ubiquité du banditisme moderne, et dépeint ce type social, le brigand, personnage en marge de la société, redouté, mais pas toujours détesté, car des légendes nombreuses s'attachent à lui, bandit justicier, bandit châtiant gabeleurs et seigneurs pillards, bandit vengeur qui fait le mal pour le bien... sauf le jour où, la faim aidant, ou bien une mauvaise chasse, il lui faut se servir au village, toujours sans défense.

La ville lointaine

Car finalement vers qui se tourner ? Le prévôt royal et à plus forte raison le bailli sont loin, à la ville. Même si elle n'est distante que d'une lieue, c'est encore trop : car c'est

1. F. BRAUDEL, *La Méditerranée et le monde méditerranéen à l'époque de Philippe II*, Paris, 1949, IIe partie, chap. VI. Cf. aussi F. BRAUDEL, *Annales E.S.C.*, 1947, 2.

une lieue sur une route de terre, impraticable en hiver, dans la boue ou les ornières glacées par le gel. Une expédition que le paysan entreprend, et en groupe habituellement, une ou deux fois l'an, pour la Saint-Michel ou la Saint-Martin. Mais pour la défense immédiate, pour la protection urgente? Pas question. Et puis, de façon plus générale, cette ville au bout de la route, au-delà de la forêt peu sûre, où le bailli lui-même ne s'aventure pas sans une escorte armée, cette ville plus lointaine que ne le dit la distance réelle n'est point accueillante au paysan : dès qu'un danger est en vue du haut des remparts, soldats inconnus, troupe menaçante, les portes sont fermées; lorsque la disette tient la campagne, en avril ou en mai, et que le pauvre paysan quitte sa chaumière vide de tout grain, vient mendier à la ville, il est accueilli fraîchement, c'est le moins qu'on puisse dire : « En l'année 1631, la grande pauvreté et abondance de pauvres qui morurent aulx focés de la présente ville du Puy...[1] » A la moindre alerte, et lorsque l'épidémie s'en mêle, lorsque les greniers urbains se vident à leur tour, consuls ou échevins mettent tout ce monde de mendiants dehors : les « vagabonds » ne font pas partie de la cité; la ville n'a pas vocation à assurer la protection des ruraux. En dépit des ressemblances, de l'allure campagnarde des plus grandes cités, en dépit de l'osmose continuelle que créent les va-et-vient, la ville est, par ses occupations et son style de vie, trop étrangère au monde rural. Ces campagnes, qu'une vingtaine d'années sans grosses famines, c'est-à-dire sans ponction démographique, suffit à surpeupler, ne vivent pas en complète symbiose avec les villes. Le plat pays s'arrête aux remparts, aux portes toujours gardées, où les allées et venues sont surveillées toute la journée; et les ruraux sont d'un autre monde. La paroisse rurale, ses drames collectifs des temps de guerre et de misère, ses crises économiques violentes, insupportables au point de chasser les habitants de leurs chaumières, c'est un petit monde quasi fermé qui ne participe à plein ni de la vie économique luxuriante, ni de l'organisation sociale

1. *Journal* d'Antoine JACMON, 1627-1651, p. 47.

complexe, ni de la vie intellectuelle artistique, brillante, somptueuse même, des villes. Nous disons toujours la civilisation française : le pluriel est plus prudent et plus juste, hier comme aujourd'hui.

3. Croyances et opinions

D'ailleurs nous n'avons pas à opposer une mentalité rurale au chatoiement des civilisations urbaines, Lyon la florentine, Lille flamande, Besançon qui serait espagnole... Nul doute qu'il n'y ait des variantes régionales : de même que l'ennemi juré variait suivant les régions, — Anglais en pays picard, Espagnols ou Allemands en Bourgogne, — de même les mentalités paysannes ont sans doute présenté des traits régionaux, qui vont se conserver jusqu'au XIXe siècle, cette époque des grandes destructions. Traits fort mal connus, on s'en doute, comme tout ce que porte une civilisation orale. Mais il est possible, en deçà de ces caractères régionaux originaux, de reconstituer par contre des attitudes sentimentales dominantes, d'évoquer ainsi une atmosphère mentale, un niveau de civilisation : la peur née de l'insécurité générale, entretenue par elle, la foi simple, nourrie à la fois de souvenirs païens et de l'empreinte catholique, une croyance politique, une foi monarchique, très inégale de l'Ile-de-France ou la Champagne, témoins constants de la présence du royaume, jusqu'au fond du Limousin, plus délaissé. Tableau incomplet, sans doute...

Les peurs

Les peurs-paniques d'abord ; elles dominent tout, et expliquent bien des aspects de la vie villageoise ; peurs plus fortes que celles des hommes du XXe siècle, malgré leur lot si lourd, parce que quotidiennes ; la croyance solide qu'une menace pèse constamment sur la vie des hommes, du bétail sur les récoltes, oriente toutes les réflexions : une étoile filante dans le ciel, le galop d'un cheval qui s'ébroue dans un guéret, les paroles désordonnées d'un simple d'esprit ou d'un voisin, attardé au cabaret au sortir de la messe, tout donne forme à la crainte. Brigands de la forêt, Anglais, bubbons, la sarabande travaille des imaginations que la sous-alimentation chronique rend folles ; il n'est que de voir ces paniques se multiplier à la veille des moissons, où le moindre cri est suspect, où le visiteur, « l'étranger », rôdant sur les chemins est dangereux : moissons incendiées, belles récoltes perdues à la veille de les couper ; pour éviter ces malheurs, les fourches et fléaux sont vite pris ! Une bonne part des mouvements populaires du XVIIe siècle s'explique ainsi [1] ; le tocsin aidant, ces paniques des champs en juillet peuvent se déplacer, s'entraîner d'un village à l'autre, sur des provinces entières : ainsi, en 1630 en Provence. Sorte de rythme dans la vie rurale, tout comme les grandes détentes qui suivent une moisson paisible, engrangée sans pilleries, ce qui reste tout de même assez fréquent ; mais ce contexte de crainte, avec la violence de ses passions, où la vie du lendemain est en jeu, explique et les grandes joies exubérantes et ces mouvements de colère, de haine irréfléchie contre collecteurs « sergens », ennemis ou simples inconnus, et « toutes ces animositez et ces haines invétérées qui se perpétuent dans les familles des Païsans » [2].

Donc une atmosphère où tout est objet de crainte ; où tout est possible, ce qui est plus important encore [3]. Le monde, terre, ciel et eaux, dans lequel vivent nos paysans au XVIe siècle, n'est pas le nôtre. C'est un monde dans lequel nul ne distingue naturel et surnaturel, rationnel et irrationnel. Distinction au vrai dépourvue de sens. Il est « normal », par exemple, d'accuser un berger licencié par un gros fermier briard d'avoir fait mourir 395 têtes de

1. Cf. la première partie d'un bel article de René BAEHREL, *Annales historiques de la Révolution française*, avril-juin 1951, p. 113 et suiv.
2. VAUBAN, *op. cit.*, p. 38.
3. Pour tout ce qui suit, cf. L. FEBVRE, *Le Problème de l'incroyance au XVIe siècle*.

bétail, moutons, chevaux, vaches, en six mois. Rude vengeances, assez simple : en leur jetant un sort, acte de nature, à la portée de n'importe qui ; il suffit d'en connaître la formule éprouvée. Il est tout aussi « normal » d'ordonner « des processions pour avoir du beau temps dont la terre a fort grand besoin ». La foi religieuse prend ainsi une tonalité particulière : il ne saurait être question d'y séparer le bon grain de l'ivraie, ce qui est fort orthodoxe, ni de se priver de l'intercession de quelque saint protecteur, ce qui va bien au-delà de l'orthodoxie. Il existe une foule de saints protecteurs : autour de Paris des dizaines, saint Médard pour la pluie, l'obtenir ou l'arrêter ; saint Séverin pour protéger la vigne ; saint Nicolas pour les incendies de récoltes : saint Dominique contre la grêle, etc. ; il faut dire que l'épuration entreprise dans ce domaine par le concile de Trente au milieu du XVIe siècle n'a pas eu grande portée dans les campagnes, et de longtemps !

Foi et superstition

Assurément, ces campagnes sont chrétiennes : « De la naissance à la mort », suivant la formule de Lucien Febvre, le curé est là présent auprès de ses ouailles, des fonts baptismaux à l'extrême-onction. La communion pascale annuelle, scrupuleusement observée à tel point qu'au XVIIIe siècle, les intendants de la monarchie, épris de statistique, l'utilisent encore pour dénombrer les habitants des paroisses), est l'acte religieux principal, avec la messe dominicale évidemment. Les documents d'archives signalent, çà et là, des absences à la messe ; les curés du temps n'avaient pas d'abbé Boulard pour les inciter aux comptages : il est difficile d'interpréter ces textes souvent succincts, et d'en tirer des conclusions. Ce n'est pas là, dans les villages, qu'il faut chercher l'impiété. Il arrive certes que l'on plaisante du célibat des prêtres, que l'on interrompe le curé au beau milieu d'un sermon sur les vertus du mariage, pour lui dire qu'il parle de ce qu'il ne connaît pas, avec de bons rires. Pas plus que quelques tumultes signalés de temps à autre, ce n'est là ni anticléricalisme, ni propos impies : les libertins des XVIe et surtout XVIIe siècles, il faut les chercher à la ville.

Cette foi rurale n'en présente pas moins des caractères originaux, éloignés de toute orthodoxie chrétienne : le culte des saints se mêle couramment de pratiques superstitieuses, qualifiées comme telles, dès le début du XVIIe siècle ; de plus la croyance dans la toute-puissance des sorciers et sorcières, voisins et voisines doués du mauvais œil, aimant chevaucher les balais et parcourir les clairières pendant la nuit, tient une place énorme : le Diable est au moins aussi présent que le bon Dieu. En 1679, un docte abbé écrit un *Traité des superstitions* : grand livre d'un théologien averti qui ne s'aviserait pas plus de nier formellement la sorcellerie que le miracle ou l'intercession de ces multiples saints protecteurs de la vigne, des abeilles ou des porcs ; qui étudie avec force références aux Pères de l'Église (beaucoup plus qu'à ses contemporains, ce qui est bien dommage) les superstitions qui ont cours dans les campagnes (et dans les villes), les prières, qu'il déclare ridicules comme celle-ci : « Petite Pate nôtre blanche que Dieu fit, que Dieu dit, que Dieu mit en paradis. Au soir m'allant coucher, je trouvis trois anges à mon lit couchés, un aux piés, deux au chevet, la bonne Vierge Marie au milieu, qui me dit, que je m'y couchis, que rien ne doutis, le bon Dieu est mon père, la bonne Vierge est ma mère, les trois apôtres sont mes frères, les trois Vierges sont mes sœurs. La chemise où Dieu fust né, mon corps en est enveloppé, la croix Ste Marguerite, à ma poitrine est écrite ; Madame s'en va sus les champs, à Dieu pleurant, rencontrit Monsieur S. Jean. Monsieur S. Jean d'où venez ? Je viens d'Ave Salus. Vous n'avez point vu le bon Dieu ; si est, il est dans l'arbre de la croix, les piés pendants, les mains clouants, un petit chapeau d'épine blanche sur la tête. Qui le dira trois fois au soir, trois fois au matin, gagnera le paradis à la fin » ; et les pratiques médicales, ces formules étonnantes et les innombrables ditons, comme « attacher un clou d'un crucifix au bras d'un épileptique, et il sera guéri », qui n'ont cessé de courir les campagnes jusqu'au XIXe siècle, voire au XXe siècle, et que les folkloristes, grands chercheurs de traditions orales, ont recueillies avec des fortunes diverses, depuis une cinquantaine d'années. Ce vieux fond de croyances héritées encadre et explique la sorcellerie : passage facile, s'il est vrai qu'il suffit de saupoudrer l'épaule de sa voisine d'un peu de cendre de crapaud pour la rendre amoureuse ; la sorcière, qui revient du sabbat, le sac chargé de maléfices à faire mourir le village entier, — bêtes, gens et plantes, — n'est jamais dotée que d'une puissance décuplée, dans ce domaine, où la relation de cause à effet prend des aspects étonnants. Aussi bien la croyance aux sorciers semble-t-elle universelle ; et la persécution, qui a duré des siècles (du XIVe au XVIIe en gros), n'a pas manqué d'en fortifier de façon extraordinaire l'extension.

L'intervention quotidienne du Malin dans la vie des hommes, quelle source de maléfices horribles et sans cesse renouvelés ! Peu d'esprits, même à la ville, ont résisté à ce charme ; peu de régions, non plus. Les contemporains pensaient que le mal était plus grand au Nord qu'au Midi. « C'est chose notoire qu'il se trouve plus de sorcières dans les pays septentrionaux, où les esprits sont plus simples et grossiers que dans les méridionaux, où ils sont plus raffinez »[1]. Question délicate en dépit de ce déterminisme géographique simplet : la prolifération des sorcières en Comté, en Lorraine, en Flandre, a été encouragée par les poursuites judiciaires, plus faciles peut-être en pays de droit coutumier. Mais quelle peur ! Un Lyonnais n'écrit-il pas en 1660 : « Il ne faut qu'un malotru qui aura besoin d'un bout de votre champ, à qui vous n'aurez pas voulu vendre une pierre de votre héritage, qui espérant de l'avoir par la vente de vos biens, en relevant à propos une parole lâchée à l'hazard, ne puisse donner commencement à votre ruine totale »[2]. Surnaturel malfaisant, toujours présent à la pensée, dès qu'une vache montre des signes de faiblesse, alors qu'auparavant la voisine est passée devant l'étable en se

1. *Cautio criminalis*, traduction française, 1660, Préface. L'auteur, jésuite rhénan, précise même : en Allemagne plus qu'ailleurs.
2. *Ibidem*.

grattant le chignon... Peut-on conclure que la pratique religieuse est surtout, en ces temps difficiles, une défense contre ce Démon envahissant, qui trouve dans les villages tant d'auxiliaires de bonne volonté ? La conclusion hasardeuse comporte une part de vérité.

Les fêtes. Le Roi protecteur

Ce monde mental est terrifiant à certains égards ; où en est donc la clarté, la paix ? En premier lieu, l'énergie avec laquelle ces paysans font face à tous les maux qui les accablent : disettes et famines, exactions seigneuriales et razzias des bandits, méfaits des soldats et cataclysmes surnaturels, ils supportent tout. Après la guerre, les villages incendiés et les populations décimées, comme en Bourgogne pendant la guerre de Trente Ans, les survivants se remettent à l'ouvrage, relèvent les maisons les moins touchées, retournent aux champs. L'énergie paysanne en face des avatars d'une vie jamais sûre n'a pas de limites : tous les villages se reconstruisent rapidement après les pires désastres ; même les veuves, toujours si nombreuses dans les campagnes, bien plus qu'aujourd'hui — et c'est le signe même de cette insécurité chronique —, les veuves se remettent au travail, hantent leur maison ravagée et tiennent leur place dans la communauté. Vingt, trente ans sans guerre, sans épidémie, sans mauvaise récolte, et les villages retrouvent leur population, leurs activités, comme par le miracle d'une volonté toujours renouvelée, et à l'étonnement des contemporains eux-mêmes.

Puis les grandes fêtes, préparées longtemps à l'avance, fêtes du calendrier chrétien, Noël, Pâques et la Toussaint ; fêtes christianisées qui recouvrent d'anciennes pratiques mal oubliées, la Saint-Jean du solstice, où « passer à travers le feu guérit du feu volage » ; dans une mesure déjà moindre, car les plus sombres récits en sont le décor, et l'attrait, les veillées familiales, les longues veillées d'hiver, où, sous l'autorité, parfois lourde, du père, se transmettent et s'alimentent les traditions, les chants, d'un légendaire monstrueux et doré à la fois, dont nous ne connaissons que des bribes[1].

Enfin sans doute, mais inégalement suivant les régions, une foi politique : le roi, protecteur trop lointain des humbles, des pauvres gens à la fin du XVIIIe encore ; cette foi en la bonté royale, abusée, aveuglée, vit toujours, appuyée sur une croyance religieuse, dont la fortune extraordinaire a un sens politique profond : la foi dans le pouvoir miraculaire, thaumaturgique des rois de France. Ce roi, maître puissant, et abusé par ses sergents et collecteurs abhorrés, suzerain lointain des petits hobereaux locaux souvent insupportables, ce roi que l'on vient voir s'il visite la province, mais que du Bourbonnais ou du Poitou, nul n'oserait aller solliciter à Paris, (quel grand et difficile voyage pour réclamer justice d'une volerie et même d'un crime), ce roi, il n'est pas rare qu'on aille le voir lors des grandes fêtes, où, dans les galeries du Louvre, à Amboise, à Fontainebleau, il touche et guérit les malades. D'Espagne, d'Italie, de la Comté et des bords du Rhin, les étrangers, mêlés aux Français, viennent se faire toucher au front pour guérir de ce mal suppurant, laid à voir et pénible à sentir, ce mal des sous-alimentés que l'on appelle les écrouelles au XVIe siècle, et que nos médecins nomment l'adénite. La foi religieuse, et miraculaire, fonde ainsi la foi politique, car dans la conscience populaire, le roi est placé au rang de ces nombreux saints, dont les reliques démultipliées à travers l'ancienne France font tant de miracles : le roi de France partage les écrouelles avec saint Marcoul de Corbeny, à qui d'ailleurs il rend visite au lendemain de son sacre à Reims. Laissons de côté un instant la portée religieuse du fait, le titre qu'y acquiert le roi à diriger l'Église de France, les étranges pudeurs des théoriciens de la souveraineté royale au XVIIe siècle, qui, de Savaron à Bossuet, ne mentionnent plus beaucoup cette marque tangible du caractère sacré de la royauté : quel aliment à une foi populaire solide, une foi

1. Renvoyons, avec prudence, à H. DONTENVILLE, *Mythologie française* et ses bibliographies, Paris, 1949. Cf. surtout A. VARAGNAC, et ses études sur l'archéo-civilisation.

qui a largement survécu aux silences de Bossuet, et qui s'exprime jusque dans les livres de raison, ces journaux intimes d'autrefois : « Ici louerey je Nostre Seigneur de nous avoir faict ceste grâce de nous avoir acquis ung roy (ce texte est écrit en 1600) sy catholic et tant bénin, heureux en tout qu'il entreprent, et quy a vainqu tous ses ennemis, estant sy bien à la grace de Dieu, guérisant des cruelles[1]. »

4. Éléments nouveaux

Progrès de technique rurale

Cet univers, mental et matériel, des paysans dans nos campagnes, n'est pas resté sans se modifier peu ou prou, pendant deux siècles et plus ; mais les structures fondamentales sont là solides, stables, et pour longtemps encore. A l'intérieur de ces ensembles, les transformations se font par petits coups insensibles : que ne peut-on dresser une carte des progrès du haricot, dans les potagers et les champs tout au long du XVIe siècle ; ou encore celle des tentatives de partager les communaux — ambitions de nobles soucieux d'« agronomie », ou désir puissant de journaliers qui n'ont pas de terres ! Ces grands cadres qui demeurent ne vont pas sans craquer ici ou là ; surtout autour des villes, ces ferments de renouvellement dans tous les domaines... d'Amiens à Arras, d'Arras à Calais, le paysan n'est point le même qu'en Haute-Auvergne, à dix lieues montueuses d'Aurillac, ville de cinq mille habitants. Mais s'agissant de ce « menu peuple » qui parle dans nos documents si rarement, nous nous reportons nécessairement aux évolutions d'ensemble que les villes laissent voir, et aux témoignages des autres contemporains. Insécurité matérielle, par exemple, — d'écho en écho, constatons la permanence du

1. *Mémoires* de Jean BUREL, 1601-1629. Le Puy, 1875, p. 480. M. BLOCH a recueilli bien d'autres témoignages : peu sont aussi simplement émouvants que celui-ci.

refrain. Livre de raison, 1596 : « Heussiez veu les povres paysans, mangeant la jarosse par les champs, coppant les espiges du bled pour manger : chose remarquable de voir la pitié du peuple culhant le bled, et n'estre pas meur, le faire sécher au four... et c'estait générallement par tout le pays. » A quoi répond, à Blois en 1660, un voyageur : « La disette y est si grande que les paysans manquant de pain se jettent sur les charognes... Les fièvres malignes commencent à s'allumer... » 1694, en Mâconnais : « Le curé de Bissy-la-Maconnaise affirme que les habitants de cette province sont absolument réduits aux herbes et à la fougère, qu'on est contraint de manger sans sel, à cause de leur pauvreté. » Et jusqu'en 1709, l'année terrible au début de ce siècle si délicat... En dépit des progrès de la grande propriété — que ne suit pas toujours la grande exploitation —, la même stabilité, se retrouve sur le plan social, jusqu'à la Grande Peur et la nuit du 4 août, donc au-delà même du XVIIIe siècle novateur.

Affermissement de la foi

Reste l'immense domaine, si difficile à explorer, des opinions et croyances paysannes. Ici impossible de saisir, de fixer les altérations qu'ont pu subir, au cours de deux siècles, à travers veillées, récits de vieilles femmes et imaginations fécondes d'enfants, les légendes hagiographiques, les contes de fées, les récits chevaleresques et diaboliques ; le bon Perrault nous a donné des contes, — une petite partie de cette chronique pour enfants et grandes personnes, au milieu du XVIIe siècle, — peu de chose en regard de l'immense tradition orale, que fait entrevoir (pour le XVIIe, et surtout le XVIIIe siècle) la Bibliothèque bleue de Troyes[1]. Impossible même de saisir l'ensemble des coutumes villageoises : comment l'habitude de « faire charivari » aux remariés s'est maintenue malgré tant d'ordon-

1. R. MANDROU, *De la culture populaire en France aux XVIIe et XVIIIe siècles*, Paris, 1964.

nances de baillis et de prévôts, pour interdire cette brutale pratique ? Ce que l'on peut sentir — et qui n'est certes pas négligeable — c'est un affermissement de la foi religieuse, une sorte d'apurement qui s'est fait de plusieurs façons.

La première, dont le rayonnement est resté faible pendant longtemps, c'est l'apparition du pasteur protestant : cet homme de foi solide, formé sur le plan spirituel par un séjour studieux de plusieurs années à Genève, exercé à la controverse, n'ignorant rien des « faiblesses romaines », apporte partout où il passe sa méthode, sa lecture directe des Évangiles, et cette présence d'esprit qui le rend si redoutable au bas clergé catholique, nullement entraîné à la controverse des théologiens. Mais ce pasteur ne fait que passer : Genève ne pouvait en former des milliers, pour « évangéliser » les campagnes, les enlever à cette piétaille catholique qui meuble toutes les paroisses. Peu nombreux, les pasteurs sont allés là d'où les appels venaient, pressants : des villes, à gagner pas à pas... En forçant un peu les choses, on peut avancer que le protestantisme rural n'a pris vraiment d'ampleur que dans la seconde moitié du XVIIe siècle, lorsque la persécution, avant comme après 1685, a rendu impossible la vie des citadins protestants. Mais partout où passe d'abord, où s'installe plus tard le pasteur protestant, quels rapides changements ! Chacun doit savoir lire, chacun doit être en possession de sa Bible, — et s'ouvre à la mentalité logique, qui est une des grandes ressources de l'esprit calviniste : recul rapide des superstitions, esprit ouvert à la vie extérieure, aux relations avec le monde français, étranger même (d'où viennent les livres et les pasteurs) : voilà les Cévennes à la veille de la guerre des Camisards. Et encore aujourd'hui l'observateur attentif, qui séjourne successivement par exemple, en Haute-Loire au Chambon-sur-Lignon, puis en Ardèche à Saint-Agrève, à quelques kilomètres l'un de l'autre, perçoit le contraste [1].

Dans le même temps, l'Église catholique est passée à côté

1. Cf. A. SIEGFRIED, *Géographie électorale de l'Ardèche sous la IIIe République*, Paris, 1948.

de la réforme disciplinaire, qui pouvait lui permettre de redresser ou raffermir la foi superstitieuse des campagnes : mais le concile de Trente, sensible aux critiques protestantes, a décidé la création de séminaires dans les diocèses. Cette réforme a été très lente à mettre en train, faute de cadres professoraux, que les ordres religieux et même la Compagnie de Jésus ne peuvent fournir en masse. Au XVIIe siècle, Monsieur Vincent et l'abbé Olier, conscients de la nécessité de fournir aux futurs prêtres une formation théologique solide, à la place de l'empirique abandon habituel, ont fondé des établissements importants, à la fortune passagère (cf. Tome II, chap. 4). Ici et là, encore, un évêque mal en Cour comme Fénelon à Cambrai a pu s'intéresser à ses jeunes curés, fonder une maison auprès de l'évêché, améliorer pour quelques années le niveau spirituel de tout un diocèse. Action sans lendemain : rien de ce qu'avait souhaité, sans établir un plan de réforme, le concile de Trente ; c'est au XVIIIe siècle que la formation du bas clergé a progressé de façon nette, avec l'établissement de séminaires dans chaque diocèse, un siècle et demi après le concile de Trente.

Si le bas clergé à la fin du XVIIe siècle se réveille et prend une conscience digne de son rôle, ce n'est pas seulement aux séminaires qu'il le doit; s'il lit son bréviaire avec passion, en attendant de lire *Candide* et la *Profession de foi du vicaire savoyard*, c'est aussi, semble-t-il, à l'affaire du formulaire de 1661-1665, qu'il faut attribuer cette « prise de conscience ». Dans l'ardeur déployée contre « l'hérésie janséniste », Louis XIV imposa au clergé tout entier la signature d'un formulaire condamnant expressément « les cinq propositions extraites du livre de Cornélius Jansénius », sans plus dire. D'où, un mouvement de curiosité compréhensible, pour ce Jansénius dont, au fond du Rouergue ou de la Bretagne, nul curé n'avait jamais entendu parler ; surtout le formulaire suscita un autre mouvement de réflexion sur la place d'un simple curé dans la vie de l'Église — puisque le roi et l'évêque demandent une signature au bas de ce petit texte sibyllin dans sa forme péremptoire. Pour beaucoup de curés de campagne, absorbés par les menues tâches d'un ministère d'autant plus pénible que souvent le curé cultive quelques terres pour améliorer son ordinaire, la signature du formulaire, formalité administrative, a pu être le point de départ d'une méditation aux prolongements insoupçonnés : jusqu'aux curés batailleurs, philosophes et politiques du XVIIIe siècle, peut-être ; en tout cas, le commencement d'une activité pastorale plus réfléchie, plus féconde aussi : le règne de Louis XIV a pu être ainsi, dans les dernières années, un moment de progrès pour le catholicisme rural...

Villes et plat pays

Une question enfin : nous l'avons vu, villes et plats pays forment deux mondes distincts, aux contacts rituels, et point tellement fréquents (en dehors des riverains des remparts) : foires annuelles, fêtes traditionnelles, entrées de princes, de souverains, d'évêques qui attirent les gens de la campagne, à la ronde, — ou bien aux rencontres tragiques : famines, pestes... Cependant le XVIe siècle, et une bonne partie du XVIIe siècle furent une époque d'étonnante expansion urbaine ; non pas seulement pour Paris, qui cumule déjà les fonctions administrative, commerciale et « industrielle » d'une capitale, mais Lyon, la grande ville du XVIe siècle triomphant, et les ports de l'Atlantique, Nantes. La Rochelle, Le Havre..., villes qui construisent, se peuplent, se renouvellent : la main-d'œuvre vient des campagnes les plus voisines, sans doute ; la provende aussi, et de plus loin, par l'intermédiaire des rentiers du sol. Mais ces campagnes nourricières, comment bénéficient-elles de l'essor urbain : idées, activités nouvelles, décor renouvelé de la vie ? Qu'en est-il à dix ou vingt lieues de Lyon ? de Bayonne, cette ville débordante d'activité monétaire, aux portes de l'Espagne ? Habitués à nos banlieues envahissantes qui s'étirent le long des routes autour du moindre chef-lieu, aux réseaux multiples de relations, que rail et route établissent de la ville à la campagne d'aujourd'hui nous sommes tentés de croire que les campagnes en reçoivent quelque chose : gros risque de transposition anachronique ; passés les « focés », c'est bien un autre monde qui commence. Paris fait exception sans doute, parce que la « ville jolie » de Marot est déjà une ville énorme, pour l'époque, qui a besoin de la Seine, de la Marne et de l'Oise pour se nourrir, et qui est liée avec des campagnes déjà lointaines, de plus près que ne peuvent l'être Limoges ou Le Puy à leur « plat » pays. Mais, pour que la ville informe et anime la campagne environnante, il faut bien attendre le XVIIIe siècle et surtout le XIXe. Si attrayante, si multiple et riche que soit la ville de la Renaissance, elle enferme dans ses murs les fastes, les grandeurs et les risques d'une petite minorité. Dans ce XVIe siècle, où la poussée démographique a été forte — les crises moins fréquentes qu'au suivant — où la population de la France peut osciller de treize à seize millions, c'est la vie de douze à quinze millions d'entre eux que nous venons d'évoquer ; et tout le reste, de Ronsard à Racine, de Calvin à Bossuet, de Léonard de Vinci à Fontenelle, n'est jamais le fait que d'une petite minorité, riche de gloire. Trop souvent, l'historien ne pense qu'à elle.

Orientation bibliographique

Pierre GOUBERT, *Beauvais et le Beauvaisis de 1600 à 1730*, 1960.

Emmanuel LE ROY-LADURIE, *Les Paysans du Languedoc*, 1966.

Jean JACQUART, *La Crise rurale en Ile-de-France (1550-1670)*, 1974.

François LEBRUN, *Les Hommes et la mort en Anjou aux XVIIe et XVIIIe siècles*, 1971.

Lucien FEBVRE, *Philippe II et la Franche-Comté*, 1912.

Fernand BRAUDEL, *La Méditerranée et le monde méditerranéen à l'époque de Philippe II*, nouvelle édition, 1979.

Boris PORCHNEV, *Les Soulèvements populaires en France avant la Fronde*, trad. 1963.

André VARAGNAC, *Civilisation traditionnelle et genres de vie*, 1948.

CHAPITRE VII

L'essor urbain du long XVIe siècle 1500-1640

Villes et campagnes opposées, ou mieux différentes, avons-nous dit. Et pourtant, au moment où nous essayons d'embrasser les villes françaises sous un même regard, leur premier caractère — qui s'impose — et dont il importe de faire état, c'est bien leur aspect rural : des jardins et des champs, même à l'intérieur des remparts, le trait est connu ; leurs habitants restent, en vérité, des campagnards, de faux citadins, lors même qu'ils exercent les fonctions très parisiennes de président à la Chambre des Comptes ou au Parlement : la sobriété de la table, les passe-temps, les croyances et les usages... Ce sont encore des hommes de plein air, hâlés, habitués au vent et au soleil, à monter à cheval et à vivre dehors.

La ville du XVIe siècle n'est pas celle de 1900 ou même de 1860, pourvue de ce confort qui signifie une autre façon de voir et de comprendre le monde. La vie y est rude à un point que l'on imagine mal. Sa splendeur n'est que relative. Sans doute les lourdes portes n'ouvrent pas seulement sur des petits chemins de terre ; mais aussi sur des routes pavées, sur des voies d'eau également, dont les horizons dépassent, sans commune mesure, la ligne des forêts ou des genêts qui borne le terroir villageois. Il faudrait dire la gloire des routes d'eau toujours si fréquentées, de la Seine et la Loire, voies royales, à l'Allier et à l'Isère, qui comptent bien plus que la route, pénible, peu sûre, très lente, malgré le rythme accéléré des relais de poste. Donc la ville moderne encore peu développée est un centre d'échanges, une ouverture sur le vaste monde, au moment où celui-ci s'agrandit, s'impose et offre de plus en plus, à mesure que le siècle s'avance, marchés, intérêts, produits nouveaux. Le bourgeois lyonnais de la rue Mercière attend, en 1550, des nouvelles du poivre de Lisbonne ou de Venise ; prêt à commander, à engager sa fortune sur une livraison rapide. Il a dans ses tiroirs des lettres de change, des titres de créances signés Fugger, Augsbourg; Martin Kléberg, Lyon; F. Spinola, Gênes; et en 1557, lorsque, en même temps, ou presque, le roi de France et Philippe II font banqueroute, il connaît des heures de lourde inquiétude. Toutes perspectives, que son fermier de Francheville, qui lui apporte chaque Saint-Michel, deux chapons, une oie et quelques fromages, et lui emprunte souvent quelques sous pour payer son sel, ne soupçonne même pas.

Ainsi se juxtaposent dans chaque ville le petit trafic du plat pays proche, qui la nourrit par l'intermédiaire des greniers nobles et épiscopaux et par une foule de menues relations personnelles, et ces grands échanges de monnaies d'argent et d'or, d'épices et d'ivoire, de tissus et d'armes, qui font la trame du grand commerce international : la chaîne aussi, avec les activités bancaires (lettres de change, contrats) qui sont à la pointe du progrès économique. Première place française, comme l'est Lyon au XVIe siècle, ou simple relais : ville-pont ou croisement de routes, — Moulins sur l'Allier, Montereau sur la Seine, — voici la ville peuplée d'habitants, qui sont encore des risque-tout, amateurs de grandes aventures: voyages, emprunts, placements hasardeux; les marchands, puis dans leur ombre, les voituriers, les artisans de ces innombrables métiers urbains, travaillant pour les premiers, avec eux. Tout un monde, qui n'a pas son équivalent à la campagne.

Centre commercial, la ville est aussi une petite capitale administrative; chef-lieu de diocèse, et voilà, dans l'ombre de la cathédrale, achevée d'hier, mêlé aux boutiques de toutes sortes qu'abritent les contreforts, tout le peuple bavard et disputeur des clercs : chanoines du chapitre, curés des paroisses urbaines, juges de l'officiel, étudiants et leurs maîtres des écoles diocésaines et des universités médiévales, dont la célébrité ne connut pas de frontières : Médecine de Montpellier, Droit d'Orléans..., et encore tous ces menus métiers qui vivent de l'Église : fabricants de cierges, de flambeaux, de chapelets, imprimeurs de Bibles. Faut-il ajouter trafiquants prudents de reliques? Siège d'un baillage, d'un présidial ou d'une simple prévôté, la ville est encore un repaire d'agents royaux, bourgeois, — parvenus qui se glorifient du service royal, zélés jusque dans leurs rebuffades au XVIIe siècle — entourés également d'un peuple savant ès lois, pédant volontiers, car la science du Droit aime les virgules : avocats, hommes de loi, écrivains, qui plaident au tribunal, écrivent, présentent des mémoires, des placets, encouragent à merveille l'esprit procédurier des marchands tentés par l'usure et les pactes tortueux. Un autre monde, qui voyage moins que les gens de commerce, mais se déplace en esprit, lit beaucoup, s'informe et informe, discute sans cesse.

Tout cela d'autant plus loin du village, du monotone recommencement des travaux et des jours, que le XVIe siècle donne à cette vie urbaine une extraordinaire impulsion : par le livre, l'imprimé qui entre si vite dans les habitudes, et par les trésors d'Amérique. Le savetier insouciant de Romorantin a pu ignorer Gutenberg et Christophe Colomb, et laisser couler l'année 1492 sans la marquer d'une croix blanche : cinquante ans plus tard!... La prodigieuse exubérance de ce long XVIe siècle, qui doit tant à l'Amérique, s'est manifestée de mille et mille façons, et par l'essor même d'une population qui s'accroît — autant que calculs et estimations savamment extrapolées permettent de le préciser — de façon lente, mais continue, à la faveur d'une trêve des famines, et grâce à l'accélération des échanges et de la prospérité des villes, encombrées déjà de richesses et plus sûrement d'hommes : c'est la vitalité du XVIe siècle.

1. Citadins-campagnards

Villes rurales. La maison urbaine

Le Français de la Renaissance est fixé à la ville pour ses travaux, par nécessité : il n'y est pas venu pour vivre mieux qu'ailleurs, jouir de commodités qu'il ne trouverait pas hors des murs. En fait, « la ville ne retient pas l'homme[1] ». C'est un gros village, qui n'ignore pas les préoccupations les plus quotidiennes des paysans; à la veille des récoltes, par exemple, le prévôt d'une toute petite ville (à l'époque comme aujourd'hui : Bourbon-Lancy) n'édicte-t-il pas en 1665 : « Tous ceux qui ont des chiens, leur mettre et attacher de gros bois au col, en sorte qu'ils ne puissent entrer dans les vignes; à faute de quoy, permis de les tuer dans icelle[2]. » Il ne s'agit pas d'un village de la côte bourguignonne, d'un château bordelais; une ville quelconque, où comme partout des activités rurales se sont maintenues, peut-on dire, entre les maisons : jardins, petits enclos de verdure qui complètent chaque maison ayant pignon sur rue; prés et pâtures, petits carrés d'avoine pour nourrir les chevaux, la volaille; vignes enfin, qui permettent au bourgeois à l'aise de faire comme l'évêque ou le noble du Moyen Age, et de « boire son vin » — ambition française depuis toujours. Ainsi ce ne sont pas les seuls chiens qui errent dans les rues; mais les poules aussi, les chèvres, les porcs... Tous les instruments de la vie rurale sont là, de même que bien des maisons possèdent four, et grenier où entasser les réserves faites à l'automne pour l'année entière; parfois même un tas de fumier au détour d'une rue. Même « Paris ma grand'ville » au temps de Henri IV et de Boileau n'y échappe guère : mauvaises odeurs, échauffées en été par les pierres, rues cloaques où les détritus se sont entassés et éclaboussent aux murs sous la roue des voitures; par l'entassement même et la densité des cœurs urbains, les grandes villes paraissent peu ragoûtantes, et déjà au XVIe, encore au XVIIe siècle, certains fuient, quand ils peuvent, quittent le Paris dense qui entoure la Sainte-Chapelle et Notre-Dame, et vont se réfugier sur les collines. Olivier d'Ormesson, visitant Issy

1. La formule est de L. FEBVRE R.C.C., 1925 : tableau rapide et remarquable de la vie urbaine quotidienne au temps de la Renaissance. Nous lui devons beaucoup.

2. AD, Saône-et-Loire, B, 43. De même en 1648, « Ordre à ceux qui ont des chiens et pourceaux... »

admire avec une évidente satisfaction : « C'est une des magnificences de la France de voir les maisons de plaisir des particuliers autour de Paris[1]... »

Vues d'un peu plus près, les nuances s'imposent. La maison urbaine est certes plus solide, plus fermée à la pluie et au vent que celle de la campagne : dès le XVIe siècle, elle a souvent des vitres, elle est en pierre et bien couverte. Point de ces « petites chaumières de bois qu'ils [les paysans] se font avec des petites branches d'arbres et quasi comme des corbeilles ou des paniers que l'on couvre avec un peu de chaux ou du git[2] ». Meilleur refuge que la grande salle campagnarde, où hommes et bestiaux dorment ensemble, mais encore précaire refuge : le citadin redoute le froid et le vent, dont il se défend mal parce que le bon chauffage, efficace, est très difficile; il utilise la grande cheminée à hotte immense montant jusqu'au plafond qui n'existe pas toujours à la campagne : « Une quantité de païsans n'ont aucune cheminée dans leurs maisons, et ils font le feu dans un coin d'une chambre, et la fumée s'en dissipe par quelque fenêtre, par la porte de la maison, ou par un vuide qu'on laisse au plancher d'en haut[3] »; elle ne réchauffe guère qu'à quelques mètres les grandes pièces; c'est la seule ressource; la disposition des maisons, où les pièces sont en enfilade, sans les couloirs et les symétries qui faciliteraient la climatisation, est encore un obstacle. Le citadin du XVIe siècle est un homme de plein air : un sportif, pourrait-on dire, si le mot ne sonnait faux, parce qu'il ne s'agit pas de jeu, de détente, mais d'une façon de vivre nécessaire. Le roi lui-même est toujours à la chasse, en luttes et combats de plein air; ces marchands ou leurs facteurs sont toujours en route, été plus qu'hiver certes, mais si volontiers prêts à se déplacer; et les échoppes ouvertes sur la rue, sans coûteuses vitrines, ni volets parfois : c'est que la maison est

1. ORMESSON, *op. cit.*, t. I, 208. Il ajoute d'ailleurs : « Tant elles sont ornées »; mais l'important est « maison de *plaisir* ». Paris n'était pas plaisant à vivre.

2. AD, Haute-Savoie, B, 28.

3. AD, Haute-Savoie, B, 28.

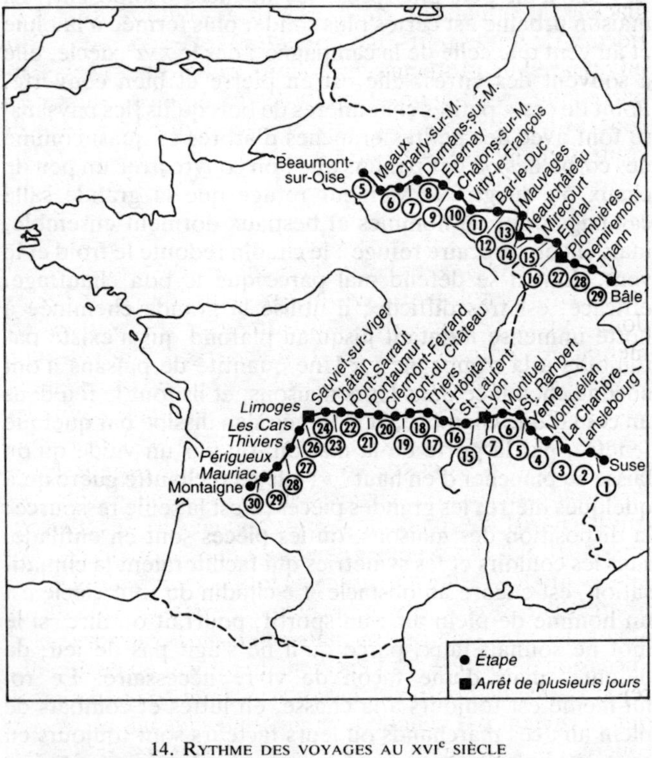

14. Rythme des voyages au xvie siècle

Voici, cartographiés, le début (du 5 au 29 sept. 1580) et la fin (du 1er au 30 nov. 1581) du voyage de Montaigne en Italie. Pour qui prétendrait que ce flâneur n'est pas un bon témoin de la lenteur des communications, rappelons qu'au retour il rentrait à toute bride.

froide et peu accueillante, même la maison princière. Il faut se protéger du froid, avec d'immenses tentures, tapisseries de Bergame, cuirs dorés d'Espagne, rideaux de fenêtres, tapis à terre... Autant de protections contre l'humidité glaciale de la maison ; sans parler de ces grands lits clos de rideaux de toutes parts, des bonnets et robes de nuit... Tout un appareil de protection intérieure, que nous voyons mal, parce que nous avons l'habitude de nous découvrir en rentrant : les gens du XVIe siècle feraient plutôt le contraire, du moins en hiver.

La table

Mais ce citadin, manieur d'argent ou de richesses non monétaires, est-il, peut-être, mieux nourri que le paysan et donc mieux défendu de l'intérieur, par ses calories alimentaires, contre le froid et les intempéries ? Plus résistant, plus solide ? Dans une certaine mesure, à ne pas exagérer, car le pain n'est meilleur que pendant les bonnes années : les petits pains blancs de Gonesse, tant regrettés par les parlementaires frondeurs, sont un luxe de grands bourgeois ; le compagnon, le petit artisan mangent, comme les campagnards, des pains de farines mélangées, des pains de méteil, et puis des bouillies chaudes qui reviennent dans les menus modestes presque tous les jours. Pour les riches, — bourgeois, nobles, clergé, la viande, partout volaille ou gibier, les vins sont de consommation plus courante ; et, à l'occasion d'une fête, de l'entrée d'un prince, ou de quelque réjouissance de confrérie, la bonne viande rouge de bœuf, qui ne revient pas chaque jour sur toutes les tables. A part celle-ci, — car, selon les croyances d'époque, il y a des viandes inférieures — le grand luxe reste, au XVIe siècle, les épices médiévales, poivre, cannelle, gingembre, toujours très recherchées, même lorsqu'elles se font plus abondantes, jusqu'au XVIIe siècle, jusqu'à l'essor du café, du sucre, du cacao ; c'est aussi, à côté des épices, et pour les faire passer, les vins, bons ou moins bons, ne se conservant guère au-delà de l'année, certainement inférieurs à nos grands crus d'aujourd'hui ; les vins qui jouent aussi le rôle de cordial, et suppléent l'alcool rare ; à la fin du siècle, Henri IV ranime une gentille Parisienne évanouie en lui présentant un placet : il fait apporter un verre de vin. Le luxe de la table est-il fort répandu ? La sobriété ne paraît pas extraordinaire ; les contemporains la présentent sans éloges excessifs (ni blâmes) : « Il était très sobre, mangeant peu de viande à son dîner, et de la plus commune ; et se contentant pour le soir d'un petit potage avec deux œufs[1]. » Au demeurant le fond de l'alimentation reste, comme à la campagne, le pain, qui assure la vie de toute la population. Dès que la disette sévit dans le plat pays, et que les paysans refluent vers les villes, chacun resserre sa provision au grenier, et tâche de s'assurer du lendemain. Et lorsque la famine gagne, et que la ville en tient à son tour, les autorités s'inquiètent vite : Paris est ravitaillé par le roi, directement, de peur des troubles ; en 1649, le blé est acheté à Hambourg et Dantzig : « On fait ascavoir que Sa Majesté pour le soulagement de son peuple, a fait arriver en sa bonne ville de Paris, quantité de bled, la distribution duquel se fera au Bourgeois de Paris, samedy prochain, et autres jours suivants... aux galleries du Louvre... »

Famines et épidémies

Ainsi le Français des villes aux temps glorieux de la Renaissance est-il abrité derrière ses remparts, protégé par ses greniers ? Mal encore. La famine peut l'atteindre, parce que ses greniers ne sont pas inépuisables. Alors que les brigands courent la campagne, les soldats peuvent bien prendre quartiers dans les villes ; mais avec l'accord des autorités municipales, qui négocient effectifs, durée du séjour, indemnités, et répartissent troupes et officiers. Le logement des gens de guerre est lourd, il n'est pas une pillerie. Pour les brigands qui n'étaient pas ainsi policés, c'est autre chose : filous sur les foires, étudiants décavés, faux-monnayeurs audacieux, souteneurs de modeste

1. DU FOSSÉ, *Mémoires sur MM. de Port-Royal*, 1739, p. 443.

parage, les villes ont bien leurs bas-fonds, qui ne sont pas sans relations avec les mauvais garçons des grandes routes, et qui se chargent de troubler les nuits citadines, maîtres des rues presque sans éclairage, sans grande surveillance ; se plaisant à « insulter ou outrager, courir les rues, donnant de fausses alarmes ; jetter des pierres contre les fenestres, enfoncer les portes des cabaretiers... et autres carillons [1] ». Et puis les citadins échappent encore moins aux suites des famines, les épidémies, qui prennent même parfois les devants, arrivant avant la faim, se propageant comme le feu dans les broussailles à travers ces venelles mal nettoyées, dans ces maisons serrées autour de la cathédrale ; pestilences affreuses, sans remède, malgré toutes les médications, les lotions de vinaigre additionné de romarin et de lavande, colportées partout, parfois extorquées aux pilleurs de maisons pestiférées, qui risquent la vie pour le vol ; épidémies redoutables malgré toutes les précautions prises : les foires reportées, les sorties interdites pendant des semaines, les navires tenus en quarantaine à l'entrée des ports. Comme dit un petit traité des mesures à prendre contre la peste, après avoir énuméré toutes les recettes de désinfection, les parfums à brûler, à lotionner, avouant bonnement à la dernière page : « Le plus grand remède de tous, c'est de fuir bien loin, et revenir bien tard » ; et Montaigne le savait bien, qui n'était pas plus couard qu'un autre. La famine amène les paysans aux portes de la ville ; l'épidémie égaie les citadins à travers les campagnes pendant des mois, où les tribunaux vaquent, les boutiques restent fermées, tandis que l'air se rassainit.

Passions et violences

Poussons même un peu plus loin les similitudes. Nos citadins modernes doivent à cette même vie rude — tout juste un peu moins rude que celle des « farouches » paysans — une sensibilité d'écorché vif : la tête proche du bonnet,

1. AD, Saône-et-Loire, B, 1207.

prompts à l'émotion, aux rires débridés des grandes fêtes, des Joyeuses Entrées, où les Échevins ont fait servir sur la place vin chaud à la cannelle et brioches, – tout comme aux larmes et à la fureur des troubles, contre les mal pensants de la fin du siècle, contre les agents fiscaux aussi et surtout, dont les exactions sont toujours redoutées, tant la contrainte fiscale passe pour inique... « le 15 de juing 1594, grand division et esmotion de fammes la hault en la court du roy, ayant prins le juge maige bien environ cent cinquante fammes, disant que ne veulent poinct payer tant de tailles que sont imposées, n'ayant de quoi les payer ny norrir leurs povres enfans [1] ». Passions violentes d'hommes (et femmes) à la vie dure, toujours menacée comme en un combat sans merci.

Aussi bien que pourrait envier le campagnard à cette ville, déjà grande, – mais point encore anonyme ; la très relative sécurité matérielle est payée sans doute avec des risques énormes, des voyages, des affaires, – qu'il connaît mal, qu'il considère avec plus d'effroi que d'envie – et un effroi dont il reste encore quelque chose aujourd'hui où « l'esprit capitaliste » n'a pas séduit tous les ruraux ; là résident pourtant les charmes et l'originalité propre de la vie urbaine.

2. Sociétés urbaines, métiers et groupes sociaux

Cérémonies

Nées et grandies hors du système féodal, et contre lui, les sociétés urbaines n'ont cependant pas échappé à la règle du mimétisme social : une hiérarchie, soigneusement établie, contrôlée sans cesse, domine les rapports urbains surtout en ces temps, où, de la bourgeoisie financière et marchande, se détachent les robins, cette nouvelle noblesse, qui se voudrait première dans la cité comme l'autre noblesse l'est au

1. Jacques Burel, *op. cit.*, p. 374.

village, et ailleurs. De là, un régime de préséances, un ordre urbain. Si aujourd'hui encore, dans nos villes, le bourgeois nanti de rentes solides, (s'il s'en trouve encore !) tient à se distinguer des classes populaires, et en multiplie les signes, — beaux quartiers, mondanités exubérantes, luxueuses voitures, — il n'a plus l'occasion de rendre manifeste son goût pour la hiérarchie sociale comme aux XVIe et XVIIe siècles. La vie collective présente alors nombre de cérémonies, au cours desquelles les habitants d'une même ville se retrouvent tous, soigneusement classés, alignés au moins pendant quelques heures, dans une ordonnance dont les préséances peuvent se discuter de temps à autre, mais qui reste l'ordre obligatoire : une entrée de prince, de reine, la réception d'un évêque, une procession, (et bon an mal an il y a bien une dizaine de grandes processions dans la ville) ; voici les grands moments où chacun est mis à sa place avec minutie : capitaines de la jeunesse noble, autorisés à se rendre à cheval hors de la ville au devant du grand personnage que la ville va recevoir, nobles et personnes « vivant noblement », clergé, corps municipal, échevins, consuls, gardes et juges des tribunaux, chaque groupe en bonne place, devant les portes, devant la cathédrale, sur la grande place ; puis les corps de métier, eux-mêmes classés avec soin depuis les marchands drapiers, merciers et orfèvres jusqu'aux porteurs d'eau, qui ferment la marche, ou sont refoulés au fond de la place. Laissons les heurts entre nobles et bourgeois, entre robins pour qui les rangs d'hermine ont autant de sens que pour nos militaires aujourd'hui étoiles et barrettes, heurts courants accompagnés de soufflets, injures, coups de plat d'épée... Il est plus important de voir combien cette hiérarchie, consentie par tous comme l'ordre de la cité, est l'objet d'une véritable admiration : belles processions bien mises en place par un clergé diligent, grandes entrées suivies de réjouissances nocturnes, feux d'artifice, danses, distributions alimentaires et surtout beuveries figurent toujours en bonne place dans les livres de raison ; ce sont des spectacles goûtés, commentés longuement, toujours mentionnés, même lorsqu'autour de Pâques les processions se suivent tous les deux jours. Genre de spectacle, et ce n'est pas le seul... que le campagnard ne connaît guère.

De ces foules urbaines, qui se pressent en bon ordre au devant d'un carrosse royal ou épiscopal, on peut exclure les familles nobles : au début du XVIᵉ siècle, elles ne sont pas tellement nombreuses à vivre à la ville. C'est le XVIIᵉ qui les urbanise, où la vie de société se développe, où surtout Louis XIV fait école, imposant un nouveau style de vie nobiliaire. Au XVIᵉ siècle, les châteaux du patrimoine sont encore souvent occupés par leurs propriétaires ; ou plus exactement les nobles aiment se déplacer, aller de château en château, ou bien du château à la ville, où il n'est pas encore agréable de s'enfermer : la chasse, les combats simulés ou réels ont d'autres attraits.

Marchandise et robe

Pour les gens de la ville, qui ne vivent pas noblement, deux fonctions : marchandise ou robe ; marchandise au sens large, du financier, banquier qui fait commerce d'argent, au petit artisan dont l'échoppe ouvre sur une rue étroite, et qui vend directement ses toiles et ses meubles ; robe de même, juges et clercs, et aussi médecins et avocats, étudiants et notaires, un peu ce que nous appelons maintenant les professions libérales. Économiquement, c'est la marchandise qui l'emporte, même dans les villes de vieilles traditions juridiques du Midi, Aix, Montpellier. Mais la haute bourgeoisie, la classe dominante, qui modèle en partie ses façons de vivre sur la noblesse d'épée, qui dirige la ville, administre, reçoit les agents du roi, consent les prêts sans lesquels la monarchie, dès le XVIᵉ siècle, ne pourrait vivre, la haute bourgeoisie est faite à la fois de ces juges, présidents, conseillers au Parlement (dans dix-sept villes), au présidial, et des grands marchands, grands randonneurs, dont les affaires dépassent le cadre du royaume, Malouins trafiquant avec l'Espagne à la fin du XVIᵉ siècle, Marseillais en relations avec Gênes, Venise, Barcelone, les Échelles du Levant et les souks des villes barbaresques. Le riche bour-

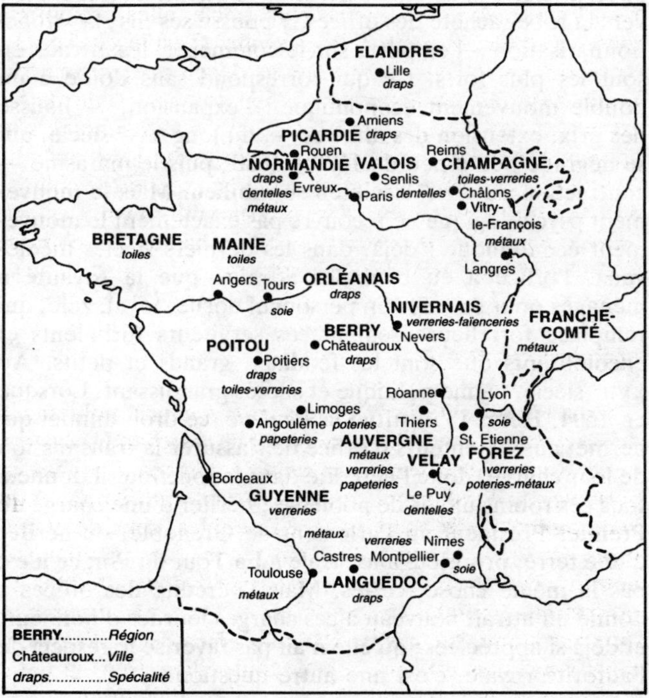

15. INDUSTRIES EN FRANCE À LA FIN DU XVI

(D'après H. Sée et R. Schnerb, *Histoire économique de la France.*)

Carte des spécialités artisanales régionales importantes : c'est-à-dire celles qui donnent lieu à des échanges intérieurs et extérieurs de quelque ampleur, à partir des villes qui en sont les marchés. A rapprocher de la carte n° 16, p. 361.

geois du XVIe se tourne vers le commerce, grand trafic d'argent, d'épices, de tissus surtout; il arrondit sa fortune, directement ou non, grâce à l'Amérique ou à l'Asie. Mais au XVIIe siècle la balance penche de l'autre côté; il se tourne vers la robe, achète des offices, y pousse ses fils; la « fonctionnarisation » l'emporte sur le commerce, les attraits en sont les plus forts. Ce qui correspond sans doute à un double mouvement économique : l'expansion, — hausse des prix, extension des affaires —, du long XVIe siècle, qui se dégrade peu à peu de 1620 à 1650; puis le marasme — contraction du XVIIe siècle en son milieu. Mais le mouvement psychologique ne recouvre pas exactement le mouvement économique : déjà, dans les derniers siècles médiévaux, l'office a eu bien des attraits, que la royauté a ménagés pour se créer un personnel docile, loyal, zélé, qui remplace fort heureusement ces serviteurs turbulents et encombrants que sont les féodaux, grands et petits. Au XVIIe siècle, même politique et succès grandissant. Lorsque en 1604, Henri IV institue la *Paulette*, ce droit annuel qui permet aux détenteurs d'office de s'assurer la transmission de leur charge, donc l'hérédité dans la fonction, il donne à tous ces robins un air de noblesse : hériter d'une charge de Premier Président au Parlement de Grenoble, ou hériter d'une terre, propriété ancestrale à La Tour du Pin, ce n'est pas la même chose, certes. Mais l'hérédité des offices a donné un attrait nouveau à ces charges lourdes d'honneur, et déjà si appréciées; qu'elle n'ait pas favorisé le respect de l'autorité royale, c'est une autre question...

Marchands et artisans

Sens, Chalon ou Rouen, petit centre provincial ou grand port maritime, toute ville est donc à la fois un marché local où la production agricole environnante s'entasse et s'écoule entre les mains des décimateurs, blattiers, regrattiers... facteur non négligeable de la vie urbaine (le XVIIIe siècle le montre bien) assurant d'abord le ravitaillement des citadins; mais aussi un relais, une étape sur ces grandes routes du commerce international, qui sillonnent la France, isthme européen privilégié entre Méditerranée, Atlantique, mer du Nord et Europe centrale. Monde international, dominé par de grandes places, hier les villes hanséatiques, Bruges et Venise, demain Lisbonne, Séville et Anvers, — animé par une circulation monétaire cahotante, sous l'impulsion de ces grandes foires encore, qui déplacent marchands, changeurs, orfèvres à Besançon, puis à Plaisance, à Lyon, et à Anvers, foire permanente par sa bourse, à la fin de ce siècle ; ports et voies d'eau en sont les artères, qui transportent, à grands risques, mais moindres frais (car, dit un petit traité de 1679, le *Prest gratuit*, « la voiture par terre coûte de compte fait, cinquante fois plus que par mer »), tout ce qui fait vivre ces trafiquants : plus nombreux bien sûr à Lyon qu'à Genoble, à Toulouse qu'à Carcassonne, à Roanne qu'à Clermont-Ferrand... Avec ces degrés, et des étapes entre ce grand commerce qui vit de la Méditerranée, de l'Atlantique et de la Baltique et le petit trafic de Choisy à Paris : entre les deux, les rivières, même médiocres sillonnées de commerçants aux ambitions plus modestes, au rôle plus limité également, et dont les chroniques n'ont pas retenu grand-chose, petits détaillants à moindres frais et risques, moindres profits aussi : ce sont des gagne-petit qui apparaissent, rapidement décrits, au détour d'un procès, comme ces « Pierre Bertrand et Georgette Auclere, sa femme, demeurant à Notre-Dame du Puy en Auvergne, faisant un petit commerce de fromages d'Auvergne qu'ils allaient vendre à Nevers, de faïences de Nevers, qu'ils allaient vendre en Auvergne »[1]. Car le marchand, qui illustre le XVIe siècle conquérant, c'est l'homme de grands voyages et d'aventures, qui joue sur une galère méditerranéenne, une nave ou une caraque atlantique, toute sa fortune pour des mois : tant les voyages et les distances par mer sont longs, et inégaux même sur un parcours (à peu près) identique. Cet à-peu-près tient aux conditions dans lesquelles les marins font le point et suivent leur route, craignant grains et corsaires par surcroît. Mais aussi quelle

1. AD, Nièvre, B. 42.

attente anxieuse dans les ports, quelles nouvelles alarmantes, à Rouen et à Marseille, à Lyon et à Paris, lorsque les délais se prolongent au-delà du vraisemblable ! sans parler de la spéculation, des assurances, tous ces jeux, protections et risques qui entourent les opérations les plus modestes. Et même affronter simplement les routes de terre, d'Orléans à Étampes et à Paris, ou risquer une petite cargaison de poivre sur les lits de sable de la Loire, de Nantes à Sully, quelle aventure encore ! Parmi tous ces marchands, les premiers sont sans doute ces grands manieurs d'argent et de cuivre, qui dans les premières décennies du siècle assurent la commandite des grandes expéditions vers les Indes, prêtent aux rois et aux princes, ont des agents de Venise et à Lisbonne, à Séville, à Médina del Campo et à Lyon : nouveaux capitalistes lyonnais ou anversois, dont Ehrenberg donne une évocation pénétrante dans son ouvrage classique[1]. Monde cosmopolite au demeurant, où les étrangers, Allemands, Italiens de Venise, de Florence et surtout de Gênes (à la fin du siècle) sont en grand nombre. Dans ces plus grandes réussites de la « marchandise », les Français ne sont pas les plus nombreux ; fait déjà noté pour les temps médiévaux (cf. pp. 107-108), et dont l'explication n'est pas simple : certains ont pensé à la condamnation ecclésiastique de l'usure, mais elle sévit partout en Italie et en Allemagne, et même chez les luthériens; les protestantismes auraient libéré les marchands de leurs scrupules, exalté ces réussites toutes terrestres du grand commerce ? Simple indication, et non une explication très sûre. Bien d'autres éléments sont à faire valoir pour expliquer la prééminence de Séville, Augsbourg et Anvers sur Rouen, Lyon ou Marseille; le poids des finances publiques, qui, toujours à court, effectuent des ponctions lourdes sur les fortunes privées, toujours consentantes comme l'a noté Ehrenberg : « Le roi de France règne sur des ânes, personne n'ose lui refuser obéissance. Ses revenus... essere tanta quanta ne vuolo il re...[2] » ; prêts sur

1. R. EHRENBERG, *Le Siècle des Fugger*, trad. française, Paris, 1955, notamment le chap. II de la seconde partie.
2. R. EHRENBERG, p. 31.

16. Importations françaises au xvie siècle
(D'après un mémoire : B.N., Mss, fonds fs, 2085-2086.)

Si schématique soit-elle, cette carte, qui ne présente que les lignes principales et les grandes places du commerce, indique bien cependant l'ampleur des relations marchandes internationales de la France du xvie siècle. Il faudrait, pour la compléter, une autre carte des places de change et des mouvements bancaires, où l'on retrouverait sans doute Anvers, Lyon et Augsbourg, mais aussi Plaisance, Besançon, Genève…

les « aisez », emprunts forcés de toute espèce, récupération d'argenterie. Mais les banqueroutes espagnoles comptent bien autant ; reste enfin que nos grandes familles marchandes lyonnaises, rouennaises n'échappent pas aux tentations du temps comme la robe et surtout, au XVIe et au XVIIe siècles, la terre qui constitue une valeur très sûre, et le meilleur moyen de se faire noble : ses profits en outre, plus modestes que ceux du grand trafic, « tombent » régulièrement sans risques.

A la tête de la bourgeoisie marchande se trouvent donc ces maîtres de l'économie mondiale, — leurs facteurs, chefs d'entrepôts, agents auprès des princes, fondés de pouvoir ou simples observateurs, — nombreux ici, plus rares ailleurs, fourmillant à Lyon, isolés à Bourges, qui ne connaît plus les beaux jours de Jacques Cœur. Puis viennent les petits commerçants, dont les risques sont à peine plus grands que ceux de nos épiciers et autres détaillants d'aujourd'hui, corps de bouche, boulangers, bouchers... Puis les artisans, subdivisés en corps de métiers étroitement délimités avec leurs compétences, leurs réglements minutieux, et de moins en moins respectés dans le flux d'affaires du XVIe siècle, comme les « tanneurs, cordonniers, gantiers et pélissiers » pour travailler le cuir ; profusion variée selon les régions, où des productions locales atteignent une certaine notoriété, — toiles de Bretagne, draps et toiles de Flandre (cf. carte 15). Cette multiplicité de métiers fort voisins révèle d'abord la décadence profonde des corporations minées par les métiers libres, par la stabilité des dynasties de maîtres, par la demande même : sans que cette dispersion ait favorisé les progrès technniques, car dans ces métiers, l'outillage varie surtout dans l'infime détail des tours de main, des procédés ; et le handicap majeur est le manque d'énergie autre que l'eau et la force des bras, ce qui absorbe une masse considérable de main-d'œuvre ; ainsi « le menu peuple vivant du labeur de ses mains » est distribué en quantité de petits ateliers, à trois, cinq, dix compagnons, même dans les métiers nouveaux comme l'imprimerie. De là encore la très grande inélasticité de la production : tissus et tapis, armes et meubles, maisons et véhicules sont toujours des produits coûteux, parce que faits tout main, en des temps très longs ; mais ils sont aussi des objets d'art dès que le client a laissé à l'artisan le temps de parfaire l'ouvrage, parce qu'art et artisanat se confondent. Ainsi se fait la réputation des villes et des régions, très vite, selon la demande, et l'habileté des artisans : papetiers d'Angoulême fournissant le plus beau papier de France, couteliers de Thiers, premiers articles de Paris...

Artisans dans leur ouvroir, commerçants en même temps que fabricants, travaillant le lin, le chanvre ou la laine fournis par les campagnes proches, le fer que toutes les forêts de France peuvent alors donner, du plateau de Langres au Canigou, du Limousin au Jura, — ce ne sont pas des industriels, au sens moderne du mot. Modestes ateliers de tisserands, foulons des montagnes, humbles « minières » et forges au bois sont de petites entreprises, à faible rendement et faible production. Dans cette France du XVIe siècle, il n'y a guère qu'une ville, de vingt mille habitants au plus, dont les activités, exclusivement industrielles, métallurgiques, peuvent évoquer une plus grande spécialisation : Saint-Étienne, ville exceptionnelle, étonne, horrifie les contemporains par son bruit, son activité dévorante, qu'une bonne description évoque bien : « A deux lieues de Saint-Rambert-sur-Loire, le port de cette usine, on voit la ville de St-Étienne de Furen qu'on prendrait plus tost pour un enfer de diables que pour une habitation d'hommes, n'était cette grande croix qui est élevée à une des portes de la ville... Proche de cette ville, il y a trois montagnes... qui bruslent continuellement, et jettent des flammes, comme le Vésuve en Italie ; elles produisent aussy des mines de fer et de charbon, dont les habitants, qui sont les meilleurs ouvriers de France, se servent pour forger toutes sortes d'armes et d'ouvrages de fer... De sorte qu'estant proche de ceste ville, vous n'entendez que des coups de marteaux sur les enclumes, qui mesnent plus de bruit que le tonnerre. Vous n'y voyez que des hommes barbouillez qui sont plus effroyables que des lutins de nuict, qui n'ont rien de blanc sur eux, que les dents et la prunelle... [1] » ; mais c'est une exception.

1. B.N., Mss. fonds fs. 17 262, 28.

Hommes de loi

Financiers et marchands, banquiers lyonnais liés à Anvers et à Gênes, marchands toulousains de pastel, et tourangeaux transporteurs de soie, armateurs rochelais du trafic avec Lisbonne et Bayonne, artisans, maîtres marchands de belles pièces d'argenterie, et de meubles lourdement sculptés aux vastes motifs de saint Georges terrassant le dragon, petits compagnons déjà animés d'un sentiment d'hostilité tenace contre leurs (petits) patrons, tout ce monde multiple et divers va vivre au XVIe siècle la plus prodigieuse aventure économique que le monde européen ait connue depuis Trajan et l'or des Daces. Mais en face de lui, disons plutôt à côté, parce qu'il n'y a pas de cloison étanche de l'un à l'autre (pas plus d'ailleurs, et jusqu'à Colbert, qu'entre noblesse et bourgeoisie), donc à côté des marchands, les gens de loi, indispensables à la vie de la cité, jugeant, plaidant, rédigeant les contrats, les assurances, malgré tant d'abus et de lenteurs décriés par la suite, hommes de grand service, — bien plus que ne l'est à la campagne la sommaire justice seigneuriale ; hommes d'une autre trempe au demeurant : sédentaires comme tous hommes d'études, de grande pratique intellectuelle, parlant latin, et français de plus en plus après l'ordonnance imposant en 1536 la langue française dans les actes judiciaires, habiles à se débrouiller dans une législation touffue, compliquée comme à plaisir par les traditions diverses du droit romain, des coutumes féodales, du droit canon, et du plaisir royal, ce sont parmi les citadins ceux du service royal, attachés à la monarchie par vocation et par un sentiment complexe d'hostilité admirative à l'encontre de la vieille noblesse, contre laquelle leurs fonctions ont été créées et se sont affermies. A la tête de tous ces robins, juges et conseillers des grandes chambres des tribunaux et parlements portent haut, font sonner titres et privilèges de fonction, assez souvent satisfaits d'eux-mêmes, de leur rôle complaisamment étalé de défenseurs de la monarchie..., très tôt, et bien avant l'institution de la *Paulette*, animés de sentiments de caste — à tout le moins de classe, à l'égard des classes inférieures et particulièrement de la marchandise. Olivier d'Ormesson ne dit-il pas, au milieu du XVIIe siècle, d'un de ses amis du Parlement de Paris : « Il se mésallie ne trouvant que de l'argent »[1].

Dès le XVIe siècle, et surtout au siècle suivant, la stabilité dans ces hautes fonctions, qui les perpétuent au tout premier rang de cette société provinciale des petites villes, rend leur dévouement au roi assez suspect : l'achat de ces offices à un bon prix, l'honneur de servir le roi, et de vivre à la tête de sa petite ville, de régenter tout un menu peuple, et la sécurité ajoutée enfin par la *Paulette*, sont autant de bonnes raisons de se sentir indépendants : les guerres civiles de la fin du siècle, les troubles des Régences ont fait le reste. Les robins sont devenus très vite des fonctionnaires turbulents, qui ne pensent pas trahir le roi en désobéissant, remontrant, tempêtant, refusant d'enregistrer les lois ou de les appliquer. Curieux serviteurs d'une monarchie, dite absolue dès le temps de François Ier et singulièrement désarmée devant eux ; jaloux de leur autorité, de leurs prérogatives, les magistrats et robins, exercés à la vie administrative, forment fréquemment le corps municipal des villes, et ne craignent pas non plus de heurter le pouvoir royal, lorsque les circonstances, la misère ou l'oppression financière y prêtent un peu ; ainsi en 1666, année calme, la ville de Poitiers refuse de souscrire à la Compagnie des Indes de Colbert : « Elle est ruinée par les impôts, par le passage des gens de guerre et par la garnison de 1 600 hommes de la garde de S.M. qui lui fut imposée en 1665. » Imaginons encore aujourd'hui des tribunaux refusant de dire le droit, des fonctionnaires financiers percevant l'impôt à leur manière... La transposition boîte, mais l'audace est du même ordre.

Ainsi encadrée, la ville moderne nous présente une diversité sociale, une complexité foisonnante, une richesse de rapports entre groupes et individus — qui fait un contraste très vif avec le village, pauvre et simple. En ces temps surtout, où aucune ville, même Paris, n'a pu cloison-

1. ORMESSON, *op. cit.* (1640-1672), Paris, 1860, I, p. 122.

ner ses quartiers ni essayé de le faire, — où donc nobles et bourgeois, riches et pauvres, maîtres et compagnons se croisent, se rencontrent, cent fois par jour, — où enfin le mouvement des affaires, les nécessités de la vie sociale créent des besoins intellectuels : lire, compter, correspondre ou simplement discuter devant une pièce d'étoffe, devant le juge, où devant un pichet bien frais, au fond d'une taverne mal famée au pied de la cathédrale, non pas une fois par semaine le dimanche, mais chaque jour ; participer à une vie de relations aux multiples fêtes, religieuses et civiles, corporatives, patronales, mêlées aux disputes des écoliers et à leurs farces, et encore aux mésaventures des grisettes... Vie plus « civilisée » que de l'autre côté des remparts. Ce dont les contemporains, malgré les ressemblances, étaient fort conscients ; cent textes le disent : « Comment les romans de bergerie du XVIIe siècle peuvent montrer d'aussi gracieux pâtres ? » écrit un témoin en 1664. « Plusieurs ont jugé qu'il y avait là quelque chose d'incroyable, de faire parler et agir des Bergers et des Bergères avec la plus grande politesse du monde, et comme pourraient faire les Courtisans les plus adroits, au lieu que les personnes champestres sont ordinairement grossières et stupides »[1].

3. L'essor intellectuel du long XVIe siècle : le livre

La vie intellectuelle urbaine

Centre de vie intellectuelle et artistique (les deux termes, avant l'avènement du livre, ne se séparent pas), la ville l'est sans nul doute ; et dès l'époque médiévale (cf. ci-dessus, p. 190). L'équipement urbain dans ce domaine fait impression : ateliers de sculpture qui accompagnent chaque cathédrale, universités et écoles épiscopales, voire déjà, sous la

1. SOREL, *La Bibliothèque française*, Paris, 1664, p. 158.

pression de la bourgeoisie, écoles de paroisse, où l'a b c est enseigné aux fils de marchands : c'est tout un petit monde de maîtres ès arts, de doctes professeurs, d'étudiants clercs, de moines qui enseignent et sont enseignés... Mais ce n'est qu'un petit monde : quelques centaines dans les plus célèbres villes, Montpellier, Paris, quelques dizaines ailleurs. La découverte de Gutenberg, si rapidement perfectionnée et répandue à travers l'Europe, a valeur d'une révolution qui transforme pour cinq siècles la vie intellectuelle moderne — et n'a d'égale que celle apportée de nos jours par l'image et le son.

Prendre la mesure de cette transformation, c'est aussi bien essayer de reconstituer la mentalité de ces maigres foules urbaines, qui, en dépit de cadres intellectuels plus solides, — paroisses urbaines actives, bien dirigées, écoles et universités au rayonnement social important, — se distingue assez mal des mentalités rurales déjà évoquées. Malgré cet encadrement intellectuel et malgré les besoins « techniques » de la vie marchande, de la vie de relations, et, peut-on dire, malgré le livre lui-même, qui a d'abord codifié, diffusé toutes les croyances et opinions admises, héritées et entretenues par des siècles de traditions orales — en même temps qu'il a diffusé les œuvres de la pensée et de l'art antiques. Lucien Febvre a admirablement montré dans son *Problème de l'Incroyance* combien la mentalité des intellectuels du XVIe (et du XVIIe siècle) est ordinairement peu cohérente, riche encore d'approximations, d'imprécisions et de contradictions qui se dépassent lentement au rythme des réflexions personnelles, des exigences logiques de chacun, avec une lenteur qui est dans la démarche de chaque esprit, beaucoup plus que dans une progression universelle des lumières : le sens du rationnel, on peut le dire plus fréquent qu'à la campagne. C'est tout ce qui peut être avancé. Lucien Febvre[1] cite, admirable exemple, M. de Monconys, savant voyageur du XVIIe siècle, soucieux de bon et ferme savoir, qui ne s'en

1. Article « Sorcellerie, sottise ou révolution mentale », *Annales*, E.S.C., 1948.

laisse pas compter par une abbesse exposant un miracle permanent en son monastère, et si prompt, quelques heures ou quelques jours après, à accepter dans une circonstance semblable un sort ou une pratique magique. Il n'est pas plus un *minus habens* que Jean Bodin, savant auteur des *Six livres de la République*, grand économiste polémiquant avec ses contemporains sur la hausse des prix, qui publie aussi une *Démonomanie des Sorciers*, docte répertoire des mille et un tours du Malin. Et il n'est point seul non plus, puisqu'en fait tous les procès de sorcellerie et tous les bûchers de ces temps difficiles ont été montés et mis en place par de doctes juristes, savants connaisseurs d'une jurisprudence surabondante, et aussi minutieux à cataloguer les crimes du sabbat qu'ils feraient d'un simple vol[1]. Crédulité, dirions-nous (mais le mot fait anachronisme), comme à la campagne, moins peut-être, ainsi se trouve encore fort répandue cette confusion inconsciente du rationnel et de l'irrationnel, du naturel et du surnaturel, héritage de longs siècles de familiarité avec les légendes dorées, qu'une piété peu sourcilleuse assimilait aux authentiques récits évangéliques... Un récit de la fin du XVIe siècle peut en donner la mesure : l'Estoile, dans son *Journal*, raconte une délicieuse histoire, car ces récits, qui tiennent pour nous du conte, ont leur saveur ; mais pour Pierre de l'Estoile, qui n'hésite pas, ne soulève pas sa plume un instant, ce n'est pas un conte :

> « Le 20 décembre 1593, advint qu'un Napolitain amoureux désespérément d'une cordonnière... lui envoya demander trois gouttes de son lait, parce qu'elle était nourrice, pour un mal d'œil qu'il disait avoir : lui envoyant dix escus qu'elle prit très bien avec la permission de son mari, lequel, ayant une chèvre, s'avisa d'en faire tirer du lait, dont il envoya trois gouttes au Napolitain, lui faisant entendre que c'était du lait de sa femme. Lui, tout joyeux, pensant accomplir

1. Cf. Robert MANDROU, *Magistrats et sorciers en France au XVIIe siècle*, Paris, 1968.

son mystère (qui était de rendre la cordonnière si amoureuse de lui qu'elle courrait après et le viendrait chercher, quelque part qu'il fût) rendit avec les charmes qu'il fit sur les trois gouttes de lait qu'on lui avait envoyées, cette chèvre si amoureuse que, commençant à sauter et à tempêter, s'échappa enfin du logis de son maître, et trouvant cet Espagnol au corps de garde des Napolitains, lui sauta incontinent au col, le baisa, et lui fit mille caresses. »

Outillage mental

Du moins peut-on penser que l'outillage intellectuel, professionnel, du citadin moderne est moins déficient : commerçants qui chaque jour manipulent livres, sous et deniers, changeurs et orfèvres qui ont à peser, titrer les pièces étrangères affluant en France aux frontières, et jusqu'au cœur du royaume, aux prises avec des monnaies sans cesse refondues, rognées; grands trafiquants qui connaissent change et rechange. Tous ces gens-là savent au moins lire et compter, ne sont pas prisonniers de traditions orales comme les villageois. Mais il faut être prudent : sans doute ne s'avisent-ils plus, comme leurs compatriotes du plat pays, de compter des entrées et des sorties par des encoches faites au couteau sur une latte de bois, ce que font les paysans pour les sacs de blé portés au moulin. Mais nous sommes encore loin de nos habitudes de « calcul mental », exercice scolaire pratiqué très jeune et qui nous reste. Ni le temps, ni les affaires ne se mesurent facilement en chiffres; et il faut vite écrire, pour se représenter les nombres. M. d'Ormesson en 1665 assiste à l'opération de la pierre que subit son père : le calcul s'est écrasé entre les branches de la tenette, et le chirurgien a dû utiliser une cuiller pour amener le sable. Combien de temps tout cela a-t-il duré? « La longueur de plus de deux miserere »[1]. Faire ses

1. ORMESSON, *op. cit.*, t. II, 302.

comptes, c'est écrire et lentement réaliser le calcul : sur les livres de raison, et bien d'autres documents, les opérations posées parlent d'elles-mêmes : il faut écrire l'addition pour 50 + 45; pour 150 + 30 + 4; les soustractions sont un casse-tête, la plupart du temps avec des retenues oubliées. On veut croire que les grands comptables de l'époque, tel Martin Kléberg de Lyon, que les hommes d'État, grands financiers comme le cardinal de Tournon, s'y prenaient un peu mieux. Mais ces erreurs, ces difficultés communes sont de lourde signification — au moment même où le livre, dont la grande diffusion ne commence qu'avec le XVIe siècle, — décalage certain entre la découverte technique et son application pratique sur un champ assez vaste pour constituer un fait de civilisation —, fournit déjà des modèles pour le calcul, des tables d'utilisation quotidienne.

Paroisses urbaines et écoles

Cependant, brochant sur toutes ces réalités mentales et intellectuelles, il faut bien voir que les citadins, avant même l'expansion du livre, sont intellectuellement encadrés et nourris en quelque sorte par deux institutions, que le village ignore : les paroisses urbaines, si vivantes et si actives, et les écoles et universités, réservées aux clercs à l'origine, et finalement ouvertes aussi aux laïcs.

Comme les paroisses rurales, les paroisses urbaines sont un cadre, dans lequel s'inscrit la vie spirituelle des citadins. Mais c'est un cadre sans doute plus rigide, en ce sens que les curés et vicaires de la ville possèdent une « présence » religieuse beaucoup plus rayonnante que celle du pauvre curé campagnard; une présence qui est une surveillance attentive, à l'occasion agrémentée de sanctions, auxquelles les gens de la ville sont sensibles, même dans des cas bénins : « ... pour quelle raison il refusait en qualité de parrain le sieur Morice, cornette de la compagnie de cavalerie du sieur de Saint-Jamain; le vicaire avait répondu qu'il n'en était pas capable, n'ayant point fait ses pâques »[1].

1. AD, Mayenne, B, 2985. A plus forte raison surveille-t-on les suspects d'hérésie : AD, Loiret, B, 1383 : « Françoise Blondin, suspecte de protestantisme, parce qu'elle n'avait pas ouï la messe depuis deux mois. »

Aussi bien verrons-nous les sceptiques érudits, décrits par René Pintard, ne jamais manquer une messe, pour éviter toute suspicion[1]. Discipline donc par ce contrôle, par ces fêtes de commandement, nombreuses, trop nombreuses bientôt au gré d'un Colbert. La paroisse est encore un foyer de vie intérieure : l'église fournit par ses sculptures et ses vitraux un commentaire de la vie religieuse, c'est bien connu. Moins efficient cependant, du fait même de l'accoutumance, que le reliquaire sur lequel les miracles se perpétuent ; et surtout la prédication, si vivante, même au siècle du livre, et les chants, dont le répertoire est d'une richesse extraordinaire, cultivés avec soin pour la plus belle célébration du culte, et par les fidèles eux-mêmes.

Reliquaires magnifiques, conservés plus précieusement que toute la vaisselle d'argenterie du culte, châsses sur lesquelles les plus habiles artisans ont travaillé pendant des années ; chaque paroisse en possède, qui contiennent d'authentiques restes, uniques dans toute la Chrétienté, vénérés malgré les horribles trafics qui se sont faits pendant si longtemps ; provoquant çà et là de grands miracles dont la ville entière s'esbaudit longtemps, — épines, linges, linceuls, morceaux du bois de la croix, gouttes de sang, larmes — trésors accumulés pieusement, objets de vénération renouvelée, et toujours exaltée : un petit paysan du Puy vante ceux de sa cathédrale : « La dicte ville est honorée d'avoir en premier lieu, dans l'esglize Notre Dame d'icelle, les plus belles reliques et sainctes du monde, à scavoir : le sainct prépuce de Nostre Seigneur, que c'est de sa propre chair, que n'y en a aucune part du monde que là. » Puis les prédicateurs jouent un grand rôle : mendiants spécialement formés pour toucher ces publics urbains, prêtres séculiers s'échangeant d'une paroisse à l'autre, qui apportent la bonne parole à un public avide de les entendre, courant au sermon plus agréable sans doute que les cérémonies dominicales, monotones inévitablement ; en plein XVIIe siècle, les Parisiens les plus lettrés, qui ont bibliothèque et amis, deux bonnes raisons de se suffire, lâchent tout pour aller au

1. René PINTARD, *Le Libertinage érudit, passim.*

sermon d'un père jésuite, d'un capucin de grande réputation, préférant le second au premier d'ordinaire. Public exigeant, sans doute, et cas limite; dans les petites villes de province, où le menu peuple ne parle pas toujours français, la prédication n'a pas une telle importance. F. Brunot cite un texte éclairant de l'évêque d'Apt (1709) : « Ces sermons ne font guère de fruit, parce que la plupart des prédicateurs qu'on envoie ne savent pas parler le patois, et que les paysans et les artisans ne les entendent pas quand ils prêchent en français »[1]. Discussions théologiques, grands problèmes du temps, et graves questions en ces siècles où la Chrétienté occidentale se déchire irrémédiablement, voilà ce que les prédicateurs fournissent à nos robins, amants de la belle parole et accoutumés aux longues disputes sur des textes à interpréter. Parfois sans doute fournissent-ils une nourriture de moindre qualité. Un témoin se plaint au XVIIe siècle : « Les Prédicateurs, qui souvent s'empressent plus de complaire à leur auditoire que d'en corriger les défauts, ne manquent point de seconder les opinions populaires »[2]. Tout ne peut être de premier choix dans une activité aussi importante. Enfin le citadin trouve en son église, en sa cathédrale, cet autre plaisir de l'oreille (mais les hommes du XVIe siècle sont surtout des auditifs tout autant que des visuels, comme Lucien Febvre l'a bien montré), les chants, cultivés avec amour par les évêques en leurs « chapelles »; messes au rythme toujours immuable, en six pièces rituelles, Kyrie, Gloria, Credo, Sanctus, Benedictus, Agnus, et surtout les motets, dont le texte, tiré du propre de l'office, est un véritable poème lyrique sur lequel les compositeurs brodent un dessin mélodique, adapté à chaque voix : compositions simples, qui ravissent les auditeurs, et qui ont eu leurs maîtres au XVIe siècle avec Palestrina et Vittoria.

Ainsi la paroisse urbaine reste-t-elle un cadre vivant, un cadre solide de la vie intellectuelle, pour les citadins, tellement privilégiés lorsqu'on évoque, en regard, la vie

1. F. BRUNOT, *Histoire de la langue française*, VII, 68.
2. SPÉE, *Cautio Criminalis*, Advis du traducteur, Lyon, 1660.

paroissiale hors des remparts. Privilégiés malgré les imperfections du système : évêchés et cures citadines, auxquelles le roi de France désigne lui-même, et directement, ne sont pas toujours pourvus au mieux, conséquence directe, là encore, du concordat de Bologne signé en 1516. L'évêque de Lodève âgé de quatre ans, nommé par Henri IV, est bien connu... Soixante-dix ans plus tard, Fléchier, participant aux Grands Jours d'Auvergne à Clermont, découvre un évêque auvergnat qui ne lui inspire pas grand respect : « M. le président Montorcier lui parlant un jour du sacerdoce dans son principe, en des termes théologiques, il se tournait à tout moment vers un ecclésiastique pour lui demander si ces propositions étaient catholiques... »[1]. Cependant, le XVIIe siècle a été, de ce point de vue même, un progrès, sous l'impulsion d'une réforme disciplinaire, d'un effort de recrutement et surtout d'une grande polémique religieuse.

Curés et vicaires, chanoines et évêques, et ces nombreux moines, capucins populaires, bénédictins, jésuites et dominicains, tous sont constamment présents dans la vie des citadins, écoutés et observés à la fois, avec ce brin de malice, ce vieux fond de plaisanteries trop faciles, vieilles comme les fabliaux, sur les prêtres et les nonnes, dont La Fontaine a fait les plus légers contes qui soient. Toujours au premier plan des pensées de chacun, grâce à la vie très florissante des paroisses, grâce aussi à ces autres institutions ecclésiastiques que sont les écoles épiscopales et les universités : c'est un monde en mouvement au temps de Rabelais, Montaigne et Descartes, grands « réformateurs » qui se sont faits l'écho des innombrables plaintes des contemporains et des réformes esquissées à maintes reprises : initiatives hardies de François Ier, ou des jésuites, plus tard des oratiens et des jansénistes. Malgré beaucoup de beaux programmes, les progrès — en dehors de ceux dus aux livres — sont minces dans le domaine pédagogique. A la fin du XVIIe siècle, J. Rou se plaint encore : « Cette barbare

1. FLÉCHIER, *Mémoires sur les Grands Jours d'Auvergne*, Paris, 1856, p. 113.

méthode d'enseigner un enfant par des paroles et des règles qu'il n'entend point... les affreux *singulariter nomativo* de mes premières déclinaisons, ses *Indicativo modo, Tempore praesenti...* autant de spectres. » Mais les écoles, leurs remue-ménage d'étudiants, leurs traditions solidement maintenues, qui donnent aux enfants des robins et marchands les connaissances ès arts dont ils ont besoin, assurent encore leur part de la vie intellectuelle urbaine : disputes et tentatives devant les facultés assemblées, ce que nous appellerions des soutenances de thèses, qui attirent un public nombreux, pour écouter gravement traiter à la Faculté de Médecine de Paris, en 1648 : « La femme est-elle un ouvrage imparfait de la nature? »; en 1668 : « La cure de Tobie par le fiel d'un poisson est-elle naturelle? ». Ces sujets bizarres à nos yeux s'expliquent comme fruits d'un état scientifique, où les Écritures et Aristote forment le fonds; écoles, collèges fournissent encore à la ville le théâtre, ces représentations scolaires, où parents, amis des jeunes acteurs et curieux accourent pour voir l'histoire de Daniel, l'histoire de saint Alexis : Bible ou Légende dorée sont mises largement à contribution. Ainsi ces établissements scolaires, que la scolastique étouffe peut-être, n'en donnent pas moins le ton de la vie intellectuelle, en règlent le rythme, avec leurs semestres et leurs vacances, leurs débats et leurs fêtes...

Le livre et la lecture

Remarquons une fois encore combien, en tout ceci, la parole reste de grand prestige, même lorsque le livre a tout envahi : les églises ne sont jamais assez vastes, et les plus populaires des prédicateurs parlent en plein air; sermons et beaux effets oratoires recherchés, comme aujourd'hui certains courent à la dernière exposition de peinture, suivant la mode. Un Parisien du XVIIe siècle comme Olivier d'Ormesson ne craint pas d'aller écouter plusieurs sermons d'affilée, dans la même après-midi, et lui ne le fait point par snobisme : « Le dimanche 6 décembre 1643, je fus chez M. le

Chancelier au sceau. L'après disnée, à St Paul, au sermon du Père Joseph Morlaye, qui faisait merveilles; de là, à l'Annonciade... j'entendis le sermon du Père de la Haye, jésuite... ». La révolution apportée par le livre n'est pas une révolution dans les habitudes, dans le rythme de la vie sociale, ainsi défini : dans ce domaine, son action a été plus lente, et le livre s'est le plus souvent imposé au seul moment où le métier, ses nécessités techniques, l'obligation de savoir lire l'ont réclamé. L'élargissement du monde intellectuel, qu'entraîne le livre, est certain; il est difficile d'en prendre la mesure exacte. Assurément, pour les clercs eux-mêmes, il s'est produit une transformation extraordinaire qui ne nous est pas facile à concevoir, à nous hommes du XXe siècle, qui chaque année — quelle que soit notre profession — lisons au bas mot 3 à 4 kilogrammes de papier, en affiches, journaux, déclarations d'impôts... Comment en un siècle, mettons de 1450 à 1550, clercs et amis des clercs sont passés du manuscrit, très rare et cher, précieux, impossible à déchiffrer parfois, toujours difficile à manipuler, encore plus à conserver, au livre, au bon livre, solide et bien relié, mis à la disposition de chacun en tant d'exemplaires? Ce que nous savons au mieux, c'est le succès foudroyant du livre : une fois les inventions mises au point pendant le XVe siècle, de la Bible des pauvres en 1420 aux bonnes encres et aux caractères de plomb de Gutenberg, les ateliers se multiplient partout. En 1470, malgré les protestations des scribes de métier qui à l'ombre de la première Sorbonne, gagnent largement leur vie à recopier sans hâte les bons vieux cours et textes, les premiers ateliers s'installent à Paris, à la Sorbonne même; en 1500, la seule ville de Lyon possède cinquante ateliers, et déjà une nouvelle profession s'organise, grosse consommatrice de capitaux pour ses machines, pour le papier dont la demande croît sans cesse — profession singulièrement libre et audacieuse, qui a imprimé tout ce qui lui est tombé dans les mains : livres d'écoles et livres de l'Église. Évangiles et Pères d'abord, qui permettent déjà à chacun de lire tout Luc ou Mathieu d'une traite, sans attendre la lecture ou le commentaire du dimanche à l'église; puis les manuscrits de l'antiquité latine et grecque tels que les monastères les plus anciens les révèlent peu à peu, Cicéron le bon républicain, Platon et Sénèque les philosophes, les histoires de Thucydide, et cette somme de l'antiquité biographique, les *Vies des hommes illustres* de Plutarque, traduits par Amyot, le grand succès du XVIe siècle ; un peu plus tard encore, sans que la curiosité, ou la passion de publier, se lasse, les traités qui sont parfois des réflexions, des méditations sur la pensée antique, mêlées d'observations contemporaines, comme la *République* de Bodin, études doctes sur les prodiges d'Ambroise Paré, traités de magie, d'alchimie, en bonne langue latine... Puis tous ces petits libelles, dont nous ne pouvons que soupçonner l'infinie multitude, relatant en quelques pages un événement sensationnel, le commentant en une dizaine de lignes : quel tirage ? Quel public ? Nous ne le savons pas ; pas plus que le nom de l'auteur, bien souvent. Maints exemples font bien sentir, et l'importance de l'écrit, et l'esprit du temps : « Discours admirable et prodigieux d'un loup cervier qui entra dans la cité de Vienne, le samedy 5 de mars 1616. Et après avoir esté longuement poursuyvi, se sauva dans la grande Église Saint-Maurice » (Vienne, J. Poyet, 1616, 8 p.) ; « Discours miraculeux très admirable, prodigieux et véritable d'un de la religion prétendue de la Coste Saint-André, en Dauphiné, lequel pour avoir blasphémé contre le sainct Sacrement a esté misérablement mangé des rats » (Chambéri, Brossart, 1620, 8 p.). On pourrait presque parler — dès le XVIe siècle — d'une manie de l'imprimé.

Dès lors le bourgeois des bonnes villes, dont le grand luxe a été à la fin du XVe siècle de faire poser des vitres à ses fenêtres, d'acheter de lourds bahuts sculptés dans le bois, et surtout de belles tapisseries, ajoute cette autre passion, que révèlent les inventaires après décès, et que nous savons vouée à une belle destinée : les beaux livres, reliés veau, caractères or, in-4° et in-8° , qui relatent les vies des saints, les exploits du grand Cyrus ou les merveilles du monde nouveau, — bien alignés au long des murs, à portée de main et d'œil : la passion d'un Montaigne, et de combien d'autres ! Il est, certes, trop audacieux d'affirmer que la

Réforme et la Renaissance sont tout entières filles de l'imprimé, ainsi répandu à travers le monde européen ; que Luther n'aurait pas été plus dangereux que Jean Huss, ou à peine plus, si les quatre-vingt-quinze thèses de Wittenberg n'avaient été en quelques semaines répandues dans toutes les Allemagnes, et bientôt dans toute l'Europe. Mais la transformation due au livre atteint une telle ampleur qu'il ne faut pas en minimiser la portée.

Mouvement double d'ailleurs : d'un côté la culture et la vie intellectuelle s'élargissent, trouvant dans ce moyen de diffusion leur meilleur support, débordant le cadre des clercs et des écoles, pour s'adresser à toute la haute société urbaine, gagnée d'enthousiasme : c'est l'ardeur des humanistes, des Robert Estienne du XVIe et des Cramoisy du XVIIe siècle, grands imprimeurs et savants à la fois ; la vie intellectuelle gagne en surface et se sépare parfois de la vie artistique ; mais d'un autre côté, la discussion, l'invention, l'ardeur à connaître et à comprendre, sortant des monastères et des écoles, passant aux salons, aux discussions des juristes, multipliée par là même, la vie culturelle de ces groupes stimulés par le livre s'est trouvée séparée de celle du commun, artisans, paysans, petites gens, qui n'ont ni le loisir, ni les moyens de lire, et ne suivent pas : tous les paroissiens de Notre-Dame de Chartres passant devant le portail royal en connaissaient le sens, en lisaient les statues. Mais Ronsard et du Bellay n'écrivent plus pour tous ; et même lorsque René Descartes traduit son *Discours de la Méthode*, évidemment pensé et écrit en latin, il n'espère pas, il ne peut espérer le faire lire par son cordonnier, ou les paysans de La Haye en Touraine. Schéma rapide et gros, que nous verrons se nuancer peu à peu, à mesure que le temps passe, qui change tout ; schéma qui n'épuise pas les grandes questions de la littérature populaire, et de la préciosité... Mais il a sa valeur.

4. L'essor économique du long XVIe siècle : les trésors d'Amérique

Cette révolution du livre, de la vie intellectuelle et spirituelle, il a fallu aux contemporains un siècle pour la saisir dans toute sa portée : l'exclamation souvent citée de

Campanella est de 1620, d'un moment où déjà le livre a tout envahi, les comptes des particuliers comme les écoles artistiques : « Notre siècle a plus d'histoire en ses cents années que le monde entier dans les quatre mille années antérieures ; plus de livres ont été publiés dans le dernier siècle que dans les cinq mille ans avant lui. » Par contre c'est dès 1550-1560 que les « observateurs perspicaces », dont parle Fernand Braudel[1], se sont rendu compte de l'énorme révolution économique qu'ils étaient en train de vivre. Jean Bodin proclame alors dans un texte justement célèbre : « L'Espagne qui ne tient vie que de France, étant contraint par force inévitable de prendre ici les blés, les toiles, les droits, le pastel, le rodon, le papier, les livres, voire la menuiserie et tous ses ouvrages de main, nous va chercher au bout du monde l'or et l'argent »[2] ; constatation rapidement admise, devenue un lieu commun avec la fin du siècle, une de ces idées toutes faites dont gens d'affaires et hommes d'État ont mis quelque temps à se déprendre : l'Espagne, Indes des pays européens.

L'or et l'argent espagnols

Ainsi, pendant ce long XVIe siècle, la soif d'or et d'argent qui sévissait encore à la fin du XVe, qui accablait les commerçants du Moyen Age, malgré la débordante activité des mines allemandes, hongroises, scandinaves, fait place à une abondance sans précédent d'espèces monétaires. Abondance relative sans doute, parce que les guerres continuelles et l'accélération des échanges exigeaient sans cesse plus. Pourtant l'Espagne a reçu, pendant ce long siècle, l'or et l'argent par tonnes, galions chargés de cargaisons entières de métaux et soigneusement convoyés des Antilles

1. F. BRAUDEL, *La Méditerranée...*, p. 374-420 (seconde édition, 1966, p. 422 à 492) et, pour tout ce paragraphe, l'ensemble de la 2e partie.
2. H. HAUSER, *Réponse de Jean Bodin à M. de Malestroit*, Paris, 1932, p. 12.

à Séville : de 1500 à 1640, quelque 180 tonnes d'or, 17 000 tonnes d'argent... Quel flot dans la circulation monétaire de l'Europe ! flot d'or dans les premières années du siècle, puis inondation d'argent entre 1550 et 1610, relayée au XVIIe siècle par l'énorme circulation de billon, d'argent et de cuivre, cette petite monnaie du trafic urbain de tous les jours. Et comme ces masses, brutalement lancées dans la circulation, expliquent l'admiration des contemporains, et le sens gardé longtemps au mot Pérou de source inépuisable de richesses ! même si l'explication ne se suffit pas, et s'il faut admettre en ligne de compte la croissance de la circulation du papier, également importante.

Pourquoi cet or et cet argent, ces « doublons » et « réaux » d'Espagne passent-ils en France ? Parce que dès les lendemains de la conquête, l'Espagne, placée à la tête de domaines immenses, depuis le Mexique jusqu'au Paraguay, ne peut seule en assurer l'exploitation : manque de bois, de toiles et de cordages pour ces nombreuses flottes de l'Atlantique, manque de farine et de viandes et de fruits pour les équipages ; elle ne peut fournir les armes, les tissus, les outils que réclament les conquérants ; pas plus qu'aucun autre pays au monde en ce temps-là, l'Espagne ne dispose d'une agriculture, d'une industrie assez élastiques pour se gonfler à la demande et répondre à un appel aussi puissant. Force est bien d'avoir recours aux voisins, tant Français, pour les blés, les toiles, les meubles, qu'Italiens, Génois, Florentins, Vénitiens... Puis le temps passant, la contrebande et les trafics licites depuis Marseille, Bordeaux ou Saint-Malo, comme d'Anvers et Gênes, aidant la dépopulation des Espagnes vidées de leurs forces au profit de ces immenses continents inexplorés, l'économie espagnole a de moins en moins été en mesure de fournir elle-même, armes, tissus, blés, que les voisins avides amènent à Séville à meilleur prix. Beaux temps de la Méditerranée et de l'Atlantique, sillonnés en tous sens, fortune des commerçants bordelais et toulousains fournisseurs de blés et de pastels, rouennais et malouins vendeurs de draps et de toiles... A quoi s'ajoute encore, pour parfaire cette invasion des monnaies espagnoles, par le Sud et l'Ouest, le jeu des grands politiques, Charles Quint et Philippe II, passant leurs convois précieux par la France, ou à ses frontières de Milan à Besançon et Anvers, soudoyant plus tard la Ligue. L'enrichissement monétaire de la France s'est ainsi fait de cette hémorragie espagnole, plaie d'argent, et plus encore : au début du XVIIe siècle, les campagnes aragonaises sont désertes, et les Auvergnats du Cantal prennent le chemin de l'Èbre pour y faire les moissons.

Hausse des prix : victimes et bénéficiaires

Bien sûr, cet enrichissement ne bénéficie également ni à toutes les régions de France, ni à toutes les classes sociales : il se traduit d'abord par une hausse brutale des prix, d'autant plus violente que la production artisanale française n'a pas été plus élastique que celle de l'Espagne. Peut-être la demande a-t-elle pu, ici ou là, encourager quelques recherches techniques — tisserands lyonnais et rouennais montant de nouveaux métiers : en fait, il est permis de parler de stagnation technique; ni l'équipement énergétique, ni la technique propre des métiers ne progressent; les recherches de Léonard de Vinci, antérieures à ce grand mouvement, sont des épures, sans traduction industrielle immédiate. Le seul frein à la hausse des prix, qui n'est point négligeable, il s'en faut, c'est la thésaurisation, familiale, ecclésiastique, qui absorbe les pièces en ciboires, bijoux, vaisselle, par l'entremise intéressée des changeurs et orfèvres. Tout le reste alimente la spéculation commerciale, le commerce de l'argent dont la vitesse de circulation s'accroît à la demande et dont les modalités de placement se multiplient avec les besoins, faisant sauter toutes les barrières, y compris l'interdiction canonique du prêt à intérêt, victime d'une offre trop abondante et d'une tentation trop forte dans ce mouvement inflationniste, comparable à certains égards à celui que la France contemporaine connut après la Libération ; les fortunes privées, comme les finances publiques, connaissent des chances variées : réussites sensationnelles et crises profondes, jusqu'à la banqueroute à l'occasion[1]. Au terme de ce mouvement, la France des grands trafics espagnols, de la Méditerranée à l'Atlantique, par l'Aquitaine frontalière, et jusqu'à Saint-Malo et Rouen, n'a pas connu la « misère de l'argent, la misère méditerranéenne », qui abat les grandes cités italiennes, Florence notamment, à la fin du siècle. Mais elle a été assez secouée pour voir progresser ses grands ports, Marseille même et surtout La Rochelle, Saint-Malo, Rouen et Le Havre ; et ses grandes places financières, Lyon surtout ; pour voir aussi l'équilibre social médiéval menacé, perturbé jusque dans ses fondements : intérêt majeur de ce mouvement économique, qui se ralentit entre 1610 et 1630, et fait place ensuite à une contraction qui recouvre la seconde moitié du XVIIe siècle.

Dans cette fièvre urbaine, où les fortunes se font et se défont avec une rapidité inouïe, où les banquiers tiennent un rythme de prêts, d'emprunts, dont les contemporains sont éblouis, où le grand commerce, la guerre et les ambitions des princes enchevêtrent leurs exigences, affolant changeurs, maîtres des monnaies et Chambres des Comptes[2], où sont les bénéficiaires ? les victimes ? A première vue, toutes les classes sociales sont victimes : compagnons et artisans, accablés par la hausse des prix ; banquiers, toujours au bord du précipice et parfois au fond ; « industriels », incapables d'imposer leurs prix et de fournir à la demande. Encore peut-on distinguer. Des victimes sûres, il s'en trouve au moins deux groupes. D'abord ceux qui passent à côté, devraient tirer bénéfice de la hausse générale de prix, (qui englobe les prix agricoles), et qui ne vendent pas leur blé : petits paysans céréaliers, dont les ventes sont limitées à une ou deux foires par an, et dont le maigre bénéfice est vite absorbé par la voracité des finances royales, plus exigeantes que jamais en ces temps de longues

1. Sur les grandes crises internationales et la banqueroute française de 1557, cf. notamment R. EHRENBERG, *op. cit*, 3e partie.

2. F. SPOONER, *L'Économie mondiale et les frappes monétaires*, Paris, 1956, *passim*.

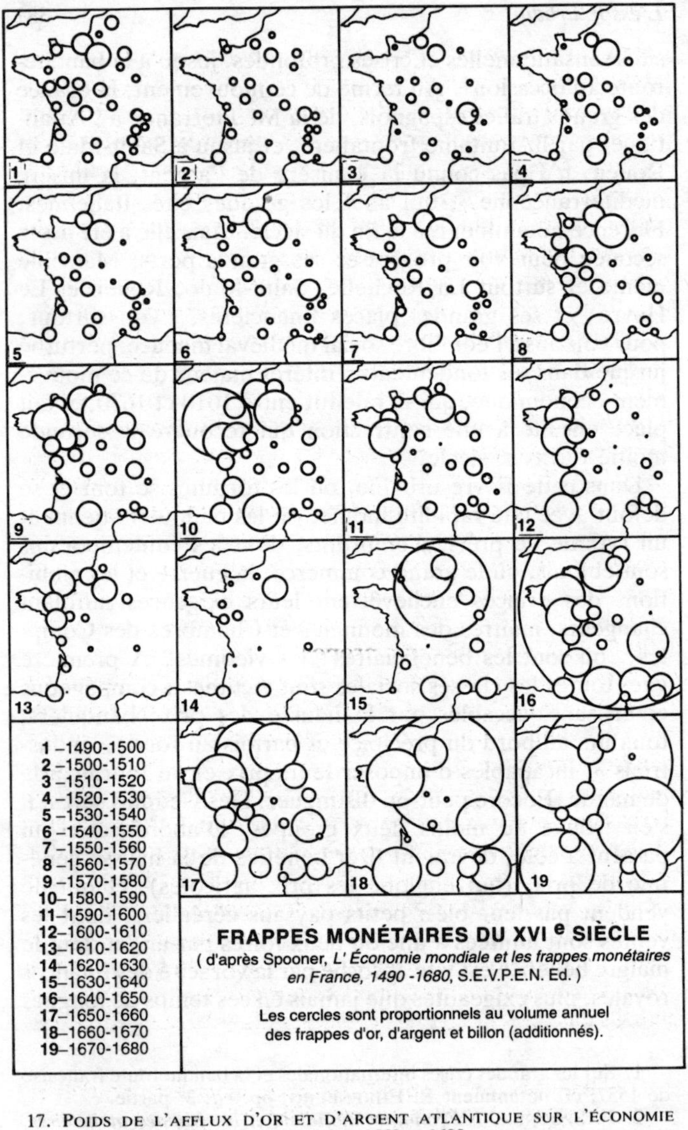

17. Poids de l'afflux d'or et d'argent atlantique sur l'économie française, de 1550 à 1620.

guerres, sans parler de la cupidité seigneuriale. A part les laboureurs de Beauce, les pasteliers du Toulousain, les vignerons du Bordelais, minimes exceptions, point de gains paysans ; en consolation, peu de pertes à souffrir : ils achètent si peu. Plus malmenées sont les classes populaires urbaines : compagnons, ouvriers en chambre, artisans de petits ouvroirs, qui subissent toutes les hausses, celles du blé, des boissons, de la viande, dont les prix dansent une sarabande effrénée, et qui ne gagnent pas beaucoup plus ; les salaires augmentent lentement, très lentement [1] ; en fait, en salaires réels, ils diminuent terriblement. Les temps sont bien durs pour les gagne-petit des villes, et la nervosité des foules à la fin du siècle, troupes ligueuses de Paris, groupes iconoclastes des pays flamands et d'ailleurs, ne se comprend pas sans ce contexte économique, et les lourdes misères qu'il signifie : l'or et l'argent que l'Espagne ramène du bout du monde, il n'en revient guère dans ces modestes escarcelles. Et en ces temps de surpopulation urbaine, où la main-d'œuvre est abondante, où le compagnon ne peut guère exiger, son mécontentement, que n'aiguille pas vers la revendication sociale une conscience de classe encore balbutiante, éclate à tout propos.

Bénéficiaires, d'autre part : les plus sûrs profiteurs de cette hausse des prix ont été sans doute les rentiers du sol, qui, recevant dans leurs greniers par les droits en nature des récoltes imposantes, ont pu, à partir de 1530-1540, vendre beaucoup plus cher ces récoltes si facilement engrangées et livrées ensuite aux marchands de la ville — gains nets, faciles et sans risques, qui ont continué à attirer ceux des marchands et banquiers ayant des fonds à placer, avec sécurité. En face des dangers (et des bénéfices) plus considérables du grand négoce, reste cette ressource à portée de main, l'acquisition de bonnes terres à quelques lieues de la ville. Ainsi les domaines des environs de Paris, de Lyon, ne sont-ils pas seulement des promesses d'anoblissement, cette

1. F. BRAUDEL, *op. cit.*, p. 407, (première édition) cite des chiffres précis : à l'indice 100 pour la période 1550-1559, les salaires passent à 107,4 en 1610-1619.

satisfaction de vanité toujours recherchée, ce sont aussi des investissements de bon profit, sans danger : la terre est en hausse, elle aussi, au XVIe siècle. Mais, chacun le sait, les nobles contemporains de Henri III et de Louis XIII se sont amèrement plaints d'être victimes de l'essor marchand, et non bénéficiaires. C'est qu'en fait leurs gains nominaux, incontestables, leur ont paru de faible poids, pour plusieurs raisons : parce qu'ils ont été « mangés » par la hausse des prix, sur les produits dont ils sont acheteurs : tapisseries, tissus de soie et d'or, ou de bonne laine, tableaux, meubles... et qui n'ont pas moins augmenté que les grains ; surtout parce que, de ces produits qui représentent le luxe de ce temps, les nobles sont devenus de très gros consommateurs, jamais satisfaits. D'où leur impression, déjà ressentie dans les grands siècles marchands du Moyen Age (cf. p. 115), mais rendue lancinante au long de ce siècle de l'or et de l'argent et de tous les luxes, d'être affreusement surpassés par les roturiers et manants de la ville, qui sont leurs fournisseurs, et qui ne dédaignent pas luxueuses tapisseries et magnifiques tableaux ; ils oublient leurs gains devant tant de dépenses, de besoins sans cesse grandissants ; comparaison chaque jour inévitable entre la modeste aisance du château et le faste urbain. Voici les rentiers du sol, nobles et clercs, bénéficiaires ingrats de la révolution économique. Dès le début du XVIe siècle, Érasme l'avait souligné dans un texte aussi remarquable que l'exclamation médiévale : « Adam et Ève étaient-ils gentilshommes ? » Dans le colloque, *Le Chevalier sans cheval ou la fausse noblesse*, il écrit : « Quoi de plus insupportable en effet ? Un vulgaire marchand regorge de biens, alors qu'un chevalier n'aurait rien à donner aux courtisanes, rien à risquer au jeu ? »

Restent, malgré tous les coups du sort, malgré les bateaux perdus, échoués ou saisis par les corsaires, malgré les banqueroutes des rois prodigues, malgré les rivalités commerçantes avec Italiens et Flamands, restent donc comme bénéficiaires de ce « boom » économique les marchands trafiquants de grande envergure ou petits fabricants, artisans réputés, manieurs d'or : chez tous ceux-là, les monnaies, bonnes ou mauvaises, passent et repassent —

et c'est le passage qui fait la richesse, non l'accumulation stérile; les marchandises s'entassent dans les arrière-boutiques encombrées de caisses et de couffins, à peine arrivés et dénombrés, et aussitôt réexpédiés : la fortune du XVIe siècle est la fortune de ces Lyonnais, de ces Bretons et Rochelais, qui thésaurisent en vaisselle d'argent, qui achètent de bonnes terres nobles, qui prêtent au roi, — toujours à fond de caisse, ruiné par ses guerres et ses châteaux, — qui mènent grand train enfin, faisant construire dans les quartiers neufs des grandes villes marchandes des hôtels de résidence loin de leurs magasins et entrepôts, meublant et décorant de leurs propres portraits la maison née de leur réussite... conscients, au demeurant, de faire ainsi la nique aux tenants de la vieille noblesse de sang, contents d'exciter leur jalousie, tout en cherchant à s'insinuer discrètement dans leurs rangs. Visible rivalité, dont la monarchie capétienne avait su merveilleusement jouer (cf. p. 198), et que l'essor économique du long XVIe siècle exaspère. La meilleure illustration en est fournie par cette classe de « métis » qu'est la noblesse de robe, issue de bourgeoisie, prompte à la répudier, mais aspirant aussi à se confondre avec la noblesse de sang. De ces contradictions serait sortie la pensée moderne, a dit naguère un philosophe matérialiste, F. Borkenau[1].

C'est dans ce climat de divisions sociales, mais aussi de richesses fluentes et toujours renouvelées, dans cette atmosphère conquérante, où l'or, l'argent et le billon affluent du Sud, de l'Ouest et du Nord, que s'épanouit une civilisation châtelaine, et urbaine fière jusqu'à l'insolence de ses renouveaux : de Lefèvre d'Étaples à Saint-Cyran, de Léonard à Philippe de Champaigne, de Pierre Lescot à Louis Le Vau.

1. F. BORKENAU, *De la représentation féodale à la représentation bourgeoise du monde*, Paris, 1934. Thèse outrancière, mais intéressante cependant.

Orientation bibliographique

Richard Gascon, *Grand commerce et vie urbaine au XVIe siècle. Lyon et ses marchands (vers 1520-vers 1580)*, 2 vol., 1971.

Pierre Deyon, *Amiens, capitale provinciale*, 1967.

R. Ehrenberg, *Le Siècle des Fugger*, trad. 1955.

Pierre Léon, *Histoire économique et sociale du monde*, tome 2 : Les hésitations de la croissance 1580-1740, 1978.

H.-J. Martin et R. Chartier, *Histoire de l'édition française*, tome 1 : Le Livre conquérant. Du Moyen Age au milieu du XVIIe siècle, 1982.

CHAPITRE VIII

Des novateurs aux fanatiques, visages du XVIe siècle

Siècle chargé, surchargé de gloire. A ses mérites, déjà si grands, d'avoir prolongé l'Europe en Amérique, en Asie, et à travers les mers et océans, d'avoir révélé à l'antique Méditerranée les nouveaux mondes, d'avoir fondé l'art de vivre en société sur ce nouveau moyen de communication qu'est le livre, l'écrit remplaçant, prolongeant la parole, il en ajoute tant d'autres : religions nouvelles écartelant l'Église catholique, la refoulant vers ce domaine méditerranéen, qui a été son berceau, et devient son plus solide appui ; renaissance de l'antiquité entière, diffusée dans ses arts, sa pensée et sa science, fondant un univers nouveau, où chacun en son temps a cru se reconnaître et devoir vivre : humanistes du XVIIIe siècle, pleins de vénération pour leurs devanciers glorieux (Montesquieu, d'Alembert...), artistes, écrivains du XXe siècle cherchant en Léonard de Vinci le secret de toute pensée artistique ou scientifique (Paul Valéry) ; scientistes mêmes des années 1900, trouvant en Rabelais, à tort ou à raison, un précurseur... Siècle trop riche assurément.

Ce n'est pas le diminuer, mais le mieux comprendre, que de retrouver dans ce géant dressé entre de grandes dates de l'histoire du monde ou de la France (1492, 1598, 1610), non pas un XVIe siècle homogène, mais plusieurs moments successifs d'un drame collectif extrêmement divers, dont les acteurs ne se ressemblent guère : de Calvin à Montaigne, tout comme de Marguerite de Navarre à Marguerite de Valois. Ce grand XVIe siècle, solidement campé au cœur de la France, sur les bords de la Loire, le décor « ligérien » paisible à souhait, et auteur du plus sensationnel coup de théâtre que l'histoire de France ait enregistré, et grossi à plaisir : Renaissance, Réforme... il tient un peu du montage, avec une bonne part d'honnête truquage. Au lieu de ce dramatique « grand tournant »[1], volte-face et cassure sans remède, trop bien accrédité en nos temps où de distingués littérateurs proclament la male mort des civilisations, mieux vaut y voir une série de passages, de transitions, qui respectent et ne sauraient annuler le passé ; l'air du temps se modifie ainsi, sans à-coups trop brusques (il faut dire, comme l'École, *natura non fecit sallus*, la nature historique s'entend) ; l'air que respirent les contemporains de François Ier, de Lefèvre et Briçonnet n'est pas celui des rudes années 1560, où les bûchers se multiplient, où l'Antechrist est partout, menaçant, redouté et détesté, où les passions se déchaînent pour trente ans, sur toute la France (et les Pays-Bas voisins). Un abîme sépare, semble-t-il, les hommes qui ont entendu le tocsin de la Saint-Barthélémy, et ceux des années 1500-1520 au temps des glorieux retours d'Italie, des voyages à Fontainebleau, et des spirituelles dissertations d'Érasme sur les réformes nécessaires dans l'Église romaine. Les trois ou quatre générations (mettons quatre, puisque alors la vie est courte, et sans attacher trop d'importance à cette idée confuse) qui recouvrent le XVIe siècle du calendrier ont connu des Frances différentes : les dernières venues plus dures, plus sévères, plus fanatiques enfin : Aubigné après Ronsard, Montluc après Lefèvre d'Étaples... Mais les transitions sont claires.

Sans doute définir ces climats successifs du XVIe siècle n'explique pas tout : il est cependant bien sûr qu'aucun homme, si génial soit-il, ne s'abstrait complètement de son temps, de ses croyances et de ses outils, surtout dans les domaines de la création qui sont commandés par une technique impérieuse comme les musiciens, les peintres. Même celui à qui suffisent un papier et une plume, ou qui,

1. La formule est empruntée à un historien pathétique de ce drame moderne, évoqué dans toute son horreur, car l'auteur est plein de tendresse pour les siècles médiévaux idéalisés : PEUCKERT, *Die Grosse Wende*, Hambourg, 1948.

se voulant prophète, comme tout fondateur de religion, désirerait parler et s'adresser aux hommes pour l'éternité : le Calvin de l'*Institution chrétienne* ne connaît-il pas à merveille ses contemporains? et quels risques, quelles fausses interprétations il encourt, lorsqu'il prend soin de définir sa Prédestination face aux partisans d'Averroès? L'air du temps, qui n'explique pas le génie précurseur, le situe et l'encadre. Lucien Febvre en a fourni une magistrale démonstration, étudiant Rabelais, le démontant, le reconstruisant, puis l'arrachant à l'interprétation anticléricale d'Abel Lefranc[1]. Ce qui ne signifie pas que l'éclair de génie soit impossible. Mais il a sa vraie coloration lorsqu'il est replacé, et bien replacé, dans le cadre sombre ou clair du ciel, sur lequel il zigzague pendant un instant.

Ainsi pour nos hommes du XVIe siècle. Tout étonnés et ravis encore dans les années 1520-1530 par les découvertes du jour et de la veille, ravis d'apprendre que la terre des hommes n'est pas ce monde étroit allongé autour de la Méditerranée ou tendu vers elle, étonnés encore plus d'admettre que cette terre ronde peut n'être qu'un point dans l'espace, ils sont peu nombreux à en prendre la mesure; et dans l'attente de meilleures lunettes et de mathématiciens ardents, de Képler à Newton, ils ne disent ni oui ni non; tout est possible après tout. Attentifs aux nouveautés, ils ne sont pas non plus absolument neufs mais chargés de dettes envers un passé récent, le Quattrocento italien, qui a donné le branle, et précède d'un siècle la Renaissance française, tout comme celle-ci est en avance d'autant sur le renouveau anglais, à bien des égards; enfin ces hommes nouveaux sont aussi accablés du lourd héritage assumé de l'antiquité, qui les ravit et les enchante, mais leur ôte le loisir, et le désir de chercher ailleurs, de voir autre chose. Ce qui est vraiment neuf chez ces contemporains de Charles VIII, de Louis XII, de François Ier, c'est ce bonheur et cette soif de vivre, de découvrir et de connaître; et aussi de lire et de bâtir, dans une ardeur qui ne s'effraie de

1. L. FEBVRE, *Rabelais*, Paris, 1942. Toute la première partie notamment.

rien, ne recule devant rien, ou presque ; curiosité, mot plus fort qu'aujourd'hui, c'est ce que les Allemands appellent *Lust* : hommes *lustig*, ces hommes de 1520, riches d'argent, de profits faciles, de loisirs, d'espoirs, curieux de livres, de pays, de mondes inconnus, ou méconnus (si nous pensons à l'antiquité, que le Moyen Age des clercs n'ignorait pas). Voilà donc les hommes du premier XVIe siècle, tout heureux de sentir à portée de main ces trésors dont leurs pères ne soupçonnaient, ni le goût, ni parfois même l'existence. Au vrai, ce sont des êtres infatigables : un Amyot pratique les trois langues anciennes, qui font un humaniste : latin, grec et hébreu ; il lit et relit les manuscrits les plus difficiles, traduit tout Plutarque en bon français de son temps ; un Léonard, cet autodidacte, qui possède toute la science de son époque, Aristote bien sûr, comme la science médiévale, mais aussi les savants de l'antiquité retrouvée, Pline, Varron et combien d'autres ; il rêve de machines nouvelles en dessins encore admirés aujourd'hui pour leur précision, leurs intuitions. Savant à la façon encyclopédique et accumulative de ce temps, artistes passionnés ; cet extraordinaire premier XVIe siècle fleurit d'audace et de vie ; mais son existence est brève. Voici au-delà de 1560 les « tristes hommes », la triste génération. Elle se détourne de ces richesses et de ces joies, pour s'orienter vers la mort : autre registre, autres hommes, aux sombres regards, à la main vengeresse. Mieux que tout autre, le XVIe siècle illustre cette vérité première : les hommes des temps modernes vivent de leur vie la plus intense, se surpassent en deux domaines qui s'interpénètrent et s'alimentent l'un l'autre, mais ne sont pas de même trempe : l'Art, cette dominante des premières années, et jusque vers 1530-1540 ; la Religion, qui se fait meurtrière dans les années 1570-1590.

1. L'école de l'Italie

Les campagnes de Charles VIII et François Ier

« Italie, terre des arts... mère des arts », certes. C'est l'Italie que nobles gentilshommes et rois de France, après les marchands qui depuis bien longtemps en connaissaient les chemins, ont appris à donner à la France ces visages nouveaux, de Chambord à Fontainebleau et au Louvre, qui scandalisaient si fort, voici cinquante ans, le bon Courajod, défenseur passionné de l'art gothique, gallican artistique impénitent, à qui cet amour de l'Italie, toute pénétrée des leçons de l'antiquité, était fort étranger.

Pourtant cette flambée artistique qui coïncide à peu près avec le règne du fastueux François Ier n'est pas une surprise ; c'est bien plutôt un aboutissement, et un essor plein de sève qui se produit au moment où, par-delà les Alpes, la vie artistique atteint une plénitude qui représente son zénith. Lorsque Charles VIII rentre d'Italie chargé de butin, lorsque François Ier revient avec, dans son bagage, le plus grand génie du siècle de Léon X, l'un et l'autre ont découvert, avec une admiration sans bornes, la maturité de la Renaissance italienne, commencée au XVe, voire au XIVe siècle : une maturité suivie bien vite d'un déclin, qu'il vaut mieux ne pas évoquer, s'il faut en croire le *Journal* de Montaigne voyageant là-bas, autour de 1580. Dans les années 1500-1520, l'Italie de Léonard, Michel-Ange et Raphaël, — où Fra Angelico, Filippo Lippi, Giotto sont passés au second plan —, offre aux chevaliers français l'image déjà surchargée d'un pays où les fastes artistiques sont quotidiens depuis près d'un siècle ; où les riches arts de la pierre et des couleurs constituent le seul luxe que l'Italie marchande à la fin du Moyen Age, triomphante ordonnatrice du commerce mondial, ait voulu se permettre. Ainsi s'expliquent les ravissements de Charles VIII, hébété d'admiration, de Milan jusqu'à Naples : hébété... le mot est lourd, mais traduit assez bien le style du roi et de ses compagnons, qui, comme beaucoup de leurs contemporains, ne décrivent guère qu'avec « beau » et « riche ». Ainsi dans sa *Lettre à Pierre de Bourbon*, 28 mars 1495 : « Au surplus vous ne pourriez croire les *beaulx* jardins que j'ai vus en ceste ville. Car, sur ma foy, il semble qu'il n'y faille que Adam et Ève pour en faire ung paradis terrestre tant ils sont *beaulx* et pleins de toutes bonnes et singulières choses... Et avecques ce, j'ay trouvé en ce pays des meilleurs paintres et aux dits vous envoyeres, pour faire aussi *beaulx* planchiers qu'il est possible... » De même s'explique l'avidité avec laquelle ses compagnons, et ceux de François Ier, se sont jetés sur tout ce qui pouvait s'acheter, s'emporter : bijoux, tableaux, statues, artistes surtout, pendant des mois et des années. Français et Italiens, les maîtres recevant, — subissant aussi — les barbares, comme ils se plaisaient à dire, ont vécu ensemble cette vie de guerres, de villes occupées et évacuées, de conflits sans cesse rebondissants, dans une Italie dont les princes sont tous de petits Machiavels. Mais, au milieu des combats, les enthousiasmes artistiques des guerriers français politiquement fourvoyés dans ce guêpier sans nom, sauvent les grandes expéditions de Charles VIII et de François Ier.

Enthousiasme préparé depuis longtemps. S'il est vrai que l'Italie du XVIe siècle achève son propre retour à l'antique, se prend de vénération pour les ruines du Colisée et les dernières colonnes encore debout sur le Forum, s'acharne à déchiffrer les richesses de la colonne Trajane, il est vrai aussi que les nobles Français faisaient plus que soupçonner ce renouveau italien, depuis la captivité d'Avignon sans doute, depuis au moins les expéditions des Angevins à Naples : Giotto n'a-t-il pas fréquenté des artistes français amenés en Italie par ces ambitieux princes, dont Louis XII et ses successeurs ne font jamais que recueillir l'encombrant héritage ? Tous ces nobles seigneurs, chevaliers sans peur et sans reproche, qui partent derrière leur roi, à la conquête de ces principautés méridionales, — tout heureux sans doute de l'aubaine, longues chevauchées, grands coups d'épée, il y a des siècles que la noblesse française ne s'en peut passer et ne s'en prive guère, — tous ces grands (et petits) noms de France s'en vont aussi à la découverte de ces villes opulentes, de ces palais et de ces ateliers bourdonnants, dont la réputation s'est répandue très tôt en France, de Villeneuve-lès-Avignon et Lyon, jusqu'à Orléans, Angers et Paris. Les modes italiennes avaient précédé en France les vainqueurs de Fornoue : leur retour a provoqué un vrai raz de marée, qui a submergé toutes les autres traditions.

C'est aussi que les compagnons de Charles VIII et de François Ier, ces loyaux vassaux que leurs suzerains ont emmenés à la conquête, ne se sont pas contentés de piller :

ils ont découvert l'Italie des Médicis, ces villes encore toutes débordantes de richesses « gaspillées » à plaisir dans ces innombrables ateliers d'artisans, qui fleurissent à l'ombre des palais princiers, à côté de leurs mécènes aux mains prodigues. Étonnants ateliers d'hommes de métier, qui travaillent en commun, palabrent pendant des heures, content leurs bonnes fortunes tout en mêlant leurs terres, s'entretiennent des ateliers rivaux et des grands maîtres, ceux qui refusent les aides-élèves faute de place. Enseignement oral, qui ne ressemble guère à la pédagogie actuelle de ces arts : parce que la parole y tient la première place, parce que les « sciences » de la nature y sont enseignées d'un même mouvement que l'art de peindre la toile ou de sculpter le marbre. Cet enseignement aide à comprendre l'universel Léonard. Ces ateliers sont itinérants, puisque tous, grands et petits maîtres, suivent princes et banquiers, ne résistent pas à l'appel du plus généreux des papes, acceptent toutes les commandes, divisent le travail sur leurs plus grands projets : Michel-Ange passe pour un original, voulant traiter seul ce que d'autres auraient fait en « équipe ». Dans ces villes déjà surchargées de travaux d'art et encombrées d'artistes, que se dispute cette bourgeoisie italienne, mêlée de noblesse, au sens artistique affiné par trois siècles de mécénat prestigieux, les Français n'ont eu qu'à faire leur choix, admirant et les œuvres et les hommes; car un « aventurier » comme Benvenuto Cellini, qui nous a conté sa vie de façon quelque peu vantarde mais truculente, ne peut que forcer leur admiration, et par l'ampleur de ses talents (encore que l'art du spécialiste n'ait pas le prestige acquis par la suite), et par sa verve à conter et à entreprendre, sans aucun souci du lendemain, voyages, travaux et plaisirs, rêvant de transporter en France et d'y reproduire ces merveilles, ces « choses toutes singulières… maisons à mignons fenestrages, grans galeries, longues, amples et larges, jardins plaisans… petits préaulx, passaiges et barrières, costes, fontaines et petites rivières, pour s'esjouïr et à la fois s'esbattre, où sont ymaiges anticques d'albastre, de marbre blanc et de porphyre aussi »[1].

1. Extraits de la description du Boggio Reale, dans le *Vergier d'honneur* d'André de la Vigne, chronique du voyage de Charles VIII.

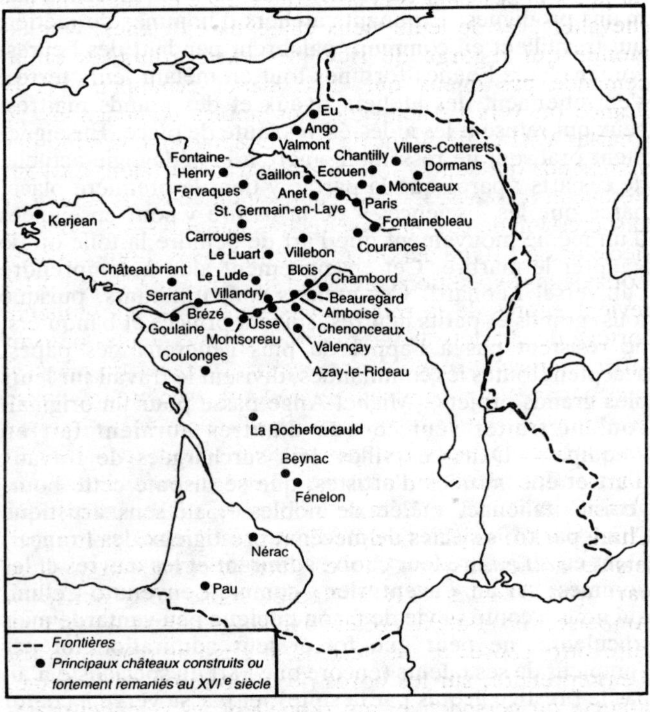

18. Châteaux de la Renaissance

Seine et Loire : forêts de la Normandie et de Sologne, du val de Loire et de la région parisienne. La fonction a déterminé l'emplacement des châteaux. Mais c'est aussi la France atlantique qui construit ; rapprocher cette carte et celle des frappes monétaires p. 382, la confrontation est suggestive.

Ateliers italiens et châteaux

La Renaissance, ce mot abusif, est là : toute son histoire est liée à la descente vers la Méditerranée et Naples de ces chevaliers, las de leurs vieux châteaux en ruines, vers un monde qui regorge de richesses extraordinaires et ne demande pas mieux que d'en laisser échapper vers la France ou vers l'Allemagne ; les nobles compagnons de Charles VIII et de François Ier prennent donc la suite des marchands qui depuis si longtemps transportaient à Lyon, Besançon ou Paris, les nouveautés italiennes ; ils assument la succession de ces précurseurs qu'étaient les Angevins au siècle passé : Italie débordante de richesses, France avide. Lorsque les expéditions prennent fin, lorsque Charles VIII revient auprès de la reine Anne, suivi d'un interminable cortège de chariots chargés de tout ce que Naples pouvait offrir, statues et manuscrits, joyaux et images de piété, il ramène avec lui peintres et ciseleurs, sculpteurs, voire musiciens, et même menuisiers, qui n'ont pas hésité à suivre ces glorieux princes qui promettent séjour, pensions et commandes, dans un pays que l'on dit aussi beau que l'Italie, et où il y a tant à faire. Grands projets de Charles VIII, et plus tard de François Ier aussi, petits projets des nobles en regard. Le cardinal Briçonnet dit quelque part que Charles VIII à Naples n'ose plus penser à Amboise, son château préféré avant son départ, et qu'il va faire autre chose ; et son successeur aussi ne peut se lasser d'entreprendre, sur les bords de la Loire ou de la Seine, château ou perspective, qui rappellent les splendeurs italiennes : grands travaux confiés à des Italiens, qui sont à l'honneur à la Cour de France, choyés du roi, des dames, et des nobles qui passent commande à leur tour : les ateliers italiens font école en France, cependant que le roi s'enchante de la compagnie d'Andrea del Sarto, de Rosso del Rosso, de Cellini, de Léonard, maîtres qu'accompagnent de nombreux disciples, tel Rosso entouré de Miniali, Luca Penni, Domenico del Barbiere, tous ceux qui constituent ce qu'on a pompeusement appelé l'École de Fontainebleau.

Au premier plan de cette folie d'Italie, qui saisit l'aristocratie française, — et malgré tout le prestige de la Joconde et des merveilles de Fontainebleau, — est la passion de construire : c'est la frénésie de ce temps, où l'or coule entre les doigts plus abondant que jamais ne fut, celle des Fugger et des Welser à Augsbourg, ces autres princes de l'italianisme hors d'Italie. Pour la France de François Ier, la passion du siècle, ce sont les châteaux de la Loire. Dans ce traditionnel et calme décor de la monarchie naguère menacée et refoulée du Nord par les Bourguignons, François Ier et les siens ont implanté cette série majestueuse de grands bâtiments voués aux plaisirs royaux. Audacieuses compositions de l'art ancien, — ses douves et ses terre-pleins, ses grosses tours rondes, tout un décor qui évoque le château fortifié, — et de l'art italien, amoureux de symétrie dans les ouvertures, la disposition des entrées, et surtout l'ornementation par l'encadrement à l'antique, cette transposition des ordres anciens sur le bâtiment moderne, qui le décore et lui donne ce tour italien sans lequel rien ne serait beau pour un Briçonnet ou un François Ier. De même que l'ornementation intérieure se fait suivant le goût italien, avec les marbres et les sculptures venus de Gênes et de Carrare. Les maîtres d'œuvre, que l'on commence à appeler architectes, nourris des textes de Vitruve, des conseils donnés doctement par Alberti et Serlio, qui sont les grands théoriciens de l'architecture nouvelle, tous se répètent, en traçant les plans, les formules très « antiques » qui sont le secret d'une réussite parfaite : « Sa façade doit avoir du décor et de la majesté, et être divisée comme le visage humain ; la porte, en bas et au milieu, comme l'homme a la bouche de laquelle passent dans le corps tous les aliments. Les fenêtres correspondent aux yeux, une deçà et l'autre delà ; et toujours de même, autant d'un côté que de l'autre, comme pour les ornements, les arcades, les colonnes, les pilastres... Que le premier vestibule soit magnifique, et corresponde strictement à l'entrée de la gorge chez l'homme, qu'il soit large et dégagé, pour que les files de cavaliers ou de piétons qui y passeront fréquemment ne se causent pas d'accidents quand on y entrera en foule, soit pour des fêtes, soit pour d'autres réjouissances. La cour, correspondant au corps humain, sera un carré parfait, ou un rectangle comme le corps entier[1]... » Cet anthropomorphisme un peu forcé, – encore que très caractéristique de l'époque, compte autant que cette préoccupation des fêtes, à propos du vestibule. Ces grands châteaux du XVIe siècle, d'Amboise à Saint-Germain, restent adaptés au cadre de la vie noble, à laquelle les rois prennent tant de plaisir : vie de plein air et de jeux continuels, où la Cour excelle, puisque le roi le veut. La vallée de la Loire n'a pas été seulement ce dernier retranchement des rois de France pendant les mauvais jours naguère, elle est aussi le cadre des grandes chasses royales : Chenonceaux et Blois, tout comme les grandes forêts de Saint-Germain et Fontainebleau. Ce que roi et princes trouvent dans ces châteaux, résidences de passage, pourrait-on dire, si les mots ne se choquaient pas, c'est la halte joyeuse en cours de voyage, où, de chasse en chasse, tout le val de Loire est parcouru d'Orléans à Saumur. Vie de longues chevauchées, de luttes et tournois devant les dames, qui vont aussi à cheval, participent aux courses, aux pique-niques dans la forêt, dorment à la belle étoile, si le plus proche château n'est pas atteint avant la nuit. Lucien Febvre note quelque part combien les favorites de ce galant François Ier ont la peau tannée : d'être toujours par collines et par vallées, en bateau ou à cheval, prenant le soleil et la pluie au gré de l'infatigable souverain[2]. Ces grands châteaux, enchâssés dans les eaux et les forêts du val, avec leurs pilastres et leurs corniches, ce sont aussi, et il n'est pas possible de l'oublier, des lieux d'étape, de fastueux rendez-vous de chasse capables d'héberger, dans leurs longues pièces d'enfilade, quelques centaines de

1. Giorgio VASARI, *Vie des Grands Artistes*, Introduction, chap. VII, de l'Architecture, *passim*.

2. Nous sommes loin encore du temps où la beauté féminine devient une blanche beauté d'intérieur : un siècle, puisque Mme de Maintenon note dans ses *Mémoires* : pour aller garder les dindons (vers 1650), « on nous plaquait un masque sur notre nez, car on avait peur que nous nous hâlassions ». Mémoires I, 98. Le visage féminin reflète ici l'idéal de la haute société.

personnes, au débotté, sans manières et sans gêne, après une longue course en forêt, dans le laisser-aller sans intimité d'une partie de campagne. Voir Chambord ou Blois, c'est voir une longue troupe de cavaliers et de dames ramenant jusqu'au pied des terrasses, des hauts escaliers, le gibier abattu, chevreuils et biches livrés à la curée, ou rôtis dans les hautes cheminées.

Seul l'entourage royal peut d'ailleurs se permettre le faste de ces grandes constructions, et de leur décoration : les nobles seigneurs revenus d'Italie, ivres de soleil et d'admiration, désireux de tout mettre à bas dans leurs vieux châteaux forts pour se donner un palais italien, en ont vite vu le prix, et que ce luxe n'est pas à la portée de tous; aussi bien les plus ambitieux se retrouvent-ils autour du roi, qui dépense sans compter et donne tant que sa bourse n'est pas vide; autour du roi qui attire à lui ces artistes précieux et leurs disciples, les Français qui se mettent à leur école. Dans les années 1530-1540, c'est par centaines que les jeunes Français, après avoir pris l'air de Fontainebleau, où la décoration du château, — ses stucs et ses motifs antiques, profusion de Licornes, de Bacchus, d'Adonis —, sert de modèle pour tous, s'en vont en Italie par bandes, pour se parfaire la main à Florence, à Carrare, à Rome : nombreux encore dans les années 1580, tant il est vrai que l'antiquité et la nature [1] ne se peuvent apprendre que là, dans l'opinion commune du temps. Mais, peu à peu, grâce aux largesses royales, grâce au meilleur produit des rentes seigneuriales, grâce à la prolifération des artistes (sans atteindre celle de l'Italie, certainement), châteaux et grandes demeures en retours d'équerres, symétriques jusque dans les fausses fenêtres, se sont multipliés au Nord et au Midi. Dans les années 1550-1580, c'est toute l'architecture civile qui se met à la mode italienne, adoptant l'encadrement des fenêtres, les frontons et les colonnades. Montaigne l'a dit, dans un

1. G. VASARI, *Discours préliminaire*, III : « Atteindre à la vraie imitation de la nature, dont plus on s'approchera, plus on sera parfait. » Toute la définition de la peinture et de la sculpture, de Fontainebleau et du Louvre...

mot méchant, comme il lui en venait facilement : « Je ne puis me garder quand j'oy nos architectes s'enfler de ces gros mots de pilastres, architraves, corniches, d'ouvrage corinthien et dorique, et semblables de leur jargon, que mon imagination ne se saisisse, incontinent, du palais d'Apolidon ; et par effet, je trouve que ce sont les chétives pièces de la porte de ma cuisine[1] ». Peu importe le mot de la fin : c'est le passage de l'architecture princière, ce luxe du « grand roi François », à l'architecture bourgeoise : colonnades et frontons doriques et corinthiens... se retrouvent un peu plus tard dans les villes, — et surtout après le temps d'arrêt de la fin du siècle, dans le grand réveil des années 1600 à 1650.

Revenant d'Italie, glorieux vainqueurs de 1515, ou piteux défaits de 1525, les compagnons du roi de France, nobles ou non, n'ont plus voulu voir que palais, décors et jardins à l'italienne ; ils ramènent derrière eux, de Naples et de Florence, pièces d'apparat, maîtres d'œuvre, manuscrits précieux, grâce auxquels l'humanisme prend son essor, au moment même où se multiplient les chantiers des châteaux français ; double mouvement simultané, l'un fait l'étonnement des contemporains contemplant les travaux du Louvre et les nymphes grecques de Jean Goujon au cœur de Paris (cependant en face de cette invasion italo-antique, l'art réaliste de la France gothique ne disparaît pas du jour au lendemain ; même après 1530, réfugiée dans la statuaire de tombeaux : gisants, orants, elle connaît encore quelques belles réussites). L'autre chemine moins glorieusement, monopole d'un petit nombre d'initiés, qui célèbrent aussi le retour d'une antiquité dont les richesses surabondantes ne se peuvent épuiser.

2. Les audaces humanistes

Savants et philologues

Dans ce premier XVIe siècle, en effet, l'enthousiasme et l'ardeur de la découverte et de la création ne sont pas le monopole de ces ateliers d'artistes, que le sol français voit

1. MONTAIGNE, *Essais*, I, LI : « De la vanité des paroles. »

fleurir de toutes parts; c'est aussi le fait — au moins jusqu'en 1540 — de ces hommes de cabinet, penchés sur manuscrits et vieux textes leur vie durant, découvreurs d'une antiquité qui apparaît toujours plus riche, de Rome à Athènes. Découvreurs intrépides (car ces textes préchrétiens ou postchrétiens ne sont pas sans danger), heureusement protégés par la reine Marguerite de Navarre et par François Ier lui-même, qui fonde, pour ses amis humanistes, le Collège de France, en 1530. Là aussi, l'humanisme n'est pas né avec le siècle, et l'Italie a été l'initiatrice : mais jusqu'aux années 1534-1536, jusqu'à la crainte de la Réforme, quelles belles années pour les admirateurs d'Érasme, pour les amis de Lefèvre d'Étaples et de Guillaume Budé, ce prince des humanistes dont l'association qui défend aujourd'hui les « Belles Lettres » porte le nom.

Prince, et non fondateur : la généalogie importe assez peu; le parallélisme avec le mouvement artistique est complet; c'est donc, à Paris, à Lyon, à Meaux et dans dix autres villes, un même épanouissement de cette étude de l'antiquité que le clerc médiéval se réservait; et qui débouche sur l'homme, centre du monde. Il ne faut pas chercher plus loin une définition de cet « isme » dangereux, qui va maintenant se fourrant partout, puisque l'un traite de l'humanisme de Dante, l'autre décrit celui du XIIe siècle. L'important n'est-il pas de reconnaître l'esprit commun qui anime Budé traduisant, annotant, éditant, tout comme Dolet, Sébastien Gryphe, et Robert Estienne? Lorsque entre 1520 et 1530 les uns et les autres traduisent et éditent, lorsqu'ils s'élèvent contre la routine universitaire, toujours attachée à son Triduum et Quadrivium, lorsqu'ils correspondent avec Érasme et que Budé obtient du roi que l'on envoie dans toute l'Italie et jusqu'à Constantinople pour chercher des manuscrits, l'humanisme a bien ce sens, si imparfait soit-il[1], d'étude et de découverte approfondie de l'homme...

1. Le mot humanisme n'existe pas avant le XIXe siècle; le supplément au *Littré* ne le mentionne qu'avec précaution, en se référant à un texte de 1874 extrait de la *Revue Critique*.

Ces savants érudits de la Renaissance française, quelles sont leurs attitudes? D'abord, un sentiment, un mouvement de l'âme, qui ne peut étonner de leur part, mais dont il faut prendre la mesure : l'idée, très forte, de la supériorité de la vie intellectuelle, de cette recherche de l'esprit. Ce qui suppose sans doute une hiérarchie des activités humaines, peut-être même un rien de vanité, de la part de ces savants qui lisent et relisent leur Xénophon, ou leur Thucydide, confrontant les manuscrits, maniant avec allégresse grec, latin et français : transposition par les intellectuels de l'ordre social, en un certain sens. La hiérarchie des métiers et des œuvres humaines ne leur est sans doute pas due ; mais ils lui donnent une nouvelle force, et jusqu'au XIXe et au XXe siècles, c'est une idée vivante, qui se transpose jusque dans les métiers les plus nouveaux. Les activités de l'esprit, la création ou la simple réflexion intellectuelle constituent l'activité noble par excellence, celle à laquelle ils s'honorent de se consacrer, — avec une pointe de mépris pour les œuvres manuelles. Peintres et sculpteurs polémiquant sur les vertus respectives de leurs arts adoptent à la même époque le même point de vue : « ils disent [les peintres] que les vrais difficultés reviennent à l'esprit, et non pas au corps, que les choses qui, de leur nature, demandent des études et plus de savoir sont infiniment plus nobles que celles qui ne mettent en jeu que la force corporelle[1]. » Idée fort répandue d'Érasme à Budé et à Dolet, malgré quelques notes discordantes ici et là : le bon frère Jean de Rabelais, moine laborieux, « ouvrant » de ses mains même pendant les offices, et plus tard Ronsard : « Je hais les mains oisives[2]. »

Donc un brin d'orgueil pour leur grande tâche, qui est de donner une vie renouvelée à l'esprit; puis un ravissement non dissimulé pour les richesses, qu'au long des découvertes le monde antique, enfoui au fond des monastères, révèle : sans renier à proprement parler le Moyen Age, ces

1. G. VASARI, *Discours préliminaire*, p. XXXIII.
2. RONSARD, *Odes*, IV, III : qui d'ailleurs appelle ces mains à prendre le luth, et non la truelle ou le rabot...

temps gothiques, dont le dédain est surtout marqué au siècle suivant. Architectes et sculpteurs admirent Vitruve et les ruines; les humanistes, quant à eux, accumulent les objets d'admiration : histoire de Thucydide, et ce merveilleux *ktèma eis aei* de la fin, qui légitime tous leurs travaux; la force d'âme romaine, cette *virtus* ancienne, que Cicéron s'est flatté de posséder, après Caton, et combien d'autres; la somme de connaissances du monde que révèle le Pline des *Histoires naturelles*, enfin et surtout; mais le *Plutarque* d'Amyot, ce monument, mériterait plus qu'une mention puisque dans son épître, le traducteur donne un bel exemple de cette tranquille admiration des Anciens : « Il y a tant de plaisir, d'instruction de profit en la substance du livre, qu'en quelque style qu'il soit mis, pourveu qu'il s'entende, il ne peut faillir à estre bien receu de toute personne de bon jugement, pource que c'est en somme un recueil abrégé de tout ce qui a esté de plus mémorable et de plus digne faict ou dict par les plus grands roys, plus excellens capitaines et plus sages hommes des deux plus nobles, plus vertueuses et plus puissantes nations qui furent jamais au monde »; et ils admirent aussi Xénophon et le divin Platon, que R. Estienne commence à publier, traduit et annoté, dès 1507 à Lyon. Pour les spécialistes de cette époque si féconde, le terme de néo-platonisme revient sans cesse, imposé par l'importance accordée partout et par tous à l'auteur de *La République* et du *Gorgias*, antidote de l'Aristote des Écoles, de l'Aristote scolastique. Tant de noms grecs ne peuvent faire illusion : les Latins sont aussi prisés que les Grecs, aussi abondamment traduits et commentés, sans doute parce que les relations avec la terre grecque n'étaient pas très faciles, en dépit des bons rapports de François Ier et de Soliman; ce monde n'était pas, ni le couvent du mont Athos, ni l'Acropole et le Pirée, à la disposition familière de l'humaniste comme l'Italie et ses ruines, telles qu'elles ont été visitées et admirées de Charles VIII à du Bellay.

Ces humanistes connaissent une double joie en réalité : celle de découvrir, de comprendre, d'accumuler, mais aussi de partager les découvertes, en publiant, en offrant aux amis un Polybe ou un Tacite. Les savants qui entouraient Charles V et accueillaient Pétrarque n'ont pu connaître les mêmes accents triomphants, que nous comprenons si bien en parcourant la très longue liste des éditions, des rééditions, que ces érudits, maîtres du Collège de France, et ces libraires actifs que sont les Gryphe et les Estienne ne cessent d'offrir à leurs compagnons, et à ce public plus large de robins, d'évêques et de moines, qui se rassemblent ici et là, à Meaux et à Fontenay-le-Comte, à Lyon surtout autour de Champier, pour lire, confronter, commenter : cet enthousiasme humaniste n'est pas le fait d'une douzaine de savants ; il touche un plus large public, qui connaît Érasme, ce grand maître, comme Budé et Briçonnet. Longue cohorte en fait, où se recrute dans les années 1540 la deuxième génération, celle qui a grandi, a choisi son style et son ouvrage sous la menace des bûchers et des poursuites : celle des Scève et Louise Labé, de Ronsard (né en 1524) et la Pléiade, celle du bon Montaigne qui « resve, enregistre et dicte » avec, à portée de main « tous ses livres, rengez à cinq degrez tout à l'environ », butinant le travail de ses devanciers ; la génération qui publie tant de chants élégiaques, mais aussi *La Défense et illustration de la Langue française* (1549) et les *Essais* en 1580.

C'est déjà un autre esprit. Mais, pour définir maintenant celui des Budé, Postel, Dolet et Lefèvre, hommes « scavans » et hommes compliqués, difficiles à saisir, que faut-il mettre au premier plan ? Ce que Budé pour définir son art appelle la philologie, cette restauration des textes antiques, cette compilation qui est une découverte, puisque la plupart de ces manuscrits, enfouis dans des bibliothèques monastiques, sont ignorés, Philologie, c'est-à-dire en bon français, critique des textes... démarche laborieuse : c'est se trouver en présence de trois ou quatre manuscrits, qui présentent des variantes, des interpolations, des oublis dûs à l'inattention des scribes, à la mauvaise qualité du papier ou du parchemin ; de toutes ces leçons, trouver la bonne, qui n'est pas toujours la plus fréquente, établir le texte le plus sûr, et ensuite, jeu d'enfant pour celui qui a ainsi déterminé son texte, le traduire. Beau travail que celui de

Budé s'attaquant à Thucydide, ce qui suppose une intelligence rare de la langue et de la syntaxe de son auteur, et une connaissance solide de l'histoire et de la civilisation grecques. Cette critique de texte entraîne le commentaire, les explications qui sont des justifications (Dolet publie ainsi des *Commentaires cicéroniens*), ce travail des premiers humanistes correspond à une attitude intellectuelle : c'est l'esprit critique, dans le meilleur sens du mot; ce que les honnêtes gens du siècle suivant appellent l'esprit de finesse.

Cette démarche même explique l'appétit avec lequel toutes ces œuvres de l'antiquité ont été compilées, mises en forme, publiées avec enthousiasme : c'est que chacune révèle un aspect nouveau des civilisations antiques, un aspect ignoré : et de découvrir, par exemple dans Sénèque, Épictète et Marc Aurèle, toute une doctrine de l'art militaire, et surtout de la morale militaire. La génération d'Érasme et de Budé n'a pas eu certes le temps de tout commenter : pourtant Guillaume Budé publie en 1514, un traité monétaire *De asse* qui l'amène à disserter sur l'ensemble de la civilisation matérielle romaine. Mais les successeurs dans le même esprit s'en chargent, et Juste Lipse, le célèbre humaniste de Leyde, publie à la fin du siècle un *De re militia libri quinque*, art militaire stoïcien, auquel fait écho en 1608 Jean de Billon, et ses *Principes de l'art militaire*. Ainsi l'inspiration humaniste se transmet en tous domaines, avec cette curiosité encyclopédique, qui était déjà, tout au début de la période, celle de l'auteur de l'*Éloge de la folie* (1511), celui que tous ces amants de l'antiquité ont reconnu comme leur maître, de l'Espagne à l'Italie et à la mer du Nord : Érasme.

Découverte inlassable, qui est une sorte de reconstruction du monde, de la pensée antique, et des modes de vie les plus divers : le personnage le plus significatif de cette curiosité qui n'a pas de fin n'est-il pas Rabelais lui-même, le Rabelais de *Gargantua* (1534) et *Pantagruel* (1532), bons géants qui dominent de plusieurs pieds le commun des mortels « tout rassotté », le Rabelais de Thélème, où « il n'éstait entre eulx celluy ne celle qui ne sceust lire, escripre, chanter, jouer d'instrumens harmonieux, parler de cinq et dix langaiges, et en iceulx composer tant en carme, que en oraison solue » (c'est-à-dire en prose : *oratio soluta*) ; Rabelais au savoir encyclopédique, et au rire inépuisable.

Réformateurs ? Athées ?

Mais le libraire qui a édité Rabelais a eu des ennuis en 1543 : *Garguantua* voit le jour en 1534, où il est question souvent des Évangéliques, c'est-à-dire des luthériens, en attendant Calvin (en 1536) ; les humanistes précèdent de quelques années les réformateurs ; ils sont leurs contemporains, puisque Calvin a été l'élève de Budé, élève plein d'admiration jusqu'au moment où celui-ci a refusé de le suivre, d'aller jusqu'à ces « nouveautés ». Et pour beaucoup de rapides exégètes, les humanistes, ces païens qui font de l'homme toute leur étude, sont les fourriers, sinon les perfides précurseurs des réformateurs.

Budé, Lefèvre d'Étaples, commentateur des Épîtres de saint Paul (1512), traducteur de la Bible en français (1530), ne sont pas de cette trempe. Capables de critiquer sans doute, et vertement, les faiblesses, reconnues par tous, de l'Église romaine : le trafic des indulgences, sans doute, et bien d'autres maux, que leur ami Érasme ne s'est pas fait faute non plus de fustiger. Capables encore de rire à l'occasion des petits travers de la vie monacale, rire aussi innocent que celui des conteurs médiévaux. Mais encore ? Guillaume Budé fait sa place à la culture antique dans son christianisme. A l'exemple de l'Église primitive, qui s'était assimilé la tradition païenne et qui avait accepté de maintenir dans ses écoles l'étude des auteurs préchrétiens, Guillaume Budé pense que ce ne peut être qu'une bonne introduction : il écrit en 1535, à une date où il sait bien quelle est la tentation de Calvin, « disparu » depuis l'année précédente, *De transitu hellenismi in Christianismum*, exprimant sa conviction que l'amour des belles lettres aide à une meilleure compréhension des vérités chrétiennes. Avec peut-être, chez ce savant hélléniste, un brin de mystique. Mais, au fond, l'attitude de Lefèvre et d'Érasme n'est pas différente : Lefèvre refusant de passer de l'autre côté, Érasme polémiquant même avec Luther (*De libero arbitrio*). Ces admirateurs de Platon, du Platon de l'immortalité de l'âme, et d'un Dieu, qui n'est pas Zeus, ni les petits dieux de l'Olympe, se satisfont de lire dans un bon texte les Évangiles et l'Ancien Testament, sans renier l'Église et la tradition des Pères de l'Église. Ce que Calvin ne leur pardonne pas, qui les injurie, les traite de Nicodémites, lui qui est passé à leur école (il est encore capable à Genève de reprocher leurs solécismes à ses adversaires), mais a voulu aller plus loin, et qui feint de penser qu'ils se dissimulent par peur, qu'ils reculent devant le pas qu'il faut franchir, et peut-être les risques à courir.

A moins que — autre hypothèse qui a été soutenue — l'humanisme païen ne conduise à pis encore, à l'athéisme, ce mot énorme qui fait anachronisme en ce siècle tout pénétré de religion[1]. Signe de la foi profonde du temps, un érudit a récemment dénombré avec patience les éditions et rééditions d'ouvrages de spiritualité pendant la première moitié du siècle : deux cents pages de notre imprimerie serrée d'aujourd'hui[2]... Rabelais incroyant ? Budé aussi, séduit par les charmes antiques ? Le risque n'est pas réel. En fait, recueillant tout l'héritage antique, avant et après le Christ, il est normal que les humanistes soient « tombés » sur des écrits dangereux, sur des textes de cette période batailleuse où, aux premiers siècles chrétiens, le christianisme se trouvait attaqué à la fois par les Juifs et par les tenants de la culture hellénistique toujours vivante à Alexandrie et à Byzance, sinon à Rome. Ainsi la polémique d'Origène et de Celse, Origène réfutant lourdement l'helléniste Celse (*Contra Celsum*), de même que saint Cyrille s'attaque à l'empereur Julien, quelques temps plus tard, (*Adversus Julianum imperatorem*). Sans doute lorsque nos érudits latinistes trouvent, sous la plume de ces pesants

1. L. Febvre, *La Religion de Rabelais, Le Problème de l'Incroyance*, Paris, 1943.

2. J. Dagens, *Bibliographie chronologique de la littérature de spiritualité et de ses sources, 1501-1610*.

réfutateurs, les arguments de l'adversaire, s'attaquant au cœur des problèmes et niant la divinité de Jésus, passent-ils en se détournant, considèrent-ils ces propositions impies comme idées folles. Un seul d'entre eux les a retenus à la lettre, a osé les reprendre, non pas à son compte, puisque l'ouvrage paraît sans nom d'auteur (fort prudemment), mais a osé les écrire : c'est le *Cymbalum Mundi*, édité en 1537, œuvre d'un humaniste, qui pose le problème de l'incarnation en termes dépourvus de mystère, puisqu'il nie la nature divine de Jésus[1]. Ni Dolet, inquiété à plusieurs reprises pour des écrits douteux (parce que suspects d'évangélisme, et non d'incroyance), ni Rabelais ne sont allés aussi loin. Bonaventure des Périers est sans nul doute un précurseur, unique en son temps ; ou presque, car dans les dernières années du siècle, Jean Bodin, cet humaniste de la deuxième génération, a fait circuler — mais non publier — un écrit de la même veine, l'*Heptaplomeres*, qui n'a été édité que beaucoup plus tard. Ces humanistes des années 1530 ne sont pas « libertins », au sens où Pascal emploie ce mot, évidemment.

Voilà bien quelques complications; et ce ne sont que les plus importantes. Il faut laisser de côté, non sans les mentionner, toutes les épigrammes et poèmes savants de ce petit monde qui gravite autour des grands et qui, à longueur d'année, pastichent Horace, Ovide et Pétrone, en bons distiques et ïambes, prompts à s'embrasser et à se quereller, usant à plaisir du surnom, du nom latinisé, se comparant sans cesse à Homère et Virgile... Scaliger, Doletus, Vulteus, Marcrinus; bons versificateurs traitant de tout et de rien, avec cette curiosité qui anime toujours les plus grands, ceux qui confrontent les sciences et la magie (que révèlent Pline et Varron) avec l'enseignement des universités — pour qui ni Érasme ni Rabelais ne sont tendres —, et celui des collèges, annexes des Arts, qui n'a pas été une réussite non plus, si l'on en croit Ronsard, et surtout Montaigne, écrivant : « C'est une vraie geaule de jeunesse capitve. On

1. Cf. Lucien FEBVRE, *Origène et des Periers ou l'Énigme du Cymbalum Mundi*, Genève, 1944.

la rend débauchée, l'en punissant avant qu'elle le soit. Arrivez y sur le point de leur office : vous n'oyez que cris et d'enfants suppliciez, et de maistres enyvrez en leur cholère[1]. »

Les sciences

Cultivant donc les belles lettres, ces érudits pratiquent aussi les sciences : pour tous, et non pas seulement pour Rabelais, c'est tout un ; la distinction que nous faisons aujourd'hui n'a pas cours, et leur appétit de connaître ne se rebute point devant des sciences, qui sont d'abord collections, accumulations d'observations, de descriptions, comme les histoires de Pline en offrent le modèle. Ainsi les humanistes, et même Léonard de Vinci, qui cherche et invente des machines de toutes sortes — machines volantes, chars derrière lesquels l'infanterie n'aurait qu'à marcher sans obstacle, fouilles pour assécher les fossés les plus profonds et abaisser les murailles, — tous ne sont pas des savants au sens moderne du mot, confrontant hypothèses et expériences, progressant de loi en loi. Ils sont surtout des compilateurs, admirant les prodiges et les monstres, accumulant les vérités reconnues par l'Église — et jalousement gardées par la Sorbonne — et toutes nouveautés : « la révolution copernicienne » n'est pas une révolution dans des esprits prompts à tout admettre, et c'est Galilée, bien plus tard, qui en fait les frais. (Le grand ouvrage de Copernic *De Revolutionibus orbium caelstium* date de 1543 : l'héliocentrisme est condamné en la personne de Galilée, qui vient de publier son *Dialogue héliocentrique*, en 1633). La science humaniste est bien une science qui tâtonne, qui cherche en toutes directions, mais sans utiliser de méthode, ni poser de problèmes précis, commençant seulement à user des moyens scientifiques, que sont les nombres et l'expérimentation. Mais les mathématiques sont encore vues comme des lois harmoniques, musicales, lois

1. MONTAIGNE, *Essais*, I, XXVI.

pythagoriciennes, aux vertus extraordinaires, dans tous les domaines : des vertus cachées, qui s'appliquent aussi aux choses humaines ; là non plus, la distinction entre sciences de l'homme et sciences de la nature n'a pas de sens. Bodin, traitant de l'équilibre des gouvernements dans la République, parle en mathématicien : « il faut suyvre la justice harmonique, et accoler ces 4 poincts ensemble, à scavoir, loy, équité, exécution de la loy, et le devoir du magistrat... car tout ainsi qu'en ces 4 nombres, 4. 6. 8. 12., la mesme raison se trouve de 4 à 6, se trouve aussi de 8 à 12, et y a l'exécution de la loi au devoir du magistrat[1] ». A la fin du siècle, Cardan et Viète sont encore chercheurs des vertus numériques — ce qui les mène à l'algèbre.

L'expérimentation est encore celle qui révèlent les œuvres antiques : Ambroise Paré, et même Vésale, qui publie en 1543 son *De Corporis humani fabrica*, sont nourris de Galien et Hippocrate, qui ont été traduits dès 1526 ; de Théophraste également, dont l'*Histoire des plantes* est éditée depuis plus longtemps encore. Longues énumérations d'observations, de thérapeutiques, que Vésale bouscule un peu, à grands coups d'autres observations qui sont les siennes : ces conflits sont pour ainsi dire dogmatiques, d'où se dégage un vague naturalisme qui serait difficile à définir, en notre langue imbue de précision scientifique d'aujourd'hui... Idées toutes faites, horreur du vide, idées hors nature, intervention d'esprits, de charmes, *virtus dormitiva*, tout cela mêlé inextricablement ; par exemple dans Ambroise Paré décrivant animaux, monstres, prodiges ; c'est un monde où tous les monstres sont possibles : dragons à tête d'oiseau, poisson en forme de raisin, licorne, etc. La description de ces « merveilles » évoque les rêves éveillés des « magiciens » du XXe siècle, à qui le progrès scientifique de notre temps a tourné la tête.

En fait, au terme de tant de compilations, de tant d'études, où les universités italiennes, Padoue en tête, ont la meilleure part d'audace rationaliste, grâce à la manipulation fréquente de Lucrèce et Lucien, au terme de ces

1. BODIN, *Les Siz Livres de la République*, IV.

lectures assidues des philosophes et savants anciens, c'est seulement par bribes, par élans passagers aussitôt oubliés, que ces érudits parviennent à se poser le problème du déterminisme, clé de la recherche. Moment sans lendemain, sans postérité scientifique, lorsque Étienne Dolet lâche sa célèbre formule, que les curieux ont lue sans doute, sans la voir, sans la croire digne d'un meilleur sort que tout autre : « L'ordre et la succession des causes, dont l'enchaînement de la cause à la cause engendre toutes choses. » C'est le temps des balbutiements scientifiques.

Prudences

Sans aucun doute, les esprits sont mieux armés dans le domaine théologique. Malgré la distance, malgré la défiance vite éveillée des autorités, le luthéranisme a un grand succès en France dès 1530 ; la chronologie le montre assez : 1534 les placards d'Amboise, cette audace sans nom ; 1536 l'*Institution chrétienne* ; et aussitôt, les poursuites, les bûchers, celui de Michel Servet à Genève et celui de Dolet. L'élan humaniste n'en est pas tué, mais la prudence devient la règle : combien de publications avortées, comme ce *Traité de l'opinion* auquel Dolet pensait ? La Grèce reste à l'honneur, du Bellay va à Rome, publie les *Antiquitez*, rêve sur les ruines et dans la campagne romaine. Mais l'élégie doucereuse peut être, à sa façon, une manière de repli. Ronsard publie ses premières amours en 1552 ; de 1560 à 1570, il est le poète officiel, charmeur léger d'une Cour qui ne veut croire aux malheurs qui l'attendent. Dernières belles années, autour de Marguerite de Berry, qui n'a pas non plus les audaces de l'autre Marguerite, celle de Briçonnet et Lefèvre ; la poésie légère inspirée d'Horace et d'Anacréon, de Cassandre et d'Hélène, va se taire, tout comme les chansons délicates, chants de Cour, chants d'amour et chants évocateurs des grandes batailles passées, — gloire de Marignan, chantée par Jannequin, bon successeur de Josquin des Prés. La Saint-Barthélémy, ce carnage et ce signal de la lutte sans merci, met fin à tout cela.

Montaigne, retiré dans son château, juge bon de quitter un moment ce pays tourmenté, voyage en Allemagne et en Italie en 1580-1581, ayant publié ses *Essais*, où l'éternelle question : que sais-je ? se trouve balancée par l'*Apologie de Raymond de Sebonde*, long éloge d'un quelconque traité de théologie, à l'orthodoxie garantie. Et Ronsard lui-même a versifié les « Misères du Temps », au moment même où il multipliait églogues, ballets et entrées. Après 1572, c'est le silence, jusqu'à d'Aubigné : *Les Tragiques*, ce cri de la guerre sans merci. Un silence qui n'est pas total, c'est bien évident ; le temps des guerres a été un temps de contrastes encore plus violents qu'à l'habitude : Ronsard, adulé, mis en musique, loué de toutes parts, amuse la Cour de Charles IX, au lendemain même de la Saint-Barthélémy ; et il ne se tait vraiment, vieilli et isolé par la mort même de ses compagnons, qu'après 1574. Mais, sous Henri III, outre les plaisirs trop connus de la Cour, subsistent encore quelques activités épisodiques selon les villes et les hasards de la guerre : académies de petits poètes, qui aiment lire et conter, Académie de Musique d'Antoine Baïf à Paris, mettant en musique psaumes et poésies légères, accueillant des talents fort appréciés, comme celui de Jacques Mauduit, — oasis au milieu de la tourmente, et témoins, *rari nantes*, des grandeurs passées.

Diffusion de l'humanisme

Ce qui ramène à un dernier point, mais d'importance. Cet humanisme ondoyant et divers, quel est son rayonnement à travers la France de François Ier et de Henri II ? Chacun peut voir, alignés sur les rayons de nos grandes bibliothèques, ces centaines d'ouvrages, éditions de texte sanciens, traductions, commentaires ; et peut ainsi prendre la mesure de leurs succès, compter les rééditions, d'autant plus fréquentes que les tirages sont faibles, mille, deux mille exemplaires au plus pour les plus grands succès, Rabelais, Lefèvre, Érasme, Amyot, Plutarque. Il faut repérer aussi, chose facile parce qu'ils ne s'en sont point cachés, ces érudits enthousiastes voyageant et discutant à travers la France et l'Europe, de Lyon à Paris, à Meaux et aux bords de la Loire, non sans imprudence parfois, comme il advint pour Servet, se réfugiant à Genève. Une géographie de l'humanisme français au XVIe siècle ne s'établit point comme une cartographie des châteaux, témoins solides : les lieux de naissance ne signifient pas grand-chose, ceux de séjour sont mal connus. Il y eut bien quelques grands centres : Lyon, Paris, le Val de Loire, avec la Cour et les châteaux ; et puis Nérac, à cause de Marguerite de Navarre. Mais tout le Massif central et la Bretagne échappent ; de même la Lorraine semble vide de toute pénétration humaniste. Nous voyons aussi ces érudits, ou les devinons à peine, entreprenant de longues discussions, savantes disputes de leurs assemblées de doctes, chez Sébastien Gryphe, le grand imprimeur lyonnais, bavards commentateurs des nouveaux ouvrages, toujours soumis aux plus flatteuses comparaisons : des *Six livres de la République*, signés Jean Bodin, à *La République* de Platon ; abordant enfin la polémique, même sur l'austère et difficile sujet des monnaies, comme, autour de 1568, Malestroit, Bodin et la Tourette. Au total, combien sont-ils ? Quelques centaines de Lyonnais, de Parisiens, quelques dizaines de robins et de clercs, savants latinistes des premiers collèges, qui se plaisent à raconter en latin le moindre fait divers, et méditent quelque grande œuvre. En ce temps où l'enseignement des universités vient de s'ouvrir aux laïcs qui ne se destinent pas à la prêtrise, où les collèges, qui préfigurent de très loin l'enseignement secondaire, cette voie intermédiaire entre l'avant-garde pensante et le gros de la troupe, sont encore peu nombreux à l'ombre des universités, en ce temps où l'idéal de la classe dominante, cette noblesse batailleuse, qui applaudit Henri II jusqu'au dernier soupir, reste nourri de grands coups d'épée et de grandes chasses, bien plus que d'études savantes, — malgré Ronsard et du Bellay, — en ce temps-là, le grand élan humaniste et son idéal intellectuel demeurent le privilège de quelques milliers de Français, pensant et parlant latin, vivant une aventure de l'esprit, dont ils ne peuvent (ni ne veulent parfois) mesurer les lendemains, lancés dans une découverte, qui n'a pas épuisé ses vertus ; et sans trop se soucier de la foule immense, qui ne suit pas, qui ne peut pas suivre. En attendant que le parler latin ne devienne un vilain snobisme, une affectation qui permet de se distinguer du *vulgum pecus* : c'est chose faite au siècle suivant, où l'accusation est fréquente contre ces petits écrivains, qui parlent latin pour n'être pas entendus. Sorel déclare ainsi à propos de l'auteur d'une dissertation à M. de Balzac : « On n'a pas manqué de lui reprocher qu'il avait fait cet ouvrage en latin pour en oster la connaissance aux personnes intéressées, qui estaient principalement les femmes et quelques courtisanes, qui n'entendaient point d'autre langue que la française[1]. » En sens inverse, il est vrai, existe le souci de se faire comprendre le plus largement possible : ainsi Descartes traduisant lui-même son *Discours de la Méthode*. Enfin méconnus de toute une population, qui ne lit pas, qui ne possède d'autre source de culture que la tradition orale, et les images de pierre placées sous ses yeux, les savants humanistes n'ont pu atteindre l'efficacité de ces autres grands acteurs du siècle : les réformateurs. Mais, dans le cas de Calvin, des maîtres de Genève, Bâle et Strasbourg, le débat est d'une autre ampleur ; c'est un débat qui prend tout l'homme : il y va de son propre salut — et non pas de la mort de Socrate, si belle soit-elle.

3. Audaces religieuses : de Calvin à Loyola

La Réforme en France : certains la voient faite déjà en 1530 à Paris, où, en Sorbonne, le bon et doux Lefèvre d'Étaples commente avec amour saint Paul ; dans ce même Paris, ou à ses portes, à Montmartre, en cette même année 1530, fait retraite un personnage étrange, qui pense déjà à la reconquête : Ignace de Loyola, bientôt fondateur de la Compagnie de Jésus. En réalité, Lefèvre, qui voit d'un bon œil les réformes monastiques des années 1520, n'est

1. Ch. Sorel, *La Bibliothèque française*, p. 123.

pas un « évangélique » : tout au plus un bon lecteur des Évangiles, charmé par des récits qui campent vivant devant lui Jésus, le Jésus du Golgotha ; mais, sans aller plus loin, sans accepter de tirer d'une phrase imprudente de saint Paul cette justification par la seule foi, que Luther prône depuis des années.

Luthériens

Avant Calvin donc, la France a eu à connaître surtout du luthéranisme. Au moment où ce tout jeune homme (il est né en 1509) étudie auprès de Guillaume Budé, prépare, puis publie son *De Clementia* de Sénèque (1532), comme tout bon humaniste, qui a choisi son chantier et ajoute ainsi au trésor commun, les doctrines nouvelles se sont déjà répandues jusque dans l'entourage du prince de l'érudition, où un Farel s'apprête à déserter les belles lettres pour un combat d'une autre portée. Depuis 1517, où Luther a lancé par l'Allemagne ses quatre-vingt-quinze propositions de Wittemberg, où il a vécu son extraordinaire aventure, excommunié, pourchassé par l'empereur, réfugié à la Wartburg, ses idées ont fait leur chemin jusqu'en France : par Strasbourg, ville libre, où la protestation antiromaine a suscité une émulation sans fin, ville ouverte à tous les courants de pensée comme de trafic, terre d'accueil, contact des deux mondes ; par l'Alsace encore, remontant le Rhin et l'Ill, jusqu'à Mulhouse et Bâle, cheminant ensuite par la porte de Bourgogne, et de là vers Paris et Lyon à la fois. Mais non par la Lorraine septentrionale : Metz plus encore que Nancy est une ville sans grande vie intellectuelle, ni religieuse, et ne compte pas plus de réformés que d'humanistes. Mais l'Alsace a suffi à assurer la transmission avec l'autre relais flamand-picard. Cet appel pathétique du moine Augustin à une foi revenue à ses sources, purifiée de toutes les superfétations dont la tradition l'encombrait depuis des siècles, cet appel a certainement ému plus d'un cœur, jusque dans l'entourage de François Ier ; mais n'a pas réussi à rallier au prophète allemand Briçonnet ou Marguerite de Navarre, attachés à une interprétation plus orthodoxe des textes les plus discutés. Cependant qu'autour d'eux, moins prudents, ou moins scrupuleux, beaucoup d'autres adhèrent d'enthousiasme, dès 1520 peut-être. Mais le coup de théâtre, le moment où le roi et conseillers prennent conscience, une conscience inquiète et apeurée, de cette pénétration luthérienne, c'est 1534 : l'affaire des placards, ces petites affiches débitant, jusque dans le château où le roi séjourne, quelques « vérités » luthériennes. La répression suit, en dépit de quelques hésitations de François Ier, — hésitations diplomatiques (ou autres) dues à sa politique étrangère contre Charles Quint; et jusqu'en 1598, répression, puis lutte ouverte n'ont guère de cesse.

Calvin

Cependant, en 1534, Jean Calvin, ce jeune homme au regard sombre, a pris parti, quittant la France dangereuse pour Strasbourg, puis Bâle, rédigeant déjà son *Institution chrétienne*, qui paraît en latin dans cette dernière ville en 1536, suivie de nombreuses rééditions en français, à partir de 1541. A vingt-sept ans, cet humaniste, doublé d'un juriste, qui a connu les meilleurs maîtres de son temps à Orléans et à Paris, part à son tour en guerre contre l'Église romaine, rallie à lui les réformés français persécutés, désorientés par l'attitude royale, qui avait pu sembler presque favorable jusqu'en 1534; et ne craint pas de braver son roi, à qui l'*Institution* est dédiée. Calvin espère encore, dit-il, sa compréhension, faisant appel à la fois à son cœur et à son intelligence; il proteste de la soumission de ses compagnons, mais, dans l'envoi final, envisage le pire avec une sérénité, qui dit assez quelles illusions il pouvait nourrir à l'endroit de François Ier : « Mais si, au contraire, les détractions des malveillans empeschent tellement vos oreilles, que les accusez n'ayent aucuns lieu de se défendre; d'autre part, si ces impétueuses furies, sans que vous y mettiez ordre, exercent toujours cruauté par prisons, fouets, gehennes, coppures, bruslures; nous certes, comme brebis dévouées à la boucherie, seront jettez en toute extrémité; tellement néantmoins qu'en notre patience nous possèderons nos asmes; et attendrons la main forte du Seigneur, laquelle sans doute se montrera en sa saison, et apparaîtra armée tant pour délivrer les pauvres de leur affliction, que pour punir les contempteurs qui s'esgayent si hardiment à ceste heure. Le Seigneur, Roy des Rois, veuille establir vostre throne en justice, et vostre Siège en équité ». Ce Jean Calvin refait le chemin parcouru vingt ans plus tôt par Luther, mais ne se contente pas de mettre ses propres pas dans ceux du moine Augustin, même s'il annonce aussi la chute de l'Église de l'Antéchrist. Calvin va d'une démarche différente, que l'on peut dire, d'une manière peut-être grossière, plus logique que mystique, pour fonder sur une autre interprétation des Évangiles une Église calviniste (et non pas des églises luthériennes), se révélant à Genève, où il se fixe en 1541, l'admirable organisateur d'une nouvelle Rome; ce que Luther n'a jamais su faire. Nouveau prophète, au talent étonnant de polémiste, (nous avons déjà évoqué son *Excuse à Messieurs les Nicodémites*[1], où il fustige les hésitants par l'exemple de ce Nicodème pharisien de haut rang qui est allé rendre visite à Jésus la nuit, le plus timide des timides), Calvin a rallié autour de lui les réformés français, hésitants, suivant l'inspiration, de Zwingli à Bucer, à Farel et Castellion; le Calvin de l'*Institution* et de Genève fonde une religion chrétienne nouvelle.

L'Écriture et la Justification

Le point de départ est sans doute le même que celui de Luther. Retour à l'Écriture, comme la seule source de la foi, contre la tradition, contre tout le « fatras » que les Pères de l'Église ont accumulé sur les pages de Luc, Matthieu, Jean et Marc : ces interprétations et commentaires n'ont pas plus de valeur que sa propre réflexion;

1. Cf. plus haut, à propos de Guillaume BUDÉ, page 405.

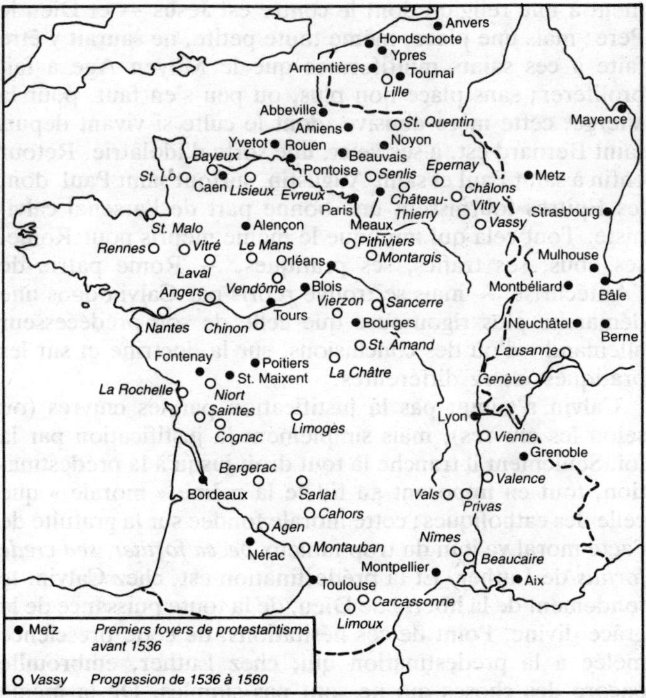

19. EXPANSION DU PROTESTANTISME JUSQU'EN 1560

Deux grandes directions de progression : l'une, Nord-Sud-Ouest, des Pays-Bas au sud de la Loire moyenne ; l'autre, Est-Sud-Est, de la vallée du Rhin à Lyon et Calvin. Les deux lignes de pénétration, qui se ramifient dans la seconde période, ont en Champagne un relais commun par la vallée de la Marne, unissant Meaux et Paris à Strasbourg.

Ce premier protestantisme français a donc peu pénétré les montagnes : Massif central, Vosges, Alpes... Avec les persécutions du siècle suivant se fait une seconde mise en place.

l'idéal est encore l'Église primitive, sinon la Palestine elle-même à « l'heure inoubliable des Apôtres ». Retour également à une religion dont le centre est Jésus — et Dieu le Père ; mais une place, même toute petite, ne saurait y être faite à ces saints multiformes que le Moyen Age a fait proliférer ; sans place non plus, ou peu s'en faut, pour la Vierge, cette mère abusive, dont le culte si vivant depuis saint Bernard est, à ses yeux, une sorte d'idolâtrie. Retour enfin à saint Paul et saint Augustin, surtout saint Paul, dont les Épîtres fournissent une bonne part de l'arsenal calviniste. Tout cela qui implique le même mépris pour Rome, ses abus, ses trafics, ses pratiques, — Rome patrie de l'Antéchrist, — mais se trouve repris par Calvin dans une démarche plus rigoureuse que celle de son prédécesseur allemand : d'où des conclusions, sur la doctrine et sur les pratiques, assez différentes.

Calvin n'admet pas la justification par les œuvres (ou selon les œuvres), mais simplement la justification par la foi. Seulement il tranche là tout droit jusqu'à la prédestination, tout en imposant au fidèle la même « morale » que celle des catholiques ; cette morale fondée sur la gratuité de l'acte moral va loin du trop fameux *pecca fortiter, sed crede fortius* de Luther. Et la prédestination est, chez Calvin, le fondement de la liberté de Dieu, de la toute puissance de la grâce divine. Point de ces hésitations, de cette prescience mêlée à la prédestination qui, chez Luther, embrouille encore des choses qui ne sont pas simples. De la même façon, Calvin rejette, dans la communion, aussi bien transsubstantation que présence réelle : autre compromis luthérien, autre netteté du Français qui réduit le pain et le vin à n'être que signes visibles d'une promesse effectivement faite, et que Calvin ne discute pas. La pensée calvinienne est ainsi moins une reprise du luthéranisme qu'une méditation passionnée de clarté, jusqu'aux limites reculées du mystère.

Calvin offre donc aux réformés une image aussi cohérente que possible de la Parole, telle qu'il la lit dans les Évangiles : le fond est bien, comme pour Luther, cette rencontre personnelle du fidèle et de son Dieu, l'Église n'ayant d'autre but que de faciliter cette rencontre, cet acte d'amour; mais pour Calvin, peut-on dire, l'écart, qui le sépare de la pensée romaine, est plus grand, la rupture plus totale. Poussant d'ailleurs sa volonté énergique de logique, jusqu'à l'extrême, dans tous les domaines, Calvin rompt encore avec Luther, dans l'*Institution*, à propos des rapports de l'Église et de l'État : refusant de remplacer l'autorité pontificale par celle des princes, comme en Allemagne, il sépare l'Église de l'autorité civile, prince ou magistrat, admet une collaboration de l'un avec l'autre, pour faire respecter les préceptes chrétiens, — et c'est bien ce qu'il a fait à Genève —, mais maintient deux pouvoirs séparés. Conception audacieuse, dont la portée politique est évidente, encore qu'elle ne se soit pas fait sentir dans l'immédiat, tant, lors de la première expérience, à Genève, les Conseils de la ville se sont trouvés étroitement associés aux décisions du Consistoire. Mais, non moins importantes sont, dans l'*Institution*, les définitions données des devoirs impartis au citoyen protestant, des « autorités inférieures », auxquelles Calvin fait une place de choix dans l'administration ecclésiastique confiée à ces assemblées de pasteurs et d'anciens, qui sont autant de petites sociétés démocratiques : avec les risques que fait courir aux délibérations « l'animal confus » dans les consistoires. Le soin avec lequel Calvin se définit dans son *Institution* à l'égard de la philosophie, en face de ces gens de lettres, qui sont si souvent timorés selon lui, en face de l'État, révèle bien encore l'homme d'ordre, pour qui rien n'est traité comme petits détails. Il se soucie même de la musique, à quoi il attache grande importance, comme tous les gens de son temps : prescrivant à Genève des chants à l'unisson, et non à plusieurs voix, — récitatifs de psaumes, ou chansons populaires épurées; cette musique de temple a eu sa large part du succès calviniste dans les milieux les plus divers.

Genève et les calvinistes

L'homme de Genève : en face de tous les prophètes en protestantisme, fondateurs d'églises enflammées d'amour divin, mais sans solidité, à Strasbourg, cette métropole des expériences protestantes, à Wittemberg ou à Zurich, Calvin donne dans cette ville médiocre, peuplée de commerçants avides de richesses et de plaisirs jusqu'à son arrivée, une capitale et des cadres : après Farel, qui l'y appela dès 1538, avec Théodore de Bèze, et bien d'autres, Calvin fait de Genève la ville austère, sans images ni statues, qu'elle est restée, la capitale calviniste, dirigée d'une main de fer par le Consistoire et les Conseils, punissant les moindres écarts, matant toutes les rébellions, la ville où il reste le maître jusqu'à sa mort en 1564. Et, au cœur de cette métropole si vite gagnée à cette religion exigeante, l'Académie est l'Université protestante, où Calvin forme les pasteurs qui vont répandre la bonne parole dans tous les pays de langue française, et même dans quelques autres, ces pasteurs redoutés pour leur esprit missionnaire et leur solidité intellectuelle ; séminaire et faculté de théologie à la fois, l'Académie retient en effet les jeunes gens qui accourent des cantons suisses, de la France entière, de la vallée du Rhin, pendant des années : une solide formation humaniste de base, puis l'étude théologique approfondie, — qui est nécessairement une étude du catholicisme comme de la nouvelle foi, — font, des disciples de la nouvelle Rome, d'ardents et savants polémistes, qui gagnent à eux nobles et bourgeois dans les villes où ils viennent prêcher, investissant la France, et même Paris du dedans, regagnant sur les luthériens dans tout le Bassin parisien, et le long de la vallée rhénane, répandant partout en petits livrets les *Ordonnances ecclésiastiques*, ce vade mecum du bon calviniste. Or, avant même que l'Académie, organisée seulement en 1559, ait pu fournir ces légions de missionnaires, que Genève envoie jusqu'en Pologne et en Écosse, les écrits calvinistes avaient gagné à sa cause, non seulement bien des petits prédicateurs inspirés des années 1530-1540, mais toute une partie de la noblesse et de la bourgeoisie d'affaires, dans la France de Henri II, qui n'a cessé, son règne durant, de préparer la répression nécessaire : au point de signer la paix avec Philippe II en 1559, pour, dit-on habituellement, s'y consacrer.

Lorsque, dans la décennie 1560-1570, les Français peu à

peu s'habituent à la guerre civile, le calvinisme a gagné la France entière : succès relatif, car il n'est point de ville, ou de région, que l'on puisse dire, avant les guerres, entièrement conquise à la nouvelle foi. Les villes sont nombreuses, qui de plus en plus, possèdent des groupes réformés, des temples même, des assemblées de ville, des ébauches de consistoires : de Lyon à Montpellier, de Pau à Abbeville et Amiens, en passant par les villes de la Loire, et Paris. Mais, par contre, les campagnes constituent une lourde masse, qui ne réagit pas, qui n'est guère touchée en dehors des alentours urbains ; masse passive (et non hostile), car les Genevois ne sont pas assez nombreux pour évangéliser les ruraux. Et déjà, sous le coup des persécutions, qui gagnent peu à peu, depuis 1547, les protestants se déplacent, quittent le royaume, ou les villes trop dangereuses, se réfugiant à Genève, envahie de Français, au grand mécontentement des autochtones, ou dans les villes d'Alsace, terre d'Empire, ou dans les cantons suisses. Premiers « déracinés de la foi » comme dit Lucien Febvre, dont la mobilité a été un des plus puissants agents du rayonnement calviniste, les protestants créent déjà, dans cette deuxième moitié du XVIe siècle, cette solidarité européenne des protestantismes, qui, après la Saint-Barthélémy, s'affirme des Pays-Bas révoltés contre Philippe II aux pays allemands ; face à cette autre solidarité, traditionnelle, des pays catholiques, appuyée sur les deux péninsules méditerranéennes, qui semblent inébranlables, dans leur attachement au catholicisme (grâce à l'Inquisition, pour une part, grâce au zèle d'un Philippe II aussi) : Italie et Espagne.

Mais à l'heure où les nobles calvinistes ne craignent plus d'user de leurs armes pour défendre leur droit à confesser le Dieu de Calvin, où, malgré les appels à la douceur de catholiques comme Anne du Bourg et de protestants comme S. Castellion[1], les uns et les autres se préparent à

1. *De haereticis an sint persequendi* (1554). Anne du Bourg, membre du Parlement de Paris, s'élève en 1559 contre la persécution de « ceux qui, au milieu des flammes, évoquent le nom de Jésus-Christ ».

en venir aux mains, l'Église catholique a rassemblé ses forces et s'est donné la milice de la reconquête : la Compagnie de Jésus.

Loyola et la reconquête

Cet effort sans mesure pour retrouver les positions perdues (termes de stratégie trop bien adaptés), pour restaurer cette unité catholique de l'Europe occidentale, sur laquelle avaient vécu les siècles médiévaux, cet effort donne aussi la mesure de l'audace religieuse, en ce « siècle qui veut croire », selon la belle formule de Lucien Febvre qui caractérise si bien le mouvement de foi de l'époque. A côté de ces rois, pour qui l'unité religieuse du royaume est un axiome politique (de ces princes aussi : l'Allemagne lors de l'Intérim d'Augsbourg ne pense pas différemment), les catholiques des années 1530-1550 subissent comme une crise de conscience, pleine de ferveur chez les uns, pleine d'espérance en une réconciliation, en une transaction chez les autres, encore nombreux en 1560 même. De la crise mystique d'Ignace de Loyola, qui rédige ses *Exercices spirituels* dès 1526, sort une méthode pour fortifier une foi menacée ; dans le Paris envahi de libelles luthériens des années 1530-1534, il arrive à concevoir cette compagnie de reconquête collective, qu'il fait approuver à Rome et dirige tout aussitôt vers l'Allemagne et la France, les deux places assiégées. Ancien soldat, c'est le fondateur d'une armée, dont la ressemblance avec les troupes calvinistes de Genève est frappante : une dizaine d'années de formation classique puis théologique, ici comme là, donne à ces soldats romains la même solidité intellectuelle ; la discipline, l'obéissance à Rome font le reste, et notamment cet esprit missionnaire, qui va se déployer, non seulement en Europe, mais à travers les mondes nouveaux, du Paraguay au Japon. Réussite extraordinaire dans un monde catholique pourtant encombré d'ordres monastiques, toujours vivants et actifs.

Le premier succès de la Compagnie de Jésus, c'est la direction du concile de Trente (1542-1563, avec quelques pauses en chemin) où beaucoup d'évêques sont venus, espérant encore l'impossible réconciliation doctrinale, et où la Compagnie a fait adopter une réaffirmation totale des positions traditionnelles, tant sur le problème central de la justification par la foi, que sur tous les points, de détails pourrait-on dire, comme le culte des saints ; réaffirmation faite avec un soin extrême, reproduisant les textes contestés et les commentant mot à mot, prenant soin ainsi d'anathématiser ligne à ligne les écrits protestants. Il faut connaître le style et les précautions qu'il recèle. Ainsi le décret sur la justification expose avec précision : « Lorsque l'Apôtre dit que l'homme est justifié "par la foi et gratuitement" (Rom., III, 28, 24), ces paroles doivent être comprises dans le sens que le consentement perpétuel à l'Église a tenu et exprimé ; à savoir que nous sommes dits justifiés par la foi, parce que la foi est le commencement du salut, le fondement et la racine de toute justification... justifiés gratuitement, parce que rien de ce qui précède la justification, ni la foi, ni les œuvres, ne mérite la grâce même de la justification[1]. » Enfin le concile fait une large place dans ses décrets à une réforme disciplinaire du clergé, dont l'introduction en France est, dès 1563, problématique, puisqu'elle fait pièce aux privilèges royaux reconnus en 1516, à Bologne.

Cependant la grande réussite de la Compagnie, dès ces années 1560, c'est la reconquête du terrain perdu. Au cœur des guerres civiles même, les Jésuites, habiles confesseurs (trop habiles, va-t-on bientôt s'écrier), directeurs de conscience avisés, s'adaptant aux exigences des fidèles, prenant bien garde à ne pas confier les *Exercices spirituels* au commun des pénitents, acquièrent rapidement dans les villes une réputation, qui attire à eux les meilleurs et les tièdes ; mais aussi fondateurs de nouveaux collèges auprès de leurs maisons, ils offrent à ces populations citadines, qui

1. Exemple de canon : si quelqu'un dit que depuis le péché d'Adam, le libre arbitre de l'homme est perdu et éteint, que c'est une chose qui n'a que le nom ou plutôt un nom sans réalité, ou enfin une fiction introduite par le démon. Ainsi, contre l'Église, qu'il soit anathème...

vivent dans l'atmosphère humaniste depuis des années, une nouvelle formule d'éducation, que la Compagnie a codifiée en 1584 dans sa *Ratio studiorum* : enseignement latin comme toujours, où place est faite à l'antiquité préchrétienne dûment épurée de tous les écrits dangereux (Lucrèce et même certaines pages de Cicéron), tirée au contraire vers le christianisme, s'annexant ainsi les prestiges de l'humanisme ; et les collèges jésuites enseignent aussi les bons usages de la vie urbaine, la danse et la musique, le maintien et la politesse, leçons mondaines qui ont certes fait beaucoup pour la réputation du célèbre collège de Clermont à Paris, et de quelques autres. De là, dès avant 1570, d'étonnantes réussites, plus encore, en Allemagne qu'en France d'ailleurs. Ce n'est pourtant pas encore la belle période de la société : après le retour de 1603, commence une époque plus glorieuse, où les jésuites, confesseurs royaux, maîtres des villes, grands bâtisseurs, semblent un moment les guides tout-puissants de l'Église... La Société de Jésus est déjà partout présente ; avec quelques milliers d'hommes, elle a des émissaires à la fin du siècle et des collèges dans la France entière, — malgré les handicaps, les risques de la guerre, où la Compagnie s'est trouvée engagée, et a rapidement symbolisé le parti romain en face des vieux gallicans, dont le patriotisme s'est ravivé dans les excès même des interventions étrangères. Mais là nous entrons déjà dans une autre époque, pour les champions de la Contre-Réforme comme pour les protestants.

4. Le temps des fanatiques

Les guerres

Pendant près de quarante ans, de 1560 à 1598, les Français ont vécu la guerre civile la plus atroce, la guerre fratricide, mêlée d'interventions anglaises, espagnoles ; la guerre qui n'a sans doute pas fait de la France ce cadavre exsangue, qu'un habile ménagement de l'opinion publique par l'entourage du bon roi Henri a voulu nous faire croire, pour mieux exalter le redressement des premières années de paix, de 1598 à 1610; guerre implacable cependant, où pour un temps la violence fanatique l'emporte sur cet esprit de mesure, sur ce désir de paix, qui animent la plupart des Français à l'ordinaire ; expérience amère, que cette passion religieuse, doublée de ressentiments et d'arrière-pensées politiques, et qui a rudement ébranlé l'autorité royale, sur laquelle depuis des siècles le pays consolidait son unité, fortifiait sa paix intérieure et ses frontières ; cette crise d'autorité commande en partie le XVIIe siècle et l'avenir de la monarchie.

De François II à Henri IV, huit guerres de religion, séparées par des pauses, où les adversaires reprennent souffle, recherchent forces nouvelles et alliés, bornées de longs palabres où, avec persévérance, les modérés des deux partis s'essaient à établir un *modus vivendi*, sinon une conciliation de fond, qui permettrait une vraie paix : même Catherine de Médicis, avant la Saint-Barthélémy, s'y est efforcée, non sans hésitations, distinguant parmi les hérétiques ceux qui ne faisaient qu'errer dans la foi et que l'on pouvait ramener par la « voye de douceur », et ceux qui étaient en état de « sédition manifeste », et à qui on réserverait la « sévérité [1] ». Compromis vite condamnés par la passion des uns et des autres, entraînés dans la guerre. Ainsi Amboise, Beaulieu, Saint-Germain, lieux de trêves et de discussions, font écho aux grandes batailles, Arques, Ivry, aux villes ravagées, prises et reprises, Issoire, Montbrison, Privas. La guerre sans merci grossit peu à peu le nombre de ces « politiques », de ces Français patriotes, repoussant les excès des deux partis, reniant aussi bien les ligueurs que les plus sanglants huguenots, patriotes parmi lesquels s'est trouvé dans les années terribles de 1584 à 1594 l'auteur plein de talent de la *Satyre Ménippée*, qui atteint le comble de la véhémence lorsqu'elle dénonce les menées du roi d'Espagne en France : « Ses doublons et ses hommes ne sont venuz sinon après avoir longtemps tiré la langue, et

1. Lettre de Catherine de Médicis, 31 janvier 1561.

que n'en pouvions plus, combien qu'il eut peu nous secourir plus tost ; il ne nous engraisse pas pour nous vendre, comme les bouchers font leurs pourceaux ; mais de peur que nous mourrions trop tost, nous voulant préserver à plus grande ruyne, il prolonge nostre languissante vie d'un peu de passade, qu'il nous donne à lèche doigts, comme les geoliers nourrissent les criminels pour les réserver à l'exécution du supplice. Que sont devenuz tant de millions de doublons qu'il se vante avoir dépensez pour sauver nostre État ? nous n'en voyons poinct parmi le peuple la pluspart sont entre les mains de nos adversaires ou entre les vostres, messieurs les princes, gouverneurs, capitaines et prédicateurs, qui les tenez bien enfermez en vos coffres... »

Comment s'est perpétuée cette guerre si longue, et à quels excès sont arrivés protestants et catholiques ? La guerre a maintes fois changé d'aspect et de sens, au cours de ces quarante années, des coups fourrés du début à l'insurrection parisienne et espagnole sous Henri IV. Carnage en 1572, guerre patriotique après 1584, où meurt le duc d'Anjou, dernier héritier des Valois. Quelques traits dominent cependant ; et d'abord cette passion religieuse qui ne connaît point la tolérance, vertu de second rang, rejetée avec dédain par celui qui se sait en conscience détenteur de la vérité ; les politiques prudents, qui, dans le désert, prêchent une coexistence impensable à leurs contemporains, paraissent des lâches, à tout le moins des hommes de peu de foi. En un temps où la trop célèbre formule : « Qui n'est pas avec moi, est contre moi » est sur toutes les lèvres, la vérité déchirée entre deux partis puissants anime l'ardeur au combat des uns et des autres.

Vérité religieuse mêlée de politique : pour les catholiques qui défendent l'unité politique du royaume certes, mais veulent aussi protéger cette union étroite de l'Église catholique et de la monarchie que symbolisent le sacre de Reims dans son faste chargé de symboles, l'entrée dans la bonne ville, l'acclamation du peuple, le lâcher des ramiers, et la visite à Saint-Marcoul de Corbeny, le lendemain de la cérémonie. Cependant les protestants n'ont pu espérer gagner la France entière : eux, qui ne peuvent accorder une foi particulière au miracle royal, ont au plus nourri l'idée d'imposer à la France restée catholique un roi protestant, au moment où Henri de Navarre, relaps, se trouve seul héritier de la couronne, et encore protestant ; de là, peuvent-ils penser faire de la France entière une nouvelle Genève ? L'unité religieuse est, chez eux, un but plus lointain, pour le moins ; mais cette grande pensée du temps n'explique pas tout.

Politique

La guerre dure, se renouvelle et rebondit, sous l'impulsion d'autres passions. Protestants et catholiques ont pendant vingt ans à leur tête des nobles, ducs et grands noms de France, les Guise, Rohan et combien d'autres, jusqu'à Montluc et au terrible baron des Adrets ; ils ont trouvé dans la lutte, pour ou contre le roi, l'occasion unique, point encore rencontrée depuis un demi-siècle, de pourfendre l'adversaire, de mener la rude vie des camps, des embuscades, des poursuites acharnées : vieille tradition d'agitation féodale, que la lourde main des rois précédents, François Ier et Henri II, tendait à faire passer à l'état de vieux et pieux souvenirs.

Ce n'est point à dire que les Coligny et les Guise, les Sully et les Mayenne se soient lancés dans la lutte sans conviction religieuse ; pas plus qu'ils ne sont vendus, les uns aux princes allemands ou à Élisabeth Ire d'Angleterre, les autres à Philippe II d'Espagne. Dans la psychologie complexe de ces grands ferrailleurs, qui abandonnent avec joie les combats de simulacre, tournois et autres fantaisies, pour la vraie guerre, les passions religieuses gardent la première place ; mais l'atavisme féodal, la crainte justifiée devant l'extension du pouvoir royal ont leur place ; la noblesse retrouve sur les champs de bataille et dans les conseils de guerre ce rôle militaire et politique, qu'une monarchie avisée s'est attachée à lui enlever, depuis bien longtemps, progressivement et habilement. Et derrière cette noblesse ardente, les bonnes villes ont suivi : juristes gagnés par la logique enflammée de Calvin, marchands, financiers séduits par cette réhabilitation des réussites terrestres que le calviniste semble accorder aux heureux de ce siècle, bons bourgeois et petites gens plus soucieux de leur salut éternel et entraînés par la verve et l'ardeur longtemps célèbres des prédications ligueuses et des pamphlétaires protestants (qui traitent par exemple Mayenne de « duc des Moines, sorcier, lorrain, rebelle, bâtard, marranisé, pipeur, etc. »); les villes ont fourni l'argent, les armes, les forteresses et la piétaille, alimentant une guerre que les seuls nobles n'auraient pu entretenir : ces « bonnes villes » ont été fanatisées par les clercs, mais entraînées par les grands sur des voies qui n'étaient pas simplement religieuses.

La Royauté

De ce combat qui ne s'achève qu'en 1598 avec la difficile victoire catholique qu'est l'Édit de Nantes, il faut encore retenir l'affaiblissement de l'autorité royale. Dans les faits, c'est assez clair, encore que le règne de Henri III n'ait point été si mauvais que les ligueurs le disaient, et bien que Henri IV après sa conversion en 1594 ait rétabli l'ordre assez rapidement. Mais dans ces années de pacification, le plus grand mal est déjà fait, l'idéal monarchique durement touché par ces « milliasses » de libelles et ces théories subversives nées dans le feu de la guerre et répandues par les villes : c'est une des clés de l'acharnement mis au siècle suivant par les successeurs de Henri IV à restaurer, et consolider l'autorité monarchique. Les premiers à contester l'autorité royale furent les protestants au lendemain de la Saint-Barthélémy, cette trahison sans nom, ce parjure royal perpétré par Catherine de Médicis et Charles IX. En quelques mois, se répandent en France des traités fort sérieux, qui exposent comment et pourquoi un pouvoir monarchique cesse d'être légitime : cours de Théodore de Bèze de l'Académie calvinienne, *Droit des magistrats sur leurs sujets*, qui met en valeur les devoirs autant que les droits; traité savant d'un jurisconsulte, Hotman, *Franco-Gallia*

(1574) ; un peu plus tard, en 1579, *Vindiciae contra tyrannos*. Sans parler des innombrables pamphlets contre les « déportements de Catherine de Médicis » (*Toscin des Massacreurs, Réveil-matin des Français, Vie de sainte Catherine*). De ce moment, les protestants, dont la soumission au prince a été jusqu'alors un article de doctrine indiscuté, admettent que les sujets sont déliés de l'obéissance à un roi parjure ; Hotman et ses compagnons font état d'une théorie du contrat, qui est un fondement démocratique de l'ordre social. La plupart des chefs nobles du parti protestant ayant été tués à Paris ce 25 août 1572, le trait se trouve accentué entre les mains de ces juristes nourris d'histoire et de droit romain, de ces pasteurs que la vie en consistoire accoutume depuis des années à une société égalitaire. Les protestants français ne retrouveront plus la dévotion monarchique des catholiques.

Renversement des rôles et retour des passions : après 1584, lorsque Henri III n'a plus, selon la loi « salique », d'autre héritier légitime qu'Henri de Navarre, lorsque les moines ligueurs se déchaînent dans Paris même et dans tout le royaume contre Henri III lui-même, c'est au tour des plus exaltés « papistes » à parler de tyrannie, et surtout à lancer l'idée du légitime tyrannicide : tuer le monarque devient un devoir pour les sujets d'un roi qui n'est plus sanctifié le jour où il ne protège plus les bons Français de la Ligue, où il ne se proclame plus le roi des catholiques. Toutes les violences des appels aux armes et des malédictions lancées contre les rois sont alors permises. L'Estoile rapporte le 6 juin 1593 : « Ce jour Fenardent, cordelier, qui prêchait à St Jean, après avoir vomi un million d'injures contre le roi, dit qu'un coup de tonnerre ou foudre l'emporterait un de ces jours, ou bien qu'il crèverait : Aussi bien, mes amis, dit-il, il a déjà le bas-ventre tout pourri de ce que vous savez. » Assurément, dans ces vitupérations des « Jésuites scopétins », comme dit joliment la *Satyre Ménipée*, et autres Capucins déchaînés contre les deux Henris, il n'est pas question d'une théorie du contrat social, mais simplement encore de porter la main et l'arme sur cette personne à qui l'Église donne un caractère sacré, sur ce roi qui est l'oint du Seigneur. Aussi bien les contemporains ne s'y trompent pas, qui ont vu assassiner, et Henri III, et Henri IV. En 1589, après la mort de Henri III, après ce « monstrueux et prodigieux assassinat du moine » Jacques Clément, circula dans Paris ce libelle terriblement lucide :

Voici que, le ventre percé d'un poignard empoisonné,
Le roi *oint* tombe sous la fourberie et la main d'un moine.
Crains, Bourbon ! Eh quoi ! vous tous qui portez tant de
spectres, Craignez ! Le même sort t'attend, toi aussi, Sixte ! Et
[pourquoi pas !
Enfin *les saints secrets des royaumes se découvrent;*
Nous apprenons que les Rois ne sont rien,
Eux que Dieu lui-même a dit être des Dieux[1].

D'ailleurs sur le pouvoir thaumaturgique des rois, les ligueurs ont été plus hardis que les protestants, qui ne s'attaquèrent jamais de front à cette croyance si populaire ; tandis, que sous Henri III, les ligueurs ne se faisaient pas faute de dénier tout pouvoir en ce domaine à ce roi honni. Ce qui n'empêcha pas Henri IV de « toucher » dès après son sacre à Chartres, et de voir les foules venir à lui : la croyance a survécu sans peine aux toubles.

L'Édit de Nantes

En 1598, la guerre prend fin : les Espagnols refoulés chez eux, en Flandre et en Espagne, Philippe II renonce à Vervins aux ambitions nourries pour sa fille sur le trône de France ; les protestants sont admis dans le royaume par l'Édit de Nantes, véritable traité de paix signé entre le roi et ses compagnons d'armes devenus ses adversaires. Victoire catholique sans nul doute, acquise dès 1593-1594, lorsque Henri IV s'est décidé à se faire instruire de la religion

1. L'Estoile, *op. cit.*, Paris, 1943, I, 660, traduction.

catholique et abjura une deuxième et dernière fois le protestantisme. Mais victoire difficile, et incomplète : en son préambule de l'édit, le roi ne dissimule pas que cette situation provisoire porte une grave atteinte à l'unité du royaume, et qu'il attendra un meilleur temps qui permette son rétablissement. Au moment où les protestants ont gagné leur droit d'existence dans le royaume, où le roi leur reconnaît ce droit, le vieil idéal, réduit à un mythe, est dangereusement réaffirmé comme une formule d'avenir; victoire difficile encore en ce sens que le roi ne peut, après quarante ans de luttes, faire accepter en une simple définition juridique cette reconnaissance des protestants : droit de construire des temples (hors des villes), de réunir des synodes, de siéger dans les tribunaux en chambres mi-parties pour les contestations, où catholiques et protestants sont aux prises; Henri IV doit aussi accorder à ses sujets des armes contre lui-même (ou son successeur) : il leur fournit des forteresses, des armes, des troupes, et chaque année de l'argent pour entretenir cette armée dans le royaume, chargée de défendre la petite minorité protestante contre un retour de flamme catholique. Le prix du traité est lourd, pour ce roi qui a aussi acheté la paix des ligueurs, la retraite de Mayenne, et combien d'autres. Mais le compromis, repris des tentatives faites au cours des années écoulées, à Saint-Germain et ailleurs, a le très grand mérite de mettre fin à cette guerre, de rendre au calme la France meurtrie, qui n'a peut-être pas encore appris la tolérance, mais a vu exterminer sans merci les plus fanatiques de ses enfants.

Orientation bibliographique

J. Babelon, *La Civilisation française de la Renaissance*, 1961.

Henri Hauser, *La Modernité du XVIe siècle*, nouvelle édition, 1964.

Augustin Renaudet, *Préréforme et humanisme à Paris pendant les premières guerres d'Italie*, nouvelle édition, 1953.

Augustin Renaudet, *Humanisme et Renaissance*, 1958.

Pierre Imbart De La Tour, *Les Origines de la Réforme*, 4 vol., 1905-1935.

Lucien Febvre, *La Religion de Rabelais. Le problème de l'incroyance au XVIe siècle*, 1951.

Lucien Febvre, *Autour de l'Heptaméron : amour païen, amour chrétien*, 1943.

Lucien Febvre, *Au cœur religieux du XVIe siècle*, 1957.

François de Dainville, *La Naissance de l'humanisme*, 1940 (les méthodes d'enseignement des jésuites aux XVIe et XVIIe siècles).

Ivan Cloulas, *Catherine de Médicis*, 1979.

Glossaire

Adouber, faire d'un homme un chevalier par la remise solennelle des armes.

Alleu, bien possédé librement par le groupe familial (s'oppose à *tenure*).

Alleutier, possesseur d'alleu.

Allodial, d'alleu.

Apanage, portion de l'héritage remise à un fils cadet pour assurer son entretien.

Ban, pouvoir de commander et de punir.

Banal (droit), qui relève du ban.

Banalité, service imposé par le maître du ban.

Brassier, paysan qui n'a pas de bête de trait et travaille à la main ; syn. de *manouvrier*, s'oppose à *laboureur*.

Cens, redevance de montant fixe exigée d'un tenancier.

Chasement, tenure sur laquelle on « case » un vassal, synonyme de *fief*.

Commendise, acte par lequel on place sa personne sous la dépendance d'un seigneur.

Cour, 1. centre de la seigneurie ; 2. ensemble des familiers, des vasseaux et des amis qui entourent le seigneur.

Coutumes, taxes et services exigés par le seigneur maître du ban.

Couture, grande pièce de terre labourée exploitée par le seigneur.

Écolâtre, clerc dirigeant l'école cathédrale.

États, 1. catégories sociales privilégiées ; 2. réunion des représentants de ces groupes autour du roi pour le conseiller.

Ferté, forteresse.

Finage, ensemble des terres du village.

Gaide, ou **pastel,** plante tinctoriale dont on tire la couleur bleue.

Lignage, groupe des hommes du même sang.

Maltôte, taxe sur les ventes levée pour les besoins du roi.

Manant, homme soumis au seigneur du territoire.

Manse, parcelle où est construite la maison – par extension, exploitation rurale.

Ost, armée.

Taille, prélèvement du seigneur sur la fortune de son homme.

Tenancier, possesseur d'une tenure.

Tenure, bien dont on a la jouissance par la concession du seigneur.

Vilain, habitant du village – par extension, paysan.

Table des cartes

Table

SECONDE PARTIE

La France moderne

Composition réalisée par EUROCOMPOSITION

IMPRIMÉ EN FRANCE PAR BRODARD ET TAUPIN
Usine de La Flèche (Sarthe).
LIBRAIRIE GÉNÉRALE FRANÇAISE - 6, rue Pierre-Sarrazin - 75006 Paris.
ISBN : 2 - 253 - 06355 - X

Composition réalisée par EUROCOMPOSITION

IMPRIMÉ EN FRANCE PAR BRODARD ET TAUPIN
Usine de La Flèche (Sarthe).
LIBRAIRIE GÉNÉRALE FRANÇAISE - 6, rue Pierre-Sarrazin - 75006 Paris.
ISBN : 2 - 253 - 06355 - X

42/0408/7